연금론: 노후와 연금

(Old age and Pension)

신 종 욱

비앤엠북스

Preface

머 리 말

"노인을 위한 나라는 없다".

이 영화는 2008년 아카데미 최다(8개)부문 노미네이트된 영화의 제목이지만 동시에 왜 지금의 시대에 연금에 대한 주목이 절실한지를 웅변해주고 있다. 이 영화에서 주인공의 모습을 통해서 비춰지는 노인은 당면한 폭력과 살인이라는 사회적 문제 속에서 결국 아무 것도 할 수 없는 무기력증을 대변하고 있는데 노인에 대한 기대와 시선 없이 젊은이들에 의해 바쁘게 움직여나가는 현실의 모습은 너무나 대조적인 배경을 만들어 준다. "There is no country for old men" 이 영화의 제목은 어쩌면 이 세상에 살아가고 있는 노인의 현실을 가장 압축해서 표현한 문장이 아닌가 싶다.

연금은 일련의 현금흐름을 일컫는 만큼 다양한 용도로 사용이 가능하다. 그런데 대체로 노동의 제공과 이에 따르는 급부의 수수라는 일반적 고용관계가 어려워지는 소위 노후라는 인생의 한시기와 관련하였을 때 연금은 이미 오래 전부터 가장 적절한 경제적 수단으로 인식되었으며 또한 지금까지 여러 나라에서 채택, 운영되고 있다.

지금 전세계는 인구고령화라는 전대미문의 새로운 문제에 직면해 있다. 그리고 당연한 귀결이지만 연금 특히 정부가 주축이 되는 공적연금은 시간폭탄(time bomb)이라고도 불리는 이 문제의 핵심에 자리잡고 있다. 따라서 현존하는 공적, 사적연금제도들을 새로운 각도에서 조명하고 이해, 연구하는 것은 매우 중요하고도 시의적절한 사항이 아닐 수 없을 것이다.

그동안 연금관련 저서는 그다지 많지 않았으며 그나마 있는것도 사회복지 혹은 사회보험의 차원에서 접근하였다. 즉, 각종 사회복지제도와 사회보험제도를 구성하는 하나의 일부로서 주로 제도의 내용을 소개하고 이해하는 각론수준에서 다루어져 왔던 것이다. 이에 비해 본 도서는 복지행정가 혹은 제도 운영자의 관점에서 벗어나 먼저 노후문제의 해결을 연금의 주된 목적으로 상정한 다음 이를 위해 국민연금 등 공적연금제도와 퇴직연금제도, 그리고 개인연금상품들이 어떻게 이해될 필요가 있는지를 정리해 놓고 있다. 이것을 다른 말로 표현하면 노후문제를 걱정하는 개인 또는 재무설계사와 같은 컨설턴트의 입장, 즉 제도의 공급자가 아니라 수요자의 입장에서 연금제도를 바라보고 있는 것이다.

왜 우리에게 노후준비 이른바 은퇴설계가 필요한지를 따져보는 것은 이미 식상한 일이 되었다. 왜냐하면 우리 모두가 노인으로 변신해야 함에도 불구하고 언급한 바와 같이 "노인을 위한 나라"는 이제 존재하지 않기 때문이다. 자세히 이 세상을 관찰해 볼 것도 없이 이 현실의 세상은 이미 젊은이들에 의해 그리고 젊은이들을 위해 만들어진 세상임을 금방 알 수 있다. 그리고 대부분의 문화공연장과 백화점같은 소비의 중심들은 모두 젊은이들로 가득차 있고 변화능력과 창의력과 같은 21세기형 자산은 모두 젊음과 젊음의 상징물에 연계되어있다.

노후는 인생의 계절로 봤을 때 차가운 겨울에 비유할 수 있고 가지지 못한 자의 대명사처럼 여겨지고 있다. 이 인생의 겨울을 제대로 나기 위해서는 김장김치와도 같은 연금에 좀 더 접근할 필요가 있음은 두 말할 나위가 없다.

2010년 5월

신 종 욱

Contents

차 례

PART 1 노후문제와 연금의 의의

제1장 노후의 이해와 노후문제 ■ 3

1. 노후의 이해 ■ 5
2. 노후관련 현황 ■ 9
   1) 세계적 인구노령화 현상 | 2) 세계적 인구 노령화 현상과 재정문제 | 3) 노후준비 실태
3. 노후의 문제와 원하는 주거형태 ■ 13

제2장 노후문제의 해결과 연금 ■ 15

1. 노후 준비의 개념 ■ 17
   1) 행복한 노후의 조건: 은퇴만족도의 주요 요인들 | 2) 성공적 노화를 위한 21세기 은퇴설계
2. 노후 경제적 문제의 본질과 노후위험의 관리 ■ 23
   1) 노후의 경제적 본질과 위험 | 2) 노후의 경제적 위험들 | 3) 경제적 위험의 해소방안
3. 노후재정의 핵심 ■ 27
   1) 위험관리의 중요성 | 2) 투자효율성 | 3) 투자기간의 중요성
4. 은퇴 재정설계와 연금 ■ 32
   1) 연금(pension)의 개념 | 2) 연금의 종류 | 3) 연금제도와 연금의 문제점 |
   4) 노후자금을 위한 포트폴리오의 구성

제3장 은퇴자금의 결정 ■ 39

1. 필요한 노후자금의 크기 ■ 40
2. 은퇴자금규모의 산정방법 ■ 42
   1) 은퇴 후 소비규모의 결정 | 2) 은퇴 후 고정적 수입의 확인 |
   3) 은퇴 자금조달을 위한 소요 적립금액의 계산

PART 2

공적연금의 이해와 국민연금

제1장 **공적연금제도의 개념, 종류 및 재정구조** ▪ 49

1. 사회보험과 공적연금 ▪ 50
   1) 사회보험의 목적 | 공적연금제도의 종류 및 개념, 재정구조 | 부과방식 및 적립방식의 재정안정화 조건

제2장 **우리나라 국민연금제도의 역사와 제도상 내용** ▪ 57

1. 국민연금제도의 탄생과정과 주요 변화 ▪ 58
   1) 국민연금제도의 탄생과정 | 2) 주요연혁 | 3) 제도개요 | 4) 제도 현황 | 5) 국민연금급여의 내용

제3장 **공적연금제도의 세계적 추세** ▪ 73

1. 세계인구의 노령화와 공적연금제도의 대응 ▪ 74
   1) 세계인구의 노령화 현상 | 2) 공적연금제도의 일반적 변화 추세
2. 칠레의 연금개혁과 다층연금체계 ▪ 81
3. 일본의 공적연금제도 ▪ 83
   1) 일본의 연금제도 | 2) 일본의 공적연금제도 | 3) 일본 공적연금제도의 역사 | 4) 일본연금제도의 구조
4. 미국의 공적연금제도 ▪ 89
   1) 미국의 공적연금제도 | 2) 미국 공적연금제도의 역사 | 3) 1990년대 이후 현재의 상황 | 4) 미국 공적연금제도의 내용

제4장 **국민연금의 연금급여구조** ▪ 94

1. 국민연금의 연금급여 산식 ▪ 95
   1) 국민연금 급여산식의 특징 | 2) 부양가족 연금액
2. 국민연금 연금수익비 ▪ 99
3. 국민연금과 경제적 의사결정 ▪ 101
   1) 국민연금의 미래와 가입자 선택 | 2) 조기노령연금의 선택 | 3) 재직자노령연금 | 4) 연기연금 | 5) 기타 의사결정에 관한 사항

제5장 **국민연금 연금급여 계산의 실제** ▪ 108

1. 급여산식의 종류와 적용방법 ▪ 109
   1) 국민연금 급여산식의 종류

제6장 **특수직역연금** ▪ 114

1. 특수직역연금제도 개요와 공무원연금 ▪ 115
   1) 공무원연금제도의 성격과 재정 | 2) 공무원연금제도의 역사
2. 공무원연금 급여내용 ▪ 120
3. 공무원연금 급여산식의 이해와 적용 ▪ 123
   1) 2010년 1. 1. 이후의 재직기간만 있는 공무원의 경우 |
   2) 2010년 1. 1. 이후와 이전의 재직기간이 모두 있으나 이전 재직기간이 20년 이하인 공무원의 경우 |
   3) 2010년 1. 1. 이후와 이전의 재직기간이 모두 있으나 이전 재직간이 20년을 초과하는 공무원의 경우

Contents

PART 3 기업연금과 우리나라의 퇴직연금

제1장 기업연금제도의 이해 ■ 129

1. 기업연금제도의 이해 ■ 130
1) 기업연금의 개념 | 2) 근로자의 은퇴문제와 기업연금의 역할 | 3) 기업연금과 기업, 근로자, 노동조합 등 이해당사자들

2. 연금제도의 종류와 적격연금제도 ■ 138
1) 기업연금제도의 종류 | 2) 적격연금제도와 세제혜택

제2장 기업연금의 재정과 외국의 기업연금제도 ■ 142

1. 기업연금의 재정과 재정수단 ■ 143
1) 기업연금과 비용 | 2) 기업연금의 재정수단

2. 기업연금재정의 수리 ■ 145
1) 재정수리의 개요 | 2) 연금비용충당을 위한 재정방식

3. 외국의 기업연금제도 ■ 147
1) 미국 | 2) 일본

제3장 근로자퇴직급여보장법의 이해 ■ 153

1. 퇴직연금제도 개요 ■ 155
1) 도입과정 | 2) 기존 퇴직금제도의 문제점 | 3) 퇴직연금의 종류와 운영구조와 세금 | 4) 퇴직금제도와 퇴직연금제도의 차이 및 노무관리에 미치는 영향 | 5) 퇴직연금제도의 현황 6) 도입목적과 의의 | 7) 근로자퇴직급여보장법(퇴직연금제도)의 평가

2. 퇴직연금제도의 성격 ■ 177
1) 퇴직급여제도의 적용범위와 설정 | 2) 퇴직급여제도의 미설정과 수급권의 보호 | 3) 퇴직연금의 폐지, 중단시의 처리

3. 확정급여형 연금제도 ■ 179
1) 확정급여형 퇴직연금제도의 설정
4. 확정기여형 연금제도 ■ 181
1) 확정기여형 퇴직연금제도의 설정
5. 개인퇴직계좌(IRA) ■ 183
6. 퇴직연금사업자, 사용자 및 퇴직연금사업자의 책무 ■ 186
1) 운용관리업무의 내용 | 2) 자산관리업무의 내용 | 3) 적립금의 운용 |
4) 확정기여형 및 확정급여형의 운영구조 | 5) 사용자 및 퇴직연금사업자의 책무
7. 지급보장 ■ 191

제4장 연금제도의 선택 ■ 192
1. DB, DC제도의 비교 ■ 193
1) 연금제도의 선택에 있어 일반적 고려사항 | 2) DB, DC제도의 장단점과 선택
2. DB, DC제도의 선택과 비용문제 ■ 195
3. 퇴직연금제도 상품 종류 ■ 197

PART 4 개인연금

제1장 개인연금의 역사, 개요 및 종류 ■ 203
1. 개인연금의 개요, 특징과 역사 ■ 204
1) 개인연금의 개요와 특징 | 2) 개인연금의 필요성 | 3) 개인연금의 역사 | 4) 개인연금의 종류
2. 우리나라 개인연금상품의 종류 ■ 210
1) 일시납형 | 2) 적립형 | 3) 고정연금형 | 4) 변액연금형 |
5) 즉시형 및 거치형 | 6) 선택특약 | 7) 변액연금

Contents

3. 우리나라 개인연금상품의 종류 ▪ 220
1) 연금보험계약 관련 당사자들의 이해 | 2) 연금보험약관 | 3) 변액연금보험 약관 | 4) 연금신탁약관

4. 세계 각국의 개인연금제도 ▪ 228
1) 영국 | 2) 칠레의 개인연금시장 | 3) 스위스의 개인연금시장 | 4) 싱가포르의 개인연금시장 | 5) 호주의 개인연금시장

제2장 개인연금시장의 이해 ▪ 231

1. 개인연금상품과 시장 ▪ 232
1) 개인연금의 수요 | 2) 연금수요와 연금수수께끼 | 3) 연금수요의 현실과 이론적 설명 4) 연금수요의 전망 | 5) 개인연금의 공급 | 6) 연금시장과 역선택

제3장 개인연금의 수리와 개인연금의 금전적 가치 ▪ 258

1. 생명연금의 수리 기초 ▪ 259
1) 생명연금의 개념 | 2) 확정연금의 미래가치, 현재가치 | 3) 생명연금의 현재가치 혹은 가격의 계산

2. 생명연금의 금전적 가치 ▪ 265
1) 금전적 가치

3. 우리 나라 생명연금의 금전적 가치 ▪ 269

제4장 개인연금관련 경제적 의사결정 ▪ 272

1. 개인연금의 세제혜택 ▪ 273
1) 소득세관련 | 2) 상속세와 증여세 관련 | 3) 상품간 비교분석에 있어 주요 사항 | 4) 개인연금의 문제점

… 부록 1 ▪ 281
근로자퇴직급여 보장법 / 근로자퇴직급여 보장법 시행령 / 근로자퇴직급여 보장법 시행규칙

… 부록 2 ▪ 335
국민연금법 / 국민연금법 시행령

Part 1

노후문제와 연금의 의의
(Problems of Old Age and the Role of Pension)

3
제1장 노후의 이해와 노후문제

15
제2장 노후문제의 해결과 연금

39
제3장 은퇴자금의 결정

제1장 노후의 이해와 노후문제

들어가기에 앞서

왜 노후준비 이른바 은퇴설계가 필요한가? 그 이유는 이미 언급한 바와 같이 우리 모두가 예약된 노인임에도 불구하고 노인에게 나름대로의 가치를 부여하고 존중하는 이른바 "노인을 위한 나라"는 이제 존재하지 않기 때문이다.

그런데 설상가상으로 이러한 현실은 앞으로 더욱 가속도를 낼 것으로 보인다. 즉, 노인들의 위상이 더욱 더 좁고 낮아진다는 것이다. 그 이유는 단순하다. 인간은 기본적으로 상호 주고받음 속에서 그 존재가치를 인정받게 되는데 이 단순한 진리가 노인들에게는 더 이상 해당되지 않을 수 있다는 것이다.

구체적으로 살펴보자. 과거는 어느 나라를 막론하고 노인들이 대접을 받던 세상이 존재해왔다. 그 이유는 한마디로 당시의 노인들이 정보를 독점하고 있었기 때문이 아닌가 싶다. 산이나 바다 등으로 격리된 과거 세상은 생활에 필요한 각종 정보를 지금처럼 인터넷 등을 통해 구할 수 없었으며 그나마 가장 많은 정보를 가지고 있던 사람들은 바로 노인들이었다. 이 노인들은 오랜 삶의 경험을 통해 의료, 조리, 기상, 경작 등에 관한 지식을 가장 많이 소유하고 있었으며 젊은이들은 노인들의 범접할 수 없는 경지에 굴복하고 대접하지 않을 수 없었던 것이다. 그러나 지금 세상은 어떠한가? 첨단의 지식과 각종 최신장비는 젊은이들에 의해 독점되고 있으며 아름다운 외모조차 가지지 못한 노인들에게 젊은이들이 관심을 기울이고 가까이 다가오도록 만들 수 있는 일은 거의 존재하지 않는다. 한마디로 표현하면 개인의 이기주의적 입장에서 봤을 때 매력이 없어진 것이다.

한편 세상의 현실이 이렇게 변해가고 있음에도 불구하고 한 가지 변하지 않는 것이 있다면 그것은 바로 인간의 본성과 욕구이다. 즉, 노인이든 젊은이든 나이에 관계없이

한 사람의 인간으로서 원하고 바라는 것은 거의 변하지 않고 존재한다는 엄연한 현실이 그것이다. 노인도 먹고 마시고 또한 젊은이처럼 사랑과 관심을 받고 싶어 한다. 즉, 노인이 되면 마치 감정 없는 로봇처럼 아니면 세상을 초월한 히말라야의 도인처럼 되는 것이 결코 아니라는 사실이다. 늙었어도 여전히 20대처럼 욕망을 가진 '나'는 '나'로서 존재하고 있고 아울러 '나'는 존엄한 하나의 인격으로서 대접받기를 원한다.

닥쳐올 현실을 이해하고 제대로 준비하지 않은 은퇴란 인생의 구덩이가 될 가능성이 있으며 은퇴 후에 벌어질 수 있는 여러 가지 일에 대한 이야기들은 이 사실을 뒷받침해주고 있다. 예를 들어 은퇴 후 아내 뒤만 따라다니는 "나도족(아내가 어디 간다고 하면 나도)", "젖은 낙엽족(빗자루에 붙은 낙엽처럼 아내로부터 떨어지지 않음)"에 관한 이야기, 혼자 바쁘게 살아온 시절 동안 군말 없이 견뎌준 아내가 고마워서 은퇴 후 쇼핑, 여행 등에 극도의 인내심을 발휘하였건만 3개월이 지난 후 와이프로부터 "이제는 제발 혼자 나가서 놀아 달라"는 말을 들었다는 이야기가 바로 이런 사례들이다. 비유컨대 은퇴와 노후란 인생의 정상을 밟고 하산하는 도중으로서 조금씩 어두워지는 시간이며 더구나 우리 모두는 두 번 경험해 보지 못한 초행길을 가는 사람이다. 따라서 만일 상식이 있는 사람이라면 이 시기가 인생의 불행을 깊게 할 구덩이라고 판단하는 경우 가능한 한 메워주는 작업을 실시해야만 할 필요가 있다.

은퇴설계가 필요한 두 번째 이유를 찾는 경우 셰익스피어의 희극제목 "끝이 좋으면 모든 것이 좋다(All' s well that ends well)"를 떠올릴 필요가 있다. 인생은 전반부보다 후반부에 인생 평점의 가중치가 많이 실리는 것을 흔히 볼 수 있으며 초라한 현실 속에서 화려한 과거는 그다지 도움이 되지 않고 오히려 부담이 되는 경우를 종종 보게 된다.

세 번째 이유는 당연한 말이지만 이 기간이 너무 길어지면서 관리의 대상이 되었기 때문이다. 과거 은퇴라는 단어가 한 인생의 부록처럼 다가왔다면 이제는 흔히 노후라고 불렸던 인생의 한 부분이 본문에 자리잡게 된 것이 21세기 오늘의 현실이다.

1. 노후의 이해

은퇴와 노후와 관련한 문제가 조명을 받기 시작한 것은 그렇게 역사가 길지 않다. 왜냐하면 은퇴와 시기상 직접적으로 연결되어 있는 노후는 인구의 고령화 현상이 대두되기 이전 한 개인의 삶에 있어서 차지하는 부분이 크지 않았기 때문이다. 은퇴와 노후문제를 논의하기에 앞서 먼저 이 두 가지의 실체를 파악하고자 하는 목적 하에 이것들과 관련된 개념 및 사실(fact)들을 나열해보면 다음과 같다.

먼저 은퇴와 관련하여 은퇴에 대한 가장 대표적인 개념적 정리는 경제활동 참가여부에 따른 은퇴개념, 노동시간이나 임금수준 또는 주요직업을 중단했는지의 여부라고 볼 수 있을 것이다.[1] 은퇴를 설명하고 은퇴 이후 활동에 대한 적정지표를 설정해주고 있는 이른바 은퇴에 관한 이론은 배은영(2009)에서 잘 정리되고 있다. 이것을 다시 재정리하면 대표적인 은퇴이론에는 활동이론(activity theory), 이탈이론(disengagement theory), 지속이론(continuity theory) 등이 있다.

이 중 활동이론은 은퇴 이후의 심리적 그리고 사회적 욕구는 은퇴 전과 동일하며 따라서 은퇴 이후에도 은퇴 전의 활동수준을 유지하고자 한다는 것이다. 다음으로 일탈이론은 사회전체적 맥락에서 봤을 때 은퇴 자체는 사회 내에서 가졌던 기존의 역할로부터의 분리, 이탈이라는 자연스러운 과정이며 또한 사회체제 유지를 위해 불가피하다고 보고 있다. 물론 이 이론에 근거하는 경우 사회로부터의 이탈과정을 자연스럽게 받아드리고 이에 따르는 준비를 하는 것이 필요하다고 강조한다. 마지막으로 지속이론은 앞선 두 가지의 이론의 대안으로서 중간적인 위치를 권유한다. 즉, 새로운 역할의 수행이나 이탈보다는 은퇴 전의 역할과 비슷한 역할을 지속할 필요가 있다는 것이다.[2]

1) 백은영(2009), "은퇴자의 은퇴만족도에 영향을 미치는 요인 분석", 노인복지연구, 여름호(통권 44호), p. 348.
2) 백은영(2009), 전게논문, pp. 349-350.

다음으로 은퇴와 퇴직관련 자료들을 정리해보면 먼저 우리나라 기업의 정년퇴직 연령은 56.9세이나 실제 퇴직연령은 평균 54세 전후인 것으로 나타나 있다.[3)]

한편 은퇴 후 삶에 대한 만족도는 미국의 경우 91%이나 우리나라의 경우 56%에 불과한 것으로 나타났다.[4)] 그리고 또 다른 연구결과에서도 우리나라 은퇴자들은 은퇴 전의 사람들에 비해 만족수준이 상대적으로 낮으며 과반수 이상의 은퇴자가 만족하고 있는 반면 전혀 만족하지 못하는 경우도 43.5%에 달하고 있다고 발표하고 있다.[5)] 다음의 표는 은퇴자들의 은퇴만족도와 관련한 또 다른 연구의 결과를 나타낸 것이다.

▶ 표 1-1 ◀ 은퇴 이후 생활수준 변화 인식 실태

	변수	비율(%)	변수	빈도(%)
은퇴 이후 생활수준 변화 인식	매우 좋아졌다	0.6	다소 나빠졌다	50.5
	다소 좋아졌다	3.0	매우 나빠졌다	15.2
	별 차이 없다	30.6		
	차이없음/긍정집단	34.2	부정집단	65.7

자료 : 김주희 외(2009), "은퇴자의 은퇴 이후 생활수준 변화인식에 관한 연구", p. 85.

그러면 은퇴자 개인들이 느끼는 현실이 아닌 일반인들이 은퇴자 혹은 노인들에 대해 가지고 있는 생각은 어떠할까? 20세 이상 65세 미만 비노인층이 가지고 있는 노인에 대한 이미지를 연구한 한 논문[6)]에 의하면 노인들이 비관적 혹은 낙관적이냐를 묻는 정서적 측면을 제외한 건강, 지적능력, 경제력 등에서 노인은 정정하기 보다 노쇠하고 현명하기보다 독단적이며 경제적 자립보다는 의존적이라는 이미지를 더 가지고 있는 것으로 나타났다.

3) 송문현, 이소용(2007), "고령자 고용 보도자료", 경기: 노동부
4) 신현구(2007), "노동시장 은퇴자의 은퇴 만족도 및 삶의 만족도", 노동리뷰, 3월호, pp. 81-93.
5) 백은영(2009), 전게논문, p. 365.
6) 이윤경(2007), "비노인층이 갖는 노인 이미지 연구", 한국인구학 제30권, 제2호.

▶ 표 1-2 ◀ 응답자 특성에 따른 영역별 노인이미지와의 관계 (단위 : %)

구 분		건 강		정 서		지적능력		경제력	
		노쇠	정정	비관	낙천	독단	현명	의존	독립
성	남	54.3	45.7	46.0	54.0	51.7	48.3	59.5	40.5
	녀	54.3	45.7	48.3	51.7	59.3	40.7	60.9	39.1
연령	청년	60.0	40.0	42.6	57.4	58.4	41.6	59.4	40.6
	중년	51.0	49.0	50.6	49.4	59.1	40.9	64.8	35.2
	장년	49.9	50.1	51.0	49.0	52.0	48.0	57.3	42.7
거주지역	도시	55.7	44.3	47.6	52.4	57.4	42.6	62.2	37.8
	농촌	47.1	52.9	47.5	52.5	53.6	46.4	51.8	48.2
교육수준	중졸 이하	47.2	52.8	52.0	48.0	53.7	46.6	57.1	42.9
	고졸	54.9	45.1	46.9	53.1	60.2	39.8	61.3	38.7
	초대 이상	61.1	38.9	43.6	56.4	55.1	44.9	62.9	37.1
경제수준	200만원 이상	52.9	47.1	48.6	51.4	55.0	45.0	59.4	40.6
	200만원 이하	55.6	44.4	46.2	53.8	58.5	41.5	61.4	38.6

자료 : 이윤경(2007), p. 9.

그리고 이러한 상황을 대변하듯이 우리 나라의 20~50대를 대상으로 나이가 드는 것에 대한 사람들의 걱정이나 두려움 이른바 노후불안(aging anxiety)을 조사한 한 연구[7]에 의하면 연구대상자들은 보통 정도의 노후불안을 가지고 있는 것으로 나타났다.

노후에 대한 기본적인 두려움은 노화가 안녕에 위협이 되고 권력의 상실을 가져다 주며 궁극적으로는 자신의 삶을 통제할 수 없게 한다는 사고[8]로 말미암은 것인데 이 논문에서는 구체적으로 노후불안의 정도를 상실에 대한 두려움, 노인에 대한 두려움, 신체적 외모에 대한 걱정, 심리적 불안정 등 네가지를 기준으로 측정하였다.

먼저 노후불안의 순서는 (친구와 건강, 내 문제에 대한 의사결정권 등의) 상실에 대한 두려움이 가장 컸으며 이어서 (노인과 어울리는 것에 대한 선호정도를 나타내는) 노인에 대한 두려움, (늙어가는) 신체적 외모에 대한 걱정, (노후의 삶

7) 최순옥, 김숙남, 신경일, 이정희(2008), "일부 지역 성인의 노후불안", 한국노년학 28(1).
8) 최순옥 등(2008), 전게논문 p. 20.

에 대한) 심리적 불안정의 순위로 나타났다. 한편 이 연구에서는 노인과 동거경험이 없는 그룹과 대학생 등 주로 젊은층에서 노인에 대한 두려움이 크다는 것과 50대의 심리적 불안정 점수가 30대에 비해 높다는 것을 보여주고 있다.

위의 내용들을 정리해보면 은퇴와 곧 이어지는 노후는 죽음과 같이 인생의 한 부분임에도 불구하고 대부분의 일반인에게는 생소하면서도 또한 피하고 싶은 일종의 두려움의 대상이 되고 있음을 알 수 있다.

물론 노후가 반드시 두려워야 할 대상은 아니라는 연구결과도 있다. 즉, 은퇴 후의 삶이 비록 은퇴초기에는 어렵지만 지속적으로 그러한 것은 아니라는 것이다. 예를 들어 김나연 · 김성희 · 정은하(2007)[9]는 은퇴한 연구대상자들의 경우 퇴직 직후 밀려남과 상실에서 오는 혼돈의 단계를 겪게 되지만 이어 상황을 정리하는 단계에 이르게 되고 다음으로 활동영역의 확장을 통해 나를 다시 찾게 되며 또한 내면의 자유를 얻게 되고 그 이후 변화의 추구와 삶의 긍정이라는 같은 적극적 단계로 나아가게 된다고 발표하고 있다.

그러면 노후라는 문제를 어떻게 정리할 수 있을까? 노후가 문제가 되는 이유를 근본적으로 노인의 만족감 혹은 행복감이 충족되지 않을 가능성이 큰 시기 혹은 불행의 가능성이 큰 시기이기 때문이라고 정의한다면 먼저 인간(주로 은퇴노인)의 행복과 만족감의 근원을 규명한 다음 이것을 근거로 노후문제를 거론하고 정리하는 것이 당연할 것이다.

이러한 내용은 아래에서 노후준비문제와 관련하여 다뤄질 것이다. 그런데 우리가 만일 알랭 드 보똥[10]의 말, 즉 인간의 불안(혹은 불행)이 대부분 타인의 사랑과 관심을 받고자 하는 욕구가 충족되지 못한 상태 이른바 사랑결핍에서 온다는 것을 긍정하는 경우 노후문제는 인간의 일반적인 문제인 사랑결핍의 문제로 귀결이 된다. 그리고 이런 점에서 노후의 문제를 외모나 건강상태, 경제력, 기술 등에서 세상의 사랑과 관심을 받을 만한 이유가 상대적으로 부족한 상태로 다시 정의한다면 이 문제는 개념상 다소 간단해진다고 볼 수 있다.

9) 김나연 · 김성희 · 정은하(2007), "남성노인의 은퇴 후 삶의 과정에 대한 근거이론적 접근", 한국가족복지학, 21권.
10) 일랭 드 보똥(Alain de Botton), "불안", 이레출판사, 2004.

2. 노후관련 현황

1) 세계적 인구노령화 현상

노후문제의 실태를 이해하기 위한 노후관련 현황으로써 먼저 우리나라와 세계적 노령화 현상과 함께 우리 나라의 노후준비실태에 대해 알아보자.

지금까지 알려진 기록을 보면 우리나라의 20세기 초 평균수명은 남자 23세, 여자 24세였다. 이처럼 짧은 평균수명은 높은 영아사망률에 기인한 것이지만 여전히 기대수명은 길지 않았다고 볼 수 있다. 한편 세계적으로 평균수명은 계속 증가하여 있으며 2006년 기준 OECD 국가 중 우리나라의 기대수명은 남자는 평균(75.8세)보다 0.1년 낮고 여자는 평균(81.4세)보다 1.0년 높다는 통계자료가 있다.

다음으로 우리나라의 평균수명의 증가현상을 보면 1970년에 남자 58.67세 여자 65.57세를 나타내어 1970~2008년 사이에 남녀 모두 약 18년 정도 평균수명이 늘어났음을 **표 1-3** 을 통해 알 수 있으며 아래의 그림은 기대수명의 증가가 일시적 현상이 아닌 지속적인 현상임을 알 수 있다.

▶ 표 1-3 ◀ 우리나라 인구의 기대수명 (단위 : 세)

연도	남녀전체	남자	여자	연도	남녀 전체	남자	여자
1970	61.93	58.67	65.57	2002	77.02	73.4	80.45
1980	65.69	61.78	70.04	2004	78.04	74.51	81.35
1985	68.44	64.45	72.82	2005	78.63	75.14	81.89
1990	71.28	67.29	75.51	2006	79.18	75.74	82.36
1996	73.96	70.08	77.77	2007	79.56	76.13	82.73
2000	76.02	72.25	79.6	2008	80.08	76.54	83.29

자료 : 통계청 홈페이지, 2010.

◀ 그림 1-1 ▶ 우리나라 인구의 기대수명

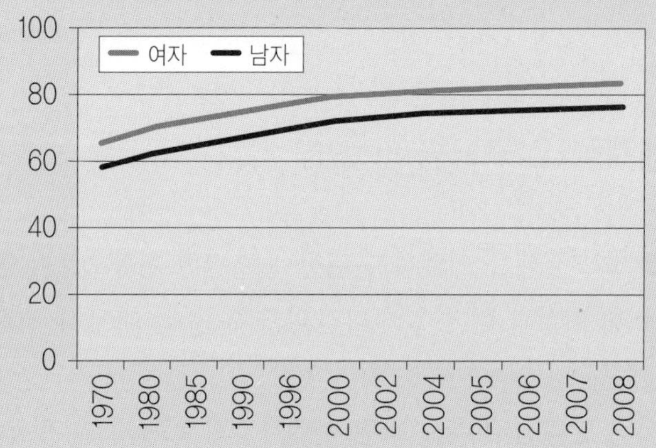

한편 다음 그림은 주요 국가별 평균수명 추이를 보여주고 있는데 이 그림을 통해서 인구의 노령화 현상은 우리나라뿐 아니라 전 세계적 현상임을 알 수 있다. 특히 우리나라의 경우 1970년 이후 기대수명 변화를 보면 OECD 30개국 중 터키를 제외하고 가장 빠른 속도로 증가하고 있어 매우 특이한 모습을 나타내고 있다.

◀ 그림 1-2 ▶ 주요국가별 평균수명 추이 (자료: 2002년 생명표 작성결과, 통계청)

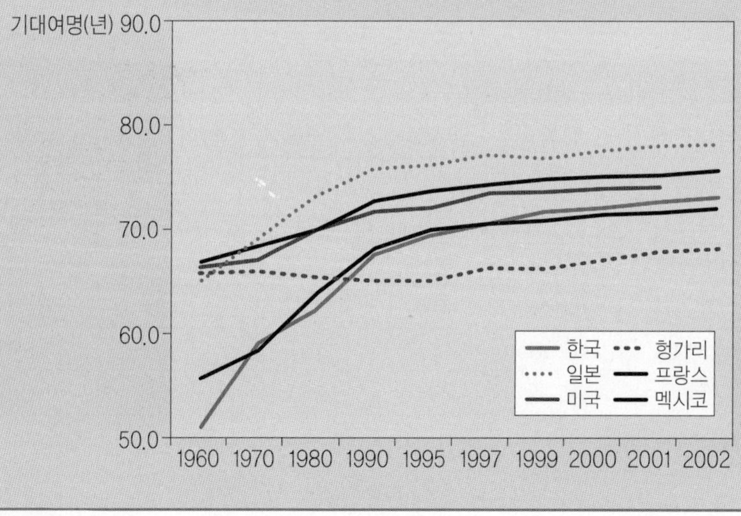

2) 세계적 인구 노령화 현상과 재정문제

이러한 세계인구의 장수화 현상은 개개인의 노후재정의 확보문제와 직접적인 관련을 갖고 있지만 실제적인 문제점은 65세 이상의 노령인구의 비율이 급격히 증가하고 있다는데 있다. 선진국의 경우 65세 이상 노령인구의 비율이 2000년 14.4%에 이르러 이미 고령사회로 접어들었고 2030년에는 22.6%로 4명 중 한명 비율로 될 전망이다. 그리고 우리나라의 경우 2000년 현재 7.1%이나 이후 노령인구가 급속히 증가하여 2030년에 19.3%, 즉 5명 당 한명이 노령인구가 될 것으로 예상되고 있다.

이러한 인구노령화가 가지고 있는 문제 혹은 부담은 무엇인가? 인구노령화의 부담은 구체적으로 i) 생산하는 사람보다 소비하는 사람의 비중이 커지고 이에 따라 생산성이 변하지 않는 이상 국민 한 사람에게 나눠줄 수 있는 빵의 크기(GDP)가 감소한다는 것과 ii) 은퇴자들에게 있어서는 실질적 공적연금액의 감소를 의미하기 때문이다. 그 이유는 대부분 선진국의 공적연금제도가 부과방식(pay-as-you-go), 즉 연금의 재원을 당시 가입자의 보험료로 충당하는 방식으로 되어있기 때문인데 자세한 내용은 공적연금(국민연금)부분에서 다뤄질 것이다.

3) 노후준비 실태

이제 우리 나라 국민들의 노후준비실태를 알아보자.

2009년 통계청자료(2009 사회조사결과)에 의하면 18세 이상 인구 중 노후를 위하여 '준비하고 있다'고 응답한 사람은 75.3%(1998년 53.3%), 노후준비를 하고 있지 않은 사람은 24.7%로 나타났으며 이 중 '앞으로 준비할 계획임'이 25.7%이며 '준비할 능력 없음'이 49.5%, '아직 생각하고 있지 않음'이 8.6% 등으로 나타났는데 '준비할 능력부족'이라는 답변이 2005년 26%, 2007년 32.6%, 그리고 2009년 49.5%로 지속적으로 늘고 있는 현상을 보이고 있다. 한편 연령대별로 보면 노후 준비율은 30대가 87.5%로 가장 높고 40대(85.6%), 50대(81.6%) 순으로 나타났다.

▶ 표 1-4 ◀ 노후준비 여부 (단위 : %)

구 분		계	준비중	미준비	소계	아직 생각 안함	향후 준비 계획	준비 능력 없음	자녀 의탁 의탁
연도	2007년	100	72.7	27.3	100	11.1	31.7	24.8	14.5
	2009년	100	75.3	24.7	100	8.6	25.7	49.5	16.3
거주지역	도시	100	77.8	22.2	100	9.1	27.9	47.3	15.7
	농어촌	100	64.3	35.7	100	7.1	19.5	55.5	18.0
성별	남자	100	80.9	19.1	100	9.5	31.7	47.6	11.1
	여자	100	55.5	44.5	100	7.1	16.4	52.3	24.2
연령	18~29세	100	65.5	34.5	100	35.6	47.9	16.5	0.0
	30~39세	100	87.5	12.5	100	12.6	59.2	27.8	0.4
	40~49세	100	85.6	14.4	100	9.2	47.7	42.2	0.9
	50~59세	100	81.6	18.4	100	5.7	32.9	57.4	3.9
	>60세	100	50.6	49.4	100	3.6	5.0	59.7	31.6

자료 : 통계청 홈페이지

▶ 표 1-5 ◀ 노후준비 방법(18세 이상 가구주) (단위 : %)

구 분		계	국민 연금	기타 공적 연금	사적 연금	퇴직금	예금, 적금	부동산	기타
연도	2007년	100	41.1	8.0	16.2	3.8	23.1	6.9	1.0
	2009년	100	42.6	7.5	17.8	3.9	21.0	6.1	1.1
거주지역	도시	100	42.6	7.3	18.0	3.8	20.7	6.3	1.2
	농어촌	100	42.9	8.4	16.6	4.0	22.4	5.1	0.6
성별	남자	100	43.6	7.8	17.4	4.2	19.6	6.2	1.2
	여자	100	37.6	5.8	20.1	1.9	28.3	5.5	0.7
연령	18~29세	100	49.1	5.1	14.4	1.8	28.1	1.1	0.4
	30~39세	100	39.6	6.8	21.2	3.9	23.0	4.0	1.4
	40~49세	100	44.5	7.2	20.1	3.5	18.4	5.0	1.1
	50~59세	100	46.4	6.9	15.4	4.8	18.5	7.1	0.8
	>60세	100	35.8	10.6	12.8	3.8	24.4	11.6	1.0

자료 : 통계청 홈페이지

그런데 '준비하고 있다' 고 응답한 사람들의 노후준비 방법으로 '국민연금' 이 42.6%로 가장 많은 부분을 차지하고 있어 평소에 국민연금에 대한 신뢰가 크지 않다는 여론을 고려할 때 그 준비의 현실성에 다소 의문이 제기되고 있다.

3. 노후의 문제와 원하는 주거형태

다음으로 통계청에서 발표한 60세 이상 노인들이 겪는 어려운 문제는 다음의 그림에서 보는 바와 같이 경제적 어려움(약 43%)이 제일 크고 이어 건강 등이 문제가 되는 것으로 나타났다.

◀ 그림 1-3 ▶ 노인들이 겪는 가장 어려운 문제(60세 이상)

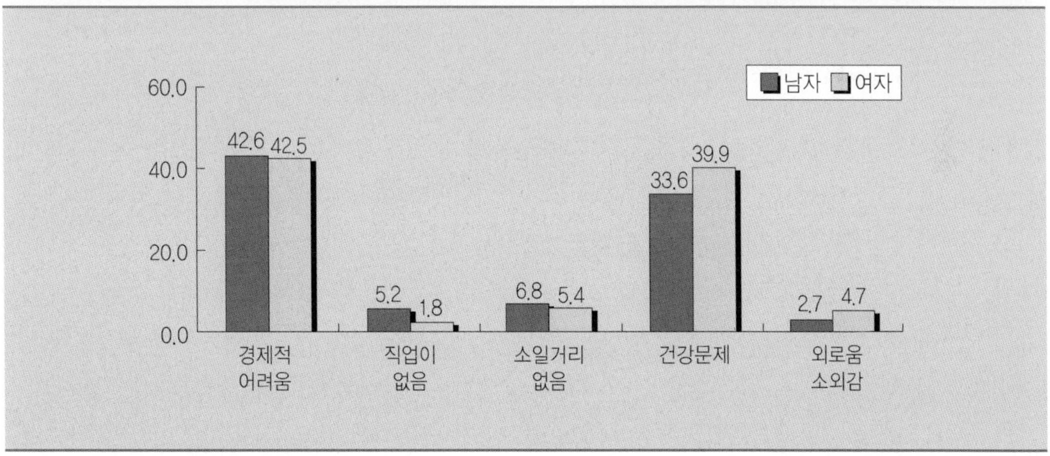

자료 : "2009 사회조사결과", 통계청 홈페이지

한편 주거문제와 관련하였을 때 60세 이상 노인의 62.9%는 자녀와 같이 살기를 원치 않았으며 이 경우 '장래 살고 싶은 곳' 으로 '자기 집' 이 77.1%로 가장 많았고 이어서 '무료 양로원 또는 요양원' 이 14.5%, '유료 양로원 또는 요양원(실버타운 등)' 이 6.3%를 차지하는 것으로 나타났다.

▶ 표 1-6 ◀ 향후 자녀와 동거의향 및 살고 싶은 곳(60세 이상) (단위 : %)

구 분		계	동거 원함	동거 원치 않음	소계	자기집	무료 양로원, 요양원	유료 양로원, 요양원	기타
연도	2007년	100	40.0	60.0	100	84.9	9.8	4.8	0.5
	2009년	100	37.1	62.9	100	77.1	14.5	6.3	2.1
거주 지역	도시	100	37.8	62.2	100	73.7	16.2	7.7	2.5
	농어촌	100	35.4	64.6	100	84.9	10.7	3.1	1.3
성별	남자	100	33.5	66.5	100	80.1	13.0	5.5	1.4
	여자	100	39.8	60.2	100	74.6	15.8	6.9	2.7
연령	60~64세	100	31.3	68.7	100	80.1	11.6	6.1	2.2
	65~69세	100	36.1	63.9	100	75.1	15.4	7.9	1.7
	70~79세	100	39.8	60.2	100	77.0	15.6	5.5	2.0
	>80세	100	46.8	53.2	100	72.8	18.7	4.6	3.9

자료 : 통계청 홈페이지

제2장 노후문제의 해결과 연금

들어가기에 앞서

어떤 경우이든 예외는 항상 있게 마련이지만 은퇴와 함께 이어지는 노후란 기본적으로 그렇게 즐거운 일이라고 볼 수는 없다. 그리고 '어바웃 슈미트' 나 '스트레이트 스토리' 라는 영화를 보거나 혹은 주위의 이웃을 보더라도 은퇴라는 모습은 매우 암울하게 다가오는 것이 현실이다.

그러나 은퇴에 관한 것은 나쁜 소식(bad news)들만 있는 것이 아니라 다행히 좋은 소식(good news)도 하나 있으니 그것은 바로 이것은 충분한 시간을 두고 예약이 되어 있는 사건이라는 것이다.

은퇴와 노후문제의 가장 간단한 해결방법은 '늙지 않거나' '늙더라도 건강과 습득과 변화능력 등과 같은 젊음의 특권들을 유지하는 것' 이다. 이와 관련하여 과거 유명한 코미디언 중의 한명인 루실 볼은 젊게 사는 비법에 대해 다음과 같은 세 가지를 말하였다. 첫째, 적게 먹고(소식) 둘째, 정직한 삶을 살되 셋째, 나이에 대해서는 거짓말을 한다는 것이다. 그런데 이러한 처방들은 비록 그럴듯해 보이기는 하지만 실제 직면하고 있는 현실은 그렇게 호락호락 하지 않으며 따라서 만물의 영장인 우리가 할 수 있는 일은 예측된 미래를 토대로 철저히 준비하는 수밖에 없다.

노후대비의 핵심을 세 단어로 말하라면 다름 아닌 준비, 준비, 준비 이 세 글자이다. 우리의 인생역정을 돌아보면 준비가 없이 개인의 소망이 이루어지는 경우는 거의 없으며 설사 이루어졌다 하더라도 마치 물거품처럼 곧 꺼지기 미련이다. 참고로 왓슨 와이엇(Watson Wyatt)의 버논(Vernon) 부회장은 "그 동안 우리가 '가진 자' 와 '가지지 못한 자' 에 대한 이야기로 분주했는데 향후 50년 동안은 사람들을 바람직한 노후의 삶을 '가진 자' 와 '가지지 못한 자' 로 구분하는 경우 그 기준은 이를 위해 '준비한 자' 와

'준비하지 않은 자' 가 될 것" 이라고 언급하며 준비의 중요성을 역설하고 있다.

그럼 무엇을 어떻게 준비할 것인가?

당연한 말이지만 궁극적으로 행복한 노후에 관심을 두어야 할 21세기형 은퇴설계는 과거처럼 "늙어죽을 때까지 돈이 바닥나지 않도록 하는" 재정문제에만 치중하지 않고 개인의 행복감에 영향을 미치는 직업(제2캐리어) 관리, 가족관리, 건강관리 및 재정관리 등 종합적 설계를 필요로 한다. 인간의 행복이라는 것은 마치 동화에 나오는 키다리 아저씨처럼 높은 담을 가진 저택에 산다고 해서 즉, 재정문제만 해결된다고 해서 만들어지는 것이 아니다.

그리고 직업(제2캐리어) 관리란 단순히 왕년에 하던 것을 좀 다운그레이드 하거나 적절히 변형해서 계속적인 직업으로 사용하는 것을 의미하지 않는다. 예전에 하던 일을 반복하고 연장한다는 것은 그다지 즐거운 일이 아닐 수 있으며 따라서 가능하다면 꿈을 가지고 새로운 일, 예전부터 하고 싶었던 일에 새로이 도전해보는 것을 말한다.

꿈의 효과는 상상 외로 크다. 꿈은 달성여부와 상관없이 달성에 준하는 흥분과 기쁨을 제공하며 새로운 활력을 제공하며 새로운 정신과 육체를 가진 나를 창조하는 기능까지 가지고 있다. 그런데 만일 도봉산(지하철 1호선)으로 가고 싶은 꿈이 있다라고 하면 2호선 타고 종점 까치산역까지 버티다가 내릴 것이 아니라 신도림에서 갈아타야 한다. 위에서 루실 볼이 나이에 대해서는 거짓말 할 것을 제안(?)하였는데 이 말은 결국 나이에 순응(?)하지 않는 건강(외모)관리와 꿈을 향한 왕성한 노력을 전제로 한 것이라고 봐야 한다.

1. 노후 준비의 개념

유명한 경영학의 권위자 피터 드러커(Peter Drucker)는 자기경영(self management)이 점점 갈수록 인생의 후반부관리를 의미하고 있다고 말한 적이 있다. 그러나 현실을 보면 은퇴에 대한 태도가 아직 긍정적이지 않음에도 불구하고 한 연구에서는 은퇴 후를 계획하고 있는 비율이 47.8%에 불과한 것으로 보고하고 있다.[11)]

은퇴계획이나 준비는 아래에서 언급되고 있는 바 노후의 만족도 혹은 은퇴만족도에 상당한 영향을 미치는 것으로 알려져 있다. 이제 노후의 만족도 혹은 행복에 영향을 주는 요인들은 무엇이며 또한 은퇴설계 혹은 노후준비는 어떻게 해야 하는 지에 대해 구체적으로 알아보도록 하자.

1) 행복한 노후의 조건: 은퇴만족도의 주요 요인들

먼저 정신과 의사가 집필한 "아름다운 노후(Aging well)"라는 책에서는 하버드 법대생들을 포함한 몇 그룹에 대한 30년 정도의 추적을 통해 행복한 노후를 살아가는 사람들의 비결을 적고 있다. 이 책의 중요한 내용들을 정리해보면

i) 노후의 행복을 파괴하는 주범은 음주와 흡연이며

ii) 소득과 부, 그리고 사회적 지위는 행복한 노후의 지표가 되지 못하고

iii) 유전적 요소나 콜레스테롤 수준, 젊은 시절의 스트레스, 부모 등도 별로 영향력을 미치지 못하며

iv) 오히려 중요한 요소들은 안정된 결혼생활, 교육수준, 적절한 운동 등이 있으며 가장 영향력이 크면서도 의외적인 요소의 하나는 변화에 대한 적응, 대처 능력이었다는 것이다.

9) 홍성희, 곽인숙(2007), "은퇴태도와 은퇴계획수준의 인과관계에 관한 연구", 한국가정관리학회지, 25(2), pp. 89-104.

여기서 변화에 대한 적응, 대처 능력이라고 하는 것은 유머와 이타심, 자제력, 승화능력 등을 포함하는데 이것들이 제대로 나타날 수 있는지 여부를 나타내 주는 중요한 두가지 지표가 있다면 그것은 후세대에 대한 관심, 그리고 전통과 관습의 보호 및 후손에의 전달이라고 언급하고 있다.

은퇴만족도와 관련한 논문들을 보면 먼저 김희주 · 주경희(2008)[12]은 기존연구에서 언급된 바 '한국의 성공적 노후척도'를 이용하여 성공적 노화의 요소 혹은 척도들이 실제로 노인들의 주관적 삶의 만족 정도에 어떠한 영향을 미치는지 분석하였다. 성공적 노후척도는 '자기효능감을 느끼는 삶', '자녀성공을 통해 만족하는 삶', '부부간의 동반자적 삶', '자기통제를 잘 하는 삶 등이 적용되었다.[13] 연구결과를 보면 먼저 자녀의 성공은 자기통제감과 자기효능감에 대한 긍정적 효과를 통해 삶의 만족도를 높이는 것으로 나타났다. 그리고 배우자와의 동반자적 삶은 직접적으로 삶의 만족도에 영향을 미치며 또한 제고된 자기효능감을 매개로 하여 삶의 만족도에 간접적인 영향을 미치는 것으로 나타났다.[14]

다음으로 백은영(2009)은 개인의 인구통계학적 요인들과 경제적 요인, 건강상태, 주관적 만족도 요인, 사회활동 및 일 관련 요인들이 고루 영향을 미치는 것으로 발표하고 있다. 그 중에서도 은퇴만족도에 있어 참고로 할만한 사실은 남성보다는 여성, 60세보다는 80세, 주택을 소유 못한 경우보다 소유의 경우가, 그리고 종교모임과 동창회에 참여하는 경우가 그렇지 않은 경우보다 만족도가 더 높은 것으로 나타났다.[15]

한편 김주희 외(2009)에서는 은퇴 이후 생활수준 변화인식에 영향을 미치는 요인은 연령, 은퇴대비, 재무지식정도, 자산충분성, 소일거리, 건강상 문제로 나타났으며 은퇴대비를 하지 않고 재무지식정도가 낮을수록 그리고 현재 보유하

12) 김희주 · 주경희(2008), "'한국적 성공적 노후척도'를 활용한 노인의 삶의 만족에 관한 연구", 노인복지연구 가을호(통권41호).

13) 여기서 '자기효능감을 느끼는 삶'에 대한 지표로는 '건강상태로 인해 활동하는데 있어 지장여부'와 '앞으로 생활수준에 대한 기대' 등이 사용되었으며 '자녀성공을 통해 만족하는 삶'에 대한 지표로는 '자녀와의 연락빈도', '자녀의 교육수준' 등이 사용되었다. 다음으로 '부부간의 동반자적 삶'과 '자기통제를 잘하는 삶'의 지표로는 '배우자 관계에 대한 만족 정도'와 '일주일에 운동을 하는 횟수' 등이 각각 사용되었다.

14) 김희주 · 주경희(2008), 전게논문, p.152.

15) 백은영(2009), 전게논문 P. 363-364.

고 있는 자산이 부족하다고 느낄수록 은퇴 이후 생활수준 변화를 부정적으로 인식하는 집단에 속할 가능성이 크다고 보고하고 있다.[16)]

마지막으로 양영순(2009)[17)]은 은퇴준비와 은퇴자의 행복정도 혹은 은퇴만족도와의 관계를 기존의 자원보전이론을 통해 먼저 설명하고 이것을 설문조사를 통해 확인시켜주고 있다.

자원보존이론(conservation of resources theory)이란 먼저 인간을 "자원을 획득하고 유지하려고 애쓰는 존재로 설정"[18)]하는데 여기서 자원(resources)이란 음식이나 집 같은 생존에 필요한 물질(objects), 사회적 지위나 가족 및 친구와의 관계 등을 의미하는 상황(conditions), 자존감 또는 자기효능감 같은 개인적 특성(personal characteristics), 그리고 시간, 돈과 같은 다른 자원들을 얻기 위해서 필요한 수단이 되는 에너지 등을 모두 포함하는 개념이다. 이러한 자원은 인간이 살아가면서 목표로 하는 대상이나 그 목표획득을 위해 필요한 수단이 될 수 있는데 이 이론은 인간이 받는 스트레스를 건강, 사랑하는 사람, 직업의 상실 등 이른바 자원의 상실이 가져오는 것으로 해석하고 있다.[19)]

자원보존이론을 은퇴준비와 은퇴만족도의 관계에 적용시키기 위해서는 이 이론이 가지고 있는 두 가지 기본원칙을 이해할 필요가 있다. 그 첫 번째 원칙은 자원의 상실이 자원의 획득에 비해 보다 강력한 힘을 가지고 있다는 것이고 두 번째 원칙은 인간은 자원의 상실이 발생하는 경우 그 상실을 최소화 혹은 상쇄시키기 위해 이미 보유하고 있거나 활용 가능한 동일의 혹은 다른 자원을 불러들인다는 것이다.[20)] 따라서 은퇴준비란 기존에 보유한 자원의 상실을 통해 발생하는 스트레스를 새로운 자원의 대체를 통해 극복하기 위한 과정으로 볼 수 있으며 만일 이것이 제대로 이루어지지 않는 경우 대체자원이 빈약한 사람은 어쩌면 추가적인 자원의 상실로 말미암아 더욱 더 어려움에 처할 수 있음을 말하고

16) 김주희 · 이기영 · 최현자(2009), "은퇴자의 은퇴 이후 생활수준 인식변화에 관한 연구", 한국가족자원경영학회지, 13권 4호. p. 89.
17) 양영순(2009), "남편의 은퇴준비도와 아내의 결혼만족 관계에 관한 연구", 한국가족복지학, 제27권.
18) 양영순(2009), 전게논문, p. 9.
19) 양영순(2009), 전게논문, p. 8.
20) 양영순(2009), 전게논문, p. 9.

있다.

이 논문의 주요한 실증결과는 다음과 같다. 먼저 은퇴준비가 은퇴부부의 삶의 질에 미치는 영향력은 매우 크다는 것이다. 다음으로 국제적 기준에 비했을 때 우리나라 은퇴자 아내의 결혼만족도는 상대적으로 매우 낮은 것으로 나타났다.[21)]

위의 내용들을 요약해보면 은퇴 후 만족한 삶을 영위하기 위해서는 건강이나 경제적 욕구가 충족되어야 하며 연후에 결혼생활이나 만남 등의 가족이나 타인과의 '관계' 가 중요한 영향력이 됨을 알 수 있다. 이와 동시에 이러한 결과는 인간의 행복이나 만족도는 은퇴 전이나 은퇴 후를 막론하고 결국 유사한 척도를 가지고 있음을 보여준다고도 볼 수 있다.

따라서 이러한 측면에서 볼 때 우리는 인간의 행복이 궁극적으로 자신이 아닌 타인의 관심과 사랑으로부터 말미암는다고 하는 보통의 말을 상기할 필요가 있으며 아울러 이러한 사실에 근거하여 노후준비의 방향성을 설정할 필요가 있을 것이다.

2) 성공적 노화(successful aging)를 위한 21세기 은퇴설계

1장에서 '노후의 이해' 라는 주제를 다루는 과정에서 노후문제는 인간의 일반적인 문제인 사랑결핍의 문제로 귀결이 되며 노후의 문제를 외모나 건강상태, 경제력, 기술 등에서 세상의 사랑과 관심을 받을 만한 이유가 상대적으로 부족한 상태 즉, 인간적인 '매력' 이 줄어든 상태로 정의할 필요가 있음을 언급한 바 있다.

그렇다면 매력은 무엇인가? 매력은 다양하게 정의될 수 있지만 기본적으로 사람들이 '원하는 그 무엇인가를 줄 수 있는 상태' 를 말한다고 볼 수 있다. 사람들이 원하는 것은 음식, 주거용 공간, 의복 등 생활필수품 외에도 외적 아름다움, 웃음, 의료, 음악, 권력, 명예, 육아, 기술적 해결능력 등 다양한 것으로 구성

21) 양영순(2009), 전게논문, p. 25.

되어 있으며 만일 이러한 것들을 원하는 사람에게 공급할 수 있다면 그 수요자에게는 이것을 공급하는 사람이 매력 있게 보일 수 있는 것이다.

따라서 퇴직 혹은 노후의 만족한 삶을 위해서는 내가 나 아닌 타인의 원하는 그 무엇을 공급해줄 수 있는지 스스로 궁구해야 한다. 그런데 이 과정은 자신이 제공하는 것이 좀 더 의미 있고 좀 더 가치 있는 것이 되도록 하기 위해 즉, 보다 매력적이 되기 위해 타인과 '차별적'으로 제공할 수 있는 것이 무엇인지에 대한 고려를 필요로 하며 이것은 다시 '내가 누구이며' '내가 가진 재능은 무엇인가'에 대한 인간의 기본적인 성찰의 문제로 귀결될 수 있다.

그러면 이러한 전제 하에 21세기형 은퇴설계의 개요에 대해 알아보자.

먼저 삼성경제연구소에서는 한 보고서(새시대, 새조류, CEO)에서 21세기의 키워드를 발표한 적이 있다. 이 보고서에 나와 있는 키워드를 보면 **그림 1-4** 와 같다.

◀ 그림 1-4 ▶ 21세기의 키워드(삼성경제연구소)

응축의 시대	←	작은 것이 아름답다
유연의 시대	←	부드러운 것이 강하다
공유의 시대	←	나눌수록 커진다
모험의 시대	←	남이 가지 않은 곳에 길이 있다
특이의 시대	←	튀는 인재가 일을 낸다
지식의 시대	←	보이지 않는 것이 돈이 된다
기본의 시대	←	태풍의 핵은 고요하다

자료 : "새시대, 새조류, CEO", 삼성경제연구소

그런데 이 키워드들을 살펴보면 상당 부분이 변화 그리고 젊음으로 요약이 가능하다는 것을 알 수 있다. 즉, 21세기에는 시대의 흐름에 맞추어 혹은 앞서 나가 꾸준히 변화할 줄 알아야 한다는 것인데 이러한 변화에 가장 걸맞는 단어로

서는 젊음이 연상이 된다.

한편 은퇴설계라고 하면 흔히들 노인들이 인생을 마무리하면서 봉사나 취미 활동 등을 하면서 경제적 어려움 없이 적당히 시간을 보내는 것으로 연결시키고 있다. 그러나 이러한 은퇴설계는 그야말로 20세기형 은퇴설계이며 은퇴 후 사망까지의 시간이 길지 않았던 시대에 해당한다고 볼 수 있다. 21세기 현대에 있어 노인들은 비록 과거의 연령기준으로 봤을 때 노인이지만 건강, 지적 적응능력 등에 있어 결코 '노인'이 아니며 게다가 왕성한 사회참여 욕구를 가지고 있다. 따라서 21세기의 은퇴설계는 좀 역설적으로 들릴 수도 있지만 기본적으로 21세기의 키워드 혹은 21세기형 자산이라고 볼 수 있는 '젊음'을 보유하고 생산할 수 있도록 유도하는 것이 매우 중요하다고 볼 수 있다.

그런데 이러한 은퇴설계는 일반적으로 제1캐리어의 확장 내지 추가적 정보나 기술의 첨가를 통한 일종의 직업적 업그레이드(up-grade)나 혹은 제2의 캐리어를 통한 새로운 생산성의 보유를 의미할 수 있는데 이것은 기본적으로 장기간에 걸친 노력과 투자를 필요로 한다. 따라서 대부분의 사람들에게 있어 이러한 요구는 당장의 의식주의 해결이라는 현실적인 문제에 부딪혀 좌절되는 경우가 많다.

그러나 이러한 좌절은 절대적인 여건에 의해 조성되는 것이라고 보다 오히려 제2의 캐리어의 개발이라는 문제를 단시간에 해결하려고 하는 것에 그 뿌리가 있음을 알아야 한다. 은퇴 혹은 제2캐리어의 준비는 제1캐리어를 살아가는 도중에 꾸준히 계획하여 꾸준히 오랫동안 준비해야 하는 것인데 준비는 일정한 양의 시간을 가지고 있는 자의 몫이 아니라 세월이 걸리더라도 시간을 만들어내는 자의 몫이라는 것을 생각해 볼 필요가 있다.

노후준비에 영향을 미치는 요인들에 관한 연구로는 김양이 · 이채우(2008)가 있다.[22] 이 논문은 노후준비를 건강의 유지와 같은 신체적 준비, 심리적 안정성을 의미하는 정서적 준비, 그리고 경제적 안정을 위한 경제적 준비 모두 세 가지로 대별하여 도농 및 소도시지역 중년층인 조사대상자의 노후준비 정도와 노후준비에 영향을 미치는 요인들을 분석하였다. 그 결과를 보면 중년층의 노후준비

22) 김양이 · 이채우(2008), "중년층의 노후준비 수준에 관한 연구", 한국사회복지조사연구, 제19권.

에 가장 큰 영향을 미치는 변수는 노후계획의 수립여부였으며 이외에 월 수입액, 학력, 연금혜택 유무, 시설입소의 등 경제력과 관련된 변수들이 노후준비에 영향을 미치고 있으며 또한 종교의 유무가 정서적 노후준비와 관계가 있음을 밝히고 있다.[23] 참고로 조사대상자들이 밝힌 노후계획수립정도와 노후계획을 수립하지 않은 이유들은 다음의 표 1-7 에 나타나 있다.

▶ 표 1-7 ◀ 조사대상자의 노후계획 수립정도와 노후계획 미수립의 이유

	범주	백분율
노후계획 수립정도	계획하고 있다	55.2%
	그저 그렇다	30.2%
	계획하지 않았다	14.6%
노후계획을 수립하지 않은 이유	경제적 여유 없음	83.2%
	국가/사회의 보장	2.8%
	불필요	7.0%
	자녀의지	4.2%
	기타	2.8%

자료 : 김양이 · 이채우(2008), pp. 66-67 〈표 2〉를 재구성함

2. 노후 경제적 문제의 본질과 노후위험의 관리

노후준비에 있어 가장 기본적인 사항이 있다면 당연히 의식주의 해결이다. 인간은 먼저 이 문제가 선결이 되어야만 다음 단계로 나아갈 수 있는 것은 자명한 사실인데 아래에서는 노후의 경제적 문제를 검토하되 특히 노후 경제적 문제의 본질과 그 위험요소에 대해 초점을 맞추고자 한다.

23) 김양이 · 이채우(2008), 전게논문, p. 77.

먼저 20~50대의 비은퇴자를 대상으로 한 연구조사에 의하면 은퇴에 대한 긍정적 이유는 시간적 여유와 여가생활에 있는 반면 부정적 이유는 경제적인 이유가 가장 큰 것으로 나타났다. 한편 은퇴 후 충분한 생활비의 크기는 3억에서 5억 또는 7억에서 9억 등이라고 대답하였다.[24)]

그리고 또 다른 연구(백은영(2009))에서도 은퇴자들의 은퇴만족에 있어 은퇴 불만족을 가져오는 이유는 일과 경제적 요인인 것으로 발표하고 있다.[25)] 이 연구에 나타나는 흥미 있는 결과 중 하나는 총자산의 크기가 은퇴만족도에 영향을 미치지 않는 반면 경제상태에 대한 만족도가 오히려 은퇴만족도에 영향을 미친다는 것이다. 즉, 흔히들 전문가들 사이에서 언급되는 바 억 단위로 표현되는 적정 은퇴자금의 크기는 사실상 큰 의미가 없다고도 볼 수 있는 것이다.

이처럼 노후의 경제문제는 대부분의 사람들이 관심을 가지는 현실적이고도 중요한 문제임에도 불구하고 반드시 은퇴자금의 규모가 절대적인 중요성을 가지는 것이 아님을 알 수 있는데 이것은 사실 은퇴 전에 있어서도 이른바 '행복은 자산과 비례관계에 있는 것이 아니다' 라는 사실과 동일선상에 있는 내용이기도 하다.

1) 노후의 경제적 본질과 위험

기본적으로 노후가 가지고 있는 의미는 정신적, 육체적, 경제적 측면 등 여러 측면에서 바라볼 수 있지만 경제적 측면을 고려하는 경우 가장 주된 관심은 노후에 발생할 수 있는 경제적 위험에 관한 것이 되어야 한다. 왜냐하면 노후란 젊은 시기와는 달리 생산력과 경제력 측면에서 상당히 위축 혹은 하락한 상태라고 볼 수 있는데 만일 노후에 일종의 경제적 충격이 발생하는 경우 이것을 회복할 수 있는 가능성이 크지 않으며 또한 그 충격의 효과가 과거에 비해 증폭될 가능성이 크기 때문이다. 여기서 말하는 위험이란 리스크(risk)를 의미하는데 리스크란 불확실성을 뜻하는 것이다. 이러한 불확실성은 인간의 경제생활과 심적 안정

24) 정운영 · 백은영(2009),"은퇴에 대한 인식, 은퇴태도와 은퇴준비 행동의 인과관계분석", 사회보장연구 25(2), 133-134.
25) 백은영(2009), 전게서 p. 365.

에 위협요소가 되며 이에 따라 이것을 해소하거나 전가하는 일에 많은 사람들이 관심을 갖게 되는데 대표적인 리스크 해결법이 바로 보험의 가입 이른바 위험의 전가(risk transfer)이다.

한편 흔히들 노후의 경제적 안정문제를 자산의 크기로서 가늠하고 해결하려는 속성을 가지고 있다, 그런데 저축이라는 것은 어느 정도 미래현금흐름에 대한 지식과 자기절제가 있어야만 가능하기 때문에 어렵기도 하지만 나름대로 상당한 위험성을 내포할 수도 있다. 왜냐하면 노후란 기본적으로 지출의 크기를 결정해줄 변수들, 즉 그 지속시기, 외부경제의 변화정도, 소비의 규모, 가용자산의 실질적 크기, 등에 대해 예측할 수 없는 불확실성의 시기인데다가 자산은 안전하게 보호된다는 전제조건이 해결되어야 하는데 자식과 가족간의 갈등관계 등으로 인해 이 자체가 흔들릴 수도 있기 때문이다.

2) 노후의 경제적 위험들

그러면 노후에 닥칠 수 있는 각종 경제적 위험에 대해 알아보자.

노후의 경제적 문제를 '위험'의 시각에서 접근한 사람의 대표로는 Zvi Bodie(1990)를 들 수 있으며 그가 제시하고 있는 바 퇴직 후의 경제적 위험들은 다음과 같다.[26]

i) 낮은 소득대체율 위험: 적절한 퇴직소득과 실제 퇴직소득의 괴리 가능성을 의미하는데 이것은 전문지식과 자기절제의 부족문제로 인해 적절한 퇴직소득을 위해 계획하고 저축하는 것이 힘들 경우 나타날 수 있다.

ii) 공적연금(public pension)의 감소위험: 일종의 정치적 위험(political risk)으로서 인구노령화 등으로 인해 국민연금 등과 같은 공적연금의 예상연금액이 상당 부분 감소될 가능성을 나타낸 것이다.

iii) 장수의 위험(longevity risk): 오래 사는 것은 환영할 일이지만 경제적 측면에서 장수는 노후저축의 소진이라는 문제를 내포하고 있다.

26) 이하의 내용은 신종욱, "노후재정과 기업연금", 두남출판사, 2002, p. 17-18 참조.

ⅳ) 투자위험: 노후용 자산이 예상된 투자수익률을 달성하지 못할 가능성을 의미한다.

ⅴ) 인플레이션위험: 물가의 상승으로 인해 기존의 자산으로서 과거의 구매력을 유지할 수 없을 가능성이 있다.

이상의 경제적 위험 중에서 낮은 소득대체율 위험과 공적연금의 감소위험은 개인 차원에서 조정이 불가능하며 투자위험의 하향조절은 수익률의 저하라는 대가를 치러야 한다. 그런데 장수위험과 인플레이션위험은 제도나 상품을 적절하게 이용하는 경우 관리가 가능하며 이에 따라 가장 관심을 기울어야 할 부분이다. 장수위험과 인플레이션 위험의 대표적 관리수단은 국민연금이며 자세한 내용은 국민연금부분에서 다뤄질 것이다.

3) 경제적 위험의 해소방안

누구도 피할 수 없는 노후와 노후의 경제적 문제를 해결하고자 할 때 일반사람들이 원하는 구체적 결과는 아마도 불확실성이 없는 일정한 소득이 사망시점까지 꾸준히 발생하고 또한 질병이나 사고 등에 대비하여 기금이 마련되어 있는 상태일 것이다. 그러면 이러한 상태를 위해 고려해봐야 할 대안들에 대해 알아보자.

먼저 가족을 들 수 있다. 특히 대가족의 경우 노후의 각종 문제들 예를 들어 외로움의 문제 등을 해결할 수 있고 나아가 세대간의 결합을 통해 노후의 경제적 위험들의 대부분을 해소할 수 있으며 또한 위험담보에 따른 비용이 보험회사 대비 저렴하다. 왜냐하면 위험이 높은 사람들이 가입하거나(역선택의 문제라고 불림) 혹은 고의적인 보험사고를 저지르는(도덕적 해이라고 불림)경우가 종종 있는 일반 보험과 달리 가족은 이런 보험시장의 문제로부터 자유롭기 때문이다. 그러나 문제는 현대에 들어 소가족으로 축소화됨에 따라 언급한 바 위험의 담보기능이 대폭 축소되어 이제는 가족만으로는 노후 경제적 문제의 해결이 불가능하게 되었다.

또 하나의 대안은 연금상품 혹은 연금제도이다. 연금은 아래에서 자세히 언급되겠지만 장수위험과 인플레이션위험으로부터 방어가 가능하고 또한 일반 자산 대비 상당히 안전하다는 장점을 가지고 있다.

그러나 이 두 가지 만으로도 노후의 경제적 위험으로부터 안전하다고는 말할 수 없다. 따라서 이 경우 현대의 투자이론에서 신봉되고 있는 이른바 분산투자를 할 필요가 있으며 이것은 가족에 대한 투자와 연금제도 및 상품에 대한 가입 혹은 투자를 동시에 유지할 필요가 있다는 것을 의미한다.

3. 노후재정의 핵심

위에서는 노후 경제적 문제의 본질을 살펴보면서 위험관리의 중요성에 대해 언급한 바 있다. 이제 아래에서는 실제로 노후 경제적 문제를 해결하는 과정 즉, 노후자금을 마련하는 문제에 있어 우리가 반드시 이해하고 넘어가야 할 노후재정의 핵심에 대해 알아보고 이어 노후재정의 핵심사항들과 연금이 어떻게 연결되어 있는지 밝히고자 한다.

노후재정문제를 생각할 때 반드시 고려해야 할 몇 가지 핵심적인 사항들은 위에서 언급한 위험관리의 중요성 외에도 투자효율성, 투자기간의 중요성 등이 있다.

1) 위험관리의 중요성

노후의 위험들 중에서 개인들이 특히 고려해야 할 위험은 장수위험과 인플레이션위험임을 밝혔는데 다행히 이러한 위험들은 예상이나 통제가 실제적으로 거의 불가능함에도 불구하고 적절한 재정수단을 선택하는 경우(물론 연금을 염두에 두고 하는 말임) 이러한 위험들에 대한 방어가 가능하다는 것이다. 따라서 노후재정수단을 선택할 시에는 이 기능을 반드시 확인할 필요가 있다.

2) 투자효율성

노후재정의 또 하나의 핵심은 재정계획인 만큼 투자효율성을 최대한 높이는 것이다. 여기서 효율성은 투자효율성을 말하는데 투자위험을 증대시키지 않은 상태에서 투자수익률을 높이는 방법 중 대표적인 것은 세제혜택을 극대화하는 것이다. 그리고 대부분의 나라는 개개인의 노후자금마련을 도와주기 위해서 세제혜택을 마련하고 있는데 연금제도에 대한 혜택이 바로 여기에 해당한다.

우리나라의 경우를 보면 2001년부터는 연금제도에 대한 과세체계가 선진국의 유형을 따라 연금제도 불입시 소득공제를 허용하고 연금수령시 과세하는 것으로 바뀌게 되었다. 이것은 현존하는 국민연금과 퇴직연금, 그리고 개인연금(세제적격상품에 해당) 모두에 관한 것이며 따라서 국민연금, 근로자퇴직연금, 개인연금 모두가 유사한 세제혜택 양상을 갖고 있다고 볼 수 있다.

(1) 연금제도의 세제혜택

연금제도의 세제혜택은 두 가지 측면에서 나타나는데 하나는 소득공제를 통한 은퇴 전, 후 과세소득의 평준화효과, 다른 하나는 연금자산의 이자소득 또는 투자이익에 대해 증식과정에서는 면세 조치하는 것에서 비롯된다.

소득의 평준화효과는 기본적으로 대부분의 국가에서의 소득세가 누진세의 형태를 가지고 있고 아울러 은퇴 전, 후의 소득간 상당한 차이가 존재한다는 것, 이 두 가지가 서로 연결되는 과정에서 발생한다. 당연한 이야기지만 만일 상대적으로 소득이 많은 은퇴 전 소득을 연금제도를 통해 비과세 상태에서 은퇴 후 소득으로 전환하는 경우 누진세율간 차이만큼 이익을 보게 된다.

다음으로 투자이익에 대한 증식과정에서의 면세조치가 가지는 의미는 다음과 같이 비유할 수 있다. 연금제도나 연금상품에 투자된 원금에 발생한 투자수익 혹은 이자소득에 대해 매년 세금이 부과되지 않는다면 이것은 마치 아무런 제약 없이 언덕에서 눈을 굴리는 것과 마찬가지다. 투자수익으로 인해 눈은 계속 커지게 되고 눈이 커진 만큼 이자에 해당되는 눈이 더 붙게 되어 전체 눈의 크기가

기하급수적으로 커지게 되는데 마치 복리효과와 유사하다. 물론 은퇴 후 이 돈을 쪼개어 연금을 받는 경우 이 돈(연금소득)에 대해서는 세금이 부과된다. 하지만 매년 일정 금액 혹은 일정 크기의 눈을 세금으로 계속 떼어내면서 굴리는 것에 비해서는 훨씬 유리하다.

(2) 세제혜택의 크기 산정

이제 세제혜택의 크기를 단순화한 사례를 통해 계산해보자.

먼저 투자이익에 대한 증식과정에서의 면세조치가 가지는 의미를 알아보고자 하는데 이 경우 위에서 살펴 본 소득의 평준화효과를 배제하기 위해 누진세가 아닌?소득의 일정비율을 세금으로 부과하는 경우를 가정해보도록 한다.

구체적으로 어떤 근로자가 임금에서 일회에 걸쳐 100만원의 돈을 저축하고자 하며 이 근로자에게 10%의 소득세율이 현재 적용되고 이자율은 7%, 퇴직까지 25년이 남았다고 가정하자.

i) 세제혜택이 없는 경우

이 경우 투자원금은 소득세 10만원(100만×0.1)을 공제한 90만원이다. 그런데 만일 이 돈에 대한 투자소득이 발생하는 경우 또 다시 소득세 과세대상이 되며 소득세를 공제한 실제투자수익률은 7%×(1.0－0.1)=6.3%가 된다.

이제 이 100만원의 투자자금이 25년 후 얼마가 되었는지 계산해보면

$$90(1+0.063)^{25}=414.55\text{만원}$$

ii) 연금제도(세제혜택)를 이용하는 경우

연금제도를 통해 투자됨으로써 세제혜택을 받는 경우 투자원금은 소득세가 면제되어 100만원 그대로이고 또한 투자수익(이자)에 대해서도 세금이 부과되지 않는다. 다만 은퇴 후 돈을 인출할 때 소득세를 내게 되는데 간단히 적립금총액에 대해 소득세 10%가 부과되는 것으로 가정해보자.

이 경우 100만원의 투자원금이 25년 후에 얼마가 되는지를 계산해보면

$$100(1+0.07)^{25}\times(1.0-0.1)=488.47\text{만원}$$

위의 두 가지 경우를 비교해보면 연금제도를 이용하는 경우 전체 노후자금은 73.92만원 더 많아지며 이것은 전체 노후자금 488.47만원의 약 15%에 해당하는 것이다.

그런데 주목할 사실은 73.92만원 이라는 차이는 소득세 부과의 시점과는 아무 관계가 없다는 사실이다. 왜냐하면 위의 두 가지 식에서 이자율(투자수익률)만 다를 뿐 다른 모든 것은 전부 동일하기 때문이다.

한편 일회적 투자가 아니라 25년의 근로기간 전체로 연장한 경우의 노후자금 총액의 비교는 다음의 표 1-8 에서 볼 수 있다.

▶ 표 1-8 ◀ 투자형태별 은퇴자금의 크기 (단위 : 만원)

	5%		7%	
	일반저축	연금제도	일반저축	연금제도
10%	3,609	4,295	4,636	5,692
20%	2,665	3,818	3,319	5,059
30%	1,908	3,340	2,306	4,417

3) 투자기간의 중요성

마지막으로 노후재정의 핵심은 투자에 있어 시간의 힘을 결코 과소평가 할 수 없다는 것이다. 시간의 힘이란 이자계산에 있어 복리가 가지는 힘인데 노후를 위한 자금마련을 언제 시작했느냐에 따라 노후 가용금액이 큰 차이를 보이게 된다.

예를 들어 현재 나이가 25세인 갑과 을 두 사람이 35년 후 은퇴를 예상하고 이를 위해 저축하기로 결정하였다. 그런데 갑은 매년 말 120만원(즉 한 달에 약 10만원)을 처음 10년 동안 꾸준히 적립하다가 그 이후 입금은 하지 않았고 을은 처음 10년이 지난 후 비로소 적립을 시작하여 그 후 25년 동안 매년 120만원씩 적립하였다.

위의 사례에서 투자수익률을 7%로 각각 가정하는 경우 갑과 을의 은퇴자금의 크기를 계산해 보면 다음과 같다.

먼저 투자수익률 7%하에서 갑의 은퇴자금의 크기는

$$120s_{\overline{10|}}(1+0.07)^{25}=120(13.81)(5.42)=8,982\text{만원}$$

다음으로 을의 은퇴자금의 크기는

$$120s_{\overline{25|}}=120(63.24)=7,588\text{만원}$$

즉, 을이 갑에 비해 15년을 더 적립했음에도 불구하고 은퇴자금은 오히려 갑이 더 많은 것으로 나타난다.

그러나 투자수익률이 낮을 경우, 즉 복리의 힘이 크게 작동하지 않을 경우는 결과가 달라진다는 것을 알 필요가 있다.

예를 들어 투자수익률 5%하에서 갑의 은퇴자금의 크기는

$$120s_{\overline{10|}}(1+0.05)^{25}=120(12.58)(3.38)=5,102\text{만원}$$

다음으로 을의 은퇴자금의 크기는

$$120s_{\overline{25|}}=120(47.72)=5,726\text{만원}$$

즉, 납부기간이 훨씬 많은 을의 은퇴자금이 더 크다.

4. 은퇴 재정설계와 연금

위에서는 노후재정의 핵심 세 가지에 대해 알아보았다. 그런데 은퇴 후 재정 문제는 이 세 가지 외에도 고려해야 할 사항들이 더 있다. 예를 들어 지극히 현실적인 측면에서 노후자금의 경우 월급처럼 꼬박꼬박 입금되도록 하는 것이 번거로움을 덜어주며 그리고 해약자체가 불가능하도록 하여 자식들이나 남들이 손을 대기 어렵도록 만드는 것도 반드시 고려해야 할 사항에 속한다.

연금제도나 연금상품들은 이러한 측면에서 봤을 때도 은퇴용 자금으로서 의미를 가지고 있다고 볼 수 있는데 이제 연금의 개요에 대해 정리해보도록 하자.

1) 연금(pension)의 개념

연금이란 약속된 기간 동안 정기적으로 지불 또는 수령되는 돈을 의미한다. 연금 중 개인연금은 '역생명보험(reverse life insurance)'로 불리기도 하는데 생명보험은 생존기간 동안 매년 일정 금액을 내고 사망 후 목돈을 받지만 연금의 경우 연금을 받기 전 먼저 목돈의 지불이 이루어지기 때문이다.

연금의 가장 중요한 기능 중의 하나는 무엇보다 i) 개인이 가용자산을 초과하여 예상보다 오래 사는 경우의 경제적 위험으로부터 보호해준다는 것인데 이 때 연금제공자는 사망 리스크의 풀링(pooling), 즉, 사망시기가 서로 다른 여러 사람이 동일한 보험에 가입하는 것을 통해 재정문제를 해결하게 된다. 한 연구에서는 30세 남자가 수지상등의 원칙에 의거한 공평(fair)한 연금구매를 통해 얻을 수 있는 효용의 증대치는 평생소득(현재가치)의 30%에 해당한다고 발표하고 있다.

연금의 또 다른 기능 중의 하나는 ii) 사망시점의 불확실성에 직면한 은퇴자의 소비를 최적의 상태에 머물게 하는 것이다. 구체적으로 연금수리상 공평한 연금을 구매할 연금시장이 없는 경우 이성적 은퇴자는 85세 이르게 되면 65세 때 소비의 73%정도를 소비할 것이며 95세가 되면 매년 65세 때에 비해 절반 이하의 소비를 하게 된다고 한다. 그러나 만일 65세에 자신의 자산으로 연금을 구매하였다면 그의 소비는 계속 동일한 수준을 유지하게 된다.

이러한 기능 외에도 현실적으로 봤을 때 보험회사의 재정적 안전성, 세제혜택, 본인이 아닌 전문가에 대한 투자의뢰 등을 고려할 때 연금은 여타 노후재정 방안에 비해 장점을 많이 가지고 있다고 볼 수 있다.

한편 김태일 · 김지혜(2009)[27]는 (노령)연금이 중산층의 노후생활에 어떠한 영향을 미치는지에 대한 논문을 발표한 적이 있다. 이 논문은 특수직역연금에 의한 노령연금 수급자와 연금수급 대상이 아닌 나머지 노인층을 비교함으로써 노령연금이 가지고 있는 의미와 그 효과를 분석하였는데 그 결과는 다음과 같다. 먼저 노령연금은 노후소득보장에 매우 중요하며 노령연금이 없는 경우 자발적인 노후용 저축이 이루어지지만 그 수준은 미약한 것으로 나타났다. 아울러 노령연금이 가지고 있는 노후소득보장효과는 노후의 삶의 질에 중요한 영향을 미치는 것으로 나타났다.[28]

2) 연금의 종류

이제 연금의 종류에 대해 간략히 알아보자.

먼저 연금은 지급기관에 따른 명확히 구분되어있는데 구체적으로 국민연금과 같은 공적연금, 기업이 주체가 되어 제공되는 기업연금(우리나라의 경우 퇴직연금), 그리고 보험회사가 판매하는 개인연금이 있다.

(1) 공적연금(public pension)

국가가 주체가 되며 주로 사회보험의 형태로서 가입이 강제화되어 있고 최소한의 경제생활 보장과 소득재분배를 그 목적으로 한다. 미국의 Social Security, 한국의 국민연금제도가 여기에 속한다.

27) 김태일 · 김지혜(2009), "노령연금이 중산층 노후생활에 미치는 영향", 2009 경제학 공동학술대회 자료집.
28) 김태일 · 김지혜(2009), 전게논문 p. 157.

(2) 기업연금(corporate pension)

비록 국가가 나서서 세제혜택 등을 통해 연금제도의 설립을 장려하지만 그 주체는 기업이며 따라서 기업의 이해관계에 따라 변해가는 경향이 있다. 전세계 기업연금의 일반적 분류는 확정급여제도(Defined Benefit Plan, DB), 확정기여제도(Defined Contribution Plan, DC)이다.

i) DB: 미리 정한 급여공식에 기초하여 퇴직기간 동안 일정한 금액을 제공하기로 약속하는 제도

ii) DC: 기업의 기여금만 미리 정해지고 최종 연금액의 크기는 기업의 기여금, 근로자의 기여금, 투자결과에 따라 달라진다

(3) 개인연금(individual annuity)

개인이 보험회사를 통해 가입하며 우리나라의 경우 보험형, 신탁형으로 나눌 수 있다. 보험형은 원리금 보장형이며 생명, 손해보험회사에서 제공하고 신탁형은 은행 또는 투신사에서 제공하며 투자위험을 가입자가 부담하는 형태를 가진다.

그러면 이 세 가지 연금제도는 어떠한 차이를 가지고 있을까? 세 가지는 연금을 지급한다는 차원에서는 동일하지만 서로 다른 뿌리와 목적 등을 가지고 있으며 이에 따라 그 차이를 구별하는 것은 매우 중요하다.

먼저 공적연금제도는 그야말로 제도이다. 제도라는 것은 개인연금과 같은 상품과 큰 차이를 가지고 있는데 제도란 특정한 목적을 가지고 있으며 이 목적에 부합하도록 제도가 구성되고 운영된다는 것이 특징이다.

또한 제도는 기본적으로 복잡하며 개정이 쉽지 않다. 따라서 비록 제도를 이해하는 것 자체가 용이하지는 않으나 만일 제도의 목적과 내용을 정확히 이해하는 경우 활용의 여지를 가지고 있다. 즉, 개인의 이해관계와 부합할 수 있는 측면이 존재한다는 것이다. 참고로 공적연금제도인 국민연금제도는 사회 전체 구성원을 대상으로 하는 사회보험제도의 하나로서 우리나라의 경우 이 제도와 관

련하여 세대간의 역할을 분명히 구분하고 있다. 함축적인 예를 들자면 국민연금제도는 개인이 납부한 보험료가치 대비 수급하는 연금의 가치 비율 이른바 수익비 측면에서 세대간의 간격이 만들어져 있으며 이것은 구세대에게는 이 제도가 매우 유용하게 사용될 수 있음을 의미한다.

다음으로 기업연금은 기업이 주체가 되고 근로자들이 그 대상이 되며 정부의 세제혜택을 제도 존립의 근간으로 하고 있다. 따라서 기업연금은 제도로서의 특징을 다소 가지고 있으며 또한 보험회사 등 금융기관의 상품을 사용한다는 측면에서는 상품과도 연결되어 있다. 기업연금은 기본적으로 기업의 추구하는 목적, 예를 들어 생산성향상에 부합하도록 구성되어야 하며 그렇게 되는 경우에만 기업의 협조를 통해 오랜 기간 지속될 수 있다. 한편 가입자에게는 세제혜택이라는 제도적 특성을 활용할 수 있는 측면이 있다.

마지막으로 개인연금은 단순히 금융기관의 상품이다. 이 말은 가입자와 금융기관 사이에 주고 받는 관계가 일방적이 아니라 상호적이며 아울러 모든 가입자에게 두루 적용되는 특별한 활용측면은 없다는 것이다. 그러나 개인의 노후준비를 돕는다는 측면에서 정부가 다소의 세제혜택을 제공하고 있는데 이것은 일부의 개인들에게 활용의 여지를 만들어 준다.

다음의 **표 1-9** 는 구체적으로 각 연금제도에 대한 공부를 하기 전에 개괄적인 이해를 목적으로 세 가지 연금제도를 비교 · 정리 해본 것인데 위에서 살펴보았던 노후재정의 핵심을 기준으로 하였다. 다시 한번 언급하자면 노후보장을 위한 개별적, 제도적 장치는 무엇보다 먼저 노후의 경제적 위험들에 대한 담보능력 또는 위험관리능력의 차원에서 평가되어야 하고 이외에 투자효율성, 그리고 노후재정상 용이성 즉, 노후를 위한 저축을 용이하게 하느냐의 여부에 따라 평가될 필요가 있다.

▶ 표 1-9 ◀ 연금제도별 특징 비교 (단위 : 만원)

	국민연금	기업(근로자퇴직)연금	개인연금
노후위험 관리	–장수위험으로부터 보호 –인플레이션위험 보호	–재직기간 동안은 급여의 상승을 통해 인플레이션 위험으로부터 보호 –DC의 경우 은퇴 후는 개인연금과 동일	–인플레이션 위험에 노출. 그러나 변액연금의 경우 어느 정도 보호 가능 –종신연금시 장수위험 보호
투자 효율성	–투자수익성 일반적으로 양호 –일반저축대비 세제혜택 우수 –급부인하라는 정치적 위험 있음	–DC의 경우 투자수익성은 투자종목에 따라 차이 –일반저축대비 세제혜택 우수	–투자수익성은 상품별 차이 –일반저축대비 세제혜택 양호(소득공제와 투자수익)
노후 재정상 용이성 (저축성)	–고통 없는 자동저축임 –중, 고 소득자의 경우 퇴직 후 소득대체율은 낮음	–사외적립으로 퇴직금 대비 안정성 확보 –일반적으로 고통 없는 자동저축임 –중, 고 소득자의 소득대체율 제고 가능 –저소득자의 가입율이 낮을 수 있음	–스스로 저축액을 결정해야 하므로 저축성은 크지 않음 –중, 고 소득자 소득대체율 제고 가능

3) 연금제도와 연금의 문제점

한편 연금제도에도 문제점은 있다. 먼저 국민연금의 경우 많은 장점에도 불구하고 약속된 급부가 제대로 이행되지 않을 위험 즉, 정치적 위험이 있다.

퇴직연금의 경우는 최소한 퇴직금제도에 비해 우월한 제도인데 특별한 문제점은 없다. 다만 현재로서는 선진국에 비해 적립금의 크기가 그리 충분치 않다는 점이 지적될 수 있으며 흔히 지적되는 바 일반 저축에 비해 유동성이 적다는 것은 심각한 문제라고 보기는 힘들다.

개인연금의 경우 주로 지적되는 문제는 수수료를 포함한 비용이 펀드 투자에 비해 많을 수 있다는 것과 중도해지시 세금을 비롯한 불이익이 따른다는 것을 들 수 있다. 이러한 세제관련 문제점은 개인연금 부분에서 자세히 언급될 것이다.

4) 노후자금을 위한 포트폴리오의 구성

노후재정문제의 일환으로서 노후자금 조달을 위한 포트폴리오는 어떻게 구성하는 것이 좋을까?

이미 언급한 바와 같이 노후자금은 가능한 한 노후의 근로소득을 통해 일부 조달하는 것이 바람직하며 추가적으로 노후의 경제적 위험에 대비한 위험관리를 중심으로 하여 포트폴리오를 구성할 필요가 있다.

결론적으로 노후자금을 위한 포트폴리오는 위험관리와 투자효율성, 그리고 자금의 안전성 측면에서 봤을 때 연금포트폴리오로 불려도 무리가 없다. 따라서 노후자금 마련은 연금을 위주로 하되 노후자금은 조심스럽게 다루어야 할 매우 소중한 자금인 만큼 투자의 금과옥조라고 할 수 있는 분산투자원칙을 고수해야 한다.

연금제도(상품)별 배분 혹은 분산은 무엇보다 연금소득이 국민연금, 퇴직연금, 개인연금 이 세 군데서 골고루 나오도록 해야 한다는 것이다. 그 이유는 우선 자금의 분산을 통한 안전성 제고도 있지만 각 제도별로 장수 및 인플레이션 위험 등 각종 경제적 위험에 대한 방어기능이 서로 각각 다르기 때문이다. 예를 들어 개인연금이 당당하기 힘든 인플레이션위험은 국민연금을 통해 어느 정도 커버가 된다.

그런데 연금은 한 가지 문제가 있으니 바로 환금성 이른바 유동성문제이다. 사람이 살다 보면 갑자기 목돈이 필요한 경우가 발생하지만 예를 들어 국민연금의 경우 해약이 불가능하고 직장에서 제공하는 퇴직연금의 경우는 직장을 그만두지 않는 한 적립금을 꺼내 쓰기가 쉽지 않다. 그리고 개인연금의 경우도 10년 이하의 적립기간에 있어서는 중도해약에 따른 경제적 불이익이 있다. 따라서 연금제도를 이용하는 경우 어느 정도 비상금을 비축해 두거나 아니면 포트폴리오 내에 적립금 환수에 따른 문제가 별로 없는 적립식펀드 등을 포함시켜 퇴직자금의 일정부분을 담당케 하는 것을 고려할 필요가 있다.

한편 연금이나 펀드 등을 포트폴리오에 포함시키는 경우 항상 세후 투자수익률을 따져봐야 한다. 예를 들어 어떤 상품이 소득공제와 같은 혜택이 있더라도 만일 이것이 은퇴 후 세율을 높인다면 일반 투자상품이 더 유리할 수도 있기 때문이다. 다음으로 펀드를 포함한 모든 투자상품에 대해서는 수수료, 커미션 같은 부가비용들을 철저히 분석해야 한다. 구체적 실행방안으로는 반드시 여러 상품들을 비교해봐야 한다는 것인데 미국의 경우 비슷한 투자안전성을 가진 상품이라도 상품에 따라 20%에 이르는 급부상 차이를 가지고 있는 경우도 있었다.

참고로 국민연금의 경우 연금수령 시기 결정에 따라 전체 수급액상 격차가 나타날 수 있기 때문에 공단의 홈페이지 등을 이용해 사전분석을 할 필요가 있다. 마지막으로 개인연금의 경우 만일 종신에 걸친 안정적 현금흐름(연금)을 원하지만 인플레이션위험이 우려되는 경우 즉시연금과 이연연금을 동시에 구매하는 방법도 존재한다.

제3장 은퇴자금의 결정

들어가기에 앞서

행복한 은퇴를 위한 조건들은 개인에 따라 다양할 수 있다. 그러나 이 모든 것들의 바탕에는 최소한의 경제적 능력이 자리잡고 있다고 볼 수 있다. 그리고 "I have been rich and I have been poor. Rich is better(가난하게도, 부하게도 살아봤지만 역시 부하게 사는 것이 좋다)"라는 외국의 속담은 우리나라라고 해서 예외는 아닐 것이다.

그런데 이미 살펴본 바와 같이 현실적으로 노후를 위한 경제적 준비는 제대로 이루어지지 않고 있는데 이러한 불충분성은 우리 나라만의 문제는 아니다. 예를 들어 미국의 경우에도 근로자의 겨우 반 정도가 은퇴를 위한 저축을 생각해봤다고 했으며 그렇지 않은 나머지 반은 자신이 얼마나 불안전한 상태에 있는지를 발견하는데 대한 두려움과 희생을 각오해야 한다는?것에 대한 염려 때문에 아예 생각조차 하지 않는다는 것이다.

노후는 '또 하나의 나라'라고 언급한 사튼(Sarton)의 말에서처럼 노후란 대부분의 우리에게 있어 흥미가 없는 대상이며 또한 굳이 생각해보고 싶지 않은 존재적 사실(fact) 중 하나이다.

그런데 이처럼 노후문제에 대해 자신의 문제가 아닌 다른 사람의 문제라고 생각하는 비현실적 인식은 노후문제를 해결하기는커녕 돌이킬 수 없는 결과로서 다가올 가능성을 배태하고 있다. 구체적으로 노후대비용 저축을 미루는 문제점은 투자에 있어 시간이 가진 힘을 제대로 사용하지 못하게 하는데 노후준비에 있어 유일한 지원군이 시간이라는 사실을 고려할 때 상당한 손실이 아닐 수 없다.

1. 필요한 노후자금의 크기

은퇴자금의 객관적 충분성과 은퇴자의 객관적 인지수준의 측정을 시도한 한 연구에 의하면 은퇴자의 73.4%는 자신의 은퇴자금이 충분하지 않다고 대답했으며 76.4%의 은퇴자들은 은퇴 후에도 현재의 소비수준을 유지한다는 가정을 했을 때 실제로 은퇴자금이 부족하다는 결과가 나타났다.[29)]

또 다른 연구에서는 우리나라 가구의 소비함수를 추정한 다음 이것을 통해 은퇴 후 소비수준을 결정하고 이에 따르는 필요소득수준을 계산하였는데 그 결과 은퇴 후 사망시점까지 필요소득수준은 3억 5,241만원으로 추계되었다.[30)] 다음의 표 1-10 은 그 결과를 소득분위별로 자세히 표기하고 있다.

▶ 표 1-10 ◀ 은퇴 후 필요소득 추정

	평균(만원)	가구수
전체	35,241	1888
소득 1분위	15,576	188
소득 2분위	19,858	189
소득 3분위	24,759	189
소득 4분위	27,783	189
소득 5분위	30,994	189
소득 6분위	35,324	189
소득 7분위	38,706	189
소득 8분위	42,946	189
소득 9분위	50,294	189
소득 10분위	66,067	189
여성	20,358	146
남성	36,488	1,742

자료 : 전승훈 외(2009), p. 76.

29) 이지영, 최현자(2009), "우리나라 은퇴자의 은퇴자금 충분성과 영향요인:객관적 충분성과 주관적 인지의 비교를 중심으로", 한국노년학, 29(1), P. 226.

30) 전승훈, 강성호, 임병인(2009), "은퇴 후 필요소득수준과 국민연금 및 퇴직연금의 자산충분성", 경제학연구, 57(3), pp. 68~100.

이러한 내용들은 은퇴 및 노후에 있어 경제적 문제가 그리 간단하지 않을 것임을 말해주고 있다. 그러나 다시 한 번 우리가 상기해야 할 사실은 인간에게 경제적 문제는 비록 기본적인 문제지만 이것에만 주목한 나머지 죽을 때까지 쓸 수 있는 자금을 모으는 일에만 집착해서는 곤란하다는 것이다. 왜냐하면 먼저 인간의 행복은 결코 '돈' 만을 통해 달성되지 않는데다가 노인들이 겪는 문제 중 경제적 어려움을 포함한 대부분의 것들은 '돈' 보다는 '일' 을 통해 해결이 가능하기 때문이다.

한편 이 연구에서는 국민연금과 퇴직연금자산 중 하나라도 보유하고 있는 가구들의 자산충족율은 평균 59.97%로서 이 두 가지를 통해 은퇴 후 소비수준 예상액의 약 60%를 충당할 수 있을 것으로 발표하고 있다.[31)]

▶ 표 1-11 ◀ 은퇴 후 국민연금 및 퇴직연금의 자산충족율 (단위 : %)

	국민연금 혹은 퇴직연금	국민연금 자산보유	퇴직연금 자산보유	국민연금, 퇴직연금 모두 보유		
				합계	국민연금	퇴직연금
전체	59.97	51.65	1.49	71.77	58.92	12.85
소득 1분위	65.59	59.49	–	93.38	84.02	9.36
소득 2분위	73.49	66.27	1.94	89.03	78.96	10.07
소득 3분위	70.32	65.48	1.20	90.37	78.74	11.64
소득 4분위	71.20	59.33	1.44	69.57	58.46	11.11
소득 5분위	60.56	56.39	0.98	69.99	55.31	14.68
소득 6분위	57.08	50.46	–	73.68	58.36	15.33
소득 7분위	58.76	45.41	2.16	66.23	50.72	15.52
소득 8분위	55.89	43.32	1.66	64.43	49.06	15.36
소득 9분위	49.97	39.90	0.90	54.85	41.36	13.48
소득 10분위	37.01	30.46	1.64	46.60	34.67	11.92
여성	53.34	49.82	1.94	67.85	57.21	10.64
남성	60.40	51.81	1.42	71.89	58.97	12.92
가구수	1651	940	8	703		

자료 : 전승훈 외(2009), p. 87.

31) 전승훈 외(2009), 전게논문, p.91.

2. 은퇴자금규모의 산정방법

1) 은퇴 후 소비규모의 결정

은퇴 후 소요자금 및 이를 충당하기 위한 저축액을 결정하는 노후자금 설계를 함에 있어서 첫 번째로 해야 할 일은 당연히 은퇴 후의 소비규모를 예상하는 것이다. 소비규모의 결정에 있어서는 지금까지 두 가지 방식이 알려져 있다.

첫 번째는 흔히 사용되는 전통적인 방식으로서 보험회사 등에서도 주로 사용되고 있는데 먼저 은퇴 후나 가장 또는 배우자의 사망시 어느 정도의 소비(또는 소득)를 원하지는 지를 물어보는 것이다. 여기서 희망 소비(소득)수준은 현재의 소비(소득)대비 비율로 정해지며 그런 다음에 소요저축액이 결정된다. 이 방식의 가진 문제점 중의 하나는 은퇴 후와 은퇴 전 소비의 급격한 변동이 가능하다는 것이다.

다른 하나는 이른바 경제적 접근방식(economic approach)이라 불리는 것으로서 이것은 생애 전체에 있어서 생활수준을 일정하게 한다는 가정을 먼저 하고 그런 다음 현재 소비(저축)할 수 있는 금액이 어느 정도인지 결정하는 방식이다.

후자의 경우 계산이 더 복잡하여 보통 컴퓨터프로그램이 동원되어야 하기 때문에 개념이나 계산의 편의상 전자를 택한다 하더라도 여전히 여러 가지 문제가 남는다. 특히 은퇴 후 소득대체율을 어떻게 정하느냐 하는 것이 관건인데 흔히들 사용되는 소득대체율은 은퇴 전 소득의 65~85%를 중심으로 이루어지고 있지만 무엇이 적용되어야 할지는 여전히 미지수로 남아 있다. 그리고 실제적으로 은퇴 후의 소비가 은퇴 전에 비해 별로 줄지 않을 가능성이 큰데 이는 은퇴 후의 삶이 대폭적인 변화를 갖는다고 기대하기 힘들며 또한 의료비 등이 지속적으로 늘어갈 가능성이 크기 때문이다.

가장 현실적인 방법은 i) 먼저 장래의 예측 가능한 소득(I)과 소비(C)를 상세히 나열하고 ii) 만일 I < C 경우 먼저 I를 늘리거나 혹은 C를 줄이는 방안을 검토한 다음 iii) 이후에도 여전히 I < C인 경우 이를 메우기 위한 저축액의 크기를

결정하는 것이라고 볼 수 있다.

참고로 우리나라의 2007년 도시근로자 가구의 가계지출내용(2/4분기)은 다음의 표와 같다. 개인의 소비는 추구하는 라이프스타일에 따라 달라서 일률적인 잣대를 적용하기가 쉽지 않다. 하지만 은퇴 후에 소비규모가 당연히 줄어들 것이라는 가정은 크게 현실적이지 않다는 것이 선진국의 사례를 통해 알 수 있는데 예를 들어 교양이나 오락에 대한 지출 등은 오히려 늘어날 가능성이 있다.

2) 은퇴 후 고정적 수입의 확인

고정적인 수입의 대표적인 예는 역시 연금 혹은 임대수입 등이 있다.

▶ 표 1-12 ◀ 전국가구의 가구당 월평균 소비지출 (단위 : 천원, 전년동기대비, %)

구 분	2006. 2/4			2007. 1/4		2007. 2/4		
		구성비	증감률		증감률		구성비	증감률
소 비 지 출	2,028.3	100.0	4.5	2,297.9	4.2	2,102.2	100.0	3.6
실 질	1,986.6	–	2.2	2,220.2	2.1	2,009.7	–	1.2
식 료 품	519.8	25.6	0.1	529.3	0.4	531.7	25.3	2.3
(외 식)	251.6	12.4	–2.3	239.8	1.6	265.7	12.6	5.6
주 거	70.8	3.5	0.0	73.3	10.9	74.0	3.5	4.5
광 열 수 도	101.0	5.0	6.0	144.0	–5.3	102.1	4.9	1.0
가 구 가 사	83.9	4.1	–3.3	89.5	9.5	94.8	4.5	13.0
의 류 신 발	114.5	5.6	1.6	111.0	0.9	119.8	5.7	4.6
보 건 의 료	108.1	5.3	9.3	121.6	13.0	118.4	5.6	9.5
교 육	191.0	9.4	6.4	321.6	3.7	201.9	9.6	5.7
교 양 오 락	94.9	4.7	–0.8	104.3	1.7	104.8	5.0	10.4
교 통 통 신	387.6	19.1	11.9	380.2	10.4	386.0	18.4	–0.4
(통 신)	131.2	6.5	0.8	135.0	3.8	133.3	6.3	1.6
기타소비지출	356.6	17.6	6.4	423.0	4.7	368.7	17.5	3.4
(잡 비)	269.3	13.3	8.4	325.2	5.4	280.1	13.3	4.0

주) 실질소비지출= (소비지출 / 2005년 기준 소비자물가지수)×100

자료: 2007년 2/4분기 가계수지동향, 통계청 홈페이지.

연금액의 크기는 보험회사나 관련 기관에서 확인할 수 있으며 국민연금의 국민연금관리공단에서 매년 통지해 주는 예상연금월액을 참고로 하고 필요할 경우 공단에 직접 문의할 수 있다.

3) 은퇴 자금조달을 위한 소요 적립금액의 계산

만일 국민연금 외에 추가적 고정수입원이 없는 경우 가장 간단히 계산할 수 있는 은퇴소요자금은 먼저 예상 월간 소비규모에서 예상 국민연금월액을 뺀 다음에 여기에 예상은퇴기간, 즉 사망시점까지의 기간을 곱하면 된다. 그런데 이 금액은 현재 즉 은퇴계획시점에서의 가치를 나타낸다. 따라서 만일 향후 은퇴시점에서는 얼마가 되는지를 알고자 하면 매년도 물가상승률을 고려해야 한다. 참고로 국민연금은 매년 물가상승률만큼 인상되도록 되어있고 국민연금관리공단의 예상연금월액 역시 지금 시점의 가치로 표기되어 있다.

예를 들어 매월 소비금액이 250만원이고 국민연금의 예상연금액이 100만원, 그리고 사망시점까지의 기간이 25년 이라면 지금 시점의 가치로 필요한 은퇴자금은 약 4억 5,000만원((250−100)×12×25)이다.

이제 이 금액을 실제로 자금이 필요한 은퇴시점의 가치로 환산해보자.

먼저 향후 은퇴시점까지의 예상물가상승률을 결정한 다음, 표 1-13 에서 이 상승률에 해당하는 숫자를 찾아서 곱해주면 된다.

▶ 표 1-13 ◀ 물가상승률과 은퇴까지의 기간별 해당 승수

년	물가상승률	승 수	물가상승률	승수
1	0.03	1.03	0.04	1.04
2	0.03	1.0609	0.04	1.0816
3	0.03	1.092727	0.04	1.124864
4	0.03	1.125509	0.04	1.169859
5	0.03	1.159274	0.04	1.216653
6	0.03	1.194052	0.04	1.265319
7	0.03	1.229874	0.04	1.315932
8	0.03	1.26677	0.04	1.368569

9	0.03	1.304773	0.04	1.423312
10	0.03	1.343916	0.04	1.480244
11	0.03	1.384234	0.04	1.539454
12	0.03	1.425761	0.04	1.601032
13	0.03	1.468534	0.04	1.665074
14	0.03	1.51259	0.04	1.731676
15	0.03	1.557967	0.04	1.800944
16	0.03	1.604706	0.04	1.872981
17	0.03	1.652848	0.04	1.9479
18	0.03	1.702433	0.04	2.025817
19	0.03	1.753506	0.04	2.106849
20	0.03	1.806111	0.04	2.191123
21	0.03	1.860295	0.04	2.278768
22	0.03	1.916103	0.04	2.369919
23	0.03	1.973587	0.04	2.464716
24	0.03	2.032794	0.04	2.563304
25	0.03	2.093778	0.04	2.665836
26	0.03	2.156591	0.04	2.77247
27	0.03	2.221289	0.04	2.883369
28	0.03	2.287928	0.04	2.998703
29	0.03	2.356566	0.04	3.118651
30	0.03	2.427262	0.04	3.243398

예를 들어 향후 물가상승률이 3%이고 은퇴까지의 기간이 20년 남은 경우 은퇴시점에 있어 마련되어 있어야 할 지금의 규모는 약 9억 8,595만원(4억 5,000만×2.191)이다.

마지막으로 이 돈을 마련하기 위해 내가 매년 돈을 적립해 나간다고 할 때 월 얼마 정도를 준비해야 하는지를 알고자 하면 이른바 연금공식이 필요하다. 구체적으로 예상되는 연간 투자수익률을 결정한 다음 여기에 해당하는 숫자를 다음의 **표 1-14** 에서 찾고 이어서 은퇴자금액을 곱해주면 된다.

예를 들어 은퇴까지의 기간이 20년이고 투자수익률이 5%정도일 것으로라고 가정하는 경우 매년 필요한 적립금액은 9억 8,595만×0.0302=약 2,977만원,

즉 매달 약 248만원 이다.

▶ 표 1-14 ◀ 예상투자수익률에 따른 필요 적립금액 계산 승수

년	투자수익률	승수	투자수익률	승수
1	0.05	1	0.07	1
2	0.05	0.487805	0.07	0.483092
3	0.05	0.317209	0.07	0.311052
4	0.05	0.232012	0.07	0.225228
5	0.05	0.180975	0.07	0.173891
6	0.05	0.147017	0.07	0.139796
7	0.05	0.12282	0.07	0.115553
8	0.05	0.104722	0.07	0.097468
9	0.05	0.09069	0.07	0.083486
10	0.05	0.079505	0.07	0.072378
11	0.05	0.070389	0.07	0.063357
12	0.05	0.062825	0.07	0.055902
13	0.05	0.056456	0.07	0.049651
14	0.05	0.051024	0.07	0.044345
15	0.05	0.046342	0.07	0.039795
16	0.05	0.04227	0.07	0.035858
17	0.05	0.038699	0.07	0.032425
18	0.05	0.035546	0.07	0.029413
19	0.05	0.032745	0.07	0.026753
20	0.05	0.030243	0.07	0.024393
21	0.05	0.027996	0.07	0.022289
22	0.05	0.025971	0.07	0.020406
23	0.05	0.024137	0.07	0.018714
24	0.05	0.022471	0.07	0.017189
25	0.05	0.020952	0.07	0.015811
26	0.05	0.019564	0.07	0.014561
27	0.05	0.018292	0.07	0.013426
28	0.05	0.017123	0.07	0.012392
29	0.05	0.016046	0.07	0.011449
30	0.05	0.015051	0.07	0.010586

Part 2

공적연금의 이해와 국민연금

(National Pension)

49
제1장 공적연금제도의 개념, 종류 및 재정구조

57
제2장 우리나라 공적연금제도의 역사와 제도상 내용

73
제3장 공적연금제도의 세계적 추세

94
제4장 국민연금의 연금급여구조

108
제5장 국민연금연금급여 계산의 실제

114
제6장 특수직역연금

제1장 공적연금제도의 개념, 종류 및 재정구조

들어가기에 앞서

이번 장부터 시작하여 공적연금제도에 대해 알아보고자 한다.

국민연금과 같은 공적연금제도는 선택의 여지가 없이 강제가입의 형태를 가지고 있는 사회보험제도로서 당장의 혜택을 경험할 수 없는 국민들 사이에 자주 불만의 대상이 되기도 한다. 그러나 한 가지 우리가 알고 있어야 할 사실은 대비라는 측면에서 언제나 후순위를 차지하는 노후가 실제로 다가왔을 때 우리에게 남아있는 소득이라고는 강제로 가입했던 공적연금 밖에 없을 가능성이 종종 있다는 사실이다.

미국 속담에 "Too old, Too soon, Too wise, Too late." 라는 말이 있다. 노후는 멀리 있는 것처럼 느껴지지만 어느새인가 우리 곁에 다가와 있고 그 중요성을 인식하는 순간은 이미 늦었다는 말로 해석할 수 있을 것이다.

워싱턴 포스트 컬럼니스트로서 활동하다가 은퇴를 했던 스탠 힌든(Stan Hinden)은 은퇴는 마치 먼 나라 여행을 떠나는 것과 같다고 언급한 적이 있다. 그러면서 먼 나라를 여행한다면 준비물은 무엇이냐고 묻고 있는데 그의 대답은 이런 여행을 떠나면서 옷가지 몇 개만 달랑 가지고 떠나지 않듯이 최소한 두 가지는 반드시 필요하다고 조언하였다. 그 중 하나는 은퇴 후 무엇을 할 것인지에 대한 계획이고 또 다른 하나는 국민연금이나 퇴직연금, 민영의료보험 등 노후의 삶에 직결된 것들에 대한 지식이라고 한 적이 있다.

제대로 준비하기가 현실적으로 쉽지 않은 노후문제에 있어 공적연금에 대한 지식의 필요성은 아무리 강조해도 지나치지 않는다.

1. 사회보험과 공적연금

우리나라의 국민연금과 공무원연금, 군인연금, 사립학교교직원연금 등과 같은 이른바 특수직역연금을 포함하는 공적연금은 위에서 언급한 바와 같이 대부분의 장래노인들에게 있어 노후재정의 상당부분을 차지할 것으로 보이며 따라서 이 국민연금에 대한 이해는 매우 중요하다고 볼 수 있다.

그런데 공적연금은 대부분의 국가에서 사회보험의 한 종류로서 운영이 되고 있으며 이 사회보험은 그 자체의 목적과 의도를 가지고 있다. 따라서 현재 국민건강보험, 고용보험, 산재보험과 함께 사회보험에 속해 있는 공적연금(국민연금)이 무엇인가를 제대로 이해하기 먼저 사회보험에 대해 알고 있어야 한다.

1) 사회보험의 목적

우리나라의 경우 사회보험은 국민기초생활보장 등과 같은 공적부조제도(public assistance)와 함께 사회보장제도의 한 축을 담당하고 있다.

사회보험의 목적은 질병, 실업, 상해, 장수(노후소득부족) 등과 같은 위험들에 대한 보장을 주로 국가의 주관 하에 사회전체의 풀링(pooling)을 통해 이루고자 하는 것이다. 참고로 미국의 보험연구단체인 ARIA(American Risk and Insurance Association)에서는 사회보험(social insurance)에 대한 정의를 "A device for the pooling of risks by their transfer to an organization, usually governmental, that is required by the law to provide pecuniary or service benefits to or on behalf of covered persons upon the occurrence of certain predesignated losses under all of the following conditions:"라고 적고 있는데 여기서 말하는 조건들 즉 사회보험의 특징을 나타내고 있는 것들은 대략 다음과 같다.[1] 가입이 강제적이고 보험료납입이 요구되며 급부와 보험료는 직접적 관

1) Rejda, George E., "Social Insurance and Economic Security", Prentice Hall, 1999, p. 10-11.

계를 가지지 않고 부의 재분배를 시도하며 정부에 의해 운영되거나 최소한 감독을 받는 제도여야 한다는 것이다.

그런데 경제적 문제와 관련하였을 때 사회보험은 인간의 존엄성과 생존권의 보장이라는 주제하에 사회구성원의 경제적 위험에 대한 사회적 보호, 그리고 최소한의 경제생활에 대한 국가의 보장으로 보는 것이 일반적인데 이것은 사회보험의 목적이 개인의 안락한 경제생활의 보장과는 다소 거리가 있음을 말해주고 있다.

한편 사회보험의 대상이 되는 위험들을 개인이나 민간기업이 아닌 국가가 담당하게 된 것에는 나름대로 이유가 있다.[2)]

i) 노후 경제적 문제에 대한 개개인의 근시안적(myopic) 태도

일반적으로 노후문제와 같은 장기적 이슈들과 관련해 개인들은 근시안적 태도를 가지고 있는데 실제로 노후에 경제적 문제가 발생하였을 경우 대부분 국가에 부담을 지우는 경우가 많다. 이에 따라 국가는 미리 앞서 노후저축을 강제화할 필요를 가지게 된다.

ii) 민간보험시장의 무기력성

민간보험은 사회전체에 닥칠 수 있는 위험, 예를 들어 경기하강으로 인한 실업 등에 대해서는 도덕적 위험(moral hazard)의 존재 등으로 인해 적절한 상품을 판매하는 것이 어려울 수 있다.

iii) 사회 내 빈곤계층의 존재

사회구성원 중에서는 장기적으로 빈곤상태에 있는 사람들이 있는데 사회보험은 이러한 계층의 경제적 문제를 소득재분배방식을 통해 해결하고자 하며 국민연금이 대표적인 경우이다.

2) 보다 자세한 내용은 신종욱, "노후재정과 기업연금", 두남출판사, 2002, p. 22-23을 참조할 것.

iv) 비용의 절감

보험시장에서는 항상 역선택의 문제가 있는데 이것은 강제가입을 통해 해결할 수 있다. 한편 사회 대다수 구성원의 가입은 보험운영에 따른 규모의 경제를 달성할 수 있는 계기를 제공한다.

물론 강제가입이라는 시스템을 가진 사회보험은 이에 수반하는 문제점을 가지고 있다. 예를 들어 보험료 부담으로 인한 비정규직 근로자의 확대와 같은 노동시장의 왜곡현상, 소득재분배 구조의 악용 가능성, 그리고 관리운영상의 경직화, 관료화 등을 들 수 있다.

2) 공적연금제도의 종류 및 개념, 재정구조

공적연금제도는 연금의 제공을 목적으로 하는 재정제도이다. 따라서 제도의 종류는 재정구조에 따라 두 가지 방식으로 크게 나눌 수 있는데 첫째는 부과방식(pay-as-you-go), 둘째는 적립방식(funded)이다.

(1) 부과방식(pay-as-you-go)

이 제도는 과거 대부분의 정부가 설립한 것으로 미국을 비롯한 선진국의 대부분은 이 방식에 속한다.

부과방식은 사회보장세(payroll tax)방식으로서 운영된다. 구체적으로 현재 일하고 있는 근로자로부터 먼저 사회보장세를 받은 다음 이 돈을 연금수급자에게 지급하게 되며 적립방식과는 달리 연금재원이 되는 기금을 운영할 필요가 없다.

이 방식의 재정적 건전성은 기본적으로 수급자와 보험료납부자의 상대적 비율에 의해 결정될 수 밖에 없는데 이에 따라 현재 나타나고 있는 세계적 인구노령화현상은 부과방식의 재정구조에 심각한 영향력을 미치고 있다.

(2) 적립방식(funded)

부과방식과는 달리 근로자들이 납부하는 연금보험료가 기금으로 들어가고 이

기금에 투자수익금이 추가되어 연금재원으로 충당하는 방식이다. 현실적으로 완벽한 적립방식을 가진 공적연금제도는 어느 나라에도 존재하지 않으며 우리나라의 경우 기금이 조성되어 있기 때문에 외관상 적립방식으로 보이지만 기금의 크기와 잠재적 연금채무 즉, 향후 지불되어야 할 연금총액의 가치(현재가치) 간 괴리가 존재하기 때문에 수정 또는 부분적립방식이라고 불린다.

(3) 부과방식과 적립방식의 비교

적립방식이 당장 눈에 보이는 기금의 존재로 인해 부과방식 대비 안정적 제도로 보일 수 있으나 몇 가지 문제점은 있다.

가장 큰 문제점은 연금제도 자체의 도입이 용이하지 않다는 것이다. 연금은 적립시점과 수급시점간 상당한 시간차가 존재하는데 제도가 시행되는 초기에 도입여부에 대한 의사결정을 하는 사람들은 적립금을 쌓을 시간적 여유가 없어 제도도입에 적극적이지 않을 수 있다. 그리고 멀지 않아 은퇴를 앞두고 있는 사람들의 경제적 보장도 여전히 풀어야 할 과제이다.

다음으로 적립방식은 부과방식이 현재 안고 있는 심각한 문제점 즉, 인구노령화 문제에 대한 완벽한 답이 아니라는 사실이다. 사실 부과방식은 인구구조가 역피라미드 형이 되는 인구노령화 이슈가 대두되기 전에는 그다지 문제점을 가지고 있지 않았으며 오히려 피라미드형의 인구구조를 가지고 있는 경우에는 여유 있는 재정상태를 유지할 수 있다.

적립방식이 가지고 있는 한계점은 미국을 중심으로 하는 학자들이 적립방식을 통한 공적연금 기여금(사회보장세)의 자본시장 참여의 필요성을 주장하는 것에 대해 유럽의 전문가들이 이러한 주장의 유효성에 대해 의문을 제기하는 과정에서 언급한 내용을 통해 찾을 수 있다.

그 논쟁의 핵심은 다음과 같다.[3] 먼저 미국의 학자들은 적립방식을 통한 공적연금기여금이 자본시장에 투입되는 경우 이것이 투자수익률제고, 저축증대, 자본시장의 확대, 나아가 경제성장을 가져다 준다고 주장하였다. 즉, 적립방식을

3) 신종욱(2002), 전게서, p. 31-33 참조.44호), p. 348.

채택하는 경우 퇴직 후 연금지급에 대한 일종의 '약속'을 후손 혹은 정부로부터 받는 것에 불과한 부과방식에 비교했을 때 자본의 축적과 투자를 통해 국가 전체의 빵의 크기를 키움으로써 은퇴자 및 근로자 모두의 삶을 보다 윤택하게 만들 수 있다는 것이다.

이러한 주장에 대해 유럽전문가들은 기여금의 자본시장 참여가 경제성장으로 이끈다는 것에 대해 의문을 제기하면서 동시에 적립방식이 '약속'이 아닌 실제 자금의 적립을 통해 은퇴자의 노후를 보다 공고히 해줄 것이라는 것이 허구성을 가질 수 있음을 지적하고 있다.

구체적으로 인간에게 있어 노후소득보장이란 노후에도 개인이 실제 생활에 필요한 재화나 서비스를 구매할 능력을 보유하게 됨을 의미하는데 은퇴자가 많은 현금을 보유하고 있다는 것은 장래에 젊은 근로계층과 은퇴계층이 서로 나누게 될 생산물 중에서 퇴직자의 몫이 상대적으로 커졌다는 것을 의미할 뿐 실제로 은퇴자의 만족을 가져다 주는 생산물의 절대적 크기가 늘어난 것은 아니라는 것이다. 왜냐하면 인구노령화로 말미암은 젊은 노동력의 축소는 우선 총생산물의 감소를 가져오게 되어 있기 때문이다. 아울러 퇴직계층이 비록 채권, 주식 등과 같은 자산을 많이 보유하고 있을지라도 퇴직자들이 소비를 위해 자산매각을 하는 경우 궁극적으로 자산공급의 과잉을 초래하여 자산가격의 하락을 낳고 결국 예상한 바의 소비도 힘들어진다는 것이다.

결국 국가적 관점에서 바라봤을 때 은퇴계층이 풍요로운 삶을 영위할 수 있느냐의 여부 혹은 다른 말로 충분한 재화와 서비스를 소비할 수 있느냐 없느냐 하는 것은 기본적으로 노후에 국가전체가 생산하게 되는 총생산물의 크기에 달려있는데 적립방식이 비록 자금의 축적을 통해 퇴직기간 동안의 생산물에 대한 '권리'를 확보한다고 해서 원하는 결과가 나타난다는 보장이 없다는 것이다.

한편 이외에도 적립방식은 부과방식에 비해 연금운영과 관련된 비용이 높을 수 있다는 우려가 칠레 등의 사례를 통해 제기되고 있다.

3) 부과방식 및 적립방식의 재정안정화 조건

이제 간단한 수식을 통해 공적연금의 두 가지 재정방식에 있어 재정안정화 조건을 검토해보고 아울러 인구노령화가 연금제도의 안정화에 어떠한 그늘을 드리우는지 구체적으로 알아보자.

(1) 부과방식의 재정안정화 조건

근로자들의 연금보험료 혹은 사회보장세가 연금의 재원이 되는 부과방식 하에서 재정안정화를 이루기 위해서는 당연히 B×P(총지출)=C×W(총수입)이 되어야 한다. 여기서 C는 가입자의 평균적 기여금, W는 기여금납부 근로자의 숫자, B는 연금급부의 평균, P는 연금수급자의 숫자를 나타낸다.

위 식을 변형하면 C=(B)/(P/W)이다. 한편 절대적 금액이 아닌 평균임금 대비 기여금과 연금의 크기를 나타내기 위해 양변을 평균임금으로 나누게 되면

$$CR = BR \times \frac{P}{W}$$

여기서 CR은 평균임금 대비 기여율, BR은 평균임금 대비 연금급여율의 크기를 나타낸다.

이 식을 보면 총지출을 조달하기 위해 필요한 기여율(CR)은 연금급여율(BR), 기여금납부 근로자의 숫자(W), 연금수급자(P)의 크기에 달려있음을 알 수 있다. 그리고 BR, W, P는 인구학적, 경제적, 정치적 변수들에 의해 각각 영향을 받게 되어 있다.

그럼 이 식에서 인구고령화가 진행되면 즉, P가 커지면 어떤 일이 발생하는가? 재정안정화를 위한 정책적 대안들은 결국 BR을 줄이거나 P/W를 올리거나(은퇴연령 상향조정 혹은 후세대의 증가) 또는 CR을 높이거나 하는 것인데 어느 것이나 정치적으로 쉽지 않음을 예상할 수 있다. 예를 들어 CR을 높이는 경우 비정규직을 양산하고 정부예산에 부담을 늘리며 현 근로자들의 불만을 낳게 된다.

(2) 적립방식의 재정안정화

적립방식은 연금부채에 해당하는 만큼의 자산이 쌓여있기 때문에 연금제도가 유지되는데 있어서 연금수리상 특별한 문제는 없다고 할 수 있다. 즉, 연금의 재원은 축적된 기여금+투자수익 인데 이것은 W/P와 상관이 없는 것이다. 그러나 투자수익률과는 밀접한 관계가 있으며 이에 따라 기금관리와 투자종목의 선택이 중요해 진다. 그리고 중요한 사항은 투자수익률이 임금상승률보다 커야 한다는 사실인데 그렇지 않을 경우 최종임금에 비했을 때 연금액의 상대적 크기가 축소되기 때문이다.

제2장 우리나라 국민연금제도의 역사와 제도상 내용

들어가기에 앞서

공적연금제도는 세대를 단위로 하여 장기간에 걸쳐 운영이 되는 제도이다. 그리고 이미 언급한 바 우리나라의 국민연금은 연금을 지급하는 하나의 방편이지만 다른 연금과는 달리 보다 절대적인 법적 근거를 가지고 운영되는 공적 제도이다.

국민연금제도의 역사를 이해한다는 것은 향후의 움직임을 추정함에 있어서 가이드라인을 제공하며 또한 제도의 내용을 구체적으로 이해하는 경우 제도의 활용에 많은 도움을 가져다 준다.

국민연금은 다소 복잡한 내용을 담고 있어 이해하는 데는 다소 시간이 걸린다. 하지만 노후문제의 중요성을 고려하는 경우 그만큼의 가치가 있다는 것은 말할 나위도 없으며 특히 1950, 1960년대 출생자들의 경우처럼 제도가 배려하고 있는 세대들은 반드시 자신의 국민연금관련 사항을 확인할 필요가 있다.

1. 국민연금제도의 탄생과정과 주요 변화

1) 국민연금제도의 탄생과정

국민연금제도는 1972년 제정된 '국민복지연금법'을 통해 태동되었다고 볼 수 있다. 그러나 그 후 발생한 오일파동으로 인해 제도의 도입자체가 유보되었으며 드디어 1986년 '국민복지연금법'을 개정한 '국민연금법'이 만들어짐에 따라 1988년부터 도입되었다. 그 후 몇 번의 제도개정이 있었으며 1999년 4월에는 이른바 전국민연금시대가 열리게 되었다.

국민연금제도의 성장배경에는 1960년대와 70년대에 나타났던 고도 경제성장이 있다. 당시의 급속한 산업화 과정은 산업부문, 계층, 지역 사이의 갈등과 노후빈곤 문제 등을 낳았으며 국민연금은 이에 대한 정부대응책의 한 일환이었다고 볼 수 있는데 그 근거는 1986년 당시 경제기획원의 국민연금제도 도입방안의 기본방향에서 엿볼 수 있다.

5가지의 기본방향을 보면 첫째는 국민연금제도의 재정중립적 운용, 즉 국가의 재정투입배제, 둘째, 제도도입을 쉽게 하기 위해 낮은 보험요율로 시작하고 단계적으로 상향조정, 셋째, 소득계층간, 그리고 경제개발에 고생한 현세대를 위해 후세대가 더 부담하는 세대간 소득재분배, 넷째, 조성된 기금의 공공목적 적극활용, 마지막으로, 기업의 추가부담을 완화하기 위한 법정퇴직금의 일부를 보험료로 대체 등이다.[4)]

이 중 세 번째 기본방향은 언론을 통해 자주 언급되고 있는 바 국민연금기금의 고갈문제와도 직결되어 있는 것으로서 국민연금의 도입의도에는 제도도입초기의 세대들 즉, 당시에 고생한 근로자들에게는 보험료대비 높은 연금액을 지불함으로써 사회적 보응을 하겠다는 뜻이 담겨 있었던 것이다.

이러한 의도를 뒷받침 하려고 하는 경우 반드시 재정방식의 변화가 있어야 하

4) 신종욱(2002), 전게서, p. 42~44.

는데 국민연금제도의 수립과 관련한 국책연구기관의 한 보고서에는 국민연금제도의 재정방식을 적립 · 수정적립 · 수정부과 · 부과방식으로 옮기는 것을 언급하고 있다.

이처럼 정부주도의 산업화에 따른 사회적 문제를 국가가 제공하는 사회보험을 통해 해결하고자 하는 경우 노후생활보장이라는 제도의 근본적 목적은 부차적일 수 밖에 없다.[5] 하지만 공적연금제도의 도입을 전제로 했을 때 제도 초기 세대들에게 혜택이 돌아가는 사례는 대부분의 부과방식을 택한 나라에서 볼 수 있고 세대간 부담을 이전하는 방식이 어떤 근본적 문제를 가지고 있다고 확증하기도 사실 어렵다는 측면이 있다.

2) 주요연혁

국민연금제도의 역사를 중요한 변화들을 중심으로 정리해보면 다음의 **표 2-1** 와 같다.

▶ 표 2-1 ◀ 국민연금제도의 연혁

년도	주요 변화 사항
'72. 12.1	「국민복지연금법」제정. 그러나 제1차 석유파동 등 사회 · 경제적 여건의 악화로 시행 보류
'86.12.31	국민복지연금법」을 개정한 「국민연금법」공포
'88. 1. 1	10인 이상 사업장근로자를 대상으로 국민연금제도 도입
'92. 1. 1	5인 이상 사업장 근로자까지 대상 확대
'95. 7. 1	농어민 및 농어촌 자영자로 대상 확대
'98.12.31	재정안정화 등을 위한 국민연금제도의 개혁 1) 급여수준의 하향 조정 (40년 가입시 70% → 60%) 2) 5년간격의 재정계산제도의 도입(2003년부터 시행) 3) 기타 제도운영 및 기금운용의 민주성 · 투명성 · 전문성 강화 4) 여성의 이혼연금분할권 도입 5) 노령연금 수급의 최소가입기간을 20년에서 10년으로 완화

5) 신종욱(2002), 전게서, p. 37.

▶ 표 2-1 ◀ 계 속

	6) 반환일시금의 원칙적 폐지 7) 연금지급개시연령을 2013년부터 5년마다 1세씩 단계적으로 상향조정: 60세(현재)→61세(2013년)→2033년 이후(65세)
'99. 4. 1	국민연금 도시지역 확대 – 제도 도입 11년 만에 전국민연금 실현
'00. 12. 31	국민연금 내실화 등을 위한 법개정 – 기초생활보장대상자 및 18~26세의 학생 · 병역종사자 적용제외 등
'07. 7. 23	국민연금법 개정 1) 보험료의 변경(소득액의 9%)없이 소득대체율 하향조정: 40년 가입시 현행 60%에서 2008년에는 50%, 2009년부터 매년 0.5%씩 단계적으로 낮춰 2028년부터 40%가 됨. 2) 감액노령연금의 조정: 가입기간이 20년 미만인 경우 기본연금액에서 지급율을 2.5% 감액하여 10년 가입한 경우 노령연금 지급율이 기본연금액의 47.5%가 되도록 하던 것을 기본연금액의 50%가 되도록 조정 3) 2개 이상 급여발생에 대한 지급방식 조정: 2개 이상의 급여 발생시 기존에는 한 가지만 선택하여 지급받도록 했으나 하나의 급여에 나머지 급여의 일부를 함께 지급받을 수 있도록 함. 예를 들어 선택하지 않은 급여가 유족연금일 때(선택한 급여가 반환일시금일 때 제외)에는 유족연금액의 20%를 지급 4) 연기연금제도 도입: 재직자노령연금 수급권자의 경우 1회에 한하여 연금의 수급을 연기할 수 있으며 매1개월 연기에 대해 0.5%(1년 6%) 가산하여 지급 5) 출산크레딧제도(2명 이상 자녀출산), 군복무 크레딧제도 도입 6) 유족연금 수급조건 관련 남녀차별해소: 이전에는 부인 사망시 남편은 60세 이상 혹은 장애2급 이상 조건 필요 7) 소득의 축소, 탈루 판단시 국세청에 통보하고 그 결과를 공단에 통보

한편 40년 가입기준 평균소득대체율을 60%에서 40%까지 단계적으로 20% 감소시킨 2007년의 개정으로 인해 기금고갈시점은 기존 2045년에서 2060년으로 연장되었다. 그러나 기금고갈 후 1인당 보험료율은 2010년 기준 9%에서 2065년 23.9%, 2070년 24.3%로 증가될 전망이다.[6)]

3) 제도개요

(1) 적용대상

국내에 거주하는 18세 이상 60세 미만의 대한민국 국민이면 누구나 국민연금의 가입대상이 된다. 적용제외대상은 특수직역연금 가입자, 18~27세 미만으로 별도의 소득이 없는 병역 및 학업종사자, 국민기초생활보장법에 의한 급여수급자, 조기노령연금 수급자 등이 있다.

가입자구분은 사업장가입자, 지역가입자(당연적용), 임의계속가입자 및 임의가입자(임의적용)로 이루어지며 이 중 사업장가입자는 현재 상시 5인 이상의 근로자를 사용하는 사업장(당연적용사업장)의 근로자 및 사용자이다. 가입자별 구체적인 내용은 다음의 표 2-2 와 같다.

▶ 표 2-2 ◀ 국민연금 가입자의 종류

<table>
<tr><th colspan="2">종 별</th><th>종 류</th><th>가 입 요 건</th></tr>
<tr><td rowspan="4">사업장가입자</td><td rowspan="3">적용대상</td><td>일반가입자</td><td>• 근로자 1인 이상 사업장에 종사하는 18세 이상 60세 미만의 자</td></tr>
<tr><td>특례적용</td><td>• 국민연금 가입사업장에 종사하는 18세 미만의 근로자로서 자기가 원하여 사용자의 동의를 받아 가입한 자</td></tr>
<tr><td>외 국 인</td><td>• 국민연금 적용사업장에 종사하는 외국인 또는 외국에 거주하는 국민(재외동포 등)으로 국내에 체류하면서 국민연금 적용사업장에 종사하는 자</td></tr>
<tr><td colspan="2">적용대상 제외자
(임의가입자로
가입가능)</td><td>• 「공무원연금법」, 「사립학교교직원연금법」, 「별정우체국법」에 의한 퇴직연금 · 장해연금 · 퇴직연금일시금이나 「군인연금법」에 의한 퇴역연금 · 상이연금 · 퇴역연금일시금을 받을 권리를 얻은 자 (퇴직연금등수급권자)
• 「국민기초생활보장법」에 따른 수급자</td></tr>
</table>

6) 한국개발연구원, 우리나라 노후소득보장체계 구축에 관한 종합연구 중 "공적연금제도의 평가와 정책과제", 2007, p. 15~16.

▶ 표 2-2 ◀ 계 속

구분			내용
지역가입자	적용대상	일반가입자	• 18세 이상 60세 미만으로서 사업장가입자가 아닌 자
		외 국 인	• 18세 이상 60세 미만으로서 국내에 거주하는 외국인 (국내체류 교포 등 포함)
	적용대상 제외자 (임의가입자로 가입 가능)		• 다음 해당자의 배우자로서 별도의 소득이 없는 자 – 타공적연금가입자 – 사업장가입자 · 지역 · 임의계속가입자 – 별정우체국직원 – 노령연금수급권자 · 퇴직연금등수급권자 • 18세 이상 27세 미만인 자로서 별도의 소득이 없는 자(연금보험료를 납부한 사실이 있는 자는 제외) • 퇴직연금등수급권자 • 「국민기초생활보장법」에 의한 수급자
임의가입자			• 사업장가입자 및 지역가입자 이외의 18세 이상 60세 미만의 자 ※ 본인의 신청에 의해 가입
임의계속 가 입 자	사업장 임의계속 가입자		• 사업장에 종사하는 60세 이상 65세 미만의 자로 연장가입 신청한 자
	지역 임의계속 가입자		• 60세에 달한 지역가입자로서 65세 미만까지 연장가입 신청한 자
	기타 임의계속 가입자		• 60세에 달한 임의가입자로서 65세 미만까지 연장가입 신청한 자 및 지역 · 사업장임의계속가입자를 제외한 임의계속가입자

※ 특수직종근로자로서 특례노령연금수급권을 취득한 자는 60세 미만이라 하더라도 임의계속가입자로 가입할 수 있음

※ 국민연금 가입대상 제외자: 「공무원연금법」,군인연금법」및「사립학교교직원연금법」의 적용을 받는 공무원, 군인 및 사립학교교직원

자료 : "알기 쉬운 국민연금", 2008. 국민연금관리공단

4) 제도 현황

1988년 국민연금제도가 시행된 지 22년이 되는 2010년 1월 기준 약 213만 명의 노령연금 수급자가 있다. 동일시간 기준 완전노령연금 수급자들의 월평균

연금액은 75만 2천 원 정도이며, 이중 60~80만원의 연금을 받는 수급자가 11,800여 명으로 가장 많고, 100만원 이상의 연금을 받는 수급자도 2,700 여명에 달하는 것으로 나타났다.

다음의 **그림 2-1**, **그림 2-2**, **그림 2-3** 은 각각 연도별 각종 연금급여 수

◀ 그림 2-1 ▶ 연도별 급여수급자 현황

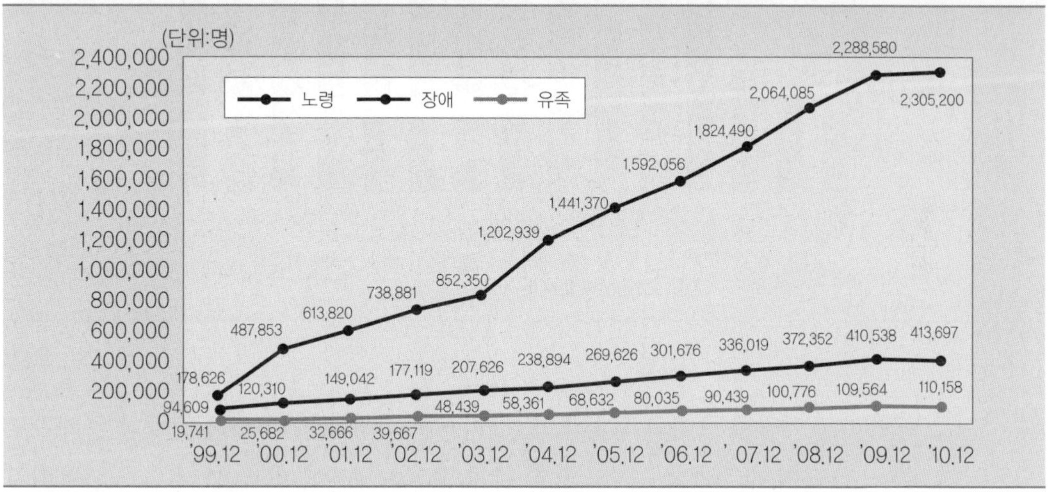

자료 : 국민연금관리공단 홈페이지

◀ 그림 2-2 ▶ 기금의 크기와 투자내역

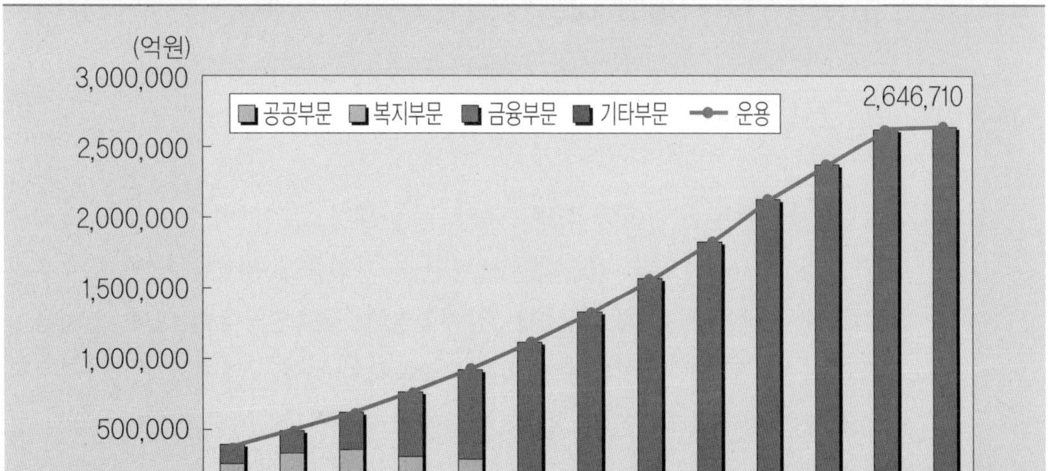

◀ 그림 2-3 ▶ 가입자 종류별 숫자

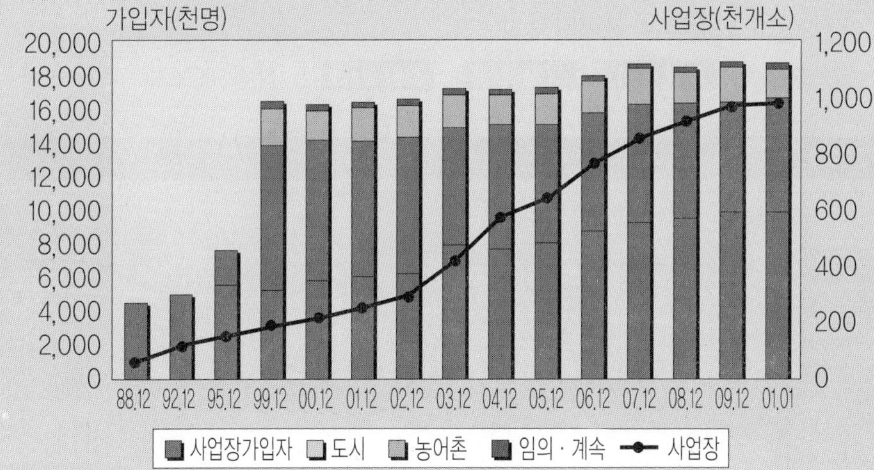

급자 수, 기금의 크기와 투자내역, 그리고 가입자 종류별 숫자에 대한 통계자료로서 수급자의 숫자가 지속적으로 증가하다가 최근에 와서 그 속도가 완만해져 감을 알 수 있다.

5) 국민연금급여의 내용

(1) 급여의 종류

국민연금급여는 노령이나 질병 · 사망 등을 대상으로 하며 구체적으로 10년 이상 가입하고 60세 부터 지급되는 노령연금, 가입중에 발생한 질병 또는 부상으로 장애가 남아 있을 때 지급되는 장애연금 및 유족연금등이 있다. 일시금이 지급되는 경우는 연금급여의 수급요건을 충족하지 못한 상태에서 중도자격상실 또는 사망한 경우인데 본인 또는 그 유족에게 반환일시금이나 사망일시금의 형태로 지급된다.

▶ 표 2-3 ◀ 급여의 종류

연금 급여(매월 지급)		일시금 급여	
노령연금	노후 소득보장을 위한 급여 – 국민연금의 기초가 되는 급여	반환일시금	연금을 받지 못하거나 더 이상 가입할 수 없는 경우 청산적 성격으로 지급하는 급여
장애연금	장애로 인한 소득감소에 대비한 급여		
유족연금	가입자의 사망으로 인한 유족의 생계 보호를 위한 급여	사망일시금	유족연금 및 반환일시금을 받지 못할 경우 장제비적 성격으로 지급하는 급여

자료 : "알기 쉬운 국민연금", 국민연금관리공단, 2008년

(2) 노령연금

다음으로 각 연금급부를 종류별로 자세히 알아보자. 먼저 **표 2-4** 는 노령연금에 관한 것인데 노령연금에도 여러 가지 종류가 있음을 알 수 있다.

노령연금은 20년 이상 가입을 기준으로 하는 기본연금액에 가족수당격인 약간의 가급연금액(아래의 연금액 계산 참조)을 더한 것인데 가입기간이 10년 이상이 되어야 연금이 지급된다.

▶ 표 2-4 ◀ 노령연금의 내용

구분	수 급 요 건	급여수준
완전 노령연금	• 가입기간 20년 이상, 60세에 도달한 자 (65세 이전까지는 소득이 없을 경우에 한함)	• 가입기간이 20년 이상인 경우 – 기본연금액 100% + 부양가족연금액
감액 노령연금	• 가입기간 10년 이상 20년 미만으로 60세에 도달한 자 (65세 이전까지는 소득이 없을 경우에 한함)	• 가입기간이 10년인 경우 – 기본연금액 50% + 부양가족연금액 * 가입기간이 1년 증가시 지급률 5%씩 증가
재직자 노령연금	완전노령연금수급권자 또는 감액노령연금수급권자가 65세 이전에 소득이 있는 업무에 종사하는 경우	• 가입기간이 10년, 60세인 경우 – 기본연금액 50% x 50% (재직자연령별지급률) * 가입기간(연령) 1년(1세) 증가시 지급률 5%(10%)씩 증가

▶ 표 2-4 ◀ 계 속

	(소득있는 업무 종사 하지 않으면 완전 노령이나 감액노령연금으로 전환)	• 가입기간이 20년인 경우 수급연령에 따라 기본 연금액의 50%~90% • 부양가족연금액은 지급되지 않음
조기 노령연금	• 가입기간 10년 이상, 연령 55세 이상인 자가 소득이 있는 업무에 종사하지 아니하고, 60세 도달 전에 청구한 경우(60세 전에 소득 있는 업무종사 시 그 기간 지급정지하고, 60세 이후 65세 이전에는 재직자노령연금으로 전환)	• 가입기간이 10년, 55세인 경우 – 기본연금액 50%×70%+부양가족연금액 * 가입기간 1년 증가시 지급률 5%씩 증가 * 수급개시연령 1개월 초과시마다 지급률 0.5%(년 6%)씩 증가(개정 전 연간 5%. 재가입에 따른 지급률도 연간 6%로 인상됨)
분할연금	가입기간중 혼인기간이 5년 이상인 노령연금수급권자의 이혼한 배우자가 60세 이상이 된 경우	배우자이었던 자의 노령연금액(부양가족연금액 제외)중 가입기간 중 혼인기간(5년 이상)에 해당하는 연금액의 1/2

자료 : "알기 쉬운 국민연금", 국민연금관리공단, 2008년

이외에도 특례노령연금이 있다. 이것은 국민연금제도 시행 당시 고령으로 인해 연금수급을 위한 최소가입기간(10년)을 채울 수 없는 사람들에게 연금을 받을 수 있는 기회를 제공하기 위한 것인데 60세 도달시에 가입기간이 5년 이상 되거나 60세 이후에 가입기간이 5년이 되면 노령연금을 지급받을 수 있도록 하는 제도이다.

특례노령연금의 급여수준은 가입기간 5년, 60세인 경우 기본연금액 25% + 부양가족연금액이며 가입기간 1년 증가시 지급률 5%씩 증가한다.

한편 1998년 12.31년의 국민연금제도 개혁에서는 연금지급개시연령을 2013년부터 5년마다 1세씩 단계적으로 다음과 같이 상향조정 하도록 하였다. 즉, 60세(현재)→61세(2013년)→2033년 이후(65세)이며 구체적으로 출생 년도별 수급개시연령은 표 2-5 와 같다.

▶ 표 2-5 ◀ 출생 년도별 수급개시연령

생 년	완전 · 감액 · 재직자노령 연금, 분할연금, 반환일시금	생 년	조기노령연금
~'52년생	60세 부터	~'57년생	55세 부터
'53~'56년생	61세 부터	'58~'61년생	56세 부터
'57~'60년생	62세 부터	'62~'65년생	57세 부터
'61~'64년생	63세 부터	'66~'69년생	58세 부터
'65~'68년생	64세 부터	'70~'73년생	59세 부터
'69년생~	65세 부터	'74년생~	60세 부터

자료 : "알기 쉬운 국민연금", 국민연금관리공단, 2008년

(3) 장애연금

장애연금액의 크기는 장애등급에 의해 주로 좌우되며 1급의 경우 기본연금액 100%+가급연금액으로 구성된다. 물론 소득의 크기는 기본연금액계산에 포함되어 있으며 기본연금액은 가입기간이 20년 미만인 경우 실제가입기간을 기준으로 하지 않고 최소 20년 가입한 것을 기준으로 계산된다.

▶ 표 2-6 ◀ 장애연금의 내용

장애연금 수급요건	지 급 액
가입중 발생한 질병(당해 질병의 초진일이 가입 중에 있는 경우로서 가입자가 가입 당시 발병 사실을 알지 못한 경우를 포함) · 부상으로 인하여 - 그 완치 후에도 신체 또는 정신상의 장애가 있는 자 - 단, 초진일로부터 1년 6개월이 경과하여도 완치되지 않는 경우 그 경과된 날을 기준으로 장애정도를 결정	- 장애 1급: 기본연금액의 100% + 부양가족 연금액 - 장애 2급: 기본연금액의 80% + 부양가족 연금액 - 장애 3급: 기본연금액 의 60% + 부양가족 연금액 - 장애 4급(일시보상금) : 기본연금액의 225%

자료 : "알기 쉬운 국민연금", 국민연금관리공단, 2008년

(4) 유족연금

유족연금의 수급요건과 지급액은 다음과 **표 2-7** 과 같다. 이외에도 국민연금법에서는 가입기간 10년 미만의 가입자 이었던 자가 가입 중에 발생한 질병이나 부상으로 가입중 초진일 또는 가입자 자격상실 후 1년 이내의 초진일로부터 2년 이내에 사망한 경우 유족연금을 지급할 수 있다고 규정하고 있다.

먼저 연금액의 크기를 보면 다음의 **표 2-7** 에서 보는 바와 같이 가입기간에 따라 기본연금액의 일정부분을 받도록 되어있어 가입기간이 주로 영향을 주고 있다. 물론 유족연금이나 다른 연금과 마찬가지로 소득의 크기는 기본연금액의 계산부분에서 영향력을 발휘한다.

그런데 유족연금 계산시에 사용되는 기본연금액은 장애연금과 마찬가지로 가입기간이 20년 미만인 경우 실제가입기간을 기준으로 하지 않고 최소 20년 가입한 것을 기준으로 계산되며 단순히 사망한 가입자나 수급권자의 연금액에 대한 일정비율로 계산되는 것은 아니다.

▶ 표 2-7 ◀ 유족연금의 수급요건과 지급액

수 급 요 건	지 급 액
아래에 해당하는 자가 사망한 때 - 가입자(1년 미만은 가입 중에 발생한 질병이나 부상으로 사망한 경우) - 가입기간이 10년 이상인 가입자이었던 자 - 노령연금 수급권자 - 장애등급 2급 이상인 장애연금수급권자	- 10년 미만 : 기본연금액의 40%+부양가족 연금액 - 10년 이상 20년 미만 : 기본연금액의 50%+부양가족 연금액 - 20년 이상 : 기본연금액의 60%+부양가족 연금액

자료 : "알기 쉬운 국민연금", 국민연금관리공단, 2008년

유족연금에서 중요한 내용 중 하나는 유족의 범위이다. 유족은 사망자에 의해 생계를 유지하고 있던 가족으로서 다음의 요건을 충족하는 경우 **표 2-8** 에서 나타나는 순위에 의해 지급하되 최순위자에게 지급된다.

▶ 표 2-8 ◀ 유족의 범위

지급대상	요 건	
자 녀	18세 미만	또는 장애등급 2급 이상
부모(배우자의 부모 포함)	60세 이상	
손 자 녀	18세 미만	
조부모(배우자의 조부모 포함)	60세 이상	

자료 : "알기 쉬운 국민연금", 국민연금관리공단, 2008년

한편 유족연금 수급권의 소멸은 다음의 경우에 해당한다. i) 수급권자가 사망한 때, ii) 배우자인 수급권자가 재혼한 때, iii) 자녀나 손자녀인 수급권자가 다른 사람에게 입양되거나 파양된 때, iv) 장애등급 2급 이상에 해당하지 아니한 자녀 또는 손자녀인 수급권자가 18세가 된 때, v) 장애로 수급권을 취득한 자가 장애등급 2급 이상에 해당하지 아니하게 된 때 등이다.

다음으로 배우자에 대한 유족연금의 지급 정지에 관한 내용은 다음과 같다. 즉, 국민연금법에서는 유족연금의 수급권자인 배우자에 대하여 수급권이 발생한 때부터 3년 동안 유족연금을 지급한 후 55세가 될 때까지 지급을 정지하되 다만, 그 수급권자가 다음 각 호의 어느 하나에 해당하면 지급을 정지하지 아니한다 라고 규정하고 있다.

i) 장애등급이 2급 이상인 경우

ii) 가입자 또는 가입자였던 자의 18세 미만인 자녀 또는 장애등급 2급 이상인 자녀의 생계를 유지한 경우

iii) 대통령령으로 정하는 소득이 있는 업무에 종사하지 아니하는 경우 등이다. 여기서 소득이 있는 업무란 부동산임대소득금액 · 사업소득금액 · 근로소득금액을 합산한 금액을 소득이 발생한 해의 근무(종사) 월수로 나눈 월평균소득금액이 최근 3년간의 국민연금 전체 가입자의 평균소득월액의 평균액(2009년도는 월평균 1,750,959원)을 초과하는 소득이 발생하는 것을 의미한다.

(5) 반환일시금

반환일시금과 사망일시금에 관한 구체적 내용은 다음의 **표 2-9**, **표 2-10** 과 같다.

▶ 표 2-9 ◀ 반환일시금

수 급 요 건	지 급 액
- 가입기간이 10년 미만인 자가 60세에 달한 때 (특례노령연금수급자 제외) - 가입자 또는 가입자이었던 자가 사망하였으나 유족연금에 해당되지 않는 경우 - 국적을 상실하거나 국외로 이주한 경우 - 99. 4. 1 전에 공무원퇴직연금 등 다른 공적연금을 받았거나 받고 있는 사람이 사업장 또는 지역가입자 자격을 상실한 경우	연금보험료 + 법정이자 - 3년 만기 정기예금이자율 적용 - 단, 60세 전에 자격을 상실한 미가입상태로 반환일시금 수급자격이 발생시 1년 만기 정기예금이자율 적용

자료 : "알기 쉬운 국민연금", 국민연금관리공단, 2008년

한편 국민연금법에서는 반환일시금을 받은 자로서 다시 가입자의 자격을 취득한 자는 지급받은 반환일시금에 대통령령으로 정하는 이자를 더한 금액(이하 "반납금"이라 한다)을 공단에 낼 수 있다고 있으며 이 경우 그에 상응하는 기간은 가입기간에 산입되는 것으로 하고 있다.

뒤의 연금수익비 부분, 즉 가입자가 전체 가입기간 동안 지불하는 돈과 전체 연금수령액의 현재시점에서의 가치를 비교한 것, 에서 언급되겠지만 정기예금이자를 받는 일시금과 연금은 큰 차이가 있다. 따라서 가능한 한 연금을 받도록 해야 하며 특히 가입기간 10년 미만인 자로 가입대상에서 연령상 제외되는 사람들은 특별한 일이 없는 이상 반환일시금을 받을 것이 아니라 임의가입자제도를 통해 10년 가입기간을 채울 필요가 있다.

▶ 표 2-10 ◀ 사망일시금

수 급 요 건	지 급 액
- 가입자 또는 가입자이었던 자가 사망하였으나 유족연금 또는 반환일시금을 지급받을 수 있는 유족이 없는 경우	반환일시금 상당액 - 단, 최종소득 또는 가입기간 동안의 평균소득 중 많은 금액의 4배 이내

자료 : "알기 쉬운 국민연금", 국민연금관리공단, 2008년

(6) 분할연금의 재검토

분할연금은 이혼한 배우자에 대해 혼인기간 동안 배우자로서 국민연금과 관련하여 기여한 부분이 있음을 인정하고 노령연금 수급권자의 노령연금액의 일정부분을 나누어 가질 수 있도록 한 것이다.

▶ 표 2-11 ◀ 분할연금의 내용

수 급 요 건	지 급 액
혼인 기간(배우자의 가입기간 중의 혼인 기간만 해당)이 5년 이상인 자가 다음 각 호의 어느 하나에 해당하게 되면 그때부터 그가 생존하는 동안 배우자였던 자의 노령연금을 분할한 일정한 금액의 연금(이하 "분할연금"이라 한다)을 받을 수 있다. - 노령연금 수급권자인 배우자와 이혼한 후 60세가 된 때 - 60세가 된 이후에 노령연금 수급권자인 배우자와 이혼한 때 - 60세가 된 이후에 배우자였던 자가 노령연금 수급권을 취득한 때 - 배우자였던 자가 노령연금 수급권을 취득한 후 본인이 60세가 된 때	반환일시금 상당액 - 단, 최종소득 또는 가입기간 동안 평균소득 중 많은 금액의 4배 이내

자료 : "알기 쉬운 국민연금", 국민연금관리공단, 2008년

한편 분할연금과 관련하여 참고할 사항들은 다음과 같다.

먼저 분할연금을 청구할 권리는 3년이 지나면 소멸하며 분할연금 수급권은 그 수급권을 취득한 후에 배우자였던 자에게 생긴 사유로 노령연금 수급권이 소멸·정지되어도 영향을 받지 아니한다.

그리고 수급권자에게 2이상의 분할연금 수급권이 생기면 2이상의 분할연금액

을 합산하여 지급하며 2이상의 분할연금 수급권과 다른 급여(노령연금 제외)의 수급권이 생기면 그 2이상의 분할연금 수급권을 하나의 분할연금 수급권으로 보고 본인의 선택에 따라 분할연금과 다른 급여 중 하나만 지급하고 선택하지 아니한 분할연금 또는 다른 급여의 지급은 정지한다.

마지막으로 분할연금 수급권자에게 노령연금 수급권이 발생한 경우에는 분할연금액과 노령연금액을 합산하여 지급하며 분할연금 수급권자는 유족연금을 지급할 때 노령연금 수급권자로 보지 아니한다.

제3장 공적연금제도의 세계적 추세

들어가기에 앞서

이번 장에서는 공적연금제도와 관련한 세계적인 추세에 대해 알아보고자 한다.

공적연금에 있어 다른 나라의 사정을 알아보고자 하는 가장 큰 이유는 바로 현재 전 세계 대부분의 국가가 인구고령화라는 문제에 있어 동일한 상황에 놓여 있기 때문이다. 즉, 어떤 문제가 여러 대상에게 있어 공통적인 이슈가 되는 경우 다른 곳에서는 어떻게 하고 있는지를 알아보는 것은 우리 자신의 문제를 해결함에 있어 도움이 될 수 있다는 사실 때문이다.

1. 세계인구의 노령화와 공적연금제도의 대응

1) 세계인구의 노령화 현상

먼저 세계인구의 고령화 현상을 살펴보자. 2008년 UN의 세계인구전망(World Population Prospects, 2008)에 의하면 1950년 세계인구의 8%만이 60세 이상이었다. 그러나 2010년 이 비율은 11%까지 상승하였으며 2050년에는 22%에 이를 것으로 전망되었다. 반면 15세 이하 아이들의 향후 40년 동안 계속 감소하여 2010년에 18.6억, 2050년에 2050년에 18억 명이 되고 전체인구에서 차지하는 비율은 2010년과 2050년에 각각 27%와 20%가 될 것으로 예측되었다.

다음 **그림 2-4**, **그림 2-5** 은 각각 노년부양비 (부양연령층(15세~64세)인구와 피부양 노인연령층(65세 이상)간 인구비율)와 여성 1명당 낳게 되는 아이들의 숫자에 대한 추세를 보여주고 있는데 둘 다 전체 연금수급액의 증가와 노인

◀ 그림 2-4 ▶ OECD국가의 노인부양비율 추세

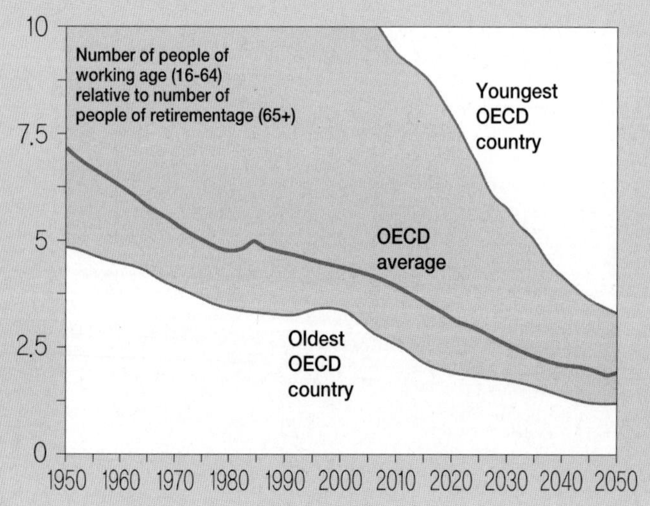

자료 : "Pensions at a Glance", 2009. OECD.

◀ 그림 2-5 ▶ 여성 1명당 출산하는 아이들의 숫자

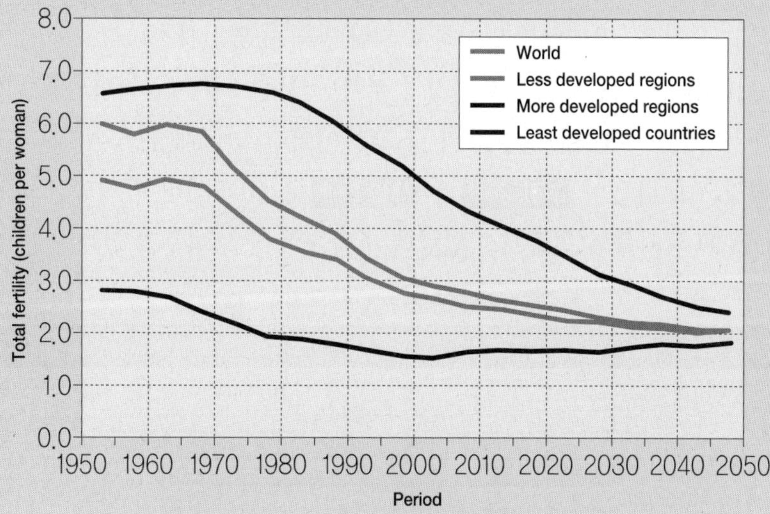

자료 : "World Population Prospects: The 2008 Revision", UN.

들의 연금지급을 위한 재원이 되는 인구층의 감소를 통해 연적연금의 재정악화를 가져올 수 있는 문제이다.

한국은 어떠한가? 한국은 2009년 기준 OECD 국가 중 노인부양비가 상대적으로 낮은 그룹에 속한다. 하지만 향후 45년에 걸쳐 이 비율은 400%정도 증가할 예정인데 이것은 OECD국가 중 가장 높은 증가속도로서 OECD의 예측으로는 2050년에는 77%까지 육박하여 82%인 일본 다음으로 높은 노년부양비율을 가질 예정이다.[7)]

2) 공적연금제도의 일반적 변화 추세

인구노령화 문제가 대두되지 않았던 과거에 있어 공적연금제도는 부과방식만이 가질 수 있는 재정적 풍부함을 통해 초기 공적연금 가입자를 위시한 많은 퇴

7) OECD (2009), "Pensions at a Glance: Retirement Income Systems in OECD Countries".

직자들의 주요 재정수단이 되어왔는데 예를 들어 미국의 경우 공적연금제도(Social Security)가 시작된 다음날 은퇴했던 사람은 5센트를 연금보험료로 지불하고 은퇴 후 17센트를 일시불로 지급받을 수 있었다.

그러나 세계인구의 노화현상과 부과방식의 조합은 공적연금의 비용을 급격히 증가시켰고 이것이 세율의 인상으로 이어져 연금재정상 위기를 불러일으키게 되었는데 다음의 **그림 2-6** 과 **그림 2-7** 은 GDP대비 공적연금 지출의 크기와 OECD 국가들의 연금개시 연령의 추세를 각각 보여주고 있다.

◀ 그림 2-6 ▶ GDP대비 공적연금 지출의 크기

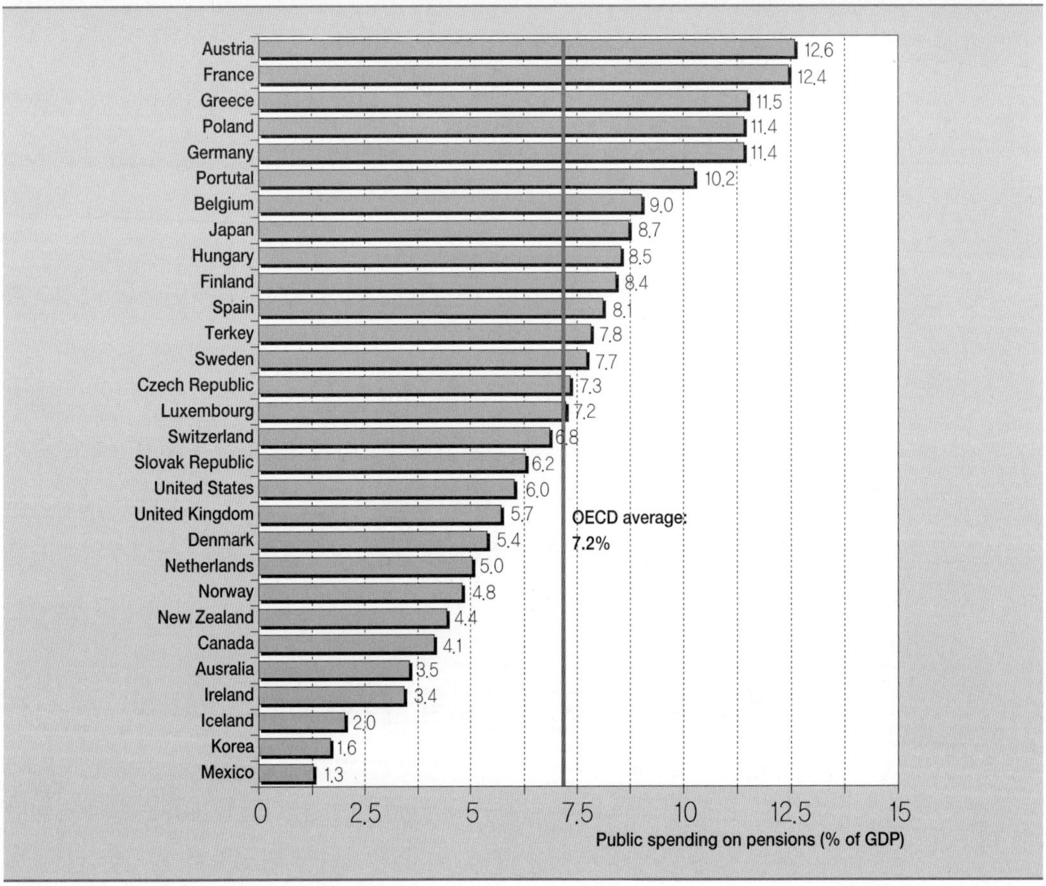

자료 : "Pensions at a Glance", 2009. OECD

◀ 그림 2-7 ▶ OECD 국가들의 연금개시 연령

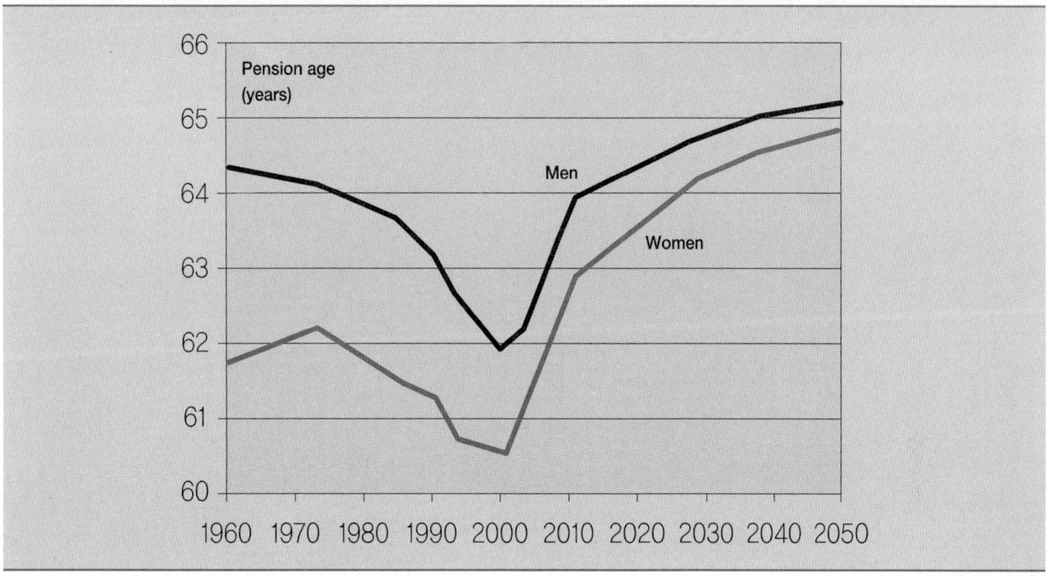

자료 : "Pensions at a Glance", 2009. OECD

공적연금의 재정적 위기에 직면하자 1990년대 초부터 대부분의 정부는 연금급부의 삭감, 연금수급연령의 연장 등 다양한 형태의 공적연금의 개혁을 검토, 시행하기 시작하였는데 비록 정치적 이해관계로 인해 장기적인 관점에서의 개혁이 이루어지지 못한 측면도 있음에도 불구하고 거의 30개 OECD 국가들이 그 동안 최소한의 변화라도 시도하였으며 그 중 16개 국가는 대대적인 개혁을 이루었다. 구체적으로 1990년도 이후 GDP대비 공적연금의 지출비율이 가장 높았던 오스트리아, 프랑스, 독일, 이태리, 스웨덴, 그리고 핀란드는 연금급부의 삭감이라는 강도 높은 연금개혁을 시도하였으며 나머지 10개국도 거의 유사한 정도로 활발히 연금개혁을 시도하였다.[8] 그러나 일반적으로 봤을 때 현재까지의 결과는 연금개혁보다는 연금제도의 개선이라는 측면이 더 강한 것이 현실이다.

연금개혁은 크게 두 가지로 분류가 가능하다. 하나는 모수적 개혁(parametric reform), 즉 제도의 형태는 그대로 유지하고 연금산식 중 일부 변수의 변화 등을

8) OECD, "Pension Reform: The Unfinished Agenda", Policy Brief, Sep., 2007. P. 2.

시도하는 것이고 또 다른 하나는 제도의 틀을 바꾸는 체계적 개혁(systematic reform)이 있다.

(1) 모수적 개혁(parametric reform)

다음의 **그림 2-8** 은 각국에서 채택한 다양한 모수적 개혁수단을 정리해 놓고 있는데 대부분 국가들의 연금개혁은 서로 다른 개혁수단들의 조합으로 이루어져 왔다.

연금개혁 수단들 중에서 가장 일반적인 것은 연금수령개시 연령의 상향조정이다. 나머지 개혁수단들은 보다 기술적이며 잘 눈에 띄지 않는데 예를 들어 연금급부계산에 있어 소득결정방식의 변화가 있다. 이것과 관련하여 몇몇 OECD 국가들은 소득을 최종소득이 아닌 좀 더 장기간에 걸친 소득에 근거하도록 하였으며 아울러 과거 소득을 연금지급시점의 가치로 재평가함에 있어서 보다 불리한 방식을 택함으로써 재정부담을 줄이고자 하였다. 당연히 개혁수단 중에서 연금수령개시 연령의 상향조정 같은 것은 눈에 잘 띄고 이에 따라 정치적으로도 논란의 여지가 발생하는데 비해 연금급부계산에 있어 소득결정방식의 변화와 같은 것은 좀 더 기술적이며 상대적으로 이목을 덜 받는다는 특징이 있다.

기술적 개혁의 또 다른 형태는 연금지급이 시작된 이후 연금액의 조정부분에서 발생한다. 많은 OECD 국가들은 연금액의 조정에 있어 과거처럼 소득수준의 변화가 아닌 물가수준의 변화에 맞춤으로써 재정부담을 줄여나가고 있다.[9)]

(2) 체계적 개혁(systematic reform)

여러 OECD 국가들 중에는 체계적 개혁을 시도한 경우도 있다. 가장 흔히 볼 수 있는 체계적 개혁은 기존의 확정급여(Defined Benefit: DB)방식의 연금제도를 확정기여(Defined Contribution: DC)방식의 연금제도로 바꾸는 것인데 전자는 연금제도의 주체가 되는 측이 일정한 기준에 근거한 급여를 지급하기로 약속

9) OECD(2007), 전게보고서, P. 3.

◀ 그림 2-8 ▶ 2004-2009년간 OECD국가들의 연금개혁 수단들

	Coverage	Adequacy	Financial sustainability	Pension age	Retirement incentives
Australia	●	●		●	
Austria					
Belgium		●			●
Canada					
Czech Republic				●	
Denmark				●	●
Finland		●	●		●
France	●	●			●
Germany	●			●	
Greece	●			●	●
Hungary	●		●	●	
Iceland					
Ireland			●		
Italy	●				
Japan					
Korea	●	●	●		
Luxembourg					
Mexico					
Netherlands					●
New Zealand	●				
Norway	●				
Poland	●				●
Portugal			●		
Slovak Republic					
Spain		●			
Sweden		●			
Switzerland	●		●		
Turkey				●	
United Kingdom	●	●		●	●
United States	●				

자료 : "Pensions at a Glance", 2009. OECD

을 하는 것이고 후자는 일정 금액이 연금제도가입자의 몫으로 출연된다는 것만 정해져 있을 뿐 급여자체의 크기에 대해서는 가입자 스스로가 책임을 지게 되는 제도를 말한다. 예를 들어 헝가리, 멕시코, 폴란드, 슬로바키아 공화국, 스웨덴

등이 기존의 공적 연금제도를 일부 대체하는 개인퇴직계좌(individual account)를 도입했는데 강제가입, 사적 운영이라는 형태를 띠고 있다.

또 다른 형태의 체계적 개혁은 기존의 DB형태의 제도를 명목계좌(notional account)방식으로 바꾸는 것이다. 이것은 공적연금의 규모가 크고 국민에게 향후 지불해야 할 연금의 크기, 이른바 잠재연금채무가 큰 국가에서 DC방식으로 전환하고자 하지만 재정문제, 이해집단간의 마찰 등이 예상되는 경우에 시도가 가능한 방식이다.

명목계좌방식은 실제로 재정은 부과방식으로 운영이 되지만 가입자와 관계는 DC방식으로 만들어져 있는 것을 말한다. 즉, 가입자가 납부하는 기여금은 실제로는 투자되지 않고 연금지불을 위한 재원으로 사용되지만 가입자 개인에게는 마치 개인계좌에 자금이 들어가는 것처럼 만들어진다. 이 방식에 있어 연금의 크기는 기여금(출연금)의 크기와 정부가 정한 명목상 투자수익률(이자율)에 달려 있다.

이처럼 주로 DC형태로 운영되는 체계적 개혁은 근본적으로 한정된 퇴직자금의 규모 하에서 연금이 지급되도록 하고 있기 때문에 수명이 길어질수록 매년 연금액이 줄어들게 만들 가능성 즉, 장수위험에 대해 노출되어 있다는 특징이 있다.[10)]

연금제도의 개혁 외에도 많은 OECD 국가들은 개인들이 기업연금이나 개인연금 등을 통해 자발적으로 저축하기를 장려하고 있다. 예를 들어 프랑스, 헝가리, 폴란드, 포르투갈은 세제혜택이 있는 새로운 개인연금(private pension)제도를 도입하였고, 독일은 2008년 종료예정이던 세제혜택을 연장하기도 하였다.[11)]

이것은 1994년 세계은행이 주장한 이후 많은 OECD국가들이 추구하는 다층연금체계(multi-pillar system)의 구현화라고 볼 수 있는데 이 체계는 기본적으로 한 개인의 노후자금의 재원을 마련함에 있어 기초생활보장을 제공하는 공적연금과 사적연금제도, 즉 기업연금 혹은 개인저축을 결합하는 것이 필요하다고 주장한다. 물론 이러한 분산체계는 노후자금의 다원화로 말미암은 노후 경제적 위험

10) OECD(2007), 전게보고서, P. 3.
11) "Pensions at a Glance", 2009. OECD.

으로 보호와 이른바 분산투자의 장점 등을 누릴 수 있는 장점을 가지고 있다.

정리해보면 각 나라마다 다른 모습을 띄는 것은 서로 다른 기존여건과 정치, 경제적 배경으로 인한 것으로서 여기서 중요한 사실은 이러한 연금개혁에 있어서 기존여건 중 잠재적 연금채무가 무엇보다 중요한 역할을 하고 있으며 연금개혁은 종종 이것을 현실적 채무로 전환하고 있다는 것이라고 세계은행(1994)에서는 언급하고 있다.[12)]

2. 칠레의 연금개혁과 다층연금체계

그런데 위의 체계적 개혁방안 중에서 기존의 DB방식을 DC방식으로 전환하는 것은 원래 라틴아메리카 모델로 불려졌다. 그 이유는 기존의 부과방식의 연금제도 운영을 통해 과도한 공적연금 채무를 지고 있던 칠레를 선두로 하여 여러 라틴아메리카 국가에서부터 이 방식이 시작되었기 때문이다.

구체적으로 칠레는 1981년 기존의 부과방식 대신 개인구좌에 기여금이 직접 적립되고 자본시장을 통해 스스로 관리하는 방식으로 연금개혁을 시도하게 되는데 그러면 여기서 칠레의 연금제도를 좀 더 구체적으로 알아보자.

먼저 칠레의 연금제도는 3층의 다층연금체계를 가지고 있다. 1층은 강제가입, 비기여(noncontributory), 사회복지적 확정연금제도로서 저소득층을 위한 제도이다. 두 번째가 바로 잘 알려진 적립방식(DC)의 연금제도로서 임금근로자의 경우 가입이 강제되고 급여의 10%를 적립하며 추가적으로 급여의 2%를 운영경비 충당과 장애, 유족보험의 목적으로 납부한다. 마지막 3층은 2층에 추가하여 임의적으로 적립하는 것인데 세제혜택이 주어진다.[13)]

12) 신종욱(2002), 전게서, p. 30.
13) Mitchell, Ruiz, "Pension Payouts in Chile: Past, Present, and Future Prospects", PRC Working Paper WP2009-07, 2009, p. 3.

2층의 적립방식을 좀 더 자세히 알아보면 칠레의 개인퇴직계좌제도에 있어 가입회원의 계좌는 AFP(연금기금운영기관)이라고 불리는 사적 금융기관에 의해 운영된다. AFP는 투자실적이 수준 이하로 하락하는 것을 막아보고자 하는 의도로 제정된 규정의 제약을 받는다. 만일 기금이 기준 수익률을 달성하지 못하는 경우 그 차액은 초과수익기금내의 준비금 혹은 AFP 자체의 지불준비금을 통해 에서 보충된다. 그런데 AFP에게 이러한 여력이 없다면 청산과정에 들어가게 되며 가입자의 계좌는 다른 회사로 이전된다.

한편 자영업자가 아닌 신규로 직장에 진입한 사람은 새로운 제도를 택하도록 강제되며 자영업자의 가입은 자발적이다. 그리고 이미 직장에 있고 새로운 제도가 도입되던 시점에 다양한 기존의 제도 중 하나에 이미 가입되어있는 사람은 새로운 제도에 가입하거나 혹은 기존제도에 머무를 수 있는 선택이 주어진다.

이 새로운 제도에 시행에 따른 결과를 보면 많은 사람들이 새로운 제도에 가입한 것으로 나타났다. 그 이유에 대해서는 두 가지가 제시되었는데 그 중 하나는 제도에 대한 기여율이 기존 제도의 기업-근로자의 기여율(payroll tax rate)을 합한 것보다 낮았기 때문에 새로운 제도에 가입하는 기존 가입자는 집으로 가져가는 급여의 크기가 상대적으로 늘어났기 때문이라는 것이며 또 다른 하나는 기존 제도에 대한 불신 혹은 새 제도의 우월성에 대한 믿음이라는 것이다.

칠레의 연금개혁과 관련하여 또 하나 참고할 만한 사실은 새로운 제도가 성립되었을 때 새로운 제도로 이전하는 가입자들의 과거 기여금을 어떻게 정산하느냐 하는 것이다.

칠레의 경우 기본적으로 두 가지 방법이 가능하다. 그 하나는 새로운 제도로 이전한 사람들이 과거 제도에서 정해놓은 원칙에 따라 연금을 받도록 하는 것이고 다른 하나는 새로운 제도 내의 계좌에 기존의 가입결과에 상응하는 만큼의 금액을 인정해주는 것이다. 결국 새로운 제도는 후자를 선택하였고 새로운 제도로 옮겨가는 사람들은 기존제도에의 기여기간과 기여기간 중의 급여의 크기에 따라 금액이 변하는 인정채권(recognition bond)을 받을 권리가 주어졌는데 이 채권은 가입자가 새로운 제도로 이전하는 순간부터 실질이자율 4%가 부여되었다.[14)]

칠레의 연금개혁은 다음과 같은 평가를 받고 있으며 다음 네 가지 측면에 있어서는 성공적이었다고 한다. i) AFP의 투자대상이 대부분 정부채권이었음에도 불구하고 투자수익률이 매우 높았고 ii) 국내금융시장의 발달에 일익을 담당하였으며 iii) 감독기관인 SAFP가 제도의 작동에 대한 정보를 제공함에 있어 모범적이었고 iv) 아직까지 약속한 연금을 지급함에 있어 어떠한 실패나 문제가 없이 진행되어왔다는 왔다는 것이다.

한편 문제점도 있다. i) 아직까지도 공적연금의 가입율이 100%에 미달하고 자영업자들의 참여가 저조하다는 것 ii) 최소연금제도가 저임금근로자들이 가입기간을 20년으로 국한시키게 하는 동기를 제공하였다는 것 iii) AFP가 투자 및 관리명목으로 부과하는 수수료가 너무 높아 총 실수익률이 10%였음에 비해 순수익률은 이보다 3%가 낮다는 것 iv) 많은 칠레인들이 자신의 선택사항에 대한 지식을 갖고 있음에도 불구하고 정보에 기초를 둔 제대로 된 선택이 이루어지고 있느냐의 여부에 대한 의문 등이 있다.

3. 일본의 공적연금제도

일본은 OECD 국가 중에서 노령화 정도가 가장 높은 국가로서 2.6명의 근로계층당 1명의 65세 이상 노령계층이 있다. 한편 후생성의 자료[15]에 의하면 노인인구의 70%를 공적연금이 차지하고 있고 또한 공적연금이 유일한 소득인 경우가 60%에 달하고 있다.

일본의 연금제도를 이해하는 것은 상당히 중요하다. 왜냐하면 우리나라의 연

14) 최근까지 일반 노령연금이나 조기노령연금의 수급은 다음 중 하나의 형태를 취해야 하는 것으로 되어있다. 즉, 가) 프로그램화된 인출 나) 일정기간 동안 돈을 받고 이 기간 이후는 거치연금을 받는 것 다) 즉시종신연금 등이 바로 그것이다. 2004년 이후 몇 가지 선택이 더 추가되었는데 지금까지 가장 인기 있는 것은 즉시종신연금과 프로그램화된 인출방법이다. 그런데 이러한 모든 선택에 있어서 국가는 새로운 제도에 20년 이상 기여한 사람에 대해서는 최소한 연금지급을 보증하였다.

15) Overview of Pension System, Ministry of Health, Labor and Welfare, 2009.

금제도의 틀이 이미 오래 전에 공적 연금제도가 시행된 일본의 제도에 상당한 영향을 받았다고 볼 수 있기 때문이다.

1) 일본의 연금제도[16)]

일본의 연금제도는 공적연금과 사적연금을 통한 다층체계가 가능한 형태로 되어 있다.

1층 부분은 기초연금으로 불리고 있으며 기본적 소득보장제공을 목표로 하여 일정 연령이상의 모든 국민에게 강제적으로 적용되며 연금의 수급요건을 만족시키는 피보험자에게 정액의 기초연금을 지급한다.

2층 부분은 1층 부분과 함께 공적연금으로서 피용자의 대부분을 그 적용대상으로 하고 있다. 후생연금보험으로 불리며 소득비례연금제도인데 우리나라의 경우는 1층과 2층이 국민연금제도를 통해 일원화되어 있는 것에 대비가 된다. 한편 자영업자 등에게는 사실상 2층 부분에 해당하는 국민연금기금이 있으며 정부가 보험자의 역할을 하고 있으며 공무원 등 특수직역의 경우에는 공제연금이라고 불리는 별도의 연금제도가 있다.

3층 부분은 기업연금으로 볼 수 있으며 이는 기업이 자신의 근로자들을 대상으로 일종의 보험자의 역할을 하는 것이다. 후생연금기금과 우리나라의 퇴직금제도와 유사한 기능을 하는 적격퇴직연금이 여기에 해당하는데 후생연금기금은 후생연금보험의 보험료의 납부가 면제되는 이른바 후생연금보험의 대행역할을 하는 경우가 있다. 이외에도 개인연금상품을 구입하는 경우 급여생활자들에게는 4층의 추가적인 연금이 가능해진다.

2) 일본의 공적연금제도

일본의 공적연금체계는 사회보험제도의 형태를 가지고 있으며 공적연금제도의 경우 전 국민을 대상으로 기초생활보장을 제공하는 국민연금과 피용자를 위

16) "일본의 사회보장(2007)", 일본국립사회보장 · 인구문제연구소, 참조.

한 후생연금보험(또는 공무원의 경우 공제연금)으로 이원화 되어있다.

국민연금의 경우 정액보험료와 가입기간에 비례하는 정액급부로 되어 있으며 부가방식으로 운영되고 정부가 2004년부터 급여비용의 1/2을 부담하고 있다. 사회보험의 형태이기 때문에 보험료 미납시 연금을 받을 수 없으며 65세 이후 수급이 가능하도록 단계적 조정을 취하고 있다.

3) 일본 공적연금제도의 역사[17)]

일본 공적연금제도의 역사를 단계적으로 보면 다음과 같다.

- 1942년: 사업장 남성근로자 대상 노동자연금보험법의 실시

- 1944년: 노동자연금보험법을 후생연금보험법으로 확대 개정함. 당시 전쟁 상황이 악화되면서 많은 여성들이 노동현장에 투입되었는데 이에 따라 여성근로자자까지 적용을 확대하는 것을 골자로 함

- 1961년: 후생연금보험과는 별도로 자영자, 5인 미만 사업장의 근로자, 농민, 실직 및 무직자, 학생 등을 포함하는 국민연금이 도입됨

- 1973년: 급여수준의 인상. 즉, 과거소득과 연금액의 물가연동과 함께 퇴직전 소득의 60%로 목표 급여수준 인상

- 1985년: 기초연금제도 도입 등 연금제도의 대대적 개혁. 이 배경에는 1973년 이후 오일쇼크와 그에 따른 경제성장의 둔화, 지속적인 출산율 감소 및 인구노령화, 취업구조의 변화 등으로 인한 연금재정문제 등이 있었으며 이외에도 급여수준에 있어 공적연금제도간의 불평등 문제, 연금제도간 연결문제가 그 동안 제기 되어 왔었음. 이에 대한 조치의 일환으로 후생연금(공제연금 포함)의 급여를 각각 기초부분과 소득비례부분으로 분리하되 기초부분은 기존의 국민연금과 통합하고 다양하던 공제연금을 일부 통합

- 1989년: 자동 물가연동체계를 도입하고 국민연금기금이 설립됨

- 1994년: 재정안정화 조치. 구체적으로 급부수준의 하향조정과 연금보험료

17) "외국의 연금제도(2006)", 국민연금관리공단 과 "Overview of Pension System, Ministry of Health, Labor and Welfare", 2009 참조.

의 인상, 그리고 과거소득의 재평가 및 5년마다 실시하는 연금연동에 적용하는 기준을 총임금상승률에서 가처분소득상승률로의 전환

– 1999년: 재정안정화 조치. 즉, 후생연금 급여율 인하(연금산식상 계수조정), 연금급여의 연동방식 조정(물가 및 소득 연동 → 물가에만 연동), 소득비례연금 수급개시연령의 단계적 상향조정(2013년까지 60세 → 65세)

– 2004년: 재정안정화 조치. 이 배경에는 출산율 저하, 평균수명증가로 인한 인구구조의 고령화 현상, 그리고 기초연금의 공동화 현상 등이 있음. 특히 기초연금의 경우 미래 보험료부담의 증가 와 연금수급의 불확실성 등으로 90년 후반부터 기초연금의 보험료 납부율이 지속적으로 하락(83% → 63%)해 왔음. 구체적 조치로는 보험료의 인상(예를 들어 후생연금의 경우 2004년 총소득기준 13.58%에서 2017년 18.3%으로 점진적 인상)과 함께 급부의 인하가 동시에 이루어졌는데 급부의 인하는 과거소득의 재평가방식의 변경 (기존 가처분소득상승률 → 가입자수의 감소율과 평균수명 상승률을 차감한 총소득상승률 기준)을 통한 간접적인 방식을 택함. 이외에도 기초연금에 대한 국고지원규모 확대(지출의 1/3 → 1/2), 연금급여에 대한 과세 강화 등의 조치가 시행됨

2004년의 연금개혁은 전통적 연금정책의 큰 변화를 가져왔다. 즉, 연금정책의 초점이 이제 더 이상 '적정 급여수준의 보장' 이 아니라 '부담 가능한 수준에서 보험료의 유지' 임을 천명한 것이다.[18)]

18) 2004년 개혁안의 국회통과가 많은 우여곡절을 겪었는데 많은 관련단체와 기관의 반대를 받았으나 일본 정부는 특히 야당의 입장인 연금제도 일원화 문제를 향후 5년 이내 결론짓겠다는 약속을 하고 연금개혁법안을 국회에서 통과시켰다고 한다.

4) 일본연금제도의 구조[19)]

(1) 국민연금(기초연금)

i) 국민연금가입자

① 제1호 피보험자: 20세 이상, 60세 미만의 자영업자, 학생 등

② 제2호 피보험자: 회사원(국민연금을 포함한 후생연금에 가입), 공무원, 사립학교교직원

③ 제3호 피보험자: 회사원의 처(소위 전업주부)

ii) 재원

기초연금(국민연금)은 주로 일정액의 보험료수입으로 조달되며 수정적립방식으로 운영되고 있다. 국가가 매년 관리운영비와 함께 기초연금 지출의 1/2을 기초연금재정에 보조한다.

한편 기초연금은 보험료납부가 면제되는 경우가 있으며 그 대상은 사회보호시설수용자 및 기초생활보장대상자, 무직자, 실업자 등으로서 면제기간의 1/3을 가입기간으로 인정한다.

iii) 급여

노령기초연금의 지급조건은 보험료 납부기간이 25년 이상, 최소 65세에 도달해야 한다. 60세에서 64세 사이에 연금수급시 감액된다. 기초연금에는 추가적으로 장애기초연금, 유족기초연금 등이 있다.

(3) 후생연금

i) 대상

상시 5인 이상 종업원을 둔 사업체 혹은 5인 미만 사업장이더라도 법인사업장

19) "일본의 사회보장(2007)", 일본국립사회보장 · 인구문제연구소 참조.

의 경우 당연 적용된다. 고령노동자의 임의계속가입제도가 있다. 구체적으로 당연적용사업장 종사자로서 가입기간이 급여수급에 필요한 최소기간에 미치지 못하여 노령기초연금 수급권을 취득하지 못한 65세 이상 근로자를 대상으로 한다.

ii) 재원

수정적립방식으로서 2003년 기준 상여금을 포함한 총소득 기준 13.58%이며, 2004.10부터 0.354% 증가하여 2017년 이후 18.30%이다. 보험료는 제도도입 당시부터 사용자와 피보험자가 절반씩 부담하고 있다.

iii) 노령후생 연금급여

65세 이상으로서 보험료납부기간이 20년 이상이어야 한다.

노령연금 급여액은 소득비례부분과 가급연금액으로 구성되며 소득비례부분은 평균표준보수월액과 가입기간에 따라 결정된다. 우리나라와 달리 소득재분배요소는 없다.

이외에 장애후생연금과 유족후생연금 등이 있다. 후생연금보험이나 공제연금의 가입자(이상 제2호피보험자)에 의해 부양되는 배우자 중에서 20세부터 59세까지의 연간 수입이 130만엔 미만인 자에 대해서는 보험료가 면제되며 65세 이후 연금의 수급자격이 주어진다.

4. 미국의 공적연금제도

1) 미국의 공적연금제도[20)]

미국의 연금체계는 공적연금으로서 미국 사회보장제도인 Social Security 내의 노령연금과 근로자의 약 절반 정도가 가입되어있는 기업연금, 그리고 개인연금 등 이른바 3층의 연금체계가 잘 갖추어져 있다.

먼저 공적연금제도(OASDI)는 어느 정도 소득재분배 기능을 가진 소득비례연금제도이며 피용자, 자영자가 함께 가입되어있다. OASDI는 1935년 도입 이후 현재까지 큰 틀에서의 변화 없이 계속 유지되어 오고 있는데 최근 약 7,400만 명의 베이비 붐 세대의 연금수급 시점이 다가오면서 제도에 대한 위기론이 증폭되고 있는 상황이다.

이와 관련하여 2001년 부시 행정부는 제도의 일부 민영화를 골자로 하는 세 종류의 제도개혁안을 제시했으며, 2005년 개인퇴직계정제도를 골자로 하는 연금개혁안을 추진한 바 있으나 진행되지 못했으며 오바마 정부가 들어선 현재도 여전히 논란이 계속되고 있는 실정이다.

2) 미국 공적연금제도의 역사

공적연금제도의 역사는 다음과 같이 정리가 가능하다.

- 1935년 : 대공황으로 야기된 빈곤문제로 사회보장법(Social Security Act)이 제정되었으며 퇴직자에 대한 노령연금 지급을 목적으로 함
- 1939년 : 퇴직노동자의 부양가족을 위한 가급연금 및 유족연금 도입
- 1940년 : 최초 급여발생
- 1950년 : 급여의 상향조정과 자영업자를 포함하게 되어 보편적 공적연금으

1) "외국의 연금제도(2006)", 국민연금관리공단 참조.

로 발전

– 1956년 : 장애연금, 조기노령연금 도입

– 1983년 : 연금개혁: 1970년대 후반 오일쇼크 등에 의한 높은 인플레이션과 이를 따르지 못하는 임금상승률로 인해 다른 여러나라와 마찬가지로 공적연금 적립기금이 위험한 수준으로 하락함에 따라 연금개혁 실행. 연금개혁의 주요내용은 ⅰ) 소비자 물가지수에 의한 자동적인 사회보장급여의 증가(COLA)를 6개월간 연기, ⅱ) 소비자물가지수와 임금인상지수중 낮은 지수에 맞추어 기초 급여액을 조정, ⅲ) 사회보장급여에 소득세를 부과, ⅳ) 2003년부터 2027년까지 퇴직연령을 65세에서 67세로 점진적 연장, ⅴ) 조기퇴직연금 지급시점은 62세로 그대로 하되, 퇴직연령이 높아짐에 따라 80%에서 70%로 급여인하 조치 등임.

3) 1990년대 이후 현재의 상황

1990년대에는 고령화 문제가 크게 대두되면서 공적연금 개혁논의가 계속되고 있었다.

먼저 클린턴 행정부 하에서 특히 개인계정연금 도입을 통한 부분 민영화 개혁을 골자로 하는 개혁주장이 크게 대두되었으나 1996년 어느 한쪽으로 결론을 내지 못하고 ⅰ) 부분수정안(maintenance of benefit), ⅱ) 개인계정안(individual account), ⅲ) 개인별보장계정안(personal security account)의 3가지 다수 대안을 제시하는데 그쳤다. 왜냐하면 연금개혁은 미래의 불확실한 상황에 대한 예측, 그리고 제도 내용 변화와 관련된 예측뿐만 아니라 제도 외적인 요소들, 즉 인구학적 변화, 경제적 상황 등의 변화에 민감하게 영향을 받기 때문에 그 추진이 매우 어렵기 때문이다.

구체적으로 보면 ⅰ)는 기존 방식을 유지한 채 수입기반의 확대와 수급연령 등의 조정을 통해 재정상태를 개선하는 것 ⅱ)는 공적연금제도의 구조를 바꾸는 것을 근간으로 한 것으로서 기존의 공적연금을 1층으로 하여 사회보장세의 일부를 정액제공 기초연금으로 돌리고 아울러 2층의 개인보장계좌(personal security account)를 도입하되 강제가입, 확정기여방식의 소득비례연금으로 하는 방식 ⅲ)는 ⅱ)안과 유사하되 2층을 완전 분리하고 개인이 소유권을 갖는 개인계좌(individual account)를 통해 완전민영화로 나가는 방식이다.

부분 민영화를 골자로 하는 연금개혁을 공약으로 내건 부시 행정부출범 이후, 2001년에 대통령 직속의 사회보장강화위원회(President's Commission to Strengthen Social Security)를 설치하고 동위원회는 동년 말에 제도의 일부 민영화를 골자로 하는 3종류의 개혁모형을 다시 제시하였다. 그러나 당시 연금개혁에 대한 반대여론이 높아 실현되지 못하였고 2004 미대통령 선거에서 부시는 연금의 부분 민영화를 다시 공약으로 내놓았다.

2005년 집권 2기를 시작한 부시 행정부는 연금개혁을 최우선 정책과제로 내세웠으며, 개혁안의 핵심내용은 기존의 OASDI제도를 확정급여형 부분과 확정기여형의 개인계정연금으로 이원화하되 개인퇴직계정(PRA: Personal Retirement Accounts)을 도입해 가입자의 판단에 따라 사회보장세의 일부를 개인퇴직계정에 적립하도록 하고 적립된 기금을 주식투자로 운용할 수 있도록 하는 것이었다. 반면 기존의 OASDI 연금급여는 가입자의 기여원금과 그 가상이자에 상당하는 금액만큼 삭감하도록 하였다.

개인계정연금은 임의선택에 의하여 기존제도 보험료의 일부를 개인계정연금으로 전환하거나, 개인계정연금에 추가보험료를 납부하여 운영하도록 제안되고 있는 점이 종전의 부분민영화 개혁안과 다른 점이다. 또한 개혁모형 Ⅱ, Ⅲ에서는 최저연금보장제를 도입하여 저소득층의 소득보장을 강화하도록 하는 내용도 있으며 Ⅲ에서는 정부에 의한 매칭펀드방식도 제시되었다.

궁극적으로 DC제도의 도입여부가 각 대안을 구별하는 차이라고 볼 수 있는데 민주당과 공화당은 DC제도의 도입과 관련해 다음과 같은 견해를 가지고 있다. 먼저 현재의 제도형태를 고수하기를 찬성하는 측(주로 민주당)은 공적연금제도의 사회보험(social insurance)적 성격을 강조한다. 즉, ⅰ) 공적연금은 소득재분배 기능을 가져야 하며 ⅱ) 세대간 역할분담이 필요하고 ⅲ) 근로자들은 물가와 장수리스크로부터 보호되어야 하고 ⅳ) 개인들이 잘못된 선택을 통해 생활수준이 저하되는 것을 막기 위해 선택의 기회가 제한되어야 한다는 것이다.

이에 반해 DC제도의 도입을 찬성하는 측(주로 공화당)은 공적연금의 보장(security)적 성격을 강조한다. 즉, ⅰ) 미래의 정부가 마음대로 폐기할 수 없도록 현실적인 자산을 개인이 소유할 필요가 있으며 ⅱ) 개인이 실제 무엇을 소유하고 있는지 투명성이 중요하고 iii) 공적연금관련 개인에게 할당된 자산의 시장 가격이 밝혀짐으로써 개인이 공적연금제도에서 한 발짝 벗어나 보다 합리적인 계획을 세울 수 있어야 하고 iv) 개인이 공적연금제도로 말미암아 내는 세금 혹은 지원받는 자금이 어느 정도인지 알 필요가 있고 v) 개인 할당 자산의 일부가 주식의 수익률을 취할 수 있도록 하며 vi) 개인의 포트폴리오에서 자산의 할당을 어떻게 할 것인지에 대한 결정권이 있어야 한다는 것 등을 강조한다.[21)]

4) 미국 공적연금제도의 내용

(1) 대상

OASDI는 연금보험료(미국에서는 사회보장세(Social Securty Tax)라고 함)납부를 전제로 수급권을 획득하는 보험제도이므로 일정한 소득이 있는 피용자와 자영자가 실질적인 가입대상이다.

(2) 재원

OASDI는 기본적으로 부과방식을 채택하고 있기 때문에 당해년에 수급권자에게 지급되는 연금을 당해연도의 보험료수입금으로 충당하지만, 1983년 사회보장법 개정에서 고소득 연금수급자의 경우 사회보장 연금액의 절반에 소득세를 부과하여 OASDI신탁기금으로 활용하고 있다.

(3) 급부

OASDI는 기본적으로 수급권자에게 해당 사유 발생시 일정 수급요건을 충족한 자에게 노령연금, 장애연금, 유족연금 등을 지급한다. 노령연금, 장애연금,

21) Geanakoplos and Zeldes, "Reforming Social Security with Progressive Personal Accounts", Working Paper, 2009.

유족연금은 가급연금이 지급되어 피부양 지위(배우자, 자녀, 부모 등)와 수에 따라 연금액이 달라진다.

노령연금은 일정액 이상의 근로소득이 있고, 최소한 10년(40분기; 2006년 기준으로 1분기 가입은 소득 $970에 대한 사회보장세를 납부하면 인정되며 만일 소득이 낮어 연간 소득이 이에 미치지 못하면 사회보장세를 납부해도 크레딧을 받지 못할 수도 있다) 이상 보험료를 납부하여야 지급된다.

제4장 국민연금의 연금급여구조

들어가기에 앞서

국민연금제도와 공적연금제도의 세계적인 추세에 대한 이해가 되었다면 이제 국민연금의 연금급여구조에 대해 구체적으로 알아 볼 필요가 있다. 그 이유는 이미 언급한 바와 같이 국민연금이 개인연금이나 기타 연금상품과는 달리 연금보험료와 연금급부간 일대일 대응관계에 있지 않고 가입자마다 서로 다른 결과를 가져오기 때문이다. 즉, 사회보험으로서 국민연금은 제도가입자 개인과 정부로 대변되는 보험자간 사이의 관계로 종결되는 것이 아닌 세대간의 분담문제 그리고 소득의 차이에 따른 소득재분배의 문제 등 다양한 요소를 담고 있는데 이 모든 것이 연금급여산식에 배여 있고 따라서 연금급여산식 등을 제대로 이해하는 것은 제도를 이해하는 것과 동일선상에 놓여있다고 해도 과언이 아니다.

아래에서는 국민연금 급여산식의 특징, 국민연금제도의 연금수익비 등에 대한 소개를 통해 일반인들이 제대로 알고 있지 못한 국민연금의 실체에 대해 자세히 언급하고 있다. 한편 우리가 흔히 듣게 되는 국민연금의 소득대체율에 대한 내용 역시 이 급여산식을 통해 이해할 수 있다.

1. 국민연금의 연금급여 산식

1) 국민연금 급여산식의 특징

국민연금 가입자가 가장 관심을 갖는 연금의 크기 결정은 국민연금법에서 규정하고 있는 국민연금 급여산식을 통해 결정된다. 그럼 국민연금 급여산식의 특징과 산식의 구조를 이해해 보도록 하자.

국민연금급여의 특징은 일반보험회사의 경우처럼 보험금의 크기를 보험료와 상등화 시키는 수지상등의 원칙이 아니라 일정기간 가입한 국민연금가입자에게 어느 정도의 퇴직 후 소득수준, 이른바 소득대체율을 유지해 줄 것인가를 먼저 고려한 다음 제도를 만들거나 운영하는 과정에서 정책적으로 결정된다는 것이다.

국민연금 급여는 급여산식에 의해 결정되는데 이 산식은 기본연금액과 부양가족연금액으로 구성되어있다. 그 중 연금액의 거의 대부분을 차지하는 기본연금액을 결정하는 방식은 제도시행 이래 몇 차례 개정되었다.

아래에서는 다소 복잡한 양상을 띠고 있는 바 2007년 연금법개정 이후의 급여산식이 아닌 그 직전의 것, 즉 1999~2007년간 적용된 급여산식을 통해 급여산식의 윤곽을 먼저 파악해보도록 한다.

$$\text{기본연금액} = 1.8(A+B)(1+0.05n)$$

A : 연금수급전 3년간 전체가입자의 평균소득월액의 평균액

B : 연금수급자 개인의 가입기간 중 기준소득월액[22]의 평균액

n : 국민연금 가입 년수－20

22) 기준소득월액에 대해서 국민연금관리공단에서의 정의는 다음과 같다. "연금보험료 및 연금급여를 산정하기 위하여 사용자 또는 가입자가 신고한 소득월액에서 천원 미만을 버린 금액을 말한다. 종전에는 소득을 일정한 구간으로 등급화한 뒤 그 소득구간별(등급별) 대표값을 소득

한편 1999년 이전에는 위의 식의 상수 1.8 대신에 2.4가 들어가고 연금산식도

$$2.4(A+0.75B)(1+0.05n)$$

이었으며 2007년도 연금법개정에서는 2008년 이후부터 수식의 앞부분이 1.5(A+B), 1.485(A+B) 등으로 매년 감소 수정되어 2028년 이후 1.2(A+B)이 되도록 하고 있다. 즉, 연금액의 크기가 계속 줄어드는 방향으로 제도개정이 이루어져 왔음을 알 수 있다.

그러면 좀 더 구체적으로 이 산식에 알아보도록 하자.

먼저 기본연금액이란 가입기간(연금보험료 납부기간)이 20년이라고 가정하여 산정한 연금액을 말하며 20년 초과시 1년당 5%씩 가산된다. 기본연금액이라는 용어는 장애연금액과 유족연금액을 구하는 수식에서도 등장하고 있는 만큼 제대로 이해할 필요가 있다. 참고로 이 산식을 통해 계산된 연금액은 연간 연금액으로서 월간 연금액은 12로 나눠야 한다.

다음으로 수식에 등장하는 A는 가입자의 보험료나 소득과는 관계없이 전체 가입자의 (월)평균소득으로 결정된다. 이것은 민간보험과는 달리 국민연금의 크기가 납입한 보험료에 비례하지 않도록 만드는 역할을 하고 있는데 이러한 수식을 통해 국민연금이 소득의 재분배라는 사회보험의 역할을 하고 있음을 알 수 있다. A는 2010년 기준 1,791,955원이다.

국민연금 가입기간 동안의 (월)소득수준을 나타내는 B는 소득비례의 의미를 가지는 것으로서 소득이 많은 사람, 즉 연금보험료를 많이 낸 사람이 더 많은 연금을 탈 수 있도록 만든 것이다. 즉, A가 소득재분배의 기능을 이미 수행한 만큼 이제 B를 통해 납입한 보험료가 클수록 연금의 크기가 커지도록 하는 이른바

월액으로 적용하는 "표준소득월액"을 사용하였으나, 2008.1.1부터는 실제 소득액을 적용하는 기준소득월액에 의해 소득월액을 결정하고 있다. 기준소득월액은 최저 22만원에서 최고 360만원까지의 범위로 결정되는데, 신고 소득월액이 22만원보다 적은 경우에는 22만원을 기준소득월액으로 하고, 360만원보다 많은 때에는 360만원을 기준소득월액으로 한다", 국민연금공단 홈페이지 참조

형평성의 문제도 다소 고려한 것으로 볼 수 있다.

그런데 이 B는 물가상승률을 감안해주기 위한 이른바 연도별 재평가율에 의하여 연금수급전년도의 현재가치로 환산한 다음 그 평균치를 취하게 되는데 이것은 연금이 처음으로 결정되는 때의 실질가치를 보장해주기 위한 목적을 가지고 있다.

이처럼 기본연금액을 산정하는 수식은 국민연금의 성격, 즉 소득재분배와 소득비례부분의 혼합되어 있다는 것과 함께 국민연금급여가 개인연금과는 달리 본인의 기여금과 1대1 대응방식으로 이루어져 있지 않음을 말해주고 있다.

마지막으로 1.8은 연금정책상 연금의 소득대체율을 일정 수준으로 맞추기 위해 사용되는 숫자이며 특별한 의미를 가지고 있지 않다. 예를 들어 위의 식 기본연금액=1.8(A+B)(1+0.05n)은 가입자 전체에서 평균정도의 소득을 가진 사람(B=A)이 40년 가입하는 경우 평생 동안의 소득 대비 연금에 의한 소득대체율이 60%가 되도록 만드는 역할을 한다. 즉,

$$\frac{1.8(A+A)(1+0.04(40-20))}{12}=0.6A$$

따라서 기존소득 A(=B)대비 연금의 소득대체율은 $\frac{0.6A}{A}=0.6$이 되어 의도한 바 소득대체율이 달성됨을 알 수 있다. 참고로 1988~1998년에는 40년 가입기준 소득대체율이 70%, 그리고 1999~2007년은 60%, 2008년은 50%, 2009년은 49.5%, 2010년은 49% 등을 거쳐 2028년 이후는 40%가 되도록 국민연금산식이 정해졌다.

한편 국민연금가입기간이 1999년 이전과 2007년 이전, 그리고 2008년 이후에 모두 걸쳐져 있는 경우는 그 당시에 유효한 산식들이 각각 적용되도록 되어 있다. 예를 들어 1999년 이전, 1999~2007년, 그리고 이 이후의 기간 모두에 걸쳐 가입되어 있다고 가정하는 경우의 기본연금 급여산식은 다음과 같다.

$$\Big[2.4(A+0.75B)\times\frac{P1}{P}+1.8(A+B)\times\frac{P2}{P}+1.5(A+B)\times\frac{P3}{P}$$

$$+1.485(A+B)\times\frac{P4}{P}+1.485(A+B)\times\frac{P4}{P}+\cdots+1.2(A+B)\times\frac{P23}{P}$$

$$+X(A+A)\times\frac{C}{P}+X\Big(A+\frac{1}{2A}\Big)\times\frac{6}{P}\Big]\times(1+0.05n)$$

P: 전체가입 년수

X: 노령연금 수급권 취득시점의 연금산식상 상수(1.5~1.2)

C: 추가가입기간(년 단위)

위의 식에서 X와 C는 출산크레딧 및 군복무크레딧과 관련한 것으로서 자세한 내용은 아래 주)를 참고하기 바란다. 한편 출산 및 군복무크레딧으로 인한 연금액 및 증가되는 가입기간은 노령연금액 산정시에만 적용한다고 국민연금법은 규정하고 있다.[23)]

연금급여와 관련하여 참고할 사실은 일단 신규연금수급자의 급여가 위의 방식으로 결정되면 그 이후는 물가상승률에 따라 연동되어 연금의 실질가치를 보장해준다는 것이며 실무상에 있어서 통계청의 소비자물가지수를 적용하고 있다.

그리고 위의 급여결정 공식에서 알 수 있듯이 연금급여는 급여결정 당시의 상황에 평생토록 영향을 받게 되어 있는데 실제적으로 IMF로 인한 소득감소, 도시지역주민에 대한 연금적용확대 등의 이유로 말미암아 2000년 4월 이후 신규수급자의 급여가 1999년 수급자의 급여보다 줄어드는 경우가 발생하기도 했다.

23) **출산에 대한 가입기간 추가 산입 :** "2명 이상의 자녀가 있는 가입자 또는 가입자였던 자가 노령연금수급권을 취득한 때에는 다음 각 호에 따른 기간을 가입기간에 추가로 산입한다. 다만, 추가로 산입하는 기간은 50개월을 초과할 수 없으며, 자녀 수의 인정방법 등에 관하여 필요한 사항은 대통령령으로 정한다"라고 되어 있다. 즉, 자녀가 2명인 경우는 12개월이고 자녀가 3명 이상인 경우는 둘째 자녀에 대하여 인정되는 12개월에 2자녀를 초과하는 자녀 1명마다 18개월을 더한 개월 수라고 규정하고 있다.

군복무기간에 대한 가입기간 추가 산입 : 현역병이나 공익근무요원으로 복무한 자가 노령연금수급권을 취득한 때에는 "6개월을 가입기간에 추가로 산입한다"라고 되어있다. 다만, 「병역법」에 따른 병역의무를 수행한 기간이 6개월 미만인 경우에는 그러하지 아니한다.

2) 부양가족 연금액

연금급여는 위의 기본연금액 외에 가급연금액이 있다. 이 가급연금액은 수급권 취득 당시 가입자 또는 수급권자에 의하여 생계를 유지하던 배우자 · 자녀 또는 부모가 있는 경우에 지급하는 일종의 가족수당 성격의 부가급여로서 그 대상 및 금액은 다음의 표 2-12 와 같다.

▶ 표 2-12 ◀ 부양가족 연금

지급대상	요 건	부양가족연금액
배우자	(사실혼 포함)	연간 220,870원
자녀(배우자가 혼인 전에 얻은 자녀 포함)	18세 미만 또는 장애등급 2급 이상에 해당하는 자녀	연간 147,230원 / 1인당
부모 (배우자의 부모 포함)	60세 이상 또는 장애등급 2급 이상에3 해당하는 부모	연간 147,230원 / 1인당

자료 : "2010 알기 쉬운 국민연금 사업장 실무안내", 국민연금공단, 2010.

2. 국민연금 연금수익비

국민연금이나 개인연금을 막론하고 연금제도 가입자로서 가장 궁금한 사실은 자신이 지불한 연금보험료 대비 적절한 대가를 연금으로 받고 있느냐의 여부일 것이다.

연금상품에 있어 이것을 하나의 숫자로 나타내 주는 것이 바로 연금수익비이다. 이것은 특정시점(대부분 평가시점)을 기준으로 가입자가 받게 될 연금의 전체가치를 가입자가 납부한 보험료의 가치로 나눈 것이다.

다음의 표 2-13 , 표 2-14 , 표 2-15 는 한국개발원(2007)에서 발표한 자료인데 2008년 기준 55세, 40세, 25세의 독신남성 근로자를 대상으로 한 국민연금의 수익비와 수익률을 2007년 연금제도 개정 전, 후로 나누어 보여주고 있다. 이때 대상 근로자들은 당시의 평균임금을 받고 있으며 25세 이후 국민연금에 가입하여 중도탈퇴 없이 연금수급시점까지 가입되어 있는 것으로 가정하였다.[24)]

먼저 실제적으로 국민연금에 내는 돈과 나중에 받는 돈의 가치를 비교해 볼 때 1999년에 가입자 기준 총 납부액과 총 급여액의 현재가치를 비교해 보면 수익비는 2008년 현재 55세의 평균근로자의 경우 1.90이고 25세 평균근로자의 경우 1.16정도 되는 것으로 추정되었다. 이 숫자가 의미하는 바는 2008년 현재 55세의 평균근로자의 경우 100원을 연금보험료로 지불하고 190원과 즉석에서 맞교환 한다는 것으로서 이것은 가입기간 내내 자신의 보험료에 대해 7.48%의 높은 실질수익률(인플레이션율 공제한)을 달성한다는 것과 동일한 내용이다.

아래의 표를 통해 확인할 수 있는 바와 같이 수익비는 연령대별 혹은 세대별로 그리고 소득별로 상당한 차이를 나타내고 있다. 그리고 수익비가 1보다 적은 경우가 없어 국민연금의 유지에 따르는 부담이 후세대에게 전가되고 있음 또한 확인할 수 있다.

한편 국민연금에 의한 소득대체율은 저소득층을 제외하고 다소 낮은 것으로 나타나고 있어 국민연금 외에 추가적인 노후소득의 필요성을 말해주고 있다.

▶ 표 2-13 ◀ **2008년 기준 55세인 남성독신근로자** (단위: 천원, 배, %, 2005년도 불변가격기준)

	평균근로자 1/2		평균근로자		평균근로자 2배	
	개정 전	개정 후	개정 전	개정 후	개정 전	개정 후
연금 급여액(B)	828	794	1,230	1,180	1,375	1,318
평생 평균소득(y)	2,065	2,065	4,130	4,130	8,713	8,713
소득대체율(B/y)	40.09	38.46	29.79	28.56	15.79	15.13
수익비	2.67	2.56	1.98	1.90	1.89	1.82
(실질) 내부수익률	9.34	9.11	7.71	7.48	7.46	7.23

자료 : 문형표 편, "공적연금의 평가와 정책과제", 2007, 한국개발연구원

24) 보다 자세한 내용은 한국개발연구원, 우리나라 노후소득보장체계 구축에 관한 종합연구 중 "공적연금제도의 평가와 정책과제", 2007를 참고할 것.

▶ 표 2-14 ◀ 2008년 기준 40세인 남성독신근로자 (단위: 천원, 배, %, 2005년도 불변가격기준)

	평균근로자 1/2		평균근로자		평균근로자 2배	
	개정 전	개정 후	개정 전	개정 후	개정 전	개정 후
연금급여액(B)	2,075	1,751	3,069	2,586	3,696	3,112
평생평균소득(y)	3,399	3,399	6,799	6,799	14,790	14,790
소득대체율(B/y)	61.04	51.51	45.15	38.04	24.99	21.04
수익비	2.41	2.03	1.78	1.50	1.64	1.38
(실질)내부수익률	6.82	6.17	5.66	4.99	5.30	4.65

자료 : 문형표 편, "공적연금의 평가와 정책과제", 2007, 한국개발연구원

▶ 표 2-15 ◀ 2008년 기준 25세인 남성독신근로자 (단위: 천원, 배, %, 2005년도 불변가격기준)

	평균근로자 1/2		평균근로자		평균근로자 2배	
	개정 전	개정 후	개정 전	개정 후	개정 전	개정 후
연금급여액(B)	3,250	2,309	4,868	3,458	5,784	4,109
평생 평균소득(y)	5,393	5,393	10,786	10,786	23,532	23,532
소득대체율(B/y)	60.27	42.81	45.13	32.06	24.58	17.46
수익비	2.18	1.55	1.64	1.16	1.51	1.08
(실질)내부수익률	6.18	4.93	5.12	3.85	4.77	3.55

자료 : 문형표 편, "공적연금의 평가와 정책과제", 2007, 한국개발연구원

3. 국민연금과 경제적 의사결정

1) 국민연금의 미래와 가입자 선택

국민연금제도는 수급불균형의 해소를 주요목적으로 모수적 변화를 시도했던 1998년과 2007년의 2차례에 걸친 연금법개정에도 불구하고 2060년경 기금의 고갈이 예상되고 있다.

이에 따라 일반 국민들의 경우 국민연금의 수급가능성에 대한 우려를 경우도 있으나 기금고갈 이후에도 부과방식으로의 전환을 통해 연금제도는 존속할 수 있으며 더구나 상당수의 가입자들은 연금수급기간이 기금고갈 시점까지 미치지 못할 가능성이 있다. 또한 국민연금수급자가 지속적으로 그리고 절대적으로 증가하는 현 상황에서 이미 확정된 연금액의 삭감과 같은 제도의 급변화나 제도 자체의 폐지는 어려울 것으로 예상이 된다.

따라서 사회보험으로서 강제가입의 형태를 가지고 있는 현실을 감안할 때 국민연금제도를 외면하기보다 활용하는 방법을 찾을 필요가 있으며 이에 따라 제도 내에 내포된 각종 선택의 문제에 대해 제대로 인지하고 있어야 한다.

제도의 활용에 있어서 참고할 만한 사항들은 조기노령연금, 재직자노령연금, 연기연금의 선택시 예상할 수 있는 재무적 결과 등을 들 수 있으며 이외에도 반환일시금의 반납 등을 통한 국민연금의 가입기간 확대 등이 가지고 있는 경제적 의미를 파악하는 것 등이 있다.

아래에서는 한국개발연구원(2007)[25]의 자료를 통해 이러한 선택들이 가입자에게 가져올 수 있는 경제적 결과를 알아보고자 한다.

경제적 선택과 관련하여 가입자가 고려해봐야 할 사실은 예를 들어 가입자가 55세가 되어 조기노령연금을 수급할 수 있는 자격이 주어지는 경우 향후 계속 근무시 납부해야 할 보험료의 크기, 연금수급의 연기에 따른 수급기간의 감소, 그리고 반대급부로서 계속 근무에 따른 연금액의 증가 등이 있다. 여기서 연금액의 증가는 구체적으로 추가근무기간의 가입기간 재산정, 급여의 감액부분 축소, 그리고 최종소득수준의 상향조정에 기인한 것이다.

이 연구는 조기노령연금 수급 등과 특정한 의사결정에 따라 가입자의 기대순연금자산(expected net social security wealth), 즉, 연금자산의 크기에서 추가근로기간의 보험료 가치를 공제한 것, 이 어떻게 변하는지를 분석한 것이다. 따라서 만일 1년의 추가근무로 인해 순연금자산이 감소한다면 다른 것들이 동일하다고 가정할 시 가입자는 연금과 관련해서는 손해를 입는다고 볼 수 있다.

25) 문형표 · 이지혜, 한국개발연구원, 우리나라 노후소득보장체계 구축에 관한 종합연구 중 "국민연금의 은퇴유인에 대한 구조적 분석 및 시사점"

분석상 가정들은 25세부터 국민연금에 가입하여 중도탈퇴없이 연금수급시점까지 근로를 지속한다는 것과, A값은 2005년도 실제치(1,412428)를 기준으로 매년 실질임금상승률에 따라 증가하며, 보험료는 2008년 이후 현재 9%로 계속 유지 하고 50세 이후 연령증가에 따른 소득수준의 변화가 없다는 것 등이 있다.

한편 분석대상자는 2008년 현재 55세에 도달한 남성인 평균임금소득자로서 1988년(35세)에 국민연금 처음가입하고 56세에 조기노령연금 수급권이 발생했으며 61세에 이르러 완전노령연금 수급권이 발생했음에도 불구하고 만일 계속 근무의사가 있는 경우 재직자노령연금과 연기연금 두 가지 중 하나를 선택할 수 있다는 것을 가정하였다.

2) 조기노령연금의 선택

다음의 **표 2-16** 는 55세에 이르러 조기노령연금의 수급조건이 만들어 졌을 때 추가적 1년 근무에 따른 순연금자산의 증가여부를 2007년의 연금제도 개정 전, 후를 구분하여 보여주고 있다.

이 표를 보면 조기노령연금의 경우 신청이 가능한 전기간에 걸쳐 계속근로시 순연금자산이 증가(+)하고 있어 특별한 사정이 없는 한 조기연금수급을 하지 않거나 가능한 한 늦출수록 연금측면에서는 유리하다는 것을 보여준다. 특히 저소득자일수록 결과는 더욱 더 증폭되어 나타난다는 것을 알 수 있다.

▶ 표 2-16 ◀ 조기노령연금과 순연금자산의 변화 (단위: 천원)

	소득대체율		순연금자산		연금자산 변동분	
	개정 전	개정 후	개정 전	개정 후	개정 전	개정 후
56세	0.183	0.169	120,124	111,273	6,743	7,225
57세	0.204	0.190	126,867	118,498	6,601	7,027
58세	0.225	0.213	133,469	125,525	6,350	6,712
59세	0.247	0.236	139,819	132,237	6,111	6,399
60세	0.273	0.260	145,930	138,636	5,594	5,812

주 : 2008년 당시 55세인 독신남성근로자로서 평균임금소득자의 경우를 기준으로 한 것임
자료 : 문형표 편, "공적연금의 평가와 정책과제", 2007, 한국개발연구원, 〈표 6-2〉 재구성.

이러한 결과가 발생하는 원인은 무엇보다 우리나라 국민연금제도의 수익비가 높다는 것, 즉 가입 자체나 혹은 가입기간의 연장이 가입자에게 유리하다는 것에서 찾을 수가 있다.

3) 재직자노령연금

아래의 표 2-17 은 이미 완전노령연금 수급권을 가지게 된 가입자가 계속적으로 재직하는 경우 받게 되는 재직자 노령연금에 있어서 계속 근로가 가지는 순연금자산상의 결과를 보여주고 있다.

이 표 2-17 에 의하면 계속 근무는 순연금자산의 측면에서 불리하게 작용하며 시간이 갈수록 개선되고 있음을 알 수 있다. 따라서 연금자산의 측면에서 봤을 때는 계속 재직보다는 완전노령연금을 수급하는 것이 유리하나 재직에 따른 소득이 있고 직업보유가 가지고 있는 의미가 있는 만큼 단순히 의사결정을 할 수 있는 것은 아니다.

▶ 표 2-17 ◀ 재직자노령연금과 순연금자산의 변화 (단위: 천원)

	소득대체율		순연금자산		연금자산 변동분	
	개정 전	개정 후	개정 전	개정 후	개정 전	개정 후
61세	0.149	0.143	151,525	144,448	-6,068	-5,817
62세	0.179	0.171	145,457	138,631	-4,681	-4,487
63세	0.209	0.200	140,775	134,144	-3,389	-3,249
64세	0.238	0.228	137,386	130,895	-2,181	-2,091
65세	0.268	0.257	135,205	128,805	-1,054	-1,010

자료 : 문형표 편, "공적연금의 평가와 정책과제", 2007, 한국개발연구원, 〈표 6-3〉 재구성.

4) 연기연금

연기연금은 재직자노령연금 수급권자가 1회에 한하여 연금의 수급을 연기할 경우 매1개월 연기에 대해 0.5%(1년 6%) 가산하여 지급하는 제도이다.

연기연금은 연금의 수급시기를 순연금자산의 크기와 분리시킴으로써 연금제도가 은퇴시기의 결정에 미치는 영향력을 줄이고자 하는 것이 제도의 취지이다. 그러나 그럼에도 불구하고 표 2-18 의 결과에 의하면 순연금자산은 나이가 많아질수록 오히려 줄어들고 있어 연기연금의 취지가 다소 흔들리고 있음을 알 수 있는데 그 이유는 무엇보다 계속근로기간이 가입기간에 추가되지 않기 때문이다.

▶ 표 2-18 ◀ 연기연금과 순연금자산의 변화 (단위: 천원)

	소득대체율		순연금자산		연금자산 변동분	
	개정 전	개정 후	개정 전	개정 후	개정 전	개정 후
61세	–	0.286	–	144,448	–	–2,505
62세	–	0.303	–	141,943	–	–3,437
63세	–	0.320	–	138,506	–	–4,323
64세	–	0.337	–	134,183	–	–5,156
65세	–	0.354	–	129,027	–	–5,951

자료 : 문형표 편, "공적연금의 평가와 정책과제", 2007, 한국개발연구원, 〈표 6-4〉 재구성

5) 기타 의사결정에 관한 사항

추가적으로 국민연금 가입자들의 의사결정과 관련하여 유의해야 할 사항들은 다음과 같다.

(1) 일시금이 아닌 연금의 확보

연금의 수익비 부분에서 살펴본 바와 같이 납입보험료에 정기예금에 준하는 이자를 적용하는 일시금과 연금은 그 가치 측면에서 상당한 차이를 가지고 있다. 따라서 연금수급조건을 갖추기 위해 10년 이상의 가입기간을 만들어야 한다. 그리고 수익비를 고려하는 경우 과거에 반환일시금을 받은 가입자들은 가능한 한 반납할 필요가 있으며 아울러 납부예외기간 역시 추후납부를 통해 가입기간을 늘릴 필요가 있다.

마찬가지 논리로 가입기간을 만들거나 늘리고자 하는 경우 **표 2-19** 에서 볼 수 있는 바와 같은 임의가입제도를 고려할 필요가 있다.

▶ 표 2-19 ◀ 국민연금 임의(계속)가입자의 종류

<table>
<tr><td rowspan="3">임의가입자</td><td colspan="2">사업장가입자 및 지역가입자 이외의 18세 이상 60세 미만의 자로서
본인의 신청에 의해 가입</td></tr>
<tr><td>사업장 적용대상 제외자</td><td>지역 적용대상 제외자</td></tr>
<tr><td>1) 공무원연금법, 사립학교교직원연금법, 별정우체국법에 의한 퇴직연금, 장해연금, 퇴직연금 일시금이나 군인연금법에 의한 퇴직연금, 상이연금 · 퇴역연금 일시금의 수급권을 취득한 자(퇴직연금등 수급권자)
2) 국민기초생활보장법에 의한 수급자</td><td>1) 다음 해당자의 배우자로서 별도의 소득이 없는 자
- 타공적연금가입자
- 사업장가입자 · 지역 · 임의계속가입자
- 별정우체국직원
- 노령연금, 퇴직연금 등 수급권자
2) 18세 이상 27세 미만인 자로서 별도의 소득이 없는 자 (연금보험료 납부이력 있는 자는 제외)
3) 퇴직연금등 수급권자
4) 국민기초생활보장법에 의한 수급자</td></tr>
<tr><td rowspan="4">임의(계속)가입자</td><td>사업장
임의 계속 가입자</td><td>사업장에 종사하는 60세 이상 65세 미만의 자로 연장가입 신청한 자</td></tr>
<tr><td>지 역
임의 계속 가입자</td><td>60세에 달한 지역가입자로서 65세 미만까지 연장가입 신청한 자</td></tr>
<tr><td>기 타
임의 계속 가입자</td><td>60세에 달한 임의가입자로서 65세 미만까지
연장가입 신청한 자 및 지역 · 사업장임의계속가입자를 제외한 임의계속가입자</td></tr>
<tr><td colspan="2">한편 특수직종근로자로서 특례노령연금수급권을 취득한 자는 60세 미만이라 하더라도 임의계속가입자로 가입할 수 있음</td></tr>
</table>

자료 : "알기 쉬운 국민연금: 사업장 실무 가이드북", 국민연금공단, 2008.

(2) 보험료납부에 관한 사항

유족연금과 장애연금은 가입자 조건의 유지와 밀접한 관련이 있다. 따라서 반드시 한번은 보험료를 납부할 필요가 있는데 왜냐하면 가입 당시부터 계속 납부예외자 이거나 소득신고 후 납기일이 아직 다가오지 않아 미납된 경우에는 연금이 지급되지 않기 때문이다.

또한 보험료납부가 어려운 경우라도 연체가 아닌 납부예외자 자격의 유지가 필요하다. 납부예외자는 기본적으로 가입자로 인정을 받는 상태로서 특별한 사유가 없는 이상 이 기간 중에 장애를 입거나 사망하게 될 경우 장애연금이나 유족연금을 받을 수 있다.

제5장 국민연금 연금급여 계산의 실제

들어가기에 앞서

앞에서 국민급여의 종류와 급여산식에 대해서 알아보았는데 이제 노령연금급여와 장애연금, 유적연금 등 우리 삶에 직접적으로 영향을 미치는 급여들이 어떤 방식으로 계산되는지 확인해보고자 한다.

급여를 직접 계산해보는 경우 급여산식을 단순히 이해하는 것에 비해 상당히 복잡함을 느낄 수 있을 것이며 이러한 과정을 통하여 국민연금에 대한 이해가 한층 더 깊어질 것이다.

1. 급여산식의 종류와 적용방법

1) 국민연금 급여산식의 종류

(1) 국민연금 급여산식의 특징

먼저 기본연금액이란 가입기간(연금보험료 납부기간)이 20년이라고 가정하여 산정한 연금액을 말하며 20년 초과시 1년당 5%씩 가산된다.

노령연금이나 장애연금, 유족연금을 막론하고 연금급여를 계산함에 있어 가장 기초가 되는 부분은 기본연금액의 계산이다. 즉, 이미 위에서 보았듯이 모든 연금액은 기본연금액의 일정비율로 나타나기 때문이다.

국민연금의 기본연금액을 결정하는 급여산식은 제도시행 이래 몇 차례 개정되었는데 가입연도별 적용되는 급여산식을 정리해보면 다음과 같다.

1988~1998: $2.4(A+0.75B)(1+0.05n)$

1999~2007: $1.8(A+B)(1+0.05n)$

2008 : $1.5(A+B)(1+0.05n)$

2009 : $1.485(A+B)(1+0.05n)$

2010 : $1.470(A+B)(1+0.05n)$

…

2028 이후 : $1.200(A+B)(1+0.05n)$

A : 연금수급전 3년간 전체가입자의 평균소득월액의 평균액

B : 연금수급자 개인의 가입기간 중 기준소득월액[26)]의 평균액

n : 국민연금 가입 년수−20

26) 기준소득월액에 대해서 국민연금관리공단에서의 정의는 다음과 같다. "연금보험료 및 연금급여를 산정하기 위하여 사용자 또는 가입자가 신고한 소득월액에서 천원 미만을 버린 금액을

◀ 그림 2-9 ▶ 연금산식의 적용기간

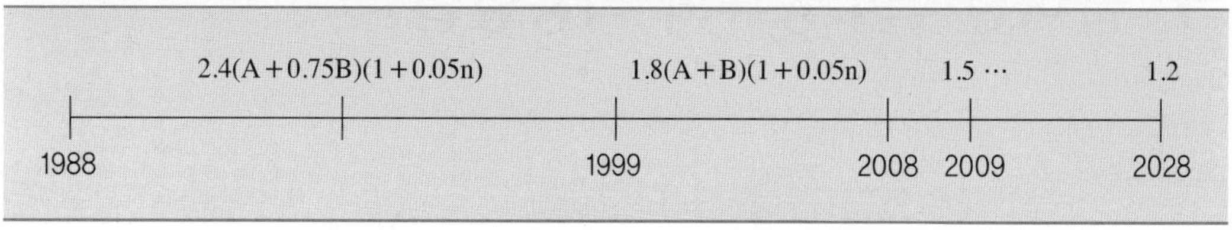

즉, 가입자의 연금액은 비록 동일한 가입기간이라도 가입기간이 어느 기간에 속해있느냐에 따라 달라지게 된다. 따라서 예를 들어 어떤 가입자의 가입기간이 1988년부터 시작하여 2028년에 이르기까지 전 기간에 걸쳐 가입되어 있다고 가정하는 경우의 기본연금 급여산식은 출산크레딧과 군복무크레딧을 제외하는 경우 다음과 같다.

$$\Big[2.4\big(A+0.75B\big)\times\frac{P1}{P}+1.8\big(A+B\big)\times\frac{P2}{P}+1.5\big(A+B\big)\times\frac{P3}{P}+1.485\big(A+B\big)$$
$$\times\frac{P4}{P}+1.485\big(A+B\big)\times\frac{P4}{P}+\cdots+1.2\big(A+B\big)\times\frac{P23}{P}\Big]+(1+0.05n)$$

P: 전체가입 년수

그럼 이제 이 식을 이용하여 기본연금액의 크기를 계산해보자. 계산을 위해서는 A, B, 실제 가입연도 및 지속기간(P, P1, P2 등)이 필요하다.

먼저 언급한 바와 같이 A는 가입자의 보험료나 소득과는 관계없는 연금을 받기 직전 3년 간의 전체가입자 평균소득을 의미하며 국민연금공단에서 매년 발표하는 자료를 이용하거나 가입자에게 우편으로 배달되는 국민연금 가입내역안내서를 통해 확인할 수 있다. A는 2010년 기준 1,791,955원이다.

말한다. 종전에는 소득을 일정한 구간으로 등급화한 뒤 그 소득구간별(등급별) 대표값을 소득월액으로 적용하는 "표준소득월액"을 사용하였으나, 2008.1.1부터는 실제 소득액을 적용하는 기준소득월액에 의해 소득월액을 결정하고 있다. 기준소득월액은 최저 22만원에서 최고 360만원까지의 범위로 결정되는데, 신고 소득월액이 22만원보다 적은 경우에는 22만원을 기준소득월액으로 하고, 360만원보다 많은 때에는 360만원을 기준소득월액으로 한다", 국민연금관리공단 홈페이지 참조 다음으로 B는 수급자의 가입기간중 기준소득월액의 평균액을 말한다.

B는 물가상승률 등의 영향으로 인해 매년 그 가치가 달라지기 때문에 연금액의 실질가치를 보전해주기 위해 실제로 연금액을 계산할 때는 과거의 소득을 다음의 표 2-20 에서와 같은 재평가율을 사용하여 연금수급 바로 직전년도의 가치로 바꿔준다. 예를 들어 1988년 당시에 기준소득월액이 100만원이었다면, 2009년 4월부터는 표 2-20 에 나와 있는 재평가율 4.675를 적용하며 이 경우

▶ 표 2-20 ◀ 국민연금통계 자료: A 및 재평가율

년도	평균소득월액	3년 평균소득월액	재평가율
1988	374,485	0	4.675
1989	451,308	374,485	4.133
1990	540,146	423,569	3.599
1991	619,882	486,449	3.009
1992	726,197	581,837	2.611
1993	819,687	670,540	2.311
1994	900,024	757,338	2.036
1995	943,502	859,838	1.88
1996	1,070,474	931,293	1.724
1997	1,216,834	1,015,544	1.558
1998	1,271,595	1,123,185	1.388
1999	1,271,595	1,260,611	1.356
2000	1,190,870	1,290,803	1.376
2001	1,290,227	1,271,595	1.352
2002	1,362,212	1,294,723	1.326
2003	1,454,522	1,320,105	1.239
2004	1,524,859	1,412,428	1.169
2005	1,586,061	1,497,798	1.117
2006	1,634,687	1,566,567	1.081
2007	1,692,766	1,618,914	1.044
2008	1,726,533	1,676,837	1
2009		1,750,959	1

자료 : 국민연금 통계연보, 국민연금공단 홈페이지.

2009년 기준 기준소득월액은 4,675,000원으로 환산된다.[27] B 역시 국민연금 가입내역안내서를 통해 확인할 수 있다.

마지막으로 연금산식 중 n은 실제 국민연금 가입기간에서 20년을 뺀 나머지 기간을 말한다.

그러면 구체적인 사례를 들어 공단이 제공하는 예상 연금액이 어떤 방식을 통해 계산되는지 개략적으로 알아보자.

어떤 지역가입자가 1999년 4월 1일 가입을 시작하여 현재(2010년)까지 가입 중이고 2016년 5월 말까지 가입한 다음 2017년 5월 말에 만 61세가 되어 지급 사유가 발생한다고 가정하자. 이 경우 향후 가입기간을 포함한 총 가입기간 P는 206개월이 된다. 이 중 1.8(A+B)(1+0.05n)에 해당하는 가입기간은 8.75년(105개월)이며 그 이후 나머지 101개월 동안 2008년 1.5(A+B)(1+0.05n)부터 시작하여 2016년 1.38(A+B)(1+0.05n)이 적용될 때까지 매년 다른 산식이 적용된다. 결과적으로 대략 P1=0, P2=8.75, P3, P4…, P10=1이고 P11은 그 나머지 값이 된다.

다음으로 A는 예상연금액이 계산되는 시점에서 공표된 A값을 사용하게 되는데 A는 2010년 기준 A인 1,791,955원을 사용하자.

그리고 B는 기존 가입기간 동안의 B(현재 시점의 가치로 평가한 것)와 향후 만 60세까지 예상가입기간에 대한 B, 두 자료를 가지고 가입기간에 따른 가중평균을 구하게 되는데 공단에서 제공하는 예상 연금액은 현재의 B가 향후에도 계속 유지되는 것으로 가정한다. 그 숫자는 공단의 자료를 통해 알 수 있으며 여기서는 828,600원을 가정하자.

마지막으로 n은 예상가입기간이 206개월이어서 완전노령연금액 수령을 위한 조건 20년(240개월)에 미치지 못하며 결과적으로 1+0.05(n−20)은 1보다 적은 0.8583이 된다.

이 숫자들을 위의 식에 집어넣고 계산해보면 지금 시점의 가치로 매년 약 365.6만원, 즉 월 30만원 정도가 나오는 것을 볼 수 있다.

27) 매년 고시되는 재평가율은 그 해 4월부터 다음 해 3월까지 새로 연금지급이 개시되는 수급권자에게 적용된다.

다음으로 장애연금의 경우를 보자.

장애연금은 주로 1급 장애의 예를 들게 되는데 1급 장애는 기본연금액의 100%를 지급하게 되어있으며 기본연금액 이란 실제 가입기간이 20년에 못 미치더라도 20년을 가입기간으로 한다. 따라서 P는 20년(240개월), P1=0, P2=8.75, P3=1, P4=1 된다. 그런데 실제 가입기간이 아닌 나머지 가입기간 9.25년(20-10.75)에 대해서는 이것을 기존 가입기간에 비례하여 배분한 다음 이 기간에 해당하는 각각의 연금산식을 적용한다. 즉, P2에는 추가적으로 7.53년이 가입기간이 배당되는 것이다.

한편 장애연금에 있어 B는 지금 당장 장애가 발생하는 경우를 가정하므로 현재시점에서의 B, 즉 현재의 기준소득으로서 여기에서는 85만원을 가정한다.

마지막으로 가입기간이 20년이므로 n=0이 되며 이 숫자들을 연금산식에 집어넣으면 1급 장애의 경우 매달 약 38만원이 나옴을 알 수 있다.

한편 유족연금의 경우는 장애연금과 마찬가지로 20년 가입을 기준으로 한 기본연금액을 계산하고 실제 가입기간에 따라 이 기본연금액의 40%(10년 미만), 50%(20년 미만), 60%(20년 이상)를 지급하도록 되어있다. 사례들 든 가입자의 경우 기본연금액이 월 38만원이고 실제가입기간이 20년 미만이므로 가입자가 지금 당장 사망했을 때 유족들이 받을 수 있는 금액은 약 19만원이 된다.

제6장 특수직역연금

들어가기에 앞서

아래에서는 공무원, 군인, 사립학교 교직원 등 특수직역들을 대상으로 하는 연금제도에 대해 소개하고자 한다.

특수직역에 대해서는 대부분의 국가에서 일반국민들을 대상으로 하는 공적연금제도와 구분하여 별도의 연금제도를 두고 있다. 이것은 이러한 직군들이 국가와 특수관계에 있기 때문이라고 볼 수 있는데 연금제도의 내용 또한 일반 공적연금제도와는 상당히 다른 양상을 가지고 있다.

특수직역연금의 경우 현실적으로 그 관련 당사자들의 숫자가 적지 않으며 또한 직종간 이동이 좀 더 빈번해지는 현실을 감안할 때 좀 더 관심을 기울이고 이러한 연금제도에 대한 이해를 할 필요가 있다. 물론 그 배경에는 노후 재정문제가 갈수록 그 비중을 키워나가고 있다는 사실이 버티고 있다.

1. 특수직역연금제도 개요와 공무원연금

먼저 특수직역연금제도란 공무원, 군인, 사립학교 교직원을 대상으로 하는 연금제도를 말한다. 특수직역연금제도는 1960년도 공무원연금의 시작을 필두로 1963년 군인연금, 1975년 사학연금이 각각 도입되었으며 현재 공무원연금공단, 국방부, 사학연금공단 등 각각의 관리주체를 통해 독자적으로 운영되고 있다.

세 가지 특수직역연금제도는 공무원연금제도를 준용하여 만들어졌기 때문에 급여의 종류, 급여구조 및 수준, 그리고 재원조달방법이 기본적으로 동일하다. 다만 군인연금의 경우 연금수급요건인 20년 이상 가입조건을 충족시키면 되고 연금수급에 있어 퇴직연령조건은 없다는 특징이 있고 이외에도 공무상 사망이나 재해에 대해 좀 더 호혜적인 기준을 가지고 있다.

따라서 아래에서는 공무원연금을 기준으로 특수직역연금제도의 특징들을 알아보고자 한다.

1) 공무원연금제도의 성격과 재정

먼저 공무원연금법에서는 법의 목적(1장 1조)을 "공무원의 퇴직 또는 사망과 공무(公務)로 인한 부상 · 질병 · 장애에 대하여 적절한 급여를 지급함으로써, 공무원 및 그 유족의 생활안정과 복리 향상에 이바지함을 목적으로 한다"라고 규정하고 있다.

이것과 대비하여 국민연금법에서는 그 목적(1장 1조)을 "국민의 노령, 장애 또는 사망에 대하여 연금급여를 실시함으로써 국민의 생활 안정과 복지 증진에 이바지 하는 것을 목적으로 한다"라고 적고 있다. 즉, 두 가지 제도 모두 장기적 소득보장을 주 목적으로 하고 있지만 공무원연금제도의 경우 국가를 고용주의 입장에 두는 이른바 부양제도로서의 성격을 가미하고 있는데 이러한 사실은 일반 근로자의 퇴직금역할을 하는 퇴직수당제도와 다양한 재해보상급여 및 부조급여의 존재를 통해 확인할 수 있다.

한편 연금제도에 있어 핵심이라고 할 수 있는 재정운영을 보면 국민연금과 마찬가지로 수정적립방식으로 시작되었다. 그러나 1993년 처음으로 연금수입 대비 연금지출이 더 커지는 결과가 발생했으며 현재는 매년 발생하는 수지차를 정부예산을 통해 추가보전해 주고 있는 실정이다. 이것은 실제적 재정방식이 부과방식으로 이미 바뀌었고 동시에 공무원연금제도가 부양제도임을 천명해주는 의미를 가지고 있다. 제도개시 이후 고용주인 정부와 공무원 가입자간 분담비율은 50 : 50의 동등비율 분담을 유지하고 있다.

2) 공무원연금제도의 역사

다음의 **표 2-21** 은 공무원연금제도의 중요한 변화과정을 요약하고 있다. 이러한 변화과정을 보면 우리나라의 특수직역연금제도가 전 세계의 공적연금제도와 거의 유사한 과정을 밟고 있는 것을 볼 수 있다.

즉, 제도초기에는 급여의 크기가 다소 올라가는 양상을 보이다가 제도 설립 이후 기여금의 크기를 지속적으로 인상해왔음에도 불구하고 2000년대에 들어서면서 기여금 대비 과도한 급여크기가 인구노령화 등과 맞물리면서 연금재정안정화 문제로 불거지자 급여의 크기를 지속적으로 축소시키는 모습을 보이는 것이다. 이러한 급부의 축소는 대부분의 연금제도에서 택하는 방식과 유사한데 가입자의 반발이 예상되는 급부자체의 축소 외에 연금지급 개시연령의 연장, 연금액 조정기준의 변경(소득상승률 → 물가상승률) 등이 대표적이다.

▶ 표 2-21 ◀ 공무원연금제도의 역사

연도	주요 내용
60. 1. 1.	적용범위: 국가공무원 및 지방공무원, 군인 급여종류: 퇴직연금(준퇴직연금), 장해연금, 유족부조금, 퇴직일시금, 유족일시금 – 비용부담: 기여금 봉급월액의 23/1,000, 부담금 기여금과 동액. (군인: 기여금 봉급월액의 35/1,000 부담금 봉급월액의 23/1,000)
'62. 10. 1	– 공무원연금법의 적용을 받고 있던 군인을 적용대상에서 제외 – 급여의 종류에 있어 요양비 · 분만비 · 상병수당 · 분만수당 · 장제비 등 5종의 단기급여 추가신설

	- 퇴직연금 지급요건 중 연령제한(60세) 및 준퇴직연금을 폐지하고 퇴직연금액을 봉급연액의 30/100~50/100 에서 40/100~50/100 으로 인상 - 퇴직연금과 퇴직일시금의 선택제도 폐지 - 유족부조금을 폐지와 유족연금의 신설.
'63. 11. 1	- 장해연금 및 유족연금에 대한 일시금 제도인 장해보상금 및 유족부조금(연금액의 5배)을 신설하여 택일하게 함. - 공무상 질병·부상으로 인한 사망의 경우 유족연금액을 봉급연액의 40/100에서 60/100으로 인상
'67. 1. 1	- 퇴직연금액 인상: 봉급연액의 40/100~50/100 50/100~70/100 - 퇴직일시금액 인상 - 기여금과 부담금의 징수율을 35/1,000 으로 인상
'70. 1. 1	- 연금과 일시금의 선택 인정 - 퇴직연금일시금·유족연금일시금 신설 - 기여금과 부담금의 징수율을 55/1,000 으로 인상
'88. 1. 1	- 유족연금지급률 인상: 퇴직·장해연금의 50% → 70%
'91. 1.14	- 퇴직수당제 신설
'95.12.29	- 재해부조금 및 사망조위금의 지급 및 비용부담원칙(국가공무원은 국고부담, 공단에서 결정·지급. 지방자치단체소속 공무원은 지방자치단체 부담, 공단의 결정으로 지방자치단체가 지급) - 퇴직수당을 국가 또는 지방자치단체에서 전액 부담. - 기여금 및 부담금의 상향조정: 기여금(보수월액의 65/1,000), 부담금(보수예산의 65/1,000)
'99. 1. 1	- 기여금 및 부담금의 상향조정: 기여금(보수월액의 75/1,000), 부담금(보수예산의 75/1,000)
'01. 1. 1	- 급여산정 기준변경: 퇴직연금·조기퇴직연금 및 유족연금의 산정기준을 최종 보수월액에서 최종 3년간 평균보수 월액으로 변경. - 연금액 조정방법 변경: 연금액의 조정을 재직자 보수기준에서 전국 소비자 물가변동률로 조정. - 연금 지급연령 확대: 1995년 12월 31일 이전에 임용된 공무원에 대하여는 연금 지급개시 연령을 2001년 50세부터 2년에 1세씩 인상하여 2021년에 60세(법령에 의한 정년 또는 근무 상한연령이 60세 미만인 경우에는 당해 정년 또는 근무 상한연령)가 되도록 함. - 비용부담률 인상: 기여금 및 연금부담금의 금액을 보수월액 및 보수예산의 각각 1,000분의 85로 조정함.

	- 급여부족액 정부 추가부담(보전금):당해연도의 퇴직급여 및 유족급여에 소요되는 비용을 당해연도의 기여금 및 연금부담금으로 충당할 수 없는 경우 그 부족금액을 국가 또는 지방자치단체에서 보전.
'10. 1. 1	- 급여산정 기준보수 변경: 퇴직연금 · 조기퇴직연금 및 유족연금의 산정기준을 평균기준소득월액으로 변경 - 연금지급률 조정: 평균기준소득월액을 기준으로 연간 연금지급률을 1.9%로 하향조정. - 연금지급 개시연령의 연장: 연금지급 개시연령을 60세에서 65세로 상향 조정. - 유족연금지급률 조정: 퇴직연금액 및 장해연금액의 70/100에서 60/100으로 하향조정 - 비용부담률 인상: 기여금산정기준을 기준소득월액으로 변경함. 기여금 징수율의 연도별 인상 - 부담금 산정기준 변경: 보수예산(공무원의 소득에 해당하는 인건비성 예산)의 70/1,000. 징수율의 연도별 인상 - 급여 산정방법 변경: i) 종전기간과 법 시행 이후 기간이 있을 경우 종전기간은 종전법(법률 8996, 2008. 3.28)에 의하여 급여를 산정. 법 시행 이후 기간은 개정법(법률9905, 2009.12.31)에 의하여 급여를 산정. ii) 종전기간의 급여산정은 이 법 시행 전날(2009.12.31)의 보수월액 또는 평균보수월액을 급여의 사유가 발생한 날이 속하는 시점의 현재가치로 환산(퇴직급여, 퇴직수당, 유족급여(유족일시금, 유족연금일시금, 유족연금, 유족연금부가금, 유족연금특별부가금)

자료 : 위 자료는 공무원연금공단의 "2010년 공무원 연금실무" 중 공무원연금 연혁의 일부분을 발췌, 정리한 것임

다음의 **표 2-22** 는 2010년 개정된 새로운 공무원연금법의 주요내용들을 좀 더 구체적으로 정리한 것이다.

▶ 표 2-22 ◀ 2010년 개정 공무원연금법의 주요내용

<table>
<tr><th></th><th>개정 후</th><th>개정 전</th></tr>
<tr><td rowspan="2">연금 산정 기준 보수</td><td>기준소득월액</td><td>보수월액</td></tr>
<tr><td colspan="2">기준소득월액:
일정 기간 재직하고 얻은 소득에서 비과세소득을 제외한 금액의 연지급합계액을 12개월로 평균한 금액. 다만, 일부수당 및 성과급에 따라 연금액에 큰 차이가 발생하는 것을 방지하기 위해 시간외수당 등과 성과급은 평균액을 반영</td></tr>
<tr><td rowspan="2">기준보수 평균기간</td><td>전 재직기간 평균</td><td>퇴직 전 최종 3년 평균</td></tr>
<tr><td colspan="2">개정법에 따른 '전 재직기간 평균'은 개정 이후 재직기간(2010년 1월 이후)만을 대상으로 하며, 개정 이전(2009년 12월 이전) 재직기간의 소득까지 평균하는 것은 아님</td></tr>
<tr><td rowspan="2">연금 지급액</td><td>(全재직기간 평균 기준소득월액)×
재직기간×1.9%</td><td>(퇴직전 3년 평균 보수월액)×
[50%+(재직기간−20)×2%]</td></tr>
<tr><td colspan="2">개정 이후 재직기간 1년당 전재직기간 평균 기준소득월액의 1.9%를 일률적으로 지급함. 한편 종전기간에 대한 연금액 산정방법은 개정 당시 보수월액을 퇴직 시까지 보수인상률 등으로 현가화 함.</td></tr>
<tr><td rowspan="2">연금액 조정방식</td><td>2015년 부터 CPI 적용
(단, 2010~2014년 :
보수 · 물가간 ±3%p내 조정)</td><td>소비자물가변동률(CPI) 적용
(단 정책조정 있었음)</td></tr>
<tr><td colspan="2">기존 제도는 정책조정(CPI와 보수상승률간 ±2%p내 조정)과 직급간 역전시 보전하는 제도가 있었음.
이러한 변화는 물가연동만으로 연금의 실질가치 보전하도록 한 것인데 이것은 기존 연금수급자도 연금재정 개선에 참여하게 한 것임.</td></tr>
<tr><td rowspan="2">연금산정시 소득상한 설정</td><td>전체공무원 기준소득월액 평균액의
1.8배를 소득상한으로 설정</td><td>없음</td></tr>
<tr><td colspan="2">적정 노후소득보장이라는 연금제도의 취지에 맞지 않는 고액연금의 수급 방지를 위해 전체 공무원 기준소득월액 평균액의 1.8배를 기준소득월액 상한으로 설정. 한편 평균소득의 1.8배를 초과하는 보수를 받더라도 기여금은 평균소득의 1.8배로 산정하여 기여금 납부 및 연금액 산정</td></tr>
<tr><td rowspan="2">유족연금 지급률</td><td>퇴직연금액의 60%</td><td>퇴직연금액의 60%</td></tr>
<tr><td colspan="2">제도개정 이후 신규임용자로부터 적용</td></tr>
</table>

자료 : 위 자료는 공무원연금공단의 "공무원법 이렇게 바뀝니다"에서 일부분을 발췌, 정리한 것임

2. 공무원연금 급여내용

공무원연금에 있어 급여의 종류는 다음의 표 2-23 과 같다.

▶ 표 2-23 ◀ 공무원연금의 급여종류

	급여의 종류	
단기 급여 (재직관련 재해보상급여)	공무상요양비	
	공무상요양일시금	
	재해부조금	
	사망조위금	
장기 급여 (퇴직 후의 급여)	퇴직급여	퇴직연금
		조기퇴직연금
		퇴직연금공제일시금
		퇴직연금일시금
		퇴직일시금
	유족급여	유족연금
		(유족연금부가금)
		(유족연금특별부가금)
		유족연금일시금
		유족일시금
		유족보상금(재해보상급여)
	장해급여	장해연금(재해보상급여)
		장해보상금(재해보상급여)]
	퇴직수당급여	퇴직수당

자료 : 위 자료는 공무원연금공단의 "2010년 공무원 연금실무" 중 공무원연금 연혁의 일부분을 발췌, 정리한 것임

다음으로 급여의 내용 및 급여산식의 구체적 사항을 알아보면 다음의 표 2-24 와 같다.

▶ 표 2-24 ◀ 공무원연금 급여내용 및 급여산식

	퇴직연금	
내용	공무원이 20년 이상 재직하고 65세 또는 연금지급개시 연령이 되어 퇴직 하거나 퇴직 후 연금지급개시 연령에 도달한 때	
기간	종전기간 (2009. 12. 31 이전)	개정 후 기간 (2010. 1. 1. 이후)
급여 산식	- 20년 이하 평균보수월액현가액× 재직연수× (2.5/100)	(평균기준소득월액×비율) ×재직연수×1.9% 단, 비율=재직기간별 기준소득월액에 적용 하는 비율
	- 20년 초과 (평균보수월액현가액× 50/100)+(평균보수월액현가액× 20년 초과재직연수×2/100)	

	조기퇴직연금	
내용	공무원이 20년 이상 재직하고 연금지급 개시연령 전에 퇴직하여 조기에 연금수급을 원하는 경우	
기간	종전기간 (2009. 12. 31 이전)	개정 후 기간 (2010. 1. 1. 이후)
급여 산식	퇴직연금의 75%~95% 단, 미 도래자의 경우 도래시점까지 공무원보수인상률 적용 지급	좌동

	퇴직연금 일시금	
내용	20년 이상 재직하고 퇴직한 공무원이 퇴직연금 수급에 갈음하여 일시금으로 지급 받고자 할 때	
기간	종전기간 (2009. 12. 31 이전)	개정 후 기간 (2010. 1. 1. 이후)
급여 산식	{(보수월액현가액×총재직연수×150/100)+ (보수월액현가액×총재직언수× 5년 초과 재직연수÷100)}× (종전기간/총재직기간)	기준소득월액×총재직연수×975/1,000)+ (기준소득월액×총재직연수× 5년 초과 재직연수×65/10,000)× (법시행이후기간/총재직기간)

	퇴직일시금	
내용	공무원이 20년 미만 재직하고 퇴직한 때	
기간	종전기간 (2009. 12. 31 이전)	개정 후 기간 (2010. 1. 1. 이후)
급여 산식	- 5년 미만 (보수월액현가액×재직연수×120/100)×(종전기간/총재직기간)	- 5년 미만 (기준소득월액×재직연수×78/100)×(법시행이후기간/총재직기간)
	- 5년 이상 {(보수월액현가액×총재직연수×150/100)+(보수월액현가액×총재직연수×5년초과재직연수÷100)}×(종전기간/총재직기간)	- 5년 이상 (기준소득월액×총재직연수×975/1000)+(기준소득월액×총재직연수×5년초과 재직연수×65/10,000)×(법시행이후기간/총재직기간)

※ - "보수월액현가액"은 임용시기 및 신분변동에 따라서 "최종보수월액현가액" 및 "종래보수월액현가액"으로 변경 적용될 수 있음

- 2009.12.31.이전 기간이 있는 퇴직일시금 및 퇴직연금일시금, 퇴직연금공제일시금 산정시 총 재직기간은 33년에 대한 종전기간 및 이후기간의 비율로 산정.

자료 : 위 자료는 공무원연금공단의 "2010년 공무원 연금실무" 중 공무원연금 연혁의 일부분을 발췌, 정리한 것임

한편 20년 이상 재직하고 퇴직한 공무원이 20년을 초과하는 재직기간 중 일부 기간을 일시금으로 지급받고자 할 때에는 퇴직연금공제일시금 수령이 가능하다. 다음의 **표 2-25** 는 여기에 대한 내용을 보여주고 있는데 여기서 공제재직연수란 일시금을 지급 받고자 하는 재직연수를 말한다.

▶ 표 2-24 ◀ 공무원연금 급여내용 및 급여산식

		종전기간 (2009. 12. 31 이전)	개정 후 기간 (2010. 1. 1. 이후)
퇴직 연금 공제 일시금	퇴직 연금	(퇴직연금(20년이상)산식과 동일)×(종전기간)/(총재직기간)	(평균기준소득월액×비율)×재직연수×1.9%×(법시행이후기간/총재직기간)
	공제 일시금	{(보수월액현가액×공제총재직연수×150/100)+(보수월액현가액×공제총재직연수×공제총재직연수÷100)}×(종전기간/총재직기간)	(기준소득월액×공제총재직연수×975/1000)+(기준소득월액×공제총재직연수×공제총재직연수×65/10,000)×(법시행이후기간/총재직기간)

자료 : 위 자료는 공무원연금공단의 "2010년 공무원 연금실무" 중 공무원연금 연혁의 일부분을 발췌, 정리한 것임

3. 공무원연금 급여산식의 이해와 적용

이제 2010년 개정 연금법에서 언급하고 있는바 급여산식, 그 중에서도 가장 핵심적인 급여인 퇴직연금 급여산식을 구체적으로 이해해보도록 하자.

1) 2010년 1. 1. 이후의 재직기간만 있는 공무원의 경우

가장 간단한 경우이며 적용되는 연금산식은 다음과 같다.

(평균기준소득월액×비율)×재직연수×1.9%

기준소득월액은 과세소득과 유사한 개념으로서 위에서 이미 언급한 것을 다시 반복하면 "일정 기간 재직하고 얻은 소득에서 비과세소득을 제외한 금액의 연지급합계액을 12개월로 평균한 금액"이다. 그런데 일부수당 및 성과급에 따라 연금액에 큰 차이가 발생하는 것을 방지하기 위해 시간외수당 등과 성과급은 평균액을 반영하도록 하고 있다.

한편 위 식에서 비율(혹은 이행률)이란 연금산정 기준보수가 보수월액(과세소득의 65%)에서 과세소득인 기준소득월액으로 변경됨에 따라 연금액이 증가하는 것을 방지하기 위해 종전 및 향후 재직기간별로 기준소득월액에 일정비율을 곱하도록 만든 수치로서 법 시행령부칙에 도표로서 나와 있다. 구체적으로 이 비율은 2010년 이후 신규가입자의 경우 77.25%(1년 미만)에서 103.44%(32년 이상)에 걸쳐 있다.

예) 재직(가입)기간 25년, 평균기준소득월액 400만원의 경우 퇴직연금액을 구하시오.

풀이) 25년 가입기간에 대한 해당 비율(이행률)은 96.07%이다.

따라서 월간 퇴직연금액은

400만×0.9607×25×(19/1000)=182.533만원이다.

2) 2010년 1. 1. 이후와 이전의 재직기간이 모두 있으나 이전 재직기간이 20년 이하인 공무원의 경우

대부분의 연금법은 비록 개정되더라도 과거 가입기간에 대해서는 과거의 산식이 적용되는 것을 허용하고 있다. 일종의 기득권을 인정해 주는 것이다. 따라서 법개정 이전의 산식 혹은 급여크기가 가능한 한 그대로 적용되는 방향으로 법이 개정되었는데 참고로 법 개정전의 산식은

(퇴직전 3년 평균 보수월액)×[50%+(재직기간−20)×2%] 혹은
(퇴직전 3년 평균 보수월액)×[10%+재직기간×2%]

이었다. 여기서 말하는 보수월액은 기준소득월액과 유사한 과세소득의 약 65%에 해당한다.

개정법에서는 이전 가입기간에 대해서 이 산식을 그대로 적용하지 않고 유사한 산식을 내놓고 있으며 아울러 이전 재직기간이 20년 초과여부를 따져서 서로 다른 산식을 적용하고 있다.

우선 법개정 이전 가입기간이 20년 이하의 경우 이 기간에 대한 적용산식은

평균보수월액현가×재직연수×(25/1,000)

이다. 참고로 이전 가입기간이 20년인 경우 과거산식과 새로운 산식이 동일한 결과를 낳는다는 것을 알 수 있다.

그리고 법개정 이전 가입기간과 이후 가입기간이 모두 있는 경우 두 가지를 합산하는 방법은 다음과 같다.

2009년 평균보수월액현가×이전 재직기간×(25/1,000)
+ 평균기준소득월액×비율×이후 재직기간×(19/1,000)

법개정 전의 산식 중 "퇴직 전 3년 평균 보수월액"이 "2009년 평균보수월액 현가"로 대치되었는데 여기서 "퇴직 전" 말 대신에 "현가"라는 말이 들어간 이유는 2009년으로 이미 적용이 마감된 보수월액의 크기를 급여사유 발생시점(퇴직시점)의 가치(현재가치: 현가)로 바꿔주기 위함이며 그 방법은 구체적으로 다음과 같다.

a) 개정법 시행 전날의 보수월액 또는 평균보수월액 × (급여사유발생당시 기준소득월액/ 법 시행 전날 기준소득월액)

b) 개정법 시행 전날의 보수월액 또는 평균보수월액 × 매년 공무원보수인상률

c) a, b의 방법 중 많은 금액을 채택

예) 다음의 경우 퇴직연금액을 구하시오.

이전 가입기간 15년, 이후 재직(가입)기간 10년, 2010년 이후 평균기준소득월액 400만원, 퇴직당시 기준소득월액 450만원, 이전 가입기간의 평균보수월액 200만원, 2009. 12. 31 법시행 당시의 기준소득월액 300만원

풀이) 이전, 이후 가입기간이 각각 15년, 10년인 경우 표에 나와 있는 비율(이행률)은 80.61%이다. 따라서 퇴직연금액은

$$200 \times (450/300) \times 15 \times (25/1,000) + 400 \times 0.8061 \times 10 \times (19/1,000)$$
$$= 112.5 + 61.2636 = 173.7636\text{만원}$$

이 된다.

3) 2010년 1. 1. 이후와 이전의 재직기간이 모두 있으나 이전 재직간이 20년을 초과하는 공무원의 경우

이 경우 다른 것은 위의 경우와 동일하나 법개정 이전 가입기간이 20년을 초과하는 경우 이전 기간에 대한 적용산식은

(평균보수월액현가액×50/100)+(평균보수월액현가액×
20년 초과재직연수×2/100)

한편 이처럼 가입기간이 긴 경우 종전기간에 대한 퇴직연금의 금액은 평균보수월액의 760/1,000을 초과하지 못하도록 법에서 규정하고 있다.

예) 바로 위의 사례와 모든 것이 동일하되 이전 가입기간이 25년, 이후가입기간이 5년인 경우의 퇴직연금액을 구하시오.

풀이) 이전, 이후 가입기간이 각각 25년, 5년인 경우 표에 나와 있는 비율(이행률)은 69.91%이다. 따라서 퇴직연금액은

200×(450/300)×[50/100+(25−20)×(2/100)]
+400×0.6991×5×(19/1,000)
=180+26.5658=206.5658만원이 된다.

Part 3

기업연금과 우리나라의 퇴직연금
(Corporate Pension)

129

제1장 기업연금제도의 이해

142

제2장 기업연금의 재정과 외국의 기업연금제도

153

제3장 근로자퇴직급여보장법의 이해

192

제4장 연금의 선택

제1장 기업연금제도의 이해

들어가기에 앞서

이번 장에서는 우리나라의 경우 퇴직연금제도에 해당하는 기업연금제도에 대해 구체적으로 알아보기 이전에 기업연금에 대한 대략적인 윤곽을 그리고 전반적인 이해를 돕는 과정을 갖고자 한다.

기업연금이란 도대체 무엇이며 국민연금과 개인연금 등과는 어떠한 차이를 가지고 있는 것인가? 본 장에서는 이러한 주제를 가지고 기업연금제도가 무엇인지를 소개한 다음 이어서 기업연금의 성장원인 및 종류, 그리고 적격연금제도가 무엇인지 등에 대해 차례로 살펴보고자 한다. 이러한 과정 속에는 기업연금에 대한 다양한 시각들에 대한 소개와 기업이 종업원의 은퇴계획에 있어 논리적인 후원자가 되는 이유 등에 대한 설명들이 이어질 것이다.

1. 기업연금제도의 이해

1) 기업연금의 개념

기업연금이란 글자 그대로 기업이 주체가 되고 기업을 통해 연금이 제공되는 일종의 장치 체계 혹은 제도라고 일반적으로 이해되고 있다.

그러나 이러한 이해는 기업연금의 한 단면을 보는 것에 불과하다. 그리고 만일 이렇게 단순히 기업연금을 받아들이게 된다면 기업연금에 대해 당사자격인 기업이 가지고 있는 시각을 놓치게 될 뿐만 아니라 아울러 향후 기업연금이 어떻게 전개될 것이냐에 대한 추정 역시 다소 어렵게 될 것이라고 볼 수 있다.

이러한 주장에 대한 구체적인 예를 하나 든다면 만일 기업연금의 존재 의의가 단순히 근로자의 노후자금마련을 위한 것이라고 정의 하는 경우 공적연금이나 개인연금 혹은 다양한 금융자산 등이 대체기능을 수행할 수 있다는 것을 들 수 있다. 즉, 만일 두 제도를 통해 노후자금의 마련이 가능하다면 구태여 기업연금이 있을 필요가 없는데 그럼에도 불구하고 현실적으로 기업연금은 선진국에서 이미 100년이 넘는 역사를 가지고 있으며 현재도 비록 그 형태만 바뀌고 있을 뿐 여전히 그 역할을 수행해 나가고 있다는 것이다.

우리나라는 2005년 1월 '근로자퇴직급여보장법' 이 통과됨으로써 기존의 퇴직금제도를 개선하는 차원에서 선진국의 기업연금제도를 어느 정도 답습한 퇴직연금제도가 도입되었다. 그런데 이 제도가 과연 진정한 의미의 기업연금제도인지 아니면 공적연금제도의 보조역할을 하도록 유도된 것인지 우리가 확인해야 하며 나아가 제대로 된 기업연금의 형태가 어떤 것인지 판단할 필요가 있다.

그러면 기업연금이 무엇인가에 대한 다양한 시각들을 Zvi Bodie[1)](1990)가 정리한 적이 있는데 다음과 같다.

1) Zvi Bodie, "Pension as Retirement Income Insurance", Journal of Economic Literature, 1990, 그리고 신종욱,"노후재정과 기업연금", 두남출판사, 2002 pp. 75~76 참조.

(1) 종업원의 퇴직 후 소득보장(retirement income security)책

기업연금에 대한 전통적 견해로서 근로자를 중심으로 한 기업연금의 의의를 나타낸 것이다. 우리나라를 포함한 대부분의 국가들의 기업연금관련 법안들 예를 들어 이와 관련하여 미국의 가장 핵심적인 기업연금관련법인 Retirement Income Security Act(ERISA, 1974) 등은 기업연금의 근로자노후소득보장에 대해 강조하고 있다.

(2) 노동경제학적 견해

기업연금의 시각을 근로자에서 기업으로 옮긴 견해이다. 기업연금이 인력순환, 근로의욕, 퇴직시기에 영향을 준다는 각종 연구자료에 근거하여 기업연금이 노동계약에 있어 중요한 동기유발책(incentive device)임을 강조한다. 여기에 대해서는 아래에서 좀 더 자세히 알아볼 것이다.

(3) 공공재정적 견해

미국, 일본 등을 포함한 대부분의 국가에서 기업연금은 근로자 노후소득의 확보에 대한 지원이라는 측면에서 기업연금에 대해 세제혜택을 부여하고 있다. 이런 측면에서 기업연금이 존속하고 성장하는 주된 이유를 기업연금이 가진 조세회피 또는 절세 기능에서 찾는 견해이다.

(4) 기업재무(corporate finance)적 견해

이것 역시 기업 측의 시각에서 기업연금을 바라본 것이다. 기업연금이 조세혜택 등을 통하여 궁극적으로 주주의 이익극대화에 영향을 주는 기업재무적 도구라는 것을 강조한다.

(5) 퇴직소득보험(retirement income insurance)적 견해

다시 근로자의 측면에서 기업연금을 바라본 것이다. 기업연금이 보유하고 있는 보험기능에 초점을 맞춘 것인데 기업이 보험자의 역할을 맡고 있는 기업연금은 각종 퇴직 후의 경제적 위험 예를 들어 낮은 소득대체율 위험, 공적연금의 감소위험, 장수의 위험, 투자위험, 그리고 인플레이션위험 등으로부터 보호하는 기능이 있음을 강조한다. 이것은 기업연금 중에서도 확정급부형(DB)과 연관되어 있는데 DB형은 공적연금 외의 추가적인 연금제도로서 기업이 연금지급에 대한 책임을 지고 있고 대부분 종신형이며 퇴직 전까지 물가상승률이 임금의 상승을 통해 보전 되는 등의 특징을 가지고 있다.

한편 기업연금을 사회전체적 관점에서 노후소득을 보장하기 위한 하나의 제도로 본다면 어떻게 평가할 수 있을까?[2)]

이와 관련하여 세계은행은 노후소득보장제도가 소득재분배기능, 노후자금마련을 도와주는 저축기능, 경기침체, 투자수익률저하, 인플레이션, 장수 등의 위험으로부터 보호 등과 같은 보험기능 등 세 가지 기능을 갖출 필요가 있음을 언급한 바 있는데[3)] 기업연금(DB)의 경우 비록 소득재분배 기능은 없지만 저축기능과 보험기능을 가지고 있다고 판단할 수 있다.

2) 근로자의 은퇴문제와 기업연금의 역할

기업연금의 유용성은 미국 등 선진국에서 볼 수 있는 바 본래적 의미의 기업연금제도가 실행되는 경우 연금의 제공이라는 측면 외에도 공적연금이나 개인연금과 달리 근로자의 은퇴문제에 있어 적절하면서도 논리적인 후원자가 된다는 주장을 살펴볼 필요가 있다.

그 이유는 다음과 같다.[4)]

2) 신종욱(2002), 전게서, pp. 79~82.
3) World Bank, "Averting the Old Age Crisis", 1994.

(1) 정보적 우월성

기업이 근로자들에 비해 은퇴관련 재무계획을 세우는데 있어서 상대적으로 우월한 위치에 있다는 것을 강조한다. 예를 들어 기업은 근로자에 비해 장래 임금의 변화 등에 관해 보다 나은 정보를 가지고 있고 또한 공적연금을 제공하는 국가와 달리 변하는 여건변화에 신속히 대응하여 적절한 연금형태나 구조를 만들어낼 수 있는 위치에 있다는 것이다.

(2) 대리인 문제(agency problem) 해결

국민연금과 개인연금의 경우 가입자와 보험자간에는 특별한 유대관계가 없으며 이에 따라 양자간에는 대리인문제 즉, 당사자간 이해관계의 상충문제가 발생할 수 있다. 이러한 갈등관계는 감시비용 등과 같은 비용을 수반하게 되는데 기업이 주관이 되는 기업연금은 근로자와 기업간의 대리인문제가 상대적으로 경미하다고 볼 수 있다.

좀 더 구체적으로 기업은 근로자에게 유리한 방향으로 연금정책을 수행할 가능성이 높다. 그 이유는 먼저 기업연금은 경영진과 근로자가 동일한 기업연금에 가입되어 있는 경우가 일반적이며 또한 기업연금과 같은 종업원복지제도가 수월한 형태의 제도로 존재하는 경우 생산성이 높은 종업원들을 채용, 보유 할 수 있다는 장점이 있기 때문이다.

이외에도 기업연금은 대부분의 기업구성원이 가입되어 있는 강제가입의 형태를 가진다. 따라서 노후소득에 대한 근시안적 태도로 말미암은 저축부족현상을 완화하며 동시에 개인연금시장에서 흔히 나타나는 문제점인 역선택 문제를 해결해 주게 되는데 이것은 다시 보험가격의 감소로 연결된다.

4) Zvi.Bodie, Olivia Mitchell, "Pension Security in an Aging World", Securing Employer-Based Pensions : An International Perspective, 1996, 그리고 신종욱(2002), 전게서, pp. 77~79 참조.

(3) 규모의 경제와 자본시장에 대한 접근용이

기업연금은 대부분 대단위로 움직이는 제도이다. 따라서 전문화된 펀드매니저의 고용 등 규모의 경제를 누릴 수 있고 또한 일반 개인에게는 다소 제한된 자본시장에 대한 접근이 가능하다.

3) 기업연금과 기업, 근로자, 노동조합 등 이해당사자들[5)]

제대로 운영되는 기업연금제도는 노무관리상 기능을 가지고 있으며 이를 통해 생산성향상을 도모할 수 있다는 것이 선진국 기업연금제도의 경험이 말해주고 있다. 기업연금의 이러한 측면은 제도운영의 주체가 되는 기업의 입장에서 봤을 때 매우 중요한 사실인데 구체적으로 전통적 기업연금의 노무관리 기능을 알아보기 전에 기업연금이 근로자, 기업, 노동조합이라는 이른바 기업연금의 이해당사자들과 어떠한 관계를 가지고 있는지 알아보도록 하자.

(1) 급여(compensation)구조 및 퇴직연금의 역할

급여구조는 일반적으로 기본급, 수당, 상여금을 포함하는 직접보상과 기업복지(employee benefits)와 같은 간접보상비로 구성된다.

이 중에서 퇴직연금을 그 포함대상으로 하는 기업복지는 기업주가 주로 장애나 조기사망 같은 직장에서 발생할 수 있는 위험들로부터 근로자들을 보호하기 위한 목적으로 도입되었는데 미국의 경우 현재 공적연금 등과 같은 법정기업복지 외에 유급휴가, 기업연금, 그리고 의료보험 등이 주요 항목으로 자리 잡고 있으며 각각 총 급여의 약 7%, 6%, 4%를 차지하고 있는 것으로 나타나고 있다.

임금(wage)은 고용관계의 핵심을 이룬다. 그런데 어떤 기업이 추구하는 임금을 포함하는 급여(compensation)구조 혹은 급여정책이 근로자의 행위와 태도뿐

5) 본 내용은 한국노동연구원, "퇴직연금제도 세부실행방안", 2004 중 "근로자 퇴직연금제도와 인사·노무관리" 부분을 재정리 한 것이다.

만 아니라 궁극적으로 그 기업의 경제적 성과에 어떠한 영향을 미치는가 하는 것은 많은 관심의 대상이 되어왔으며 노사관계의 중심적 이슈로 되었다.

그럼 먼저 이러한 급여정책이 어떠한 형태로 나타날 수 있는지 살펴볼 필요가 있는데 다음과 같은 여러 가지 차원에서 이루어진다.

우선 타 회사 대비 급여의 수준(level)을 다양하게 할 수 있다. 급여의 수준은 한 회사의 평균임금이 경쟁회사에 비해 어느 정도인가를 말한다.

두 번째는 기업내 근로자간 급여수준의 차이를 선택하는 것이다.

세 번째는 총 급여의 구성요소 또는 형태의 변화가 가능하다. 기본급, 인센티브제도, 스톡옵션, 기업복지 등의 구성과 이에 대한 근로자의 선택가능 정도, 특정근로자에 대한 제한적 제공여부 등이 여기에 포함되는데 뒤에서 보는 바와 같이 기업연금과 같은 기업복지제도는 근로자에 대한 동기부여를 통해 근로자의 행위와 기업의 성과에 영향을 미칠 수 있다.

네 번째로 급여인상의 형태를 다르게 할 수 있다. 즉, 회사전반에 걸쳐 근무시간에 비례해 급여를 인상한다든가 이익분배제도 등을 통한 인센티브 구조, 팀별보상, 또는 개인별 실적에 따른 인상 등을 할 수 있다. 개인별 실적의 경우는 단기적 보상(보너스) 혹은 장기적 보상(스톡옵션)으로 나눠질 수 있다.

마지막으로 급여에 관한 운영절차를 다양하게 할 수 있다. 급여에 관한 정보를 근로자에 대해 제공할지 여부, 급여결정에의 근로자 참가여부 등이 여기에 해당한다.

이처럼 다양한 급여정책이 가능한데 총 급여의 일부로서 기업복지가 도입되는 것은 노조의 요구, 사회 및 정부의 압력 등도 있었지만 여러 가지 경제적 의미와 근거를 가지고 있기 때문이다.

먼저, 현금급여의 경우 개별 근로자를 가장 만족시키는 방향으로 사용될 수 있다는 사실에도 불구하고 기업복지의 형태, 즉 공동구매 또는 그룹소비의 형태로 나타나는 것은 개별적으로 구매했을 때에 비해 거래비용이나 기타 비용들을 줄일 수 있다는 이른바 규모의 경제 때문인데 예를 들면 단체보험 같은 것들이다. 이러한 경제적 의미는 무엇보다 세제혜택을 통해 보다 더 확실하게 부각되는데 현실적으로 봤을 때 기업복지는 근로자의 입장에서 임금인상에 비해 보다 더 큰 세후 가치를 가지고 있다. 그리고 기업의 입장에서도 조세 및 기타 법정복

리비가 총임금에 기초하고 있기 때문에 임금의 인상은 기업부담을 가중시키는 결과를 낳는다.

그러나 무엇보다도 주된 관심 중의 하나는 기업복지와 기업의 생산성과의 관계인데 일반적으로 기업복지를 통한 급여정책은 여러 가지 방법으로 근로자의 생산성을 변화시킨다는 결과를 보여주고 있는바 그 이유는 다음과 같다.

우선 근로자들은 임금과 부가급여(fringe benefits)를 교환함에 있어 서로 다른 선호도를 가지고 있는데 어떤 기업의 고유한 기업복지제도는 유사한 특성을 가진 근로자 그룹을 모으고 유지시키는 역할을 한다. 예를 들어 임신, 출산, 탁아 등 복지제도는 젊은 근로계층이나 여성에게, 그리고 연금제도는 그 반대의 계층으로부터 호응을 불러일으킬 수 있다.

다음으로 복지제도는 주로 연금제도를 통해 근로자의 생애소득의 흐름을 변화시키며 결과적으로 근로자의 근속과 은퇴에 대한 동기를 변화시킬 수 있다.

이외에도 기업복지의 긍정적 측면은 근로자의 사기 진작과 고령노동자의 체계적 퇴직유도를 통한 승진의 기회제공, 근로자주주제도 또는 이익분배제도 등을 통한 근로의욕 제고 등이 있다. 참고로 의료보험에 대한 연구결과를 보면 의료보험의 제공은 보다 건강하지 못하거나 노령자, 가족이 있거나 혹은 배우자를 통한 의료보험가입이 되어있지 않은 경우의 근로자들을 유인하는 경향이 있는 것으로 나타났다. 그리고 다른 연구결과들을 보면 의료보험이 이직률을 25%까지 감소시키고 은퇴시기에도 강력한 영향력을 미치는 것으로 보고하고 있다.

(2) 기업연금과 근로자, 기업, 노동조합

기업복지 중에서 구체적으로 기업연금제도가 가지고 있는 의미, 그 중에서도 노사관계와 이에 따른 기업생산성에 대한 영향력은 기업연금에 대해 근로자와 기업이 어떻게 평가할 것인가에 달려있다.

그럼 먼저 왜 근로자나 기업 등이 기업(퇴직)연금을 원하며, 이 제도를 실제 움직이는 당사자들과 그들의 목적은 무엇이며 마지막으로 이 제도가 이들의 목적을 달성하는 것을 어떻게 도와주는 것인지 알아보자.

기업연금제도에 관한 협상을 함에 있어 주요 당사자는 근로자, 기업, 노동조합 이다. 이 중 근로자는 주어진 노동량 또는 노력 하에서 총 급여를 최대화하고자 하며 기업은 이익을 극대화하고자 한다. 노동조합의 역할은 좀 더 복잡한데 근로자와 퇴직자의 경제적 보장과 임금 및 부가급여의 인상 외에 소득의 불평등의 축소 등을 포함하기도 한다.

ⅰ) 근로자와 퇴직연금

먼저 근로자의 경우를 보면 기업(퇴직)연금제도는 노후저축을 위한 수단으로서 여러 가지 장점을 가지고 있다. 예를 들어 기업이 근로자들을 대신하여 적립해주기 때문에 근로자로서는 매번 저축에 대한 의사결정을 내릴 필요가 없어 "자기 통제"의 번거로움을 덜어준다.

다음으로 비용측면에서도 유리한데 구체적으로 단체연금의 형식을 통해 투자나 운영경비의 절감이 가능하며 아울러 보험시장의 문제점인 역선택(adverse selection)과 도덕적 해이(moral hazard)문제를 해결할 수 있다는 것은 이미 언급한 바 있다. 이와 함께 세제혜택이나 각종 노후위험에 대한 보험기능이 있다는 것은 마찬가지로 중요한 내용이다.

ⅱ) 노동조합과 기업연금

노동조합은 연금제도를 통해 다음과 같은 몇 가지 노동조합의 목적을 달성할 수 있다.

첫째, 노동조합이 있는 경우의 고용계약조건을 결정함에 있어서는 고령의 장기근속자들의 의견에 상대적으로 많은 비중이 주어지게 되는데 이 그룹들은 총 급여의 크기가 일정한 경우 임금은 낮추더라도 연금을 더 선호하는 성향을 가지고 있다.

둘째, 연금제도는 노동조합 노조원간 총 급여의 격차를 줄이는 역할을 한다.

셋째, 연금제도는 노동조합 지도부의 이해관계에 부합하는데 이는 새로운 부가급여를 획득하는 것이 동일한 가치의 임금인상보다 참신성 측면에서 조합원들로부터 더 많은 인정을 받을 수 있기 때문이다.

마지막으로, 노동조합은 연금제도 운영에 있어 조직상의 장점을 가지고 있다.

예를 들어 연금제도에 대한 감시를 통해 기업이 계약을 위반하는 일이 없도록 한다.

한편 연금제도는 노동조합과 기업간 장기적이고도 적절한 계약관계를 갖도록 하여 양측 모두에게 안정성을 가져다 줄 수 있다. 노동조합이 생기는 경우 이것은 기업의 생산성에 영향을 미치고 생존문제를 위협할 수도 있으며 기업의 주주들은 잠재적인 강탈(holdup)문제에 직면하게 된다.

예를 들어 주주들이 기업에 지속성이 있는 특별한 투자를 하는 경우 노동조합은 임금인상의 형태로 투자수익의 일부를 징수할 수 있게 되고 결국 이러한 위협은 효율적인 투자를 불가능하게 만들 것이다. 이러한 경우 기업은 계약형태, 즉 연금계약을 통해 이 문제를 해결할 수 있는데 그것은 바로 연금기금의 적립상태를 불충분(underfund)하게 만들어 노동조합을 담보상태(bonding)에 두는 것이다. 이러한 조치는 불충분한 연금기금의 형태로 근로자들을 장기적이며 안전성이 결여된 부채에 노출시키는 결과를 가져오는 것인데 만일 노동조합이 문제를 일으키면 주주들은 궁극적으로 기업을 버리고 노동조합내의 근로자들 역시 상당한 연금 손실에 직면하도록 만드는 역할을 하는 것이다. 결국 이러한 구조는 근로자를 기업의 장기적 생존능력에 이해관계를 갖도록 만들며 궁극적으로 노동조합과 주주사이에 안정적이고도 장기적인 계약이 이루어지도록 할 수 있다.

2. 연금제도의 종류와 적격연금제도

1) 기업연금제도의 종류

기업연금제도는 다양한 방법으로 분류가 가능하지만 크게 두 종류로 나눌 수 있다. 바로 확정급여제도(Defined Benefit Plan, DB)와 확정기여제도(Defined

Contribution Plan, DC)이다.

이 두 가지를 구분하는 궁극적인 차이점은 연금의 실제 수급이라는 측면에 있어 재정적 책임을 누가 가지는가 하는 것이다. 한 마디로 DB는 약정한 바 연금액을 근로자에게 전달하기까지의 책임을 기업이 지는 것이고 DC는 재직기간 동안 연금수급을 위한 자금의 정기적 지원 혹은 자금의 적립까지만 책임질 뿐 자금의 운용이나 연금화의 문제를 근로자가 결정하도록 하는 것이다.

두 제도에 대한 자세한 내용은 다음과 같다.

(1) 확정급여제도(DB)

기업과 근로자간에 연금의 지급과 관련한 협약이 존재하며 협약에 들어있는 연금급여공식에 따라 퇴직기간 동안 약속한 연금을 지급하는 제도를 말한다. 연금급여의 크기는 일반적으로 재직기간과 급여크기에 의해 결정되는데 이 때 급여를 재직기간 동안의 평균임금 혹은 최종임금 등 어느 것으로 할 것인지의 여부는 급여공식에 나와 있다.

한편 기업은 약속된 연금을 지급만하면 되고 이를 위한 재원을 구체적으로 얼마씩 어떻게 마련할지에 대해서는 대체적인 가이드라인이 주어질 뿐 일반적으로 명확한 강제규정이 존재하지는 않는다. 하지만 여전히 기업은 약속된 연금지급을 위한 재원의 마련이라는 부담을 갖게 되는데 1980년대 이후 DC제도 대비 DB제도의 상대적 축소는 이러한 부담과 일부 관련이 있다.

(2) 확정기여제도(DC)

이 제도는 기업의 책임이 약정한 금액을 근로자의 퇴직계좌에 입금하는 것으로 대부분 종결된다. 그 이후 최종적인 퇴직 후 연금의 크기가 얼마나 될 것인지는 이 기여금에 어느 정도의 투자 소득 또는 손실이 추가되느냐에 달려있다. 따라서 근로자는 퇴직자금의 크기와 관련한 불확실성을 안게 되는데 다른 한편으로는 DB를 통한 기업의 연금지급여부에 대한 불확실성으로부터 자유로워지며 이직이나 전직에 있어 DB에 비해 별다른 불이익을 받지 않는다.

기업연금에 있어 오랜 역사를 가진 미국의 경우를 보면 여러 가지 DC제도가 있음을 알 수 있다. 예를 들어 기업의 이익의 일부를 근로자와 나누는 형태의 이익분배제도(profit-sharing plan), 근로자의 자발적 저축제도의 하나인 근로자저축제도(thrift or savings plan), 종업원주주제도(employee stock ownership plan) 등이 있다.

2) 적격연금제도와 세제혜택

(1) 적격연금제도의 의미

기업연금제도가 기업이 근로자에게 제공하는 연금제도를 지칭한다고 할 때 여기서 제도라고 언급한 것은 이것이 적격연금제도(qualified pension plan)임을 의미하는 것이다. 즉, 우리가 알아보고자 하는 기업연금제도는 기업이 자발적으로 제공하는 모든 연금제도를 의미하는 것이 아니라 기업이 제공하되 일정한 기준 하에서 국가의 세제혜택이 허용되는 제도라고 볼 수 있다. 적격기업연금제도의 대표적인 사례는 미국과 일본의 기업연금제도이다.

세제혜택은 기업연금제도의 성장원인 중 주요한 원인에 속한다. 따라서 기업연금제도와 관련한 연구나 공부를 하는 경우 반드시 이 적격기업연금제도(qualified pension plan)가 구체적으로 무엇인가를 알아볼 필요가 있다.

미국과 일본 등 오랜 기업연금역사를 가지고 있는 국가들에게 있어 적격기업연금제도가 존재하는 목적은 무엇보다 사적연금제도를 통해서도 개인의 노후소득이 마련이 되고 궁극적으로 국가에 대한 부담을 줄이기 위한 것이다. 따라서 비록 현재는 세수누출 혹은 세제혜택의 부여에 따른 결과로 당장의 세수가 줄어드는 결과를 낳더라도 장기적인 관점에서 국가에 대한 국민들의 의지현상을 줄이는 데에 도움을 줄 수 있기 때문이다. 그러나 이 세금의 누수가 자칫하면 원하는 목적달성에 사용되지 못하고 그야말로 누수로 끝날 수 있기 때문에 각 나라는 여러 가지 규정을 통해 이것을 방지하고자 노력하고 있다.

(2) 적격제도의 세제혜택

적격제도는 비적격제도와 달리 다음과 같은 세금혜택을 누릴 수 있다.

ⅰ) 기업의 기여금에 대한 공제혜택

ⅱ) 적립금의 투자수익에 대한 과세이연

ⅲ) 기업이 납부한 기여금에 대해 현재소득으로 간주되지 않고 실제 수령 전까지는 과세대상에서 제외

ⅳ) 일시금 지급의 경우에도 소득세 부과상 혜택

(3) 적격연금제도가 되기 위한 충족요건

미국과 일본의 사례를 중심으로 적격연금제도가 되기 위한 충족요건들을 보면 적립기금이나 급부의 상당부분이 기업주나 주요 경영진에게 돌아가는 것을 방지하는 규정(top-heavy rules), 그리고 고임금자가 차지하는 비중에 대한 제한규정 등을 두어 세제혜택이 주로 소득이 적은 근로자에게 돌아갈 수 있도록 노력하고 있음을 알 수 있는데 구체적으로 정리해보면 다음과 같다.

먼저 세제혜택이 일부의 계층이나 경영진을 포함한 고임금자(Highly Compensated Employees: HCE)를 위해 남용되지 않도록 하기 위해 최소가입연령이나 근속기간 등에 지나친 제한을 두지 못하도록 하고 있으며 아울러 고임금자가 차지하는 비중이 일정 비율을 넘지 못하도록 하고 있다.

그리고 기여금이 기업의 영향력 아래에 놓이지 않도록 하기 위해 회수불능 신탁기금 혹은 보험계약을 통해 이루어지고 제도 참가자와 수혜자(beneficiary)의 이익만을 위해 운영되도록 규정하고 있다. 또한 급부와 기여금의 규모를 일정한 도내로 제한함으로써 고임금자의 세제혜택 남용을 막고 있다.

제2장 기업연금의 재정과 외국의 기업연금제도

들어가기에 앞서

이번 장에서는 기업연금비용의 개념과 궁극적 비용을 포함한 기업연금의 재정문제, 그리고 외국의 기업연금제도에 대해 알아보도록 한다.

먼저 기업연금의 재정에 관해서는 재정수단의 개념과 재정수단 중 신탁기금과 보험계약에 대해 구체적으로 알아보고 이어서 기업연금의 재정수리에 대해 간략하나마 이해를 할 수 있도록 하였다.

기업연금은 궁극적으로 연금을 지급하기 위한 재정제도이다. 따라서 재정에 대해 이해한다는 것은 기업연금의 핵심적 내용을 이해하는 것이라고 해도 과언이 아닐 것이다.

다음으로 오랜 역사를 가진 외국의 기업연금제도에 대해 알아보는 것은 우리가 모방하고 있는 제도의 원형을 보는 것이며 또한 이 제도가 가지고 있는 의미가 무엇인지를 이해하는 방편이 될 것이다. 이 부분에 대한 이해를 통해서 우리나라의 퇴직연금제도가 궁극적으로 가야 할 길을 생각해보는 계기가 되기를 바란다.

1. 기업연금의 재정과 재정수단

1) 기업연금과 비용

기업연금은 공적연금 등과 마찬가지로 궁극적으로 연금의 지급을 통해 그 소기의 목적을 달성하는 제도이기 때문에 기업연금의 비용문제는 핵심적인 사안이 된다.

기업연금의 비용과 재정방식에 대한 내용은 급부지급을 기업이 책임지는 DB형 기업연금에 관한 것이 대부분이며 DB형 기업연금제도를 운영하는 기업은 기업연금제도의 실시 이전에 수탁기관과의 논의를 통해 향후 기업의 부담금의 크기와 재정수지를 검토해보게 된다.

기업연금의 운영에 있어서 이른바 궁극적 비용이란 기업연금의 개시 후 마지막 퇴직자의 사망시점까지 지불된 급부(연금)에 운영비용을 더한 것인데 만일 투자수익이 있는 경우 이 금액은 공제가 된다.[6] 여기서 운영비용이란 변호사, 회계사, 계리인 등 제도관련 전문가들에게 지불되는 비용과 투자자문 비용 등을 일컫는다.

이처럼 기업연금재정은 급부, 운영비용, 투자수익 이라는 세 가지 요소에 의해 결정되는데 구체적인 내용은 아래의 기업연금재정의 수리적 부분에 대한 검토부분에서 자세히 다루어 질 것이다.

2) 기업연금의 재정수단

연금제도가 설립되면 당연히 기업 혹은 근로자의 출연금이 납부되는데 이것을 관리하고 나아가 연금 등 급부를 지급하기 위해서는 이른바 재정수단이 필요하게 된다.

6) Allen, Melone, Rosenbloom, and VanDerhei, "Pension Planning", Seventh Edition, p. 284, 및 신종욱(2002), 전게서, pp. 142~143참조.

재정수단이란 "법적 또는 재무적 장치의 기능을 하는 하나의 계약(contract) 또는 신탁협정(trust agreement)"[7)]이며 재정대리인(생명보험회사, 은행 등 연금자산을 관리하고 연금제도를 운영하는 기관 또는 개인)이 연금자산의 축적, 운영, 투자를 통해 퇴직급부를 지급하게 된다.

이것은 연금자산이 기업이 아닌 기금수탁인(trustee) 또는 보험회사가 보유하게 된다는 것을 의미하게 되는데 우리나라의 경우 미국 등과는 달리 신탁기금(trusts)이 아닌 보험계약이 주요 재정수단으로 사용되고 있으며 일본 역시 유사한 상황이다.

두 가지 재정방식에 대해 간단히 소개를 하면 먼저 신탁기금방식은 기금수탁인(trustee)을 지정하여 기업과 근로자의 기여금에 대한 운영과 투자에 대한 책임을 지우게 되며 동시에 연금과 같은 급부의 지급책임도 떠맡게 하고 있다. 기금수탁인은 일반적으로 신탁회사인 기업으로 되어있는데 비록 기업이나 주주가 아닌 제도가입자들의 배타적 이익을 위해 일해야 한다는 법적 의무를 가지고 있다고 하더라도 급부의 지급까지 책임져야 하는 것은 아니다.

다음으로 보험계약은 단체연금계약(group deferred annuity contract), 기금형연금계약(group deposit administration), 신탁형연금계약(immediate participation guarantee contract) 등이 있다.

먼저 단체연금계약은 전통적인 연금계약으로서 기업이 출연한 기여금을 통해 퇴직자들의 연금계약을 구입하는 것이다. 그리고 기금형연금계약은 단체연금계약과 달리 기업의 기여금이 신탁기금과 유사하게 기금으로 들어가고 추후 이 기금을 통해 퇴직자의 연금계약을 구매하는 것으로서 연금상품의 구매 이전까지는 보험회사가 가입자간에게 연금급부를 지급할 책임이 발생하지 않는다.

마지막으로 신탁형연금계약은 기금형연금계약에서 한 발짝 더 나아가 비록 보험회사와 관련되어 있지만 거의 신탁기금방식에 접근한 방식이다. 일반적으로 해당 기업의 기여금과 실제투자수익이 포함된 자금을 통해 연금 및 관련 비용을 지불하는 것으로서 이 경우 보험회사는 투자위험뿐 아니라 사망위험 같은 보험계리상 위험도 떠맡지 않는다.

7) 신종욱(2002), 전게서, p. 152 참조.

위에서 언급한 두 가지 방식을 비교해보면 기금방식의 경우 퇴직급부를 변경하거나 조정함에 있어 유동적이라는 장점이 있지만 보험계약처럼 안정적 연금지급이 다소 어려울 수 있는 문제도 있다. 마찬가지로 보험계약의 세 가지 경우도 기금방식에 접근할수록 동일한 처지에 놓인다고 볼 수 있다.

2. 기업연금재정의 수리

1) 재정수리의 개요

기업연금의 재정 수리란 가입자의 연금지급이라는 목표 하에 이것을 달성하기 위해 어느 정도 크기의 자금을 언제 그리고 얼마 동안 적립할 것인가를 결정하기 위한 수학적 방법을 말한다.

간단히 말하자면 연금제도의 재정은 궁극적으로 제도 전체의 연금지급에 따른 총 지출액과 이 금액의 충당을 위한 기여금의 크기를 일치시켜야 한다. 그러나 돈은 비록 동일한 숫자라고 하더라도 시간에 따라 그 가치가 달라지기 때문에 다음과 같은 조건을 만족시켜야 한다.

총 지출(연금급부의 현재가치)=총 수입(기여금의 현재가치)

그런데 연금의 지급과 기여금의 출연은 오랜 기간에 걸쳐 이루어지며 또한 연금의 실제 수급여부와 그 크기는 해당기간 동안의 사망여부, 계속 가입여부, 급여상승(승급 포함) 정도 등에 따라 달라진다. 따라서 기업연금의 재정수리에서는 이러한 변수들이 실제로 발생할 가능성이 어느 정도인지 과거자료 등을 통해 예상한 다음 이것을 가지고 필요한 기연금의 크기를 계산해내는 것이다. 물론 기여금의 크기를 계산하기 위해서도 마찬가지로 자료들이 필요한데 위의 자료 외에도 예상이자율(투자수익률) 등의 자료가 있어야 한다.

2) 연금비용충당을 위한 재정방식

기업이 연금비용의 충당을 위해 어떤 방식으로 자금을 적립할 것인가를 말해주는 재정방식은 여러 가지 종류가 있다.

가장 간단한 방법은 미리 예상소요자금을 적립하는 것이 아니라 근로자의 퇴직 등으로 인해 연금을 지급해야 할 일이 발생할 때 마다 기업이 필요자금을 충당(주로 매년)하는 것으로서 부과방식이라 불리며 공적 연금제도에서 흔히 볼 수 있는 방식이다.

다른 하나는 자금소요가 있을 때 마다 매년 충당하는 것이 아니라 개별 근로자의 은퇴시점에서 일시금의 지급하고 이 돈을 통해 향후 연금의 지급이 이루어지도록 하는 것인데 연금현가적립방식(terminal funding)이라 불리며 이 일시금은 대부분 보험회사의 연금상품을 구매하는 것에 사용된다.

그런데 이러한 방식은 기업의 입장에서 연금재정상 다소 융통성이 있다는 장점이 있으나 근로자의 입장에서 봤을 때 수급여부의 불확실성을 가져다 주는 문제점이 있으며 우리나라의 퇴직금제도가 여기에 해당한다.

따라서 기업연금의 재정과 관련하여 미국 등 선진국에서는 자금소요 발생시마다 기여금을 납부하는 이러한 두 가지 방법보다는 사전적립방식을 더 선호하고 있다. 예를 들어 미국의 경우 우리 나라의 근로자퇴직급여보장법과 유사한 목적으로 가진 ERISA법이 제정되어 법적으로 사전적립방식을 요구한 적이 있다.

사전적립방식에도 여러 가지 방식이 있다.[8] 예를 들어 아래에서 소개하는 단위적립방식, 가입기간 동안 기여금의 크기를 평준화하는 평준적립방식, 가입시에 향후 급부지출에 따른 비용을 일괄적으로 기여하는 가입시적립방식, 이자만으로 급부를 지급할 있도록 기여금을 납부하는 완전적립방식 등이 있다.

가장 일반적 적립방식은 예상단위적립방식을 포함하는 단위적립방식이다. 이것은 향후 발생할 급부액을 매년 기여금을 통해 분담하는 것으로 하고 어느 정도의 금액으로 할 것인가 이른바 정상비용(normal cost)을 보험수리적으로 결정하는데 이를 가르쳐 보험수리적 비용방식(actuarial cost method)이라 부른다.

8) 이봉주 · 류건식(2006), "퇴직연금론", 박영사, p.180 참조.

보험수리적 비용방식은 다시 기발생급부(accrued benefit)방식과 장래급부(projected benefit)방식 두 가지로 나눌 수 있다.

이 두 가지 방식을 간단히 소개하면 둘 다 매년의 정상비용을 계산하되 먼저 전자는 1년을 추가적으로 근무로 말미암아 해당 근로자에게 추가적인 퇴직급부가 발생하였고 이것을 충당하기 위해서는 어느 정도의 금액이 필요한지를 계산한다. 한편 후자는 기발생급부방식과 달리 먼저 퇴직 시점에서의 예상 총비용을 먼저 계산한 다음 이것을 충당하기 위해 필요한 자금을 매년 계산한다. 이때 매년도 비용은 동일하게 만드는데 이에 따라 이른바 정상비용이 매년 동일한 결과를 낳게 된다.

한편 기업연금에서 만일 과거 근무분을 인정하고 이것을 새로이 근무기간에 추가하고자 하는 경우는 이른바 과거근무채무(past service liability)가 발생하게 된다. 그런데 이런 이유로 인해 발생한 비용은 정상비용 내에 포함시키지 않고 따로 분담하게 되는데 이것을 부가비용(supplement cost)라고 불리며 정상비용과는 달리 대부분 일정기간을 정해놓고 이 기간 내에 적립하는 것이 일반적이다.

3. 외국의 기업연금제도

1) 미국

미국의 기업연금제도는 오랜 역사를 가지고 있으며 그동안 확정급여제도(DB)와 신탁기금이라는 재정방식을 위주로 하여 지속적으로 성장하여 왔다. 미국 기업연금의 성장배경에는 무엇보다 정부의 세제혜택이 있었으나 대부분 기업의 자발적 노력 하에서 나타난 것이며 이러한 점에서 진정한 의미의 기업연금제도를 보유하고 있다고 해도 과언이 아니다.

다음의 **그림 3-1** 과 **그림 3-2** 는 기여금의 크기와 만간 고용시장 내의 제도 참가자의 비율 나타낸 기업연금의 성장과정을 잘 보여주고 있다.

먼저 **그림 3-1** 에서 볼 수 있는 바와 같이 미국의 경우 DC제도의 하나로서 근로자저축제도라고 할 수 있는 401(k)제도가 80년대 이후 급속한 제도적 확대과정을 보이고 있다. 이와 반대로 전통적 의미의 기업연금제도라고 할 수 있는

◀ 그림 3-1 ▶ 미국의 연금제도별 기여금의 크기 (단위: 10억불)

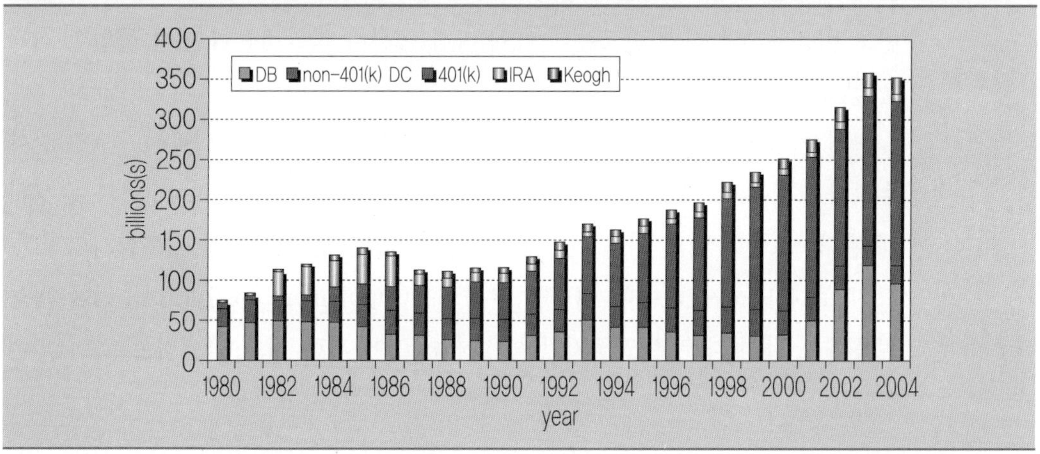

자료 : Poterba, Venti, Wise(2007), "The Changing Landscape of Pensions in the United States", NBER WP-13381.

◀ 그림 3-2 ▶ 전체 민간고용시장 대비 제도참가자의 비율 (단위: 백분율)

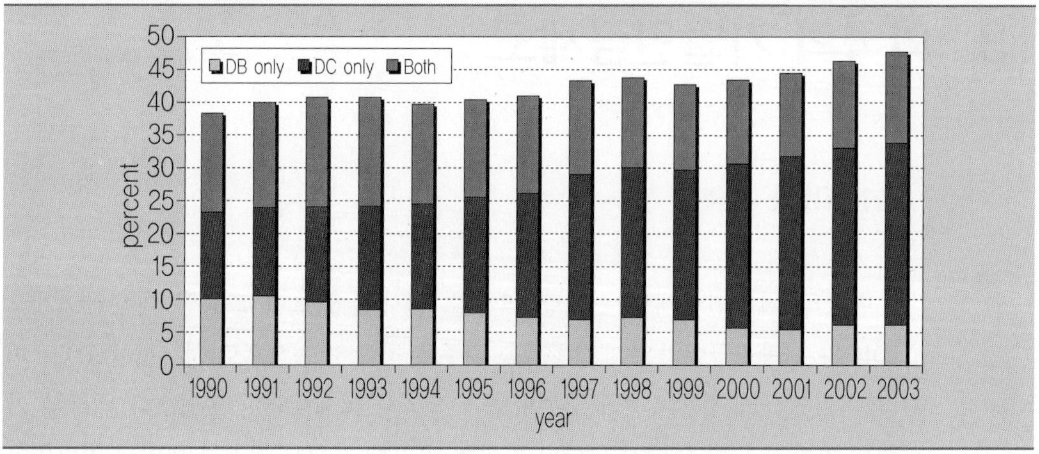

자료 : Poterba, Venti, Wise(2007), "The Changing Landscape of Pensions in the United States", NBER WP-13381, p. 19.

DB제도는 참가자의 비율 측면에서 점차 축소되고 있음을 알 수 있다.

구체적 통계자료에 의하면 1990년과 2003년 사이 DB제도에 가입된 종업원의 숫자는 1/3가량 하락하였으며 반면에 DC제도(주로 401(k)제도)에 가입된 종업원의 숫자는 3배 가까이 늘어났다. 한편 1982년과 2004년 사이 401(k)제도에 가입된 종업원의 숫자는 4,400만명이 증가하였으며 DB제도 참가종업원은 1,000만명 정도 하락하였는데 새로운 401(k)제도는 기존의 DB제도를 대체한 것이 아니라 추가된 것으로 나타났다. 한편 전통적인 DC제도 가입자 역시 하락하였는데 이는 전통적 DC제도가 401(k)제도에 의해 대치되었기 때문이다.

DB/DC 이전추세의 원인에 대해서는 몇 가지가 제시되었다. 예를 들어 1980년대에 도입된 여러 가지 정부규제들로 말미암아 DB의 운영비용이 DC 대비 상대적으로 커졌다는 규제관련 비용이론, 노동조합이 있는 생산업체에서 소규모의 서비스산업으로 이동이 있었다는 산업별 고용변화이론, 401(k) 제도에 대한 선호이론, 마지막으로 대규모 노동조합, 큰 정부, 대기업의 약화에 초점을 두는 이론들이 있었다.

DB/DC이전 추세와 관련된 최근의 제도변화형태를 보면 DB와 DC의 수렴현상이 나타나고 있는데 대표적인 양상으로서 캐쉬밸런스(casa balance)제도의 확대현상을 들 수 있다. 이 제도는 비록 급부가 이미 급여공식에 의해 정해진 DB제도에 속하지만 명목상의 계좌에 적립금이 쌓이는 과정을 보여주는 DC형 모습도 가지고 있다.

한편 미국 기업연금제도의 현황을 보면 먼저 연금보호법(Pension Protection Act)의 제정을 들 수 있다. 이것은 DB제도의 부실화를 배경으로 2006년 8월에 제정되었으며 2008년부터 단계적으로 시행되었다.

주요 내용은 i) 미적립 연금채무에 대해 기간을 두어 100% 적립을 달성하도록 의무화함 ii) 401(k) 등 DC형 제도에 대한 자동가입을 용이하게 하고 완전적립 외 추가출연금에 대해 추정연금부채의 180%까지 세제혜택을 부여 iii) 수십억 달러의 미적립문제를 가지고 있는 PBGC의 보험료 인상 등이다. 그런데 PPA는 두 가지 기존의 추세를 가속화시키는 결과를 낳을 것으로 예상되고 있다. 우선 i) DB에서 DC 혹은 하이브리드제도로의 이전 ii) 연금자산을 듀레이션이 긴 채권으로 재할당하는 것 등이다.

다음으로 401(k)제도와 관련하여 몇 가지 변화가 이루어지고 있다. 그 주제는 '자동화' 움직임인데 구체적으로 다음과 같다.[9] 먼저 가입자의 투자운용과 관련하여 운용지시를 전문가에게 위임하는 것이 점차 확대되고 있는 것이고 401(k)플랜에 대한 여러 가지 '자동화 장치'의 시행이다. 즉, 가입자의 구체적 반대의사 표시가 없는 경우 401(k)제도에의 자동가입 조치, 401(k)제도에 대한 기여율의 자동인상조치, 그리고 MMF 등 저수익 · 저위험 상품보다 장기수익률 측면에서 유리한 상품들의 비율을 높이는 디폴트상품 개선조치 등인데 이러한 조처들의 배경에는 투자자의 의사결정이 반드시 합리적이지는 않다는 이른바 행동재무이론에 기초하고 있다.

이외에도 미국은 2000~2004년 동안의 주식시장 하락과 낮은 금리 등으로 말미암아 어려운 시기를 지내왔으며 기업연금과 관련하여 FASB는 미국의 회계기준인 GAAP을 수정하도록 제안하고 있다. 이러한 영향으로 말미암아 기업들의 일부는 기존 연금제도의 확대를 중지하거나 DC제도로 옮기는 상태이다.

2) 일본

일본 기업연금의 역사는 장기근무에 대한 보상으로 일시금을 주던 에도시대(1603~1867)까지 거슬러 올라가는 상대적으로 긴 역사를 가지고 있다.

일본의 기업연금제도는 우리나라의 경우와 비슷하게 퇴직금제도라는 배경을 가지고 있다. 그러나 이 퇴직금제도는 일본의 산업화 과정 중에서 주로 우수 노동력의 확보와 정착을 위해 도입된 것이며 우리나라와는 다르게 강제적 성격을 가지고 있지 않다. 따라서 퇴직금제도에 이어지는 기업연금제도도 기업의 자발적 선택 하에 도입, 운영되고 있다.

기업연금제도의 도입은 1950년대 중반에서 1960년대에 걸쳐 대기업의 사내연금(자사연금)을 선두로 하여 도입되었으며 기업연금의 도입목적은 노무관리와 함께 특히 퇴직금의 연금화를 통한 비용부담의 해결이었다.

기업연금제도의 역사적 과정을 대략 살펴보면 먼저 1962년에 적격연금제도

9) 미래에셋퇴직연금연구소, "최근 미 · 일 퇴직연금시장의 변화와 DC형의 과제", 2007.

가 탄생하였다. 이 제도는 퇴직금의 규모가 고도성장과정에서 급속히 불어나게 되자 퇴직일시금에 대한 세제상의 특혜와 아울러 기업연금에 대한 세제조치를 요구한 결과 등장하였다. 적격연금은 신탁은행 또는 생명보험회사와의 계약을 통해 주로 퇴직금을 사외에 적립하는 제도로서 미국의 세제혜택을 받는 Qualified Pension을 참고하여 만들어진 것이다.

이어서 1966년에는 일정한 조건을 갖춘 기업연금에 대해 후생연금의 일부를 대행하는 후생연금기금이 탄생하였다. 후생연금기금은 기업에 대해 후생연금보험의 대행부분에 해당하는 보험료납부를 면제해주고 그 대신 이 돈을 기금에 적립하도록 한 것인데 그 도입배경에는 고도성장기에 공적연금인 후생연금의 실질가치가 저하됨에 따른 급부인상 및 보험료의 인상이라는 압박이 있었다.

근간에 들어서의 변화를 보면 2001년 미국의 ERISA법을 닮은 확정급여기업연금법의 도입, 그리고 같은 해 마찬가지로 미국의 401(k)제도를 본 뜬 확정기여연금법의 도입이 있었다. 먼저 확정급여 기업연금제도에는 기금형과 규약형이 있는데 이것들은 각각 후생연금기금과 적격연금제도를 대체하고 있는 실정이다.

다음을 일본의 확정기여형 기업연금제도는 공적연금제도의 재정문제, 그리고 종신고용제의 해체로 인한 근로자의 이직빈도의 증가 등을 배경으로 하여 신회계기준으로 인한 연금관련 채무의 노출 등이 기업들로 하여금 관심을 가지도록 하였다.

그러나 보다 현실적인 원동력은 우선 일본정부의 입장에서 주식시장부양이 현안으로 떠올랐고 2000년 4월 이후 적용되는 신회계기준으로 말미암아 연금채무가 재무제표상 그대로 드러나는 등 기업부담이 가중되자 이에 대한 대비책의 일환으로 기업들이 관심을 가지기 시작했기 때문으로 볼 수 있다.

DC제도에 대한 논의는 미국 401(k)제도의 성장에 관심을 가지던 하시모토내각 때 부터 시작되었으나 법령이 통과한 것은 2001년 즉 내각이 세 번 바뀐 후였다. 새로운 제도에 대해서 도입초기 많은 사람들이 실망을 하였는데 그 이유들 가운데는 기여금액에 대한 낮은 제한, 근로자의 기여불허, 조기인출 금지 등이 있었는데 이에 따라 회계기준의 도입과 불황 등으로 말미암아 연금부채에 대해 많은 부담을 가지고 있던 일본기업들이 2001년 도입된 확정기여법령에 대해 많은 기대를 하였음에도 불구하고 초기에 대대적 DC제도의 채택은 이루어지지 않았다.

그러나 지지부진하던 확정기여형 제도의 도입은 2004년 10월 세제혜택이 주어지는 기여금 제한금액의 확대결정과 함께 이듬해에 이루어진 인출에 대한 제한조건의 완화, 그리고 2012년 적격연금제도의 폐지 등의 영향으로 인해 중소기업을 중심으로 하여 2006년 6월 기준 7,000여 기업이 도입하였는데 이것은 그 전년도에 비해 51%가 상승한 것이다.

한편 일본 기업연금제도에 영향을 미치는 중요한 사안 중 하나는 신회계기준으로서 전세계적으로 기업연금제도에 대해 영향을 미치던 것이 기존의 세제에서 회계기준으로 바뀌고 있다고 할 수 있는 정도이다.[10)]

일본의 경우 2000년 "잃어버린 10년"의 저점에서 연금에 대한 회계기준이 도입되었으며 이것은 일본기업으로 하여금 구조조정의 필요성을 갖게 하고 종신고용에서 성과에 기초를 둔 고용계약으로 바꾸는 수단이 되게 하였다. 즉, 새로운 회계기준은 연금과 관련한 기업의 회계적 부담이 증가하는 것을 줄이고 동시에 인사정책상의 목표를 추구하는 것으로 이끌었다는 평가가 있다.

10) A Tale of Two Pension Reforms

제3장 근로자퇴직급여보장법의 이해

들어가기에 앞서

2005년 12월 퇴직연금제도가 시행된 이후 이제 꽤 시간이 흘렀지만 그 결과는 다소 실망스럽다.

정부부서의 표현처럼 지속적으로 증가하고 있기는 하나 그야말로 '신상품'의 출현에 따른 일부 소비자의 반응이라는 측면으로 해석할 수 있으며 기업규모상 기존 퇴직보험이나 퇴직신탁의 고객이 되기는 마땅찮고 언젠가 지불되어야 할 퇴직금의 내부적립이라는 부담을 털고 싶은 중소형기업들 일부로부터 관심을 얻게 된 것이 이러한 결과로 나타난 것으로 볼 수 있기 때문이다.

그러나 그럼에도 불구하고 퇴직연금시장이 팽창할 여지는 상당히 큰데 그것은 제도 자체가 가지는 매력에서 연유하기보다는 퇴직보험(신탁)시장이 가지고 있는 기득권에 행정적 강제력이 합해졌기 때문이다.

비록 제도적 강제성으로 인해 퇴직연금이 그 몸짓을 불려가는 것은 기정사실화 하더라도 최소 몇 년간은 그 확대속도가 매우 완만할 것으로 예상할 수 있다. 그 이유는 기업 혹은 고용주와 근로자 양 측면에서 모두 찾을 수 있는데 우선 고용주(기업)의 경우 퇴직연금을 조속히 도입할 경영상의 동기가 존재하지 않음. 한 마디로 퇴직연금은 퇴직금제도에 비해 비용이 많이 드는 제도라는 것으로서 구체적으로 사외적립에 따른 자금부담, 리스크 보장비용 등이 추가됐기 때문이다.

이런 측면에서 볼 때 기업의 입장에서 적극적 도입이 검토되는 시점은 노동시장에서 임금과 기업복지비용 등을 포함한 근로자급여가 몇 년간의 조정과정을 통해 이러한 추가적 비용(보장비용과 자금조달비용)을 반영하는 때가 될 것이다.

다음으로 근로자의 입장에서는 퇴직금의 확보에 대해서는 호감이 가지만 유동성확보가 문제이며 또한 확정기여형(DC)의 경우는 최종 퇴직자금의 규모를 불확실하게 만들기 때문이다.

기업과 근로자를 제외하고 퇴직연금의 향후 전망에 영향을 미칠 수 있는 것으로는 금융기관의 영업력과 정부의 퇴직연금관련 세제의 변화가 있으며 그 중 퇴직연금시장의 가장 강력한 영향력은 세제의 변화에서 올 수 있다. 그 이유는 기업과 근로자의 필요를 상당부분 충족시켜줄 수 있기 때문인데 그럼에도 불구하고 이것은 국가의 정책적인 문제이기 때문에 추후 향방을 기다려볼 수밖에 없다.

그런데 만일 퇴직연금제도의 성장과 정착을 기대해볼 수 있는 통로가 있다면 그것은 근로자교육부분이며 이것은 단순히 이미 성과가 신통찮은 것으로 나타난 퇴직연금의 장점이나 투자방법에 대한 주입식교육이 아니라 개인의 인생전체에 걸친 자산관리 혹은 재무관리 교육으로서 이를 통해 소비의 조절, 재산의 형성과정, 나아가 인생에 있어 올바른 노후준비의 의미 등을 강의함으로써 연금제도의 가치를 인식시키는 것이 그 핵심이 되어야 할 것으로 볼 수 있다.

본 장에서는 이러한 사전지식을 근거로 퇴직연금제도의 도입목적과 의의 등 구체적인 내용들을 다룰 것이다.

1. 퇴직연금제도 개요

우리나라의 기업연금제도는 2004년 12월 기존의 상시근로자 5인 이상의 사업체에게 법적으로 강제화된 퇴직일시금제도를 개선하기 위한 의도로 만들어진 근로자퇴직급여보장법안이 2004년 12월 국회를 통과함으로써 시작되었다.

2008년 이후 2년의 경과과정을 거쳐 2010년 이후 퇴직금제도는 퇴직연금, 개인퇴직계좌와 함께 퇴직급여제도에 포함되었으며 5인 이상이 아닌 전사업장에 이 제도가 강제화되었다. 따라서 모든 사업장은 구태여 퇴직금제도를 선택하지 않는 이상 퇴직연금 혹은 10인 미만 사업장에게만 허락된 개인퇴직계좌에 가입해야만 하며 자동적으로 우리나라에 퇴직연금의 세상이 열리게 된 것이다.

그러나 이렇게 도입된 퇴직연금제도가 미국 등 기업연금 선진국에서 대표적으로 볼 수 있는 바 진정한 의미의 기업연금제도인지 아니면 연금화의 가능성을 열어놓되 모든 사업장을 가입대상자로 하고 있는 또 하나의 강제적 공적연금제도인지 음미해볼 필요가 있다. 물론 여기서 기업연금제도란 기본적으로 기업이 주관하고 기업이 주체가 되는 제도로서 비록 근로자의 노후문제 해결을 위해 국가가 세제혜택이라는 도구를 가지고 장려하는 역할을 하더라도 궁극적으로는 근로자의 일터이자 생계수단인 기업의 생산성향상을 지원하는 형태여야 함을 전제로 한 것이다.

1) 도입과정

도입과정을 시간대별로 보면

- 1961년부터 도입된 퇴직금제도가 국민연금, 고용보험 등과 그 기능이 중복되고 사업주의 부담증가를 이유로 경영계에서 제도개선을 요구하였고
- 1998년 퇴직금의 일부를 국민연금에 납부할 수 있도록 하여 사용자의 퇴직금 부담을 덜어준 퇴직전환금제도가 폐지되고 '퇴직금제도개선'이 노사정위원회 의제로 선정되었으며
- 노사정위원회에서는 퇴직연금제도의 도입에 대해 공감대를 형성하였으나

몇 가지 핵심쟁점, 즉 적용범위(4인 이하 사업장 적용여부), 퇴직연금제의 형태, 수급권의 보장, 논의범위(국민연금과의 연계여부) 등에 있어서는 노사간 의견차이를 보였고 완전합의에 이르지 못하였는데

- 2003년 노사정위원회가 그 동안의 노사의견들을 정부에 이송하면서 노사의 입장을 고려하면서 입법을 추진할 것을 요청하였고 2004년 12월 국회에 제출된 정부안이 수정의결된 것이다.

한편 도입과정에서 노사 양측의 의견과 쟁점을 보면

먼저 경영계는 주로 퇴직연금제도 도입에 따른 추가 비용을 우려하고 있었는데 구체적으로

① 퇴직금을 5인 미만 사업장에 도입하는 것이 비용부담과 관리상의 문제로 말미암아 대외경쟁력을 약화시키고 특히 중소영세기업의 경영난을 더욱 가중시킨다고 주장하였다. 한편 일본의 경우 새로 도입된 확정급부기업연금법은 인원요건이 없다.

② 기업부담을 최소화 시키기 위하여 국민연금과의 통합적인 조정이 필요함을 주장하였다.

한편 노동계는 퇴직금과의 동가보장여부에 주로 관심을 가졌다. 구체적으로

① 연금제로 가기 전에 퇴직금제도의 보완이 선결과제로서 5인 미만과 비정규직에까지 확대하고 퇴직금의 사외적립에 대해 세제상 인센티브 강화할 것을 주장하였다.

② 다음으로 기존의 퇴직금으로 대변되는 목돈 소요의 필요성을 제기하였고

③ 퇴직연금제를 확정급부형으로 한정하고 퇴직금과 동가보장이 필요함을 주장하였는데 그것은 확정기여형의 경우 투자수익률에 따라 퇴직금과 다소간 차이가 날 수 있기 때문이다.

2) 기존 퇴직금제도의 문제점

우리나라의 퇴직금제도는 대부분의 국가에서 볼 수 있는 바와 마찬가지로 일종의 전별금으로서 임의지급성을 가진 것이었다. 그러나 퇴직금제도는 1961년

법적 강제화 과정을 거치게 되는데 그 배경에는 정부주도의 경제개발 가운데 재정적 어려움에 처한 정부가 이 퇴직금제도를 통해 실업보험과 공적연금의 제공이라는 일반적으로 사회보험이 떠맡게 되는 두 가지 기능을 수행토록 하고자 하는 의도가 있었다. 그러므로 우리나라의 퇴직금제도는 이때부터 비록 기업이 그 중심에 있음에도 불구하고 통상적인 기업복지제도와 무관하다고 볼 수 있는데 이것은 기업의 입장에서 봤을 때 부담만 있고 노무관리 등과 같은 유효한 기능은 없는 제도가 될 수 있는 소지를 가지고 있는 것이다.

퇴직금의 또 다른 문제점은 근로자의 입장에서 봤을 때 수급여부의 불확실성이다. 만일 기업이 퇴직금을 지급이 연기된 임금으로 간주하고 이것을 매년도 급여크기에 반영한다면 기업측으로 봐서 퇴직금의 지급 자체가 특별한 문제를 가져다 주지는 않지만 근로자에게 있어서 수급의 불확실성은 경제적으로 중대한 문제가 된다. 특히 1997년 헌법재판소가 내린 결정 즉, 근로기준법상 퇴직금 우선변제조항에 대한 위헌판정은 기업도산시 질권 혹은 저당권에 의해 담보된 채권 등에 우선해서 변제되는 퇴직금이 최종 3년간의 근로에 대해 발생한 것으로 한정되도록 하여 더욱 더 불확실성을 키우는 결과를 가져왔다.

퇴직금제도가 가지고 있는 문제점에 대한 개선노력은 이후 종업원퇴직적립보험과 이어지는 퇴직보험 및 퇴직신탁제도의 도입 등을 통해 시도된 바 있다.

먼저 1997년 퇴직급여충당금의 사외적립을 장려하기 위해 퇴직금 범위 내에서 보험료 전액을 손금산입 할 수 있는 종업원퇴직적립보험이 도입되었고 이어서 또 하나의 추가적 개선책으로서 1999년 퇴직보험제도와 퇴직일시금신탁이 도입되어 사외적립된 법정퇴직금에 대한 청구권의 근로자 부여가 시도되었다.

그러나 일시금과 연금지급에 대한 차등이 없으며 비록 퇴직금수급의 불확실성은 줄어들었으나 중간정산제도의 존재와 잦은 이직 등의 현실로 인해 노후자금으로서의 유용성이 낮았던 이 제도는 또 하나의 당사자인 기업측의 입장에서도 외부적립자금의 확대와 규제만 늘어났을 뿐 특별한 장점을 찾을 수 없었기 때문에 제도로서의 실용성을 가지지 못한 채 정착 자체에 어려움을 가지고 있었다.

3) 퇴직연금의 종류와 운영구조와 세금

(1) 종류 및 운영구조

기존의 퇴직금제도가 퇴직급여제도로 바뀌면서 근로자와 기업의 협의를 통해 퇴직금제도, 퇴직연금제도 두 가지 중 하나에 대한 선택을 할 수 있고 만일 퇴직연금제도를 선택하는 경우는 확정급여형연금(이하는 DB: Defined Benefit)과 확정기여형연금(이하는 DC: Defined Contribution) 두 가지 중 하나에 대한 선택을 하게 된다. 그리고 만일 10인 미만 사업장이라면 금융기관이 제공하는 개인퇴직계좌를 통하여 퇴직급여제도를 대체할 수 있다.

한 기업 내에서 퇴직금제도, DB, DC를 동시에 운영하는 것은 운영상의 복잡성이나 비용 등을 고려하는 경우 그리 현실적이지는 못하나 가능은 하다.

퇴직연금을 시행함에 있어서 절차를 알아보면 우선 근로자와 기업간 퇴직연금규약이 작성된다. 규약에 포함되는 내용은 퇴직연금제도의 시행과 관련한 대부분의 주요 사항들이 포함되어 있다. 예를 들면 실제로 이 제도를 맡아서 운영하게 될 퇴직연금사업자의 선정관련, 퇴직급여의 종류 및 수급자격, 급여수준, 가입기간, 중도인출관련(DC의 경우), 재정건전성 확보관련(DB 경우), 부담금 납부관련(DC 경우), 적립금운용방법(DC의 경우) 등이다.

다음으로는 퇴직연금사업자가 선정된다. 이 사업자는 보험, 은행, 자산운용사, 증권 등의 금융기관으로서 운용관리업무와 자산관리업무를 각각 담당한다. 구체적으로 운용관리업무란 기업과 근로자를 대상으로 투자 및 사무관리와 관련된 각종 서비스를 제공하는 것을 말하며 자산관리업무란 금융기관 고유의 역할, 즉 돈을 실제 맡아서 보관하고 퇴직급여를 지불하는 등의 일을 말한다.

◀ 그림 3-3 ▶ 퇴직연금제도의 시행절차

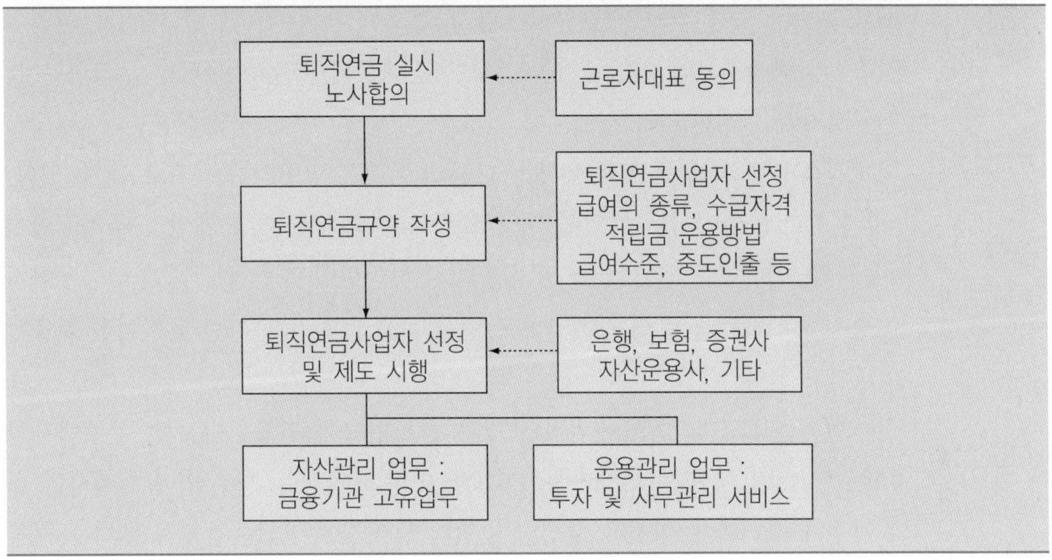

ⅰ) DB(확정급여형연금)

DB는 퇴직금제도처럼 기업이 근로자들에게 미리 정한 급여공식에 기초하여 퇴직 후 일정한 금액을 제공하기로 약속하는 제도이다. 우리나라의 DB(확정급여형연금)는 금액면에서는 현재 퇴직금제도와 똑같되 다만 외부에 적립되어있다는 것과 퇴직시 근로자가 원하는 경우 연금을 받을 수 있다는 차이만 있을 뿐이다.

기업은 약속을 지키기 위해 당연히 정기적으로 돈을 적립해야 하고 법(12조 5호)에서는 매년 적립해야 할 금액이 어느 정도인지를 명시하고 있다.

기업은 급부지급이라는 약속을 이행하기 위해 적절한 금액을 적립해야 하는데 급여를 지급할 때까지는 일반적으로 많은 시간이 남아있기 때문에 은행이나 보험회사, 자산운용사, 증권회사 같은 금융기관을 통해 투자를 하게 되고 이 투자수익과 원금은 퇴직급여를 지급하기 위한 자금이 된다.

그런데 임금상승률이 변하기는 하지만 약속된 퇴직급여는 대개 정해져 있는 반면 투자수익은 불확실한데 만일 이 투자수익이 예상보다 좋지 않을 경우 기업은 더 많은 돈을 내놔야 하는 부담을 갖게 된다.

ⅱ) DC(확정급여형연금)

DC는 우리나라 근로자들에게는 다소 생소한 개념이지만 한 마디로 기업이 근로자의 퇴직계좌에 일정금액을 매달 적립해주되 이것을 어떻게 투자하는 것은 근로자가 결정하도록 한 것이다.

DC는 DB에 비해 두 가지 면에서 다른데 이것은 일종의 장점으로 볼 수 있다.

우선 DC에 있어서는 기업이 제공하는 기존 퇴직금 외에 개인의 추가적립이 가능하다. 위에서도 언급한 바 있지만 이 추가적립이 적립한도 내에서 이루어지는 경우 세제혜택과 함께 단체구매로 인한 비용상 절감도 가능하여 매우 효율적인 투자가 된다.

두 번째는 DC의 경우 예외적인 경우 중도인출이 가능하다. 즉, 무주택자의 주택구입, 가입자 또는 부양가족이 6개월 이상 요양하는 경우 외에 천재사변 등의 경우가 그러한데 이것은 실생활에 있어 벌어질 수 있는 경제적 문제를 해결함에 있어 매우 유용한 장치라고 볼 수 있다.

DB는 내용상 간단하고 비록 연금을 지불해야 할 회사나 기업으로 봐서는 계산이 좀 복잡하지만 제도의 구조는 일률적이다. 그러나 DC에는 다양한 종류가 있으며 우리나라의 경우도 시작은 매우 간단한 형식이지만 앞으로 다양한 형태의 제도가 도입될 것으로 예상할 수 있다.

참고로 미국에서 사용 중인 DC제도의 종류를 살펴보면 우리나라의 DC(확정기여형연금)과 유사한 형태로서 기업이 매년 이익과 관계없이 일정한 기여금을 출연해야 하는 종업원연금구매제도(money purchase plan), 기업의 이익의 일부를 종업원의 개인구좌에 할당하는 이익분배제도(profit-sharing plan), 종업원이 급여의 일정부분을 미리 정하여 개인구좌에 입금시킬 수 있는 종업원저축제도(thrift or savings plan), 종업원주주제도(employee stock ownership plan) 등이 있다.

◀ 그림 3-4 ▶ DB와 DC의 구조

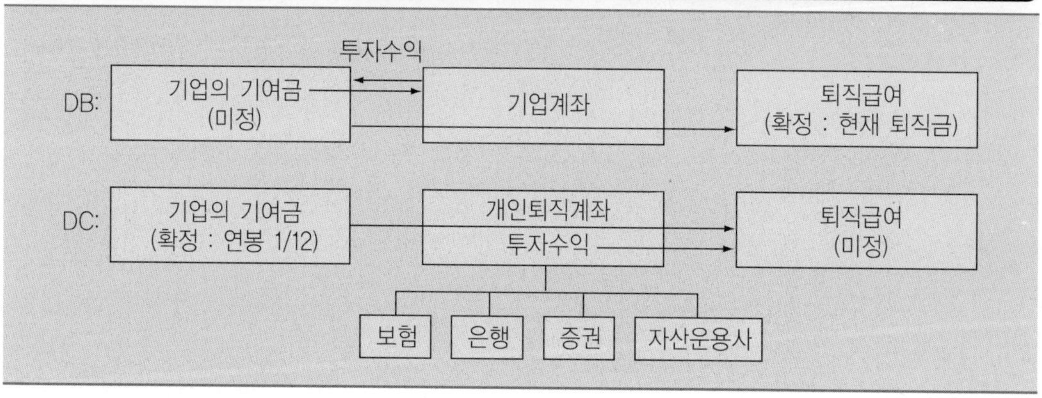

iii) 개인퇴직계좌(IRA)

개인퇴직계좌(이하 IRA)는 기본적으로 퇴직금 혹은 퇴직연금 일시금을 55세 이후 연금이나 일시금을 받을 때까지 세제혜택 하에서 보관할 수 있도록 만들어 놓은 것이다. 개인퇴직계좌의 의의는 은행, 보험 등 퇴직연금사업자가 제공하는 IRA계좌를 통해 투자된 투자소득에 대해서는 실제 연금이나 일시금으로 돈을 인출하기 전까지 과세가 연기된다는 것인데 다만 제한조건으로서 이 적립금은 55세 이후 연금(최소 5년)으로 받거나 일시금으로 받기 전까지는 인출하지 못하도록 하고 있다.

(2) 퇴직금과 퇴직연금의 세제

다음의 표 3-1 은 기존 퇴직금과 퇴직연금의 세제를 비교해 놓고 있다.

▶ 표 3-1 ◀ 근로자 해당 퇴직금과 퇴직연금의 세제

	퇴 직 금		퇴직연금
적립시	–		– 기존 퇴직금에 해당하는 부분은 근로자의 세금과 무관 – DC, IRA를 통한 근로자의 추가적립시 소득공제: 연금저축불입액과 통합하여 연간 300만원 한도
투자 기간	–		– 투자소득에 대한 과세 연기
인출시	일시금	– 퇴직소득세 부과	– 퇴직금과 동일 – DC, IRA의 중도인출의 경우도 퇴직금과 동일하게 퇴직소득세 부과
	연금		– 종합소득 과세. 단 연금소득에 대한 소득공제 금액 확대(공제한도 900만원)

4) 퇴직금제도와 퇴직연금제도의 차이 및 노무관리에 미치는 영향[11)]

퇴직금제도를 대체하는 의도로 만들어진 우리나라의 퇴직연금제도는 퇴직연금을 포함하는 퇴직급여제도 자체가 법정강제제도로서 선진국의 기업연금에 비했을 때 임의성, 제도 자체의 융통성, 다양성 측면에서 상당한 차이를 가지고 있기 때문에 노무관리측면에서도 외국의 제도와 다른 면들을 가지고 있다.

그러나 퇴직연금제도는 발전과정 중에 있으며 특히 DC형의 경우 거의 유사한 결과를 낳을 수 있기 때문에 아래에서는 먼저 선진국의 기업연금제도를 중심으로 노무관리상 의미를 살펴보고 다음으로 퇴직연금제도의 퇴직금제도와의 차이 및 가능한 노무관리기능을 알아보기로 한다.

11) 본 내용은 한국노동연구원, "퇴직연금제도 세부실행방안", 2004 중 "근로자 퇴직연금제도와 인사 · 노무관리" 부분을 재정리 한 것이다.

(1) 기업연금제도의 노무관리기능

기업연금제도가 가지고 있는 대표적 노무관리기능, 즉 근로자의 이직률(turnover)감소, 근로노력 유발, 은퇴시기조절 등은 근로자와 기업 사이에 장기적이고도 묵시적인 고용계약(long-term implicit employment contract)이 가능하고 실제 그렇게 이루어지고 있다는 것에서 출발한다.

이 묵시적 고용계약은 명시적(explicit), 일회적 고용계약에 대비되는 것으로서 명시적 고용계약은 근로자가 마치 노동계약이 단지 일회성(one period)인 것처럼 행동하고 또한 매 고용기간동안 그의 노동가치에 상응하는 대가를 받는 것으로 가정한다.

◀ 그림 3-5 ▶ 기업연금제도의 노사간 구조

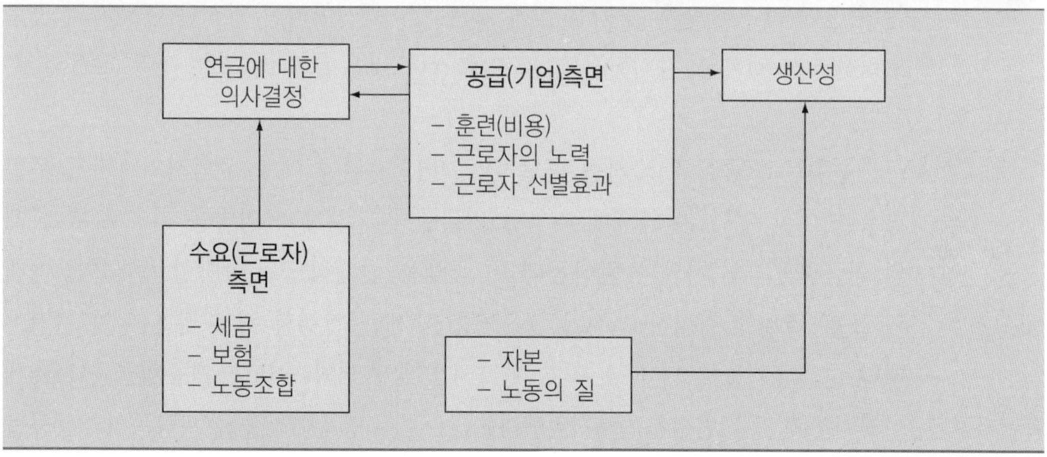

자료 : Dorsey, Cornwell, Macpherson, "Pension and Productivity", p.10

이에 비해 묵시적 고용계약에 있어서는 기업이 급여를 매기간이 아닌 장기간에 걸쳐 지급할 수 있게 하며 이것은 곧 연금과 같은 이연급여(deferred compensation)를 가능케 한다고 보는 것이다. 이 계약 하에서는 근로자와 기업이 긴급한 시장상황이 발생하지 않는 이상 연금제도를 중단할 수 있는 법적권리를 사용하지 않기로 서로 약속하고 근로자는 은퇴 시기까지 기업에 잔류하는 것을 가정하면서 연금을 위해 임금의 일부를 포기하게 된다.

이처럼 연금제도가 묵시적 계약의 형태로 나타나게 되면 근로자의 행위에 미치는 영향력 또는 노무관리상 기능은 자연스럽게 도출이 되는데 그 핵심은 근로자가 계약기간 이전에 이직하면 금전상의 손실이 발생한다는 것이다. 이러한 묵시적 계약은 DB제도와 주로 관련되며 DC의 경우는 오히려 명시적 계약에 가깝다고 볼 수 있다.

ⅰ) 근로노력의 유발

근로노력을 유발하고 생산성을 높임에 있어 연금제도의 역할은 이미 설명한 이연임금방식을 통해 설명이 된다. 즉, 근무초기에 다른 직장에서 받을 수 있는 급여보다 적은 현금급여를 근로자가 수용하는 경우 이것은 '보증계약'을 성립시키는 것과 같은 의미를 가지는데 만일 중도에 직장을 그만두거나 근무태만 등으로 인해 해고되는 경우 보증금은 몰수가 되기 때문에 근로자는 기업이 요구하는 수준에 맞추어 일할 동기를 갖게 되는 것이다. 이러한 방식은 근로자의 근로노력을 지속적으로 감시하는 것이 어렵거나 비용이 많이 드는 경우 유용할 수 있다.

몰수되는 보증금의 크기는 근로자가 어떤 기업에 예상 은퇴시기까지 근무할 경우 기대할 수 있는 임금에 기초한 연금총액과 현재의 임금을 기초로 했을 때의 연금총액과의 차액을 말하는데 이 금액은 실제적으로 상당할 수 있다. 아래의 표는 35세에 취직하고 정상적 은퇴를 65세로 가정할 경우 각 나이별 이직에 대한 손실금액을 나타낸 것이다. 여기서 연금총액의 크기는 최종임금의 15%에 이직시까지 근무년수를 곱한 것이다(여기서 i = 명목이자율, g = 명목임금상승률임).

▶ 표 3-2 ◀ 중도퇴직시 손실금(연간 임금대비)

나이(세)	근속기간(년)	i=10% g=8%	i=10% g=10%	i=10% g=12%	i=5% g=5%
35	0	0.00	0.00	1.00	0.00
40	5	0.39	0.68	1.15	0.52
45	10	0.79	1.27	1.99	0.95
50	15	1.15	1.74	2.52	1.18
55	20	1.35	1.89	2.55	1.17
60	25	1.11	1.47	1.85	0.82
65	30	0.00	0.00	0.00	0.00

자료 : Ippolito, Pension Plans and Employee performance, p. 21.

ii) 이직률의 감소

연금제도와 이직율과의 관계도 역시 묵시적 계약 및 이연임금체계를 통해 설명할 수 있다. 그런데 연구결과들에 의하면 연금제도의 이직률 감소효과는 상당한 것으로 나타나고 있는데 연금제도가 있는 기업의 이직률이 그렇지 않은 기업에 비해 이직률이 반 밖에 되지 않는 것으로 나타났다.

이러한 이직률의 감소기능은 특히 신규근로자의 채용이나 훈련비용이 높은 기업에 있어 상당한 의미를 가지게 된다. 우선 기업이 채용이나 훈련비용 등 이른바 인적자본에 투자를 하는 것은 보다 높은 생산성을 기대하기 때문이지만 이 비용은 고정비용과 유사한 의미를 갖고 있다. 따라서 근로자가 이직을 하는 경우 기업은 투자비용에 대한 회수가 어려워지고 근로자의 이직에 따른 비용을 감수해야 하는데 이러한 문제점에 대해서는 우선 다음과 같은 해결방식이 가능하다.

먼저 일반적인 훈련, 즉 다른 기업으로 이직한 경우에도 사용가능한 훈련의 경우는 근로자 단독으로 훈련비용을 부담 할 수 있을 것이다. 그리고 기존 기업에 국한해 의미가 있는 특수한 훈련인 경우는 근로자와 기업이 공동으로 부담하는 것이 적절한데 이는 근로자가 모두 부담하는 경우 시장 여건이 불리할시 고정비용에 대한 부담이 없는 이 근로자가 쉽게 해고대상이 될 수 있기 때문이다.

그런데 이러한 문제에 대한 또 하나의 가능한 해결방식이 있으니 바로 묵시적 계약, 즉, 연금제도와 같은 이연임금방식을 사용하는 것인데 취업초기단계에 낮은 임금의 지급을 통해 훈련비용과 같은 준고정비용의 일부를 부담하도록 하는 것이다.

한편 인적자본에 대한 투자 필요성을 느끼는 기업에 노동조합이 있는 경우 기업과 노조양측의 이해관계가 연금제도를 통해 조화될 수 있는데 이는 노동조합이 관심을 가지는 연금제도와 기업이 필요로 하는 이연임금방식은 결국 하나이기 때문이다.

ⅲ) 은퇴시기의 조절

먼저 은퇴시기에 대한 연금제도의 영향을 알아보기 전에 왜 기업이 은퇴의 흐름을 조절하려고 하는지 알아볼 필요가 있다.

이에 대한 설명 중 하나는 근로자의 생산성이 일정기간 후에 또는 인생의 후반부에 떨어진다는 것이다. 만일 임금이 생산성저하와 함께 감소한다면 은퇴를 유도할 필요가 없지만 현실은 그렇지 못하며 또한 직장에서의 관습이라든가 미국 등의 나이차별금지법령 등도 걸림돌이 된다. 그리고 기업이 생산성이 저하된 근로자를 선별적으로 퇴직시킬 수 있다면 문제는 달라지지만 생산성에 대한 측정이 정확하지 못할 경우 직장내 사기문제도 발생할 수 있다.

따라서 다른 대안이 강구되지 않을 수밖에 없고 연금제도가 바로 여기에 해당한다. 효율적인 은퇴흐름의 유도와 관련하여 DB형 연금제도의 특징은 어떤 특정시기까지는 지속적인 근무에 대한 강한 보상을 제공하지만 그 시기 이후의 근무에 대해서는 총 연금수급액이 오히려 줄어들도록 만드는데 있다. 총 연금수급액의 감소 이유는 DB의 경우 연금액이 DC제도와 달리 축적된 퇴직기금의 크기가 아니라 근속년수와 급여의 크기에 의해 정해지기 때문인데 연금을 받을 수 있는 자격이 주어진 이후 1년의 추가근무는 연금액 수급기간을 1년 줄이는 결과를 가져오게 된다.

이처럼 은퇴흐름의 조절은 연금제도구조상 은퇴가능시기를 전후하여 총 연금수급액이 급격하게 변하도록 만드는 것에 의해 이루어지는데 통상적인 은퇴시기 이전에 있어서는 조금 더 은퇴를 늦춤으로서 이 금액이 상당히 증가하게끔 하여 퇴직을 막고 은퇴시기 이후에는 그 반대의 현상이 일어나도록 하는 것이다.

그렇다면 은퇴시기의 조절을 DC제도나 아니면 더 나아가 비연금제도인 현금 보너스 등을 통해 할 수는 없을까? 물론 가능하다. 그러나 기업이 DB제도를 선호하는 데에는 두 가지 이유가 있다.

첫째, DB제도 하에서 이러한 기능은 자동적이며 내재된 것으로서 만일 정상적인 은퇴시기 이후 연금수급 총액이 줄어드는 일종의 페널티를 없애기 위해서는 기업이 나서서 연금수리를 통해 연금액을 조절해 주어야만 한다. DC제도는 은퇴나이에 관해서 중립적인데 이를 통해 은퇴시기 조절을 시도할 경우 가시적인 페널티를 부과해야하며 이것은 나이차별로 보여질 수 있는 일종의 위험을 감수해야한다.

둘째, 실제로 더 중요한 내용인데 은퇴유도를 위한 인센티브를 제공함에 있어 세후 비용은 DB하에서 더 저렴하다. 왜냐하면 은퇴를 조장하기위해 제공되는 현금보너스 등은 세금공제가 되지 않는 반면 DB제도에 추가적으로 납입되는 조기은퇴용 기금은 정상비용(normal cost)으로 처리되고 세액공제대상이 되기 때문이다.

연구결과에 의하면 후한 연금제도를 가진 근로자는 그렇지 않은 근로자에 비해 은퇴가 빠르고(총 연금액 10% 인상에 대해 1~2달 정도), 은퇴를 늦추는데 대해 금전적 보상이 주어지는 경우 은퇴를 늦추는 경향이 있음이 나타났다. 이처럼 DB제도는 은퇴흐름을 조절하는 측면에서 볼 때 기업에게 매력적인 제도임이 드러나고 있으며 2차 세계대전 이후 미국의 은퇴연령 감소는 상당부분 DB제도의 확산에 있다는 연구발표가 나와 있다.

한편 80년대 이후 급속하게 성장하고 있는 DC제도와 은퇴시기와의 관계에 대한 연구가 진행되고 있는데 한 연구결과에 의하면 401(k)제도를 포함하는 DC제도의 확산이 은퇴형태에 상당한 영향력을 미치고 있는 것으로 나타났으며 DB처럼 나이와 관련한 인센티브가 없는 DC제도의 경우 DB제도에 비해 근로자의 은퇴를 평균 2년 정도 늦추는 것으로 알려졌다.

iv) 퇴직금, 퇴직연금, 노무관리

위에서 언급한 바와 같이 연금제도가 포함된 급여정책은 노사관계의 핵심을 이루는 것으로서 근로자의 행위와 태도에 상당한 영향력을 미치고 있다. 그런데 이러한 영향력은 결국 어떠한 정책 또는 제도가 근로자, 기업에게 어떠한 의미를 가지는가 하는 것이 관건이라고 볼 수 있는데 선진국의 기업연금제도의 특징을 단적으로 말하자면 정부가 나서서 후원(세제혜택)을 하고 기업과 근로자가 협상 또는 노동시장에서의 거래를 통해 양자 모두에게 최선의 결과를 도출한 것으로 보여 진다. 즉, 근로자의 입장에서는 기업을 경유한 연금상품 구입을 통해 비용의 절감(세금, 단체연금의 혜택) 및 노후위험의 희석 등을 가질 수 있었고 기업은 이 제도를 통해 특정 근로자들을 모으고 관리하며 노동조합의 문제도 어느 정도 해결함으로써 궁극적으로 생산성을 높일 수 있었던 것이다.

결국 기업의 연금제도가 가진 노무관리상의 능력들은 이 제도와 관련한 근로자와 기업간 자율적 선택에 그 핵심이 있음을 알 수 있으며 이런 측면에서 봤을 때 우리나라에 도입되는 퇴직연금제도는 노무관리측면에서 현행 퇴직금제도와 선진국의 기업연금제도의 중간정도의 위치에 있다고 볼 수 있다.

① 퇴직금제도

퇴직금이란 1년 이상 한 직장에서 근무한 근로자가 퇴직시 요구할 수 있는 법정권리이다. 그런데 이 퇴직금제도를 노무관리상에 있어 기업연금제도와 비교했을 때 상대적인 열위에 놓이게 하는 것은 바로 이 법정 강제성에 있다.

퇴직금이 강제화 된 것은 관 주도의 경제개발을 추진해 나가던 당시 여건 속에서 재정적인 어려움을 가지고 있는 정부가 기업으로 하여금 근로자의 중간퇴직시 재취업까지의 실업보험과 정년퇴직시 노후소득보장제도의 두 가지 기능을 대행하도록 하기 위한 것이었다는 주장이 일반적이다. 즉 퇴직금제도가 그 자금만 기업이 제공할 뿐 정부가 주체가 되는 사회보험의 역할을 한 것으로서 그 기능자체가 기업이 제공하는 노후소득으로서의 의미를 별로 갖지 못했던 것이다.

경제학적 상식으로 법제화된 퇴직금은 기업의 입장에서 개별 근로자에 대한 일종의 고정화 된 비용 또는 임금의 의미를 가지게 된다. 즉 지급해야 될 하나의 의무로만 남고 이는 바로 후불 임금의 성격을 가지게 되는 것이다. 우리나라의 퇴직금제도도 퇴직금수급권에 제한(1년 이상 근무)을 두고 근속연수 1년에 대하여 30일분 이상이라는 하한선을 설정한 것은 우수한 노동력의 확보 등 인적자원관리와 생산성제고를 위한 수단으로서의 가능성을 열어놓고 있다. 그러나 이러한 강제화는 일종의 급여로서 노사간 최적의 노동계약의 대상이 될 수 있는 소지를 없애버린 것이다.

퇴직금제도가 가질 수 있는 노무관리기능은 큰 의미를 찾기가 힘들다. 물론 퇴직금제도를 이연임금방식으로 볼 수 있으며 이것이 위에서 언급한 '보증계약' 으로서의 의미를 가지는 경우 근로노력의 유발이나 이직률의 감소, 퇴직시기의 조절 등에 영향력을 미칠 수 있다. 그런데 문제는 근로자가 이 '보증계약' 의 크기를 어느 정도로 보느냐 하는 것인데 여기에는 두 가지 결정요인이 있다. 그 하나는 예상근속기간이고 또 하나는 '보증계약의 실질가치' 이다.

먼저 예상근속기간을 보면 우리나라 근로자의 평균 재직년수가 5.9년으로서 기대근속기간이 매우 짧다. 그리고 '보증계약' 의 실질가치를 보면 퇴직금이 대부분 사내적립의 형태를 가지고 있으므로 사외적립 되어있는 외국의 기업연금제도와는 달리 기업의 도산가능성을 염두에 둘 경우 실질적 퇴직금의 가치 또는 '보증계약의 실질가치' 는 상당히 줄어든다. 이것은 약속된 퇴직금의 가치에 지급의 불확실성에 따른 가치감소분을 제외하면 되는데 한 연구에 의하면 근속연수를 6년으로 할 경우 퇴직금의 월간 기여율 중 5.83%까지 제할 수 있는 것으로 나타났다. 즉, 만일 약속된 퇴직금가치에 상응하는 월간기여율이 8.33%(100/12)라면 실질적 퇴직금의 가치는 매월 2.5%에 지나지 않는다는 의미이다.

결론적으로 퇴직금제도는 이연임금으로서 또는 보증계약으로서의 가치를 별로 가지지 못하고 있으며 이는 곧 노무관리수단으로서 그리고 생산성제고수단으로서 역할을 그다지 기대할 수 없다는 것으로 귀결이 된다.

② 퇴직연금제도

퇴직연금제도는 기업의 입장에서 봤을 때 제도 초기 퇴직금의 외부적립에 따른 현금흐름의 부담이 있다는 것 외에 소요비용 측면에서 거의 차이가 없는 것처럼 보일 수 있다.

그러나 두 제도는 네 가지 면에서 분명한 차이를 나타내며 이에 따라 제도 자체가 선진국의 기업연금처럼 정비되는 경우 노무관리에도 상당한 변화가 예상된다.

우선 위에서 본 바와 같이 퇴직연금제도는 사외적립을 통해 근로자의 입장에서 퇴직금의 실질가치 또는 '보증계약' 의 가치를 상당히 높이게 되며 따라서 기업연금제도에서 기대되는 근로자의 이직률 감소, 근로자가 근로노력 제고, 그리고 은퇴시기에 대한 영향력 등이 상당부분 적용될 수 있다. 두 번째로 퇴직연금제도는 퇴직금과 달리 근로자에게 퇴직급부의 적립여부와 그 크기를 직접적으로 '보여주는' 제도로서 이것은 퇴직연금제도가 가진 첫 번째의 의의를 더욱 증폭시켜주는 역할을 한다.

세 번째로 퇴직연금제도는 천편일률적인 퇴직금제도와 달리 DB, DC 모두 가능한데 이것은 기업과 근로자의 특성에 따라 제도를 선택할 수 있게 하여 특정 근로자의 선택과 유인, 교체 등을 도와준다.

특히 DC제도의 경우 DB제도에 비해 장기적인 이익보다는 단기적인 이익에 관심을 두고 있는 근로자를 솎아내는데 우월한 기능을 가지고 있어 근로자의 자질을 높이고 생산성을 향상시키는 역할을 할 수 있다.

이것을 설명하기 위해서는 먼저 다음과 같은 세 가지 가정이 필요하다.

첫째, 근로자들을 기업과의 고용관계에 있어 두 가지 타입으로 나눌 수 있으며 그 하나는 즉시적인 보수에 관심을 두기보다 장기적인 보상에 더 큰 가치를 두는 타입이고 다른 한 타입은 보다 단기적인 이해관계를 중시한다.

둘째, 기업은 전자를 선호하는바 그 이유는 몇 가지 바람직한 특성들을 가지고 있기 때문이다. 즉 전자는 근무에 보다 충실하며 장비들을 보다 잘 관리하고 장래의 진급과 임금인상을 위하여 훈련 및 신뢰형성에 대한 투자에 적극적이다. 따라서 전자는 감시의 필요성을 줄이며 이연급부에 보다 긍정적이다.

마지막으로 세 번째 매우 중요한 가정은 첫 번째 가정과 관련하여 기업은 취업희망자의 성향을 알 수 없다는 것, 즉 정보의 불균형이 존재한다는 것이다.

DC제도가 이미 고용된 근로자들 중에서 후자를 솎아내는 과정의 핵심은 바로 DC제도가 가지고 있는 연금급부의 이동성(portability)에 있다. DB제도와 달리 DC제도는 조기퇴직자 또는 이직자에 대해 일시금지급을 가능케 하며 또한 흔히 이루어지는데 만일 후자, 즉 연금제도 가입과 적립(contribution)에 대해 거의 가치를 느끼지 못하고 현재의 임금이 높은 것을 더 선호하는 근로자라면 이직을 통해 일시금을 선택할 가능성이 크다는 것이다.

여기에 덧붙여 401(k)형태의 연금제도는 DC제도가 가지고 있는 이러한 선별 기능을 제고할 수 있다. 401(k)제도는 보통 근로자가 이 제도를 통해 적립할 경우 기업이 대응기여(matching)를 하게 되는데 이 것은 저축과 연금제도에 대해 관심을 가진 전자를 우대하는 결과를 가져온다.

마지막으로 퇴직연금제도는 퇴직금제도에 비해 노사관계, 특히 노동조합과의 관계를 개선하는 역할을 할 수 있는데 그 이유는 다음과 같다.

우선 노동조합을 일종의 독점적 단체(monopoly)로서 임금인상이 주 기능이라고 보는 관점이 있지만 또 다른 관점은 노동조합을 경영진과의 관계에서 근로자의 집합적 목소리(collective voice)를 전달하고 의사소통을 하는 수단으로 보기도 한다. 이 집합적 목소리는 모든 근로자의 선호, 그 중에서도 오랫동안 같은 회사에서 근무한 장년층 근로자의 선호가 반영될 가능성이 큰데 연금제도가 이에 해당한다. 따라서 연금제도의 도입은 노동조합의 선호에 부응하는 의미를 가진다.

다음으로, 연금기금의 적립상태를 불충분(underfund)하게 만들 경우 노동조합을 담보상태(bonding)에 둠으로써 근로자를 기업의 장기적 생존능력에 이해관계를 갖도록 한다는 것을 위에서 언급한 바 있는데 이러한 기능은 퇴직금에 비해 더 우월할 수 있다. 물론 퇴직금은 대부분 내부적립 됨으로써 기업이 도산하는 경우 퇴직금의 대부분이 지급불능상태에 빠질 수 있으므로 담보효과가 더욱 클 수 있다. 그러나 위에서 이미 지적한 바와 같이 근로자가 피부로 느끼는 퇴직금의 실질가치 또는 담보가치는 훨씬 적으며 또한 퇴직연금은 근로자가 실제 눈으로 확인할 수 있는 금액이기 때문에 그 상대적 효과는 더욱 크다고 볼 수 있다.

5) 퇴직연금제도의 현황

노동부에서 발표한 퇴직연금제도 도입현황에 따르면 2010년 2월 기준 5인 이상 전체 상용근로자의 34.10%인 총 2,600,717명이 가입하였으며 사업장 수의 기준으로는 전체 5인 이상 사업장의 14.02%인 72,714개소가 도입한 것으로 나타났다. 아울러 다음의 **표 3-3** 을 통해 사업장 규모별 도입현황을 보면 퇴직연금제도의 도입은 사업장의 크기와 비례함을 알 수 있다.

한편 제도의 형태로 봤을 때 표 3-4 와 표 3-5 는 근로자 수 측면에서 DB형이 76.7%를 차지하고 퇴직연금제도를 도입한 500인 이상의 대기업 중 사업장 수 기준 DC의 비율이 20%에 미치지 못하는 것으로 나타났다. 위의 표에서 개인퇴직계좌(IRA)특례란 10인 미만 사업장에 적용되는 특례를 말한다. 특례라는 사용자의 부담금 납부, 적립금 운용 등 측면에서 기본적으로 DC와 차이점은 없음에도 불구하고 사용자의 규약 작성 · 신고 의무 및 교육의무가 면제되기 때문이다.

▶ 표 3-3 ◀ 사업장 규모별 도입현황

구 분	10인 미만	10~29인	30~99인	100~299인	300~499인	500인 이상
①도입사업장수	37,617	21,562	10,171	2,583	382	399
②전체사업장수	1,214,440	161,250	45,973	8,962	1,173	1,014
비율(①/②)(%)	3.10	13.37	22.12	28.82	32.57	39.35

▶ 표 3-4 ◀ 퇴직연금제도 도입현황(2010년 2월 기준)

구 분		합 계	DB형*	DC형	IRA 특례	개인형 IRA
근로자수 (%)		2,600,717 (100)	1,994,447 (76.7)	521,322 (20.0)	68,782 (2.7)	16,166 (0.6)
업권별	은행	1,422,977	987,895	360,146	66,648	8,288
	생보	553,691	490,951	57,670	1,949	3,121
	증권	441,093	357,269	79,478	125	4,221
	손보	182,956	158,332	24,028	60	536

자료 : 노동부 홈페이지

* DB 가입자 수의 경우, 복수계약 체결로 인한 중복가입자가 포함된 수치임

▶ 표 3-5 ◀ 도입 사업장 수 기준

구 분	합 계	확정급여형(DB)	확정기여형(DC)	DB & DC	IRA 특례*
사업장수 (%)	72,714 (100)	21,224 (29.19)	29,263 (40.24)	889 (1.22)	21,338 (29.35)
500인 이상	399	205	78	116	-
500인 미만	72,315	21,019	29,185	773	21,338

자료 : 노동부 홈페이지

이상의 내용으로 봤을 때 우리나라의 퇴직연금제도는 지금까지 주로 대규모의 기업에 의해 DB제도 중심으로 도입되고 있으며 퇴직연금제도를 도입한 상대적으로 소수의 중, 소기업들은 DC를 선택하는 경향이 많음을 알 수 있다.

그런데 이러한 통계 데이터는 우리나라의 퇴직연금제도가 제대로 자리를 잡고 제도상 의의를 가지는 데는 다소 시간이 걸릴 것이라는 것을 암시해주고 있다.

그 이유는 먼저 대규모의 기업이 DB제도를 선택한 것이 DB제도의 장점 때문이 아니라 기업이나 근로자의 입장에서 봤을 때 기존 제도와 차별성이 별로 없다는 것, 즉 피차간에 추가적인 비용이나 대가를 지불하지 않아도 되기 때문이라고 볼 수 있다는 것이다. 즉, 퇴직연금제도와 퇴직금제도의 가장 큰 차이는 퇴직자금의 외부적립인데 대규모 기업의 경우 이 부분이 이미 이루어졌거나 아니면 향후 퇴직금의 수급에 대한 불확실성이 크지 않기 때문에 기존 퇴직금제도를 퇴직연금제도로 이전하는데 쌍방간 추가적으로 짊어져야 할 비용이나 부담이 없었기 때문으로 풀이할 수가 있다.

다음으로 중, 소형 기업의 경우 DC제도를 선택하는 것이 퇴직자금의 적립이라는 기업부담의 해소, 그리고 근로자의 입장에서는 이직을 용이하게 해준다는 측면에서 노사 양측에 필요한 것이라고 할 수 있지만 여전히 어떠한 이유에서든 그 참여기업의 수가 많지 않다는 것은 제도도입의 의의를 감소시키고 있다.

6) 도입목적과 의의

퇴직연금제도의 도입목적에 관해서는 근로자퇴직급여보장법의 1장 1조에서 "근로자 퇴직급여제도의 설정 및 운영에 필요한 사항을 정함으로써 근로자의 안정적인 노후생활보장에 이바지함"이라고 되어있다. 이것은 우리나라 인구의 노령화 현상이 가속화 됨에도 불구하고 기존 퇴직금제도가 노후생활보장상의 문제점, 예를 들어 수급의 불확실성, 짧은 근속기간과 중간정산 등으로 말미암은 노후자금으로서의 의미 축소 등을 가지고 있었기 때문에 도입목적은 나름대로 충분한 의미를 가지고 있다고 볼 수 있다.

한편 이 조항은 기업 혹은 사용자측과 관련하여 퇴직금을 일시금으로 지불해야 하는 경제적 부담과 경영의 평준화 및 예측가능성 저하문제를 동시에 해결할 수 있는 도구가 됨을 홍보하고 있다.

7) 근로자퇴직급여보장법(퇴직연금제도)의 평가

이 제도의 가장 중요한 의의는 근로자 측면에서 볼 때 퇴직보험제도를 통해 이미 추진된 바 퇴직일시금의 "연금화" 가능성을 보다 제고한 것에 둘 수 있다. 그러나 그럼에도 불구하고 이 제도는 그 내용을 자세히 살펴보는 경우 철저히 기존퇴직금제도에 뿌리를 박고 있음을 알 수 있는데 예를 들어 퇴직연금제도의 폐지 등과 같은 운영과정에서의 문제가 발생하는 경우 항시라도 다시금 퇴직금 제도의 적용을 받도록 되어 있다.

이처럼 새로운 제도가 도입되었음에도 불구하고 여전히 기존의 퇴직금제도를 벗어나지 못하는 이유는 일단 노동자 측이 퇴직금제도의 법적 보장성을 일종의 기득권처럼 여겼고 또한 이것과 연관된 노사 양측의 이해관계 속에서 새로운 제도를 도입하는 것이 현실적으로 어려웠기 때문이다. 따라서 퇴직연금이 진정한 의미의 기업연금제도가 되기 위해서는 노사간 좀 더 깊이 있는 논의를 통해 새로운 변신이 필요하다고 볼 수 있다.

그러면 먼저 기업연금제도가 선진국에서 오랫동안 존속한 원인과 성장배경을 알아보고 이어서 퇴직연금제도를 평가해보도록 하자.

(1) 기업연금의 성장원인

대부분의 국가에서 기업연금은 공적연금과는 달리 비록 세제혜택 등을 통해 제도설립을 장려하지만 강제하지는 않는다. 그러나 이미 언급한 바와 같이 미국, 일본 등의 선진국에서는 수십 년 이상을 기업연금이 유지되어 온 것을 볼 수 있는데 이러한 존속의 원인은 무엇일까?

먼저 기업연금의 성장원인과 관련하여 기업연금자산의 규모와 GDP(국내총생산)의 비율에 대해 연구한 결과에 의하면 비록 나라마다 원인이 상이하지만 그 비율의 크기는 공적연금의 비중, 세제, 강제성 여부, 연금제도의 성숙도 등과 관련이 있는 것으로 나타났으며 그 중에서도 특히 기업연금의 주요한 대체수단

이 되는 공적연금이 상당한 영향력을 미칠 수 있다고 보고하고 있다.[12)]

그러나 강제화되지 않은 기업연금이 성장한 배경에는 궁극적으로 기업이나 근로자를 포함한 기업연금의 이해당사자들에게 도움이 되었기 때문이라고 볼 수 있는데 그 구체적인 내용은 다음과 같다.[13)]

i) 생산성 증대 기여

생산성 증대는 기업이 관심을 가지는 핵심적 사항인데 기업연금이 위에서 언급한 바와 같이 노동경제학적 측면에서 인력순환 등 노무관리에 도움을 준다는 것을 강조한다. 즉, 생산성이 다소 떨어지는 시기라고 볼 수 있는 퇴직에 근접한 근로자에게 소득원을 제공함으로써 새로운 근로계층으로 자연스럽게 대치해주는 역할을 한다는 것이다.

ii) 세제혜택

기업연금은 기업과 근로자 모두에 대해 세제상 혜택을 부여하고 있으며 더욱이 가입자 내에 경영층을 포함하고 있어 제도의 신설과 유지에 대한 인센티브로 작용하게 된다. 참고로 미국의 경우 1940년 이후 기업연금이 성장하게 된 배경에는 2차 세계대전과 한국전이 있었다고 하는데 전쟁기간은 기업에 대해 높은 세율이 부과되는 특징이 있다.

iii) 규모의 경제 달성 등

기업연금이 기본적으로 지급이 이연된 일종의 임금이라고 간주하는 경우 연금의 제공은 기업에게 추가적인 비용발생 없이 가능한 것이며 또한 그룹저축으로서 규모의 경제에 따른 운영상의 효율을 달성할 수 있다. 한편 사회전체적 입장에서 연금은 퇴직자의 소비확대를 통해 경제전체의 총수요를 증대시키는 역할을 한다.

12) E. Philip Davis, "Pension Funds : Retirement-Income Security and Capital Markets, An International Perspective", P58, 1995, 그리고 신종욱 (2002), 전게서 P. 85 참조.
13) Allen, Melone, Rosenbloom, and VanDerhei, "Pension Planning", Seventh Edition, p. 10, 신종욱(2002), 전게서, pp. 86~89참조.

iv) 노동조합의 요구

미국에 있어 기업연금의 성장원인을 이야기할 때 1948년 National Labor Relations Board가 연금과 관련하여 내린 판결을 인용하는 경우가 있다. 즉, NLRB가 연금은 임금에 포함되며 연금제도가 고용조건에 영향을 미친다는 판정을 내린 것인데 이것은 기업이 단체협상시 기업연금의 조건에 대해 협상할 법적 의무가 있다는 것을 의미한다. 그 이후 1950년대 노조들은 새로운 연금제도의 설립, 기존 제도의 대체를 요구하였고 기업연금은 자동적으로 확대성장을 이루게 되었다.

v) 금융기관의 영업노력

기업연금이 가지는 생산성증대 등의 영향력을 기업이 인정하더라도 현실적 제도도입이 이루어지는 것은 보험회사나 은행의 신탁부서 등의 제도소개 등 이른바 영업적 노력이 따라야 하는 것은 당연하다.

(2) 퇴직연금제도의 평가

i) 기업측면

기업측면에서의 의의는 퇴직급여제도가 다양해짐으로써 각 기업에 적합한 제도의 선택을 가능케 하여 다소간 생산성 향상의 길을 열어놓았다는 것을 들 수 있다.

반면 5인 이하 사업장까지 퇴직급여제도(기본적으로 퇴직금제도)를 점차적으로 확대한 것은 일견 근로자에게 일견 유리한 것으로 보이나 이는 중소 및 영세기업에 대한 부담으로 이어져 노동시장의 변화 예를 들어 비정규직 근로자의 증가 등을 가져올 수 있다는 문제점을 배태하고 있다.

ii) 근로자 측면

노후문제는 노후재정의 필요성에 대한 근로자의 모호성(myopia)과 실행능력이 늘 문제가 되는데 이런 측면에서 볼 때 퇴직연금제도의 도입은 전체 근로자의 연금수급 가능성을 향상시켰다고 볼 수 있다.

그러나 위에서도 언급한 바와 같이 퇴직자금의 확보가 보다 절실한 중소형 기업 근로자의 제도가입을 확대하기 위해서는 제도개선에 대한 노력이 지속적으로 필요하다고 말할 수 있다.

2. 퇴직연금제도의 성격

아래에서는 근로자퇴직급여보장법을 중심으로 퇴직연금제도의 중요한 내용들을 정리해보고자 한다. 특히 퇴직연금의 폐지, 중단시의 처리에 대한 사항은 유념해서 볼 필요가 있다.

1) 퇴직급여제도의 적용범위와 설정

– 제4조: "사용자는 퇴직하는 근로자에게 급여를 지급하기 위하여 퇴직급여제도 중 하나 이상의 제도를 설정하여야 한다. 다만, 계속근로기간이 1년 미만인 근로자, 4주간을 평균하여 1주간의 소정근로시간이 15시간 미만인 근로자에 대하여는 그러하지 아니하다".

〈여기서 퇴직급여제도는 퇴직금제도 및 퇴직연금제도를 말하며 기업은 퇴직금제도나 퇴직연금제도(혹은 개인퇴직계좌) 중 하나를 반드시 선택해야만 하도록 하고 있어 기업연금제도가 선택이 아닌 강제적 제도임을 말해주고 있다.〉

2) 퇴직급여제도의 미설정과 수급권의 보호

– 제5조(퇴직급여제도의 미설정에 따른 처리): "제4조제1항의 규정에 불구하고 사용자가 퇴직급여제도를 설정하지 아니한 경우에는 제8조의 규정에 의한 퇴직금제도를 설정한 것으로 본다".

〈이 부분에서 우리나라의 기업연금제도가 여전히 퇴직금제도에 근거를 두고 있는 것을 확인할 수 있는데 이것은 다른 한편으로 퇴직연금제도의 한계를 의미한다고도 볼 수 있다.〉

– 제7조(수급권의 보호): "퇴직연금의 급여를 받을 권리는 양도하거나 담보로 제공할 수 없다. 다만, 주택구입 등 대통령령이 정하는 사유와 요건을 갖춘 경우에는 노동부령이 정하는 한도내에서 담보로 제공할 수 있다"

〈이 부분은 퇴직금이 목돈 수요에 자주 사용되어 왔다는 것을 감안한 것이며 선진국의 연금제도에서도 종종 볼 수 있는 내용이다.〉

3) 퇴직연금의 폐지, 중단시의 처리

– 제27조(퇴직연금제도의 폐지 · 중단시의 처리): "퇴직연금제도가 폐지되거나 운영이 중단된 경우에는 폐지된 이후 또는 중단된 기간에 대하여는 제2장의 규정에 의한 퇴직금제도를 적용한다"

– 제27조: "퇴직연금제도의 폐지 또는 운영의 중단으로 인하여 가입자가 급여를 지급받은 경우에는 제8조제2항의 규정에 따라 중간정산되어 지급받은 것으로 본다. 이 경우 중간정산 대상기간의 산정 등에 관하여는 대통령령으로 정한다"

〈이 부분은 퇴직연금제도가 폐지되는 등 문제가 발생하는 경우 퇴직금제도로 환원되게 함으로써 다시 한번 퇴직금제도에 뿌리를 둔 연금제도임을 강조하고 있다.〉

3. 확정급여형 연금제도

아래는 퇴직연금제도의 제도형태 중 하나인 확정급여형(DB)제도에 관한 내용이다.

1) 확정급여형 퇴직연금제도의 설정

– 제12조(확정급여형퇴직연금제도의 설정): "확정급여형퇴직연금제도를 설정하고자 하는 사용자는 근로자대표의 동의를 얻어 다음의 사항을 기재한 확정급여형퇴직연금규약을 작성하여 노동부장관에게 신고하여야 한다.

가) 퇴직연금사업자 선정에 관한 사항
퇴직연금사업자란 자산관리 및 운용관리업무를 위탁 받아 수행하게 되며 좋은 사업자를 선정하는 것은 현실적으로 매우 중요하다.

나) 가입자에 관한 사항

다) 가입기간에 관한 사항. 이 경우 가입기간은 퇴직연금의 설정 이후 당해 사업에서 근로를 제공한 기간으로 하되, 당해 퇴직연금의 설정전에 제공한 근로기간에 대하여도 가입기간으로 할 수 있다.

라) 급여수준에 관한 사항. 이 경우 가입자의 퇴직일을 기준으로 산정한 일시금의 금액이 계속근로기간 1년에 대하여 30일분의 평균임금에 상당하는 금액 이상이어야 한다"

〈이것은 퇴직금과 동등 혹은 그 이상의 가치를 가지도록 조처한 것이나 실제 퇴직연금제도의 사외적립은 지급보장을 가져오므로 이 가치를 인정할 필요가 있다.〉

마) 재정건전성 확보에 관한 사항. 이 경우 다음 각호의 어느 하나에 해당하는 금액중 더 큰 금액이 적립되도록 명시하여야 한다.

a) 매 사업연도 말일현재 급여에 소요되는 비용예상액의 현재가치와 부담

금 수입예상액의 현재가치를 추정하여 노동부령이 정하는 방식에 의하여 산정된 금액으로서 대통령령이 정하는 수준

b) 가입자 및 가입자이었던 자의 당해 사업연도 말일까지의 가입기간에 대한 급여에 소요되는 비용예상액을 노동부령이 정하는 방식에 의하여 산정된 금액으로서 대통령령이 정하는 수준

〈이것은 근로자 수급권보장을 위한 안전장치로 볼 수 있으며 퇴직연금이 근로자의 입장에서 보다 우월할 수 있는 부분이 바로 이것이다. 참고로 확정급여형 제도를 운영하고 있는 기업들의 총 퇴직급여부채 대비 평균적립률을 조사한 결과[14]에 의하면 2009년 6월말 현재 평균 68.7%(최저 8%, 최대 320%)의 적립률을 가지고 있는 것으로 나타났다.〉

바) 급여의 종류 및 수급요건 등에 관한 사항. 이 경우 다음 각호의 내용이 명시되어야 한다.

a) 연금은 55세 이상으로서 가입기간이 10년 이상인 가입자에게 지급할 것. 이 경우 연금의 지급기간은 5년 이상이어야 한다.

b) 일시금은 연금수급 요건을 갖추지 못하거나 일시금 수급을 원하는 가입자에게 지급할 것

〈참고로 일본의 확정급부기업연금법에서는 최소지급기간을 5년으로 하여 지급개시연령을 60~65세 사이에서 연금규약으로 정하게 하고 있다. 그리고 수급자격기간은 20년을 넘을 수 없게 하고 있으며 급부의 종류에도 노령연금 외에 장애급부와 유족급부를 두고 있다.〉

14) 상명대학교, "퇴직연금시장 실태조사 및 관련제도 개선방안 연구(2009)", 노동부 홈페이지.

4. 확정기여형 연금제도

1) 확정기여형 퇴직연금제도의 설정

- 第13조(확정기여형퇴직연금제도의 설정): "확정기여형퇴직연금제도를 설정하고자 하는 사용자는 근로자대표의 동의를 얻어 다음의 사항을 포함한 확정기여형퇴직연금규약을 작성하여 노동부장관에게 신고하여야 한다.

1. 부담금의 부담에 관한 사항. 이 경우 다음의 내용이 명시되어야 한다.
   가. 사용자는 최소한 가입자의 연간 임금총액의 12분의 1에 해당하는 금액은 현금으로 부담하도록 할 것"

〈이것은 현행 퇴직금부담, 즉 1년당 30일(약 1개월 분)의 임금(평균임금)인 것을 고려한 것이다. 그러면 여기서 1/12(8.33%)이라는 기업의 부담이 현행 퇴직금제도에 비해 근로자에게 유리한 것인지 아닌지의 여부를 확인해볼 필요가 있다.〉

〈한 연구(신기철, 2003년)는 1975년에 입사한 근로자가 2000년에 퇴직한 경우, 즉 26년 근속을 가정하였을 때 어느 정도의 부담률이 적절한지를 보여주고 있다. 이 부담률을 찾기 위해서는 임금상승률과 투자수익률을 가정해야 하는데 2001년 경총자료(임금상승률)와 생명보험회사의 자산운용수익률을 통해 추정해 본 결과 적절한 부담률은 연평균 12.21%인 것으로 나타났다.

〈그러나 이것은 현실상황에서 문제가 있는데 그것은 우리나라의 과거 임금상승률이 너무 높았고 또한 근로자들의 평균재직기간은 26년이 아닌 5.9년 정도에 불과하기 때문이다. 만일 우리의 미래상황이라 가정할 수 있는 미국과 일본의 과거 26년 동안의 임금상승률과 투자수익률을 사용하는 경우 그 부담률은 각각 7.24%, 9.46%로 낮아지게 된다.더구나 확정급여형 퇴직연금제도와 마찬가지로 사외적립을 통한 지급보증의 가치를 고려할 경우 1/12이라는 부담률은 결코 적은 것이 아니라고 할 수 있다.〉

"나. 가입자는 가목에 의한 사용자의 부담금 외에 추가로 부담금을 부담할 수 있다는 것"

〈이것은 미국의 401(k)제도, 즉 종업원저축제도의 모습을 딴 것이라 볼 수 있다. 일본판 401(k)제도, 즉 확정기여연금제도에는 기업측의 기여금만 인정되며 여기에 대한 상당한 반론들이 있다.〉

"2. 부담금의 납부에 관한 사항. 이 경우 다음의 내용이 명시되어야 한다.

가. 사용자는 매년 1회 이상 정기적으로 부담금을 납부할 것

나. 사용자는 가입자가 탈퇴한 때에 당해 가입자에 대한 부담금을 미납한 경우에는 탈퇴일부터 14일 이내에 그 부담금을 납부할 것"

"3. 적립금의 운용에 관한 사항. 이 경우 가입자는 적립금의 운용방법을 스스로 선정할 수 있고, 매반기 1회 이상 적립금 운용방법의 변경이 가능하여야 한다"

〈투자실적은 노후자금의 규모에 직접적인 영향을 미치므로 운용과정에 근로자의 의사를 반영하자는 것이다.〉

"4. 적립금 운용방법 및 정보의 제공 등에 관한 사항. 이 경우 다음 의 내용이 명시되어야 한다.

가. 매반기 1회 이상 위험과 수익구조가 서로 다른 세 가지 이상의 적립금 운용방법이 제시되어 있을 것

나. 운용방법별 이익 및 손실의 가능성에 관한 정보 등 가입자가 적립금의 운용방법을 선정하는 데 필요한 정보가 제공될 것"

〈운용관리업무에도 관련되는 내용으로서 원리금보장상품을 포함한 수익률과 위험의 조합이 서로 다른 여러 상품 중에서 선택하도록 한 것이다. 근로자에 대한 보호조치의 하나이며 근로자에 대한 교육이 가지는 의미는 미국 등 선진국에

서 이미 입증된 바이다.〉

"5. 중도인출에 관한 사항. 이 경우 주택구입 등 대통령령이 정하는 사유가 발생하는 때에는 중도인출이 허용되어야 한다"

〈예측하지 못한 근로자의 일시금 수요(무주택자의 주택구입, 가입자 또는 부양가족의 6개월 이상요양, 천재 및 사변 등)에 대처하기 위한 것이다.〉

이상의 내용들을 봤을 때 한 두 가지 언급할만한 사항들이 있다. 우선 확정기여형 연금제도는 확정급여형과는 달리 급여의 종류 및 수급요건등에 관한 사항이 없다. 즉 가능한 한 연금을 받도록 하는 유인정책이 없는 것이다.

이에 비해 일본판 401(k)제도, 즉 확정기여연금제도에는 급부의 종류를 노령급부금, 장애급부금, 사망일시금 등으로 두고 노령급부금은 연금(5~20년)을 원칙으로 하고 있다. 그리고 노령급부금은 60세 이상이고 가입기간이 10년 이상이면 수령할 수 있다. 수급연령을 60세 이상으로 한 것은 향후 공적연금이 65세 이상으로 상향되는 것을 고려하여 65세까지 소득이 있도록 해주는 것이다.

5. 개인퇴직계좌(IRA)

개인퇴직계좌는 적립금운용, 급여 등에 있어 확정기여형과 유사한 성격을 가지고 있다. 이러한 제한은 개인연금제도와 차별성을 가지는 것이며 가입자격에 있어서도 주로 퇴직일시금 수령자에 한정한다.

1) 개인퇴직계좌의 대상

"다음 각호의 어느 하나에 해당하는 자는 개인퇴직계좌를 설정할 수 있다.

1. 퇴직급여제도의 일시금을 수령한 자

2. 안정적인 노후소득 확보가 필요한 자로서 대통령령이 정하는 자

다음 **그림 3-6** 는 개인퇴직계좌가 직장을 여러 번 이직한 경우의 퇴직일시금을 개인퇴직계좌를 통해 노후자금으로 사용할 수 있음을 보여주고 있다. 개인퇴직계좌는 연금제도가 가지는 세제혜택 즉, 투자수익에 대한 과세가 연기되고 연금으로 수령시 드디어 연금소득에 대한 과세가 이루어지는 장점이 있다.

◀ 그림 3-6 ▶ 직장 이직시 퇴직일시금과 개인퇴직계좌의 활용

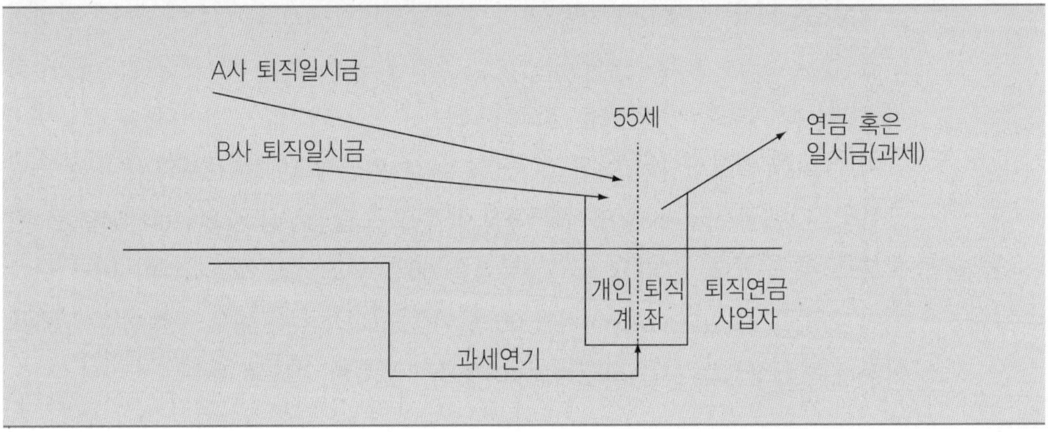

2) 개인퇴직계좌 적립금의 운용과 급여의 종류별 수급요건

"적립금을 운용함에 있어서 다음의 사항이 준수되어야 한다.

1. 가입자는 적립금의 운용방법을 스스로 선정할 수 있어야 하며, 매반기 1회 이상 적립금 운용방법의 변경이 가능하여야 할 것
2. 퇴직연금사업자는 매반기 1회 이상 위험과 수익구조가 서로 다른 세 가지 이상의 적립금 운용방법을 제시할 것
3. 퇴직연금사업자는 적립금 운용방법별 이익 및 손실의 가능성에 관한 정보 등 가입자가 적립금 운용방법을 선정하는 데 필요한 정보를 제공할 것

〈이러한 내용은 개인퇴직계좌제도와 확정기여형연금제도의 유사성을 보여주고 있다.〉

3) 10인 미만 사업에 대한 특례

이것은 10인 미만의 사업장에도 퇴직연금제도에 준하는 퇴직급여제도를 가질 수 있도록 조치한 것이다.

－"제26조(10인 미만 사업에 대한 특례) ①상시근로자 10인 미만을 사용하는 사업의 경우 제4조제1항의 규정에 불구하고 사용자가 근로자대표의 동의를 얻어 근로자 전원으로 하여금 제25조의 규정에 의한 개인퇴직계좌를 설정하게 한 경우에는 퇴직급여제도를 설정한 것으로 본다.

② 제1항의 규정에 의하여 개인퇴직계좌를 설정하는 경우에는 다음 각호의 사항이 준수되어야 한다.

1. 퇴직연금사업자 선정에 있어서 근로자대표의 동의를 얻을 것
2. 사용자는 최소한 가입자의 연간 임금총액의 12분의 1에 해당하는 금액은 현금으로 부담할 것
3. 가입자는 사용자의 부담금 외에 추가로 부담금을 부담할 수 있을 것
4. 사용자는 매년 1회 이상 정기적으로 부담금을 납부할 것
5. 사용자는 가입자의 탈퇴시에 당해 가입자에 대한 부담금을 미납한 경우에는 탈퇴일부터 14일 이내에 그 부담금을 납부할 것
6. 그 밖에 근로자의 수급권의 안정적인 보호를 위하여 대통령령이 정하는 사항

6. 퇴직연금사업자, 사용자 및 퇴직연금사업자의 책무

다음으로 퇴직연금제도를 실제적으로 운영하는 역할을 맡는 퇴직연금사업자, 그리고 사용자에게 요구되는 사항들을 정리해보자. 퇴직연금의 실제 운영에 있어서는 운용관리업무와 자산관리업무가 따로 있다.

1) 운용관리업무의 내용

"제15조(운용관리업무의 수행) ①퇴직연금제도를 설정한 사용자는 다음의 업무(이하 "운용관리업무"라 한다)의 수행을 내용으로 하는 계약을 퇴직연금사업자와 체결하여야 한다. 다만, 제2호의 업무는 확정급여형퇴직연금에 한한다.

1. 사용자 또는 가입자에 대한 적립금 운용방법 및 운용방법별 정보의 제공
2. 연금제도 설계 및 연금계리
3. 적립금 운용현황의 기록,보관,통지"
4. 사용자 또는 가입자가 선정한 운용방법을 제16조제1항의 규정에 의한 자산관리업무를 수행하는 퇴직연금사업자에게 전달하는 업무
5. 그 밖에 운용관리업무의 적정한 수행을 위하여 대통령령이 정하는 업무

2) 자산관리업무의 내용

– "제16조(자산관리업무의 수행) ①퇴직연금제도를 설정한 사용자는 다음의 업무(이하 "자산관리업무"라 한다)의 수행을 내용으로 하는 계약을 퇴직연금사업자와 체결하여야 한다.

1. 계좌의 설정 및 관리
2. 부담금의 수령
3. 적립금의 보관 및 관리
4. 운용관리업무를 수행하는 퇴직연금사업자가 전달하는 적립금의 운용지시의 이행"

"5. 급여의 지급

6. 그 밖에 자산관리업무의 적정한 수행을 위하여 대통령령이 정하는 업무

② 사용자가 제1항의 규정에 의한 계약을 체결하고자 하는 때에는 근로자를 피보험자 또는 수익자로 하여 대통령령이 정하는 보험계약 또는 신탁계약의 방법에 의하여야 한다."

〈즉, 자산관리업무는 보험계약 또는 신탁계약에 의해 보험사, 신탁회사 등이 맡도록 하고 있다〉

3) 적립금의 운용

근로자퇴직급여보장법은 자산관리업무 및 운영관리업무를 수행하는 퇴직연금사업자에 대해 선량한 관리자로서 포괄적인 선관주의 의무를 부여하고 있다.

"제17조(운용관리업무의 수행) ①퇴직연금사업자는 선량한 관리자로서의 주의의무를 다하여야 한다."

②퇴직연금사업자는 적립금의 운용방법을 제시함에 있어서 다음 각호의 요건을 갖춘 운용방법을 제시하여야 한다.

1. 운용방법에 관한 정보의 취득과 이해가 쉬울 것
2. 운용방법간의 변경이 쉬울 것
3. 적립금 운용결과의 평가방법과 절차가 투명할 것
4. 확정기여형퇴직연금과 개인퇴직계좌의 경우에는 대통령령이 정하는 원리금보장 운용방법이 하나 이상 포함될 것
5. 적립금의 안정적 운용을 위하여 분산투자 등 대통령령이 정하는 운용방법 및 기준 등에 따를 것

4) 확정기여형 및 확정급여형의 운영구조

다음의 그림들을 통해 확정기여형과 확정급여형이 어떤 경로를 통해 운영되는지 알아보자.

(1) 확정기여형의 운영구조

◀ 그림 3-7 ▶ 확정기여형의 운영구조

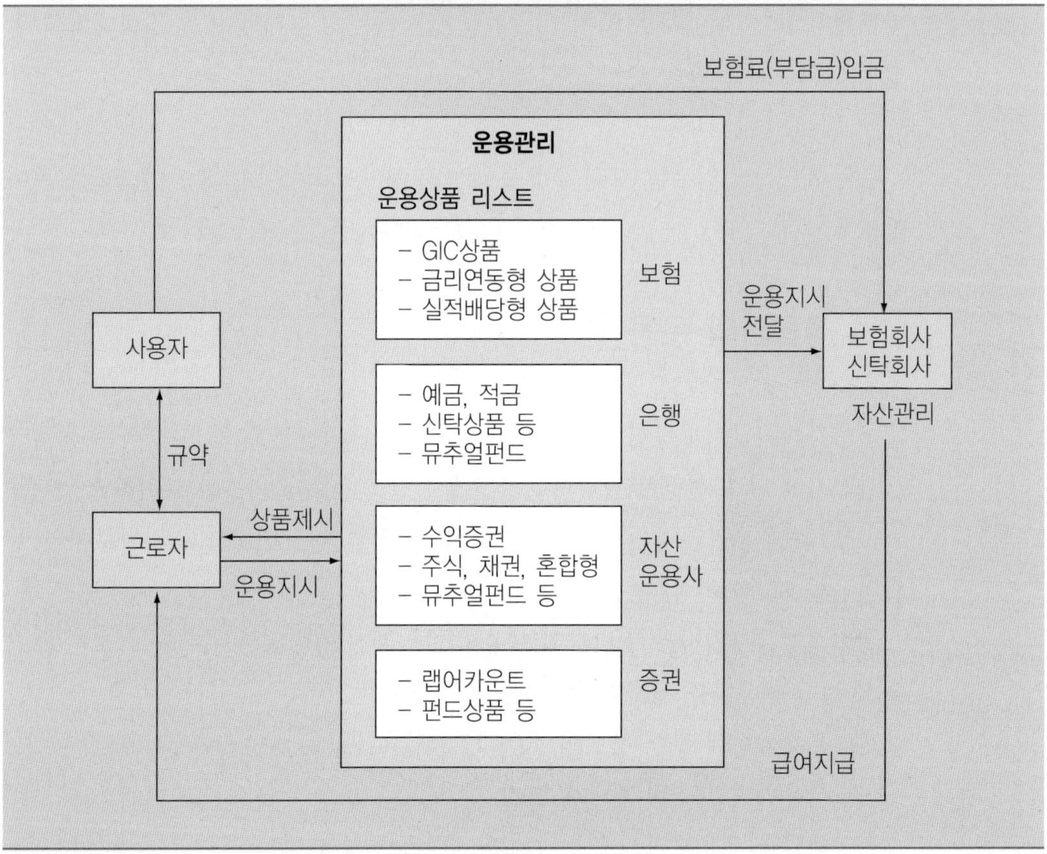

자료 : 이덕희, "근로자퇴직급여보장법 해설", 손해보험, 2005.2.

(2) 확정급여형의 운용구조

◀ 그림 3-8 ▶ 확정급여형의 운영구조

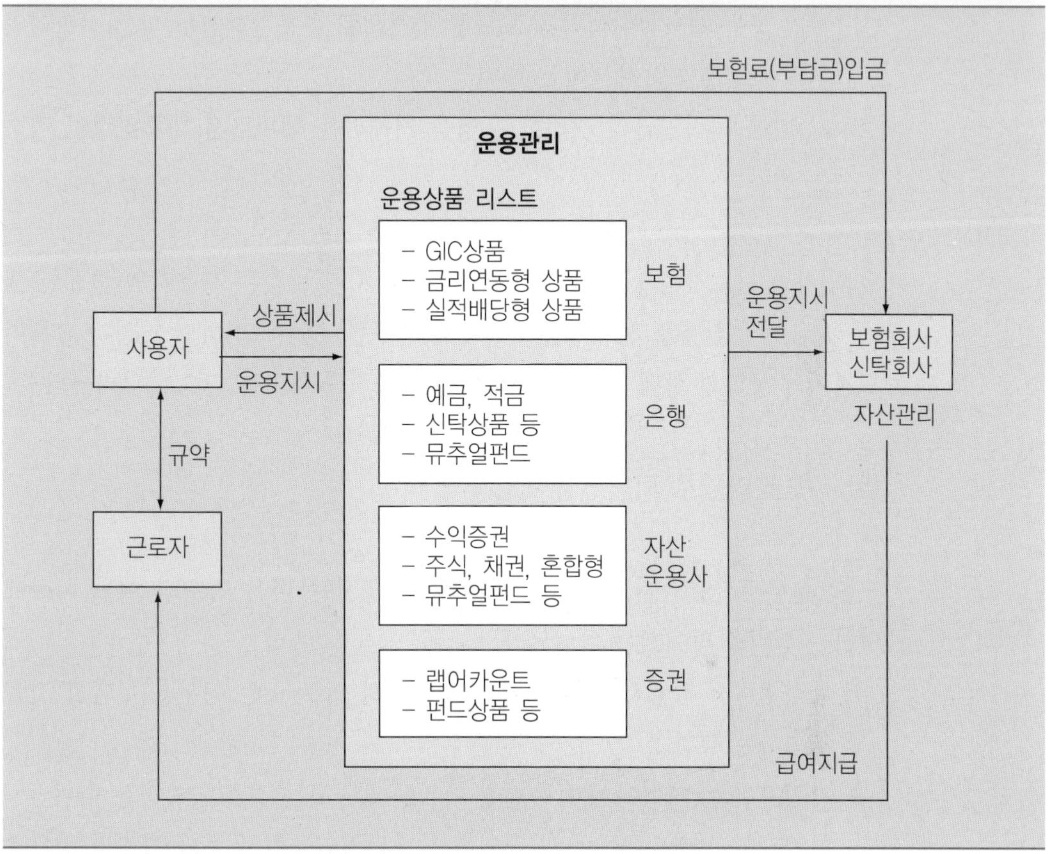

자료 : 이덕희, "근로자퇴직급여보장법 해설", 손해보험, 2005.2.

5) 사용자 및 퇴직연금사업자의 책무

(1) 사용자의 책무

- "제19조(사용자의책무) ①퇴직연금제도를 설정한 사용자는 매년 1회 이상 가입자에게 당해 사업의 퇴직연금제도 운영상황 등 대통령령이 정하는 사항에 관한 교육을 실시하여야 한다. 이 경우 사용자는 퇴직연금사업자에게 그 교육의

실시를 위탁할 수 있다.

②퇴직연금제도를 설정한 사용자는 다음 각호의 어느 하나에 해당하는 행위를 하여서는 아니된다.

1. 자기 또는 제3자의 이익을 도모할 목적으로 운용관리업무 및 자산관리업무의 수행계약을 체결하는 행위
2. 그 밖에 퇴직연금의 적정한 운영을 저해하는 행위로서 대통령령이 정하는 행위"

〈가입자인 근로자에게 퇴직연금관련 교육을 시키는 것은 사용자의 중요한 책무 중 하나인데 실제로 선진국들의 사례를 연구한 결과에 의하면 가입자 교육이 제도참여와 상품의 선택 등에 있어 상당한 영향력을 미치는 것으로 나타났다.〉

(2) 운용관리업무 퇴직연금사업자의 책무

– "③운용관리업무를 수행하는 퇴직연금사업자는 다음 각호의 어느 하나에 해당하는 행위를 하여서는 아니된다.

1. 계약체결시 가입자 또는 사용자의 손실의 일부 또는 전부를 부담할 것을 약속하는 행위
2. 가입자 또는 사용자에게 특별한 이익을 제공하는 것을 약속하는 행위
3. 가입자의 성명, 주소 등의 개인정보를 퇴직연금의 운용과 관련된 업무수행에 필요한 범위를 벗어나서 사용하는 행위
4. 자기 또는 제3자의 이익을 도모할 목적으로 특정한 운용방법을 가입자 또는 사용자에게 제시하는 행위"

"제25조제1항의 규정에 따라 개인퇴직계좌를 운영하는 퇴직연금사업자는 당해 사업의 퇴직연금제도 운영상황 등 대통령령이 정하는 사항에 대하여 매년 1회 이상 가입자에게 교육을 실시하여야 한다.

⑤퇴직연금사업자는 매 사업연도 종료후 3월 이내에 노동부령이 정하는 바에 따라 퇴직연금 및 개인퇴직계좌의 취급실적을 사용자(퇴직연금 취급실적에 한한다), 노동부장관 및 금융감독위원회에 제출하여야 한다."

7. 지급보장

지급보장장치는 미국의 PBGC와 유사한 기관의 설립이나 지불보장보험제도를 의미하는 것이며 일본의 경우도 확정급부기업연금법에 지불보증제도의 도입이 검토되었으나 경영계의 강력한 반발로 인해 장기검토과제로 미루어진 적이 있다.

현재의 퇴직연금제도는 미국 등의 국가에서 볼 수 있는 지급보장제를 갖추고 있지 못하다. 현재 이러한 목적에 동원이 가능한 제도는 임금채권보장기금이나 예금자보호법, 그리고 퇴직금 우선변제 등이 있으나 그 보장한도에 있어 최종 3년간의 임금 혹은 퇴직금 등 상당한 제한을 가하고 있어 실제 퇴직급여의 보호 차원에서는 매우 미흡한 실정이다.

▶ 표 3-8 ◀ 퇴직연금상품 종류

구분	금융상품
예 · 적금	예 · 적금
보험계약	• 이율보증형 보험, • 금리연동형 보험, • 실적배당형 보험
유가증권	• 채권: 국채, 지방채, 국내 · 외(OECD 가입국) 채권 • 주식: 국내 · 외(적격 해외주식시장) 상장주식, 국내 상장주식 예탁증서, 국내 · 외(국내판매분) 투자회사주식 • 수익증권: 신탁회사발행 수익증권, 국내 · 외(국내판매분) 자산운용사 발행 수익증권 • 기타: 기업어음(CP), 주택저당증권, 학자금대출증권, 파생결합증권, 주가지수연계증권사(ELS, 최대손실 40%)
기타 운용방법	• 판매조건부 채권매수 계약(RP) • 장내외 파생상품 거래계약(해지 목적) • 발행어음 • 표지어음

자료 : 퇴직연금제도 도입운영 매뉴얼, 노동부, 2007. 상명대학교, "퇴직연금시장 실태조사 및 관련제도 개선방안연구, 2009 에서 재인용

▶ 표 3-9 ◀ 퇴직연금상품 구성비(2008) (단위: 개, %)

예 · 적금 ①	채권 ②	보험 금리 확정 ③	보험 금리 연동 ④	보험 실적 배당 ⑤	ELS 원리금 보장형 ⑥	ELS 실적 배당형 ⑦	기타 채권 ⑧	수익 증권 ⑨	기타1 ⑩	합계
232	22	67	52	104	77	5	30	900	201	1,690
(13.7)	(1.3)	223(13.2)			82(4.9)		(1.7)	(53.3)	(11.9)	(100)
원리금보장형(①+②+③+④+⑥)					450(26.6)					
실적배당형(⑤+⑦+⑧+⑨+⑩)					1,240(73.4)					

주1) 산업은행에서 제시하는 주식 190을 제외하면 11종(0.6%)에 불과

자료 : 퇴직연금 취급실적 제출서(2008), 노동부. 상명대학교, "퇴직연금시장 실태조사 및 관련제도 개선방안연구, 2009에서 재인용

보고서 결과에 의하면 46개의 퇴직연금사업자들이 2008년 말 기준 제시한 퇴직연금상품은 총 1,690종에 이르는 것으로 나타났다. 상품별 구성비율을 보면 원리금보장형 상품이 450종(26.6%), 실적배당형상품이 1,240종(73.4%)로서 적립금 기준 원리금보장형상품의 비중이 상대적으로 높다는 것을 알 수 있다. 원리금보장형 상품이 높다는 것은 일본 등 다른 나라의 사례에서도 흔히 볼 수 있는 내용이지만 저투자위험에 따르는 낮은 수익률이 퇴직자금의 부족현상으로 연결될 수 있는 문제점이 있다.

Part 4

개인연금
(Annuity Products)

203
제1장 개인연금의 개요, 역사 및 종류

231
제2장 개인연금 시장의 이해

258
제3장 개인연금관련 경제적 의사결정

272
제4장 개인연금관련 경제적 의사결정

제1장 개인연금의 역사, 개요 및 종류

들어가기에 앞서

이 장부터 시작하여 개인연금에 대해 알아보고자 한다.

아래에서 언급하는 바와 같이 개인연금은 하나의 금융상품이다. 따라서 특별한 정책적 의도를 가지고 만들어지는 국민연금 등과 달리 사고 파는 측의 이해관계가 반영이 되며 따라서 개인연금상품을 통해 일방이 금전적으로 이익을 보는 일은 별로 발생하지 않는다.

그렇다면 왜 개인연금의 구매가 의미가 있을까?

그 이유는 한 마디로 노후의 행복여부는 사전준비여부가 매우 중요한 관건이 되는데 연금구매나 연금가입 그 자체가 노후에 대한 관심과 계획으로 인도하기 때문이다. 은퇴문제와 관련하여 주목할 만한 사실은 은퇴계획을 가지고 있느냐의 여부, 즉 준비된 자발적 은퇴냐 아니면 본인의 의사와 관계없이 강제적으로 이루어진 은퇴냐의 여부가 은퇴 후 행복감에 절대적 영향력을 미친다는 조사결과가 나와 있다는 것이다.

이외에도 연금은 그 자체로 쇠나 구리 같은 금속을 가지고 금을 만드는 기술인 연금술로 불려도 좋을 능력을 가지고 있다. 그 이유는 젊은날 연금상품에 저축하는 돈 만원은 기껏해야 구리 정도의 가치를 가지겠지만 노구를 이끄는 그 날은 금의 가치로 다가올 것이 분명하기 때문이다.

1. 개인연금의 개요, 특징과 역사

1) 개인연금의 개요와 특징

현재 개인연금상품은 미국 등 부유한 나라에서 조차 대부분의 사람들이 구매하는 필수품이라기 보다는 여유가 있는 사람들의 부가적 노후자금으로 사용되고 있다.

또한 우리나라의 개인연금, 그 중에서도 연금보험 등과 같은 저축성보험 역시 단순히 노후 여유자금의 추가적 적립대상이라기보다는 장기적 투자상품으로서 선택되고 있는데 그 핵심에는 저축성보험의 경우 10년 이상 가입시 투자수익에 대한 세금이 면제되기 때문이다.

개인연금이란 보험회사, 은행 등과 같은 연금을 제공하는 금융기관과 개인간의 금전적 계약이다. 구체적으로 가입자의 연금보험료에 대한 대가로 연금지급이 이루어지는 상거래상 계약이라고 볼 수 있다.

대부분의 계약이 그러하듯이 이러한 특징을 가진 개인연금은 돈의 가치측면(현재가치)에서 봤을 때 자기가 낸 돈에 비해서는 일반적으로 적게 받는 따라서 그 자체로서는 투자상 매력은 거의 없는 상품이다. 그러나 개인연금은 장수위험의 보장기능과 함께 연금소득의 확보 차원에서 세제혜택이 주어지는 상품이다. 따라서 이것을 필요로 하는 사람에게는 매우 유용하게 쓰여질 수 있는 하나의 재정적 도구로서 존재하고 있는 것이다.

◀ 그림 4-1 ▶ 개인연금(종신연금)의 구성

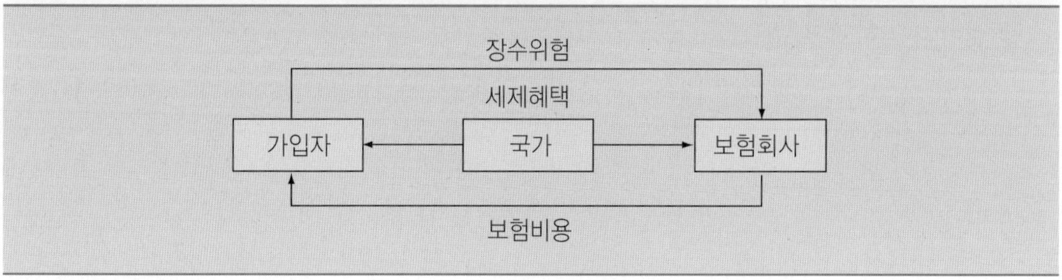

자료 : 신종욱, "노후에 자식보다 든든한 연금재테크", 국일증권경제연구소

전통적인 종신개인연금은 개인으로 하여금 일시금형태의 목돈(재산)을 사망시점까지의 확정적 소득으로 전환시키는 것을 가능하게 한다. 이러한 개인연금의 특징 혹은 장점은 가용한 자신의 재산을 넘어서서 기대수명이상으로 생존시 발생하게 되는 경제적 위험에 대한 보장을 제공한다는 것이다.

개인연금은 또한 최근에 들어 DC제도의 인출시기(decumulation phase)에 있어 주역을 맡고 있다. 그 이유는 공적, 사적연금을 막론하고 연금제도의 형태가 DB에서 DC로 이전하면서 이 DC를 통해 적립된 자금을 연금화할 필요가 생겼기 때문이다.

2) 개인연금의 필요성

개인연금의 필요성과 관련하여 먼저 2002년 영국의 Green paper인 Simplicity, Security and Choice: Working and Saving for Retirement"에 의하면 영국정부는 세 가지 이유로 말미암아 개인연금시장을 지속적으로 지원할 의사가 있다고 한다. 그 이유는

i) 연금은 개인의 리스크를 풀링함으로써 자금을 소득흐름으로 전환시킴에 있어 재정적으로 가장 효율적인 수단이 되도록 하며

ii) 연금은 얼마나 오랫동안 생존하는지에 관계없이 저축을 통한 소득을 가질 수 있도록 해주고

iii) 연금보험료에 대해서는 세제혜택이 제공되며 이것은 사람들이 다른 목적이 아닌 은퇴 후 소득을 위해 저축할 수 있도록 해주기 때문이다.

3) 개인연금의 역사

연금은 오래된 역사적 계보를 가지고 있다. 연금 즉 annuity라는 말은 annual을 의미하는 라틴어 annulus에서 유래하였으며 고대로마의 재무문제에 있어 한 자리를 차지하였다. AD 3세기의 로마에서는 유언과 상속에 관한 법률에서 법적 상속인의 지분이 전체 유산가치의 1/4 이하가 되는 것을 금지하고 있다. 부유한 로마인들의 경우 때때로 법적 상속인이 아닌 사람에게 연금이 지급되도록 하였

는데 이러한 책략은 상속세를 줄이고 또한 행운을 잡지 못한 친척을 괴롭히는 기능을 하였다.[1)]

개인연금의 존재는 로마시대로 거슬러 올라가며 Domitius Ulpianus에 의해 계산된 연금요율표는 유럽 초기적 현대까지 사용되었다. 연금은 중세기(middle ages)동안 계속 사용되었으며 17세기에는 정부에 의한 자금을 모으는 수단으로 인기가 있었다고 한다. 예를 들어 종신연금은 프랑스혁명 직전 앙시앙 레짐이 가진 부채의 가장 큰 부분을 차지하였다고 한다.

연금의 이러한 용도는 영국에서도 마찬가지였는데 영국의 경우 연금상품의 비유동성(illiquidity)에 기인하여 영국정부는 1690년대 이후 연금(annuity)을 재정의 주요수단으로 사용하는 것을 중단하였으며 1694년과 1753년 동안 국가부채를 주식과 채권으로 전환하였다. 연금은 이후 사기업, 예를 들어 1762년에 설립된 Equitable Life Assurance Society을 통해 발행되기 시작했으며 그 이후 19세기까지 생명보험회사 등의 지속적 성장이 있어왔다.[2)]

이후 영국정부는 국가부채의 재정수단으로 비록 적은 양이지만 연금과 생명보험을 판매하는 것을 계속하였는데 점차 가난한 노인들을 지원할 수 있는 수단으로서 연금의 장점 특히 다수에 걸쳐 연금보험료를 받는 거치연금에 주목하기 시작했으며 저축은행 등을 통한 판매를 허용함으로써 연금판매를 장려하는 방법을 찾기도 했다. 그리고 Gladstone은 1864년에 저축은행의 재무적 취약성을 주된 이유로 하여 우체국을 통해 연금과 생명보험을 파는 법령을 도입하기도 했다.

그러나 우체국을 통한 정부연금의 판매는 비록 낮은 가격과 채무불이행위험이 거의 없다는 장점에도 불구하고 저조한 판매실적으로 말미암아 1928년에 판매가 중단되었으며 그 이유로는 i) 가난한 사람들의 저축에 대한 어려움 ii) 연금구매를 어렵게 만드는 관료적 절차 iii) 연금보험료를 징수할 영업사원의 부족 [3)] 등이 있었다. 이러한 정부연금의 판매중지가 연금시장에 어느 정도 영향을 미

1) Mackenzie, G.A, "Annuity Markets and Pension Reform", Cambridge University Press, 2006, p.1
2) Cannon and Tonks, "Survey of annuity pricing", Department for Work and Pensions, Research Paper No. 318, 2005, p. 15.
3) 민간보험회사의 경우 많은 영업사원의 고용으로 말미암은 비용의 문제를 높은 투자수익률을 통해 해결함

쳤겠지만 이 즈음에서 두 가지 추가적인 사항들이 개인연금수요의 감퇴를 불러왔다. 이때쯤 해서는 많은 근로자들이 기업연금 혹은 공적(국가)연금 둘 중에 하나는 가입되어 있었다, 그리고 경제적 여유가 있는 중산층의 경우는 개인연금에 대한 수요감퇴가 세금문제와 관련이 있었다고 볼 수 있다. 즉, 비록 연금액의 일부는 원금임에도 불구하고 연금액 전체가 소득으로 간주되어 과세되었기 때문이다.

20세기 중반에 연금시장은 드디어 1956년의 Finance Act를 통해 한 번의 추진력을 얻게 된다. 이것의 주된 내용은 자영업자에게 세제혜택이 있는 개인연금을 도입한 것인데 결국 자영업자들도 기업연금에서 허용된 세제혜택을 동등하게 누리게 된 것이다. 보다 구체적으로 개인들은 인가된 연금계약을 통해 납부하는 기여금(연금보험료)에 대해서는 소득공제를 받고 은퇴시 적립금을 연금으로 수급하도록 요구된다. 한편 적립시기의 보험회사의 투자수익금은 비과세되며 개인이 받게 되는 연금수령액의 일정부분은 원금의 인출로 간주되고 나머지 부분에 대해서만 세금을 물도록 하였다.[4)]

4) 개인연금의 종류

개인연금은 다양한 형태와 크기를 가지고 있다. 개인연금은 연금 지급기간, 유족에의 지급여부에 따라 다르며 연금 지급 전 연금보험료의 납입시기와 횟수, 그리고 지급형태(확정 혹은 변액연금) 등에 따라 다르다.

변액연금 자체도 다양한 형태를 취할 수 있으며 연금액의 일정부분이 확정적 요소를 가지고 있느냐의 여부가 다를 수 있다. 확정연금도 그 지급액이 명목상 혹은 실질적으로 고정되어있느냐로 나눌 수 있다.[5)]

4) Cannon and Tonks(2005), 전게논문, p. 17.
5) Mackenzie(2006), 전게서, p. 21.

(1) 정액종신연금(single level annuities)

같은 금액을 수익자가 사망할 때까지 지불하는 가장 일반적인 상품이다.

(2) 기간보장연금(guaranteed annuities)

연금을 지불하되 최소한 보장된 기간만큼은 지불되며 보장된 기간 전에 수익자가 사망하는 경우 유산으로 귀속된다.

(3) 인플레이션연계연금(inflation-linked annuities)

인플레이션위험에 대한 보장을 제공하기 위해 물가상승률만큼 연금액을 증액시키는 것을 그 특징으로 한다. 유사한 상품으로서 escalating annuities가 있으며 이것은 어느 정도 물가상승에 대한 보장을 제공하기 위해 연금액을 3~5%정도 증액시키는 상품이다[6)]. 결과적으로 두 가지 상품의 경우 level annuities에 비해 초기금액이 낮다.

이러한 연금이 존재하기 위해서는 인플레이션율에 비례하여 이자를 지급하는 국채가 있어야 한다. 영국, 칠레, 그리고 이스라엘의 사례가 있으며 특히 과거에는 인플레이션율이 높았지만 현재는 낮은 이스라엘과 칠레에서 보편화되어 있다.

그런데 개인의 현실적인 재무지식의 정도와 일반 연금시장에서 인플레이션에 대한 보장보험을 구매하기가 어렵다는 사실을 고려할 경우 이러한 상품을 구매하도록 요구할 필요가 있으며 이 경우 정부가 직접 공급자로 나설 필요가 있다.

(4) 연생연금 혹은 최후생존자연금(joint-life 혹은 last-survivor annuities)

약속된 연금액을 수익자와 수익자의 동반자에게 두 사람이 살아있을 동안에

6) Brown et al.(2001)은 영국의 경우 이러한 상품이 부과한 추가적인 비용은 연금보험료의 5%라고 밝히고 있다.

지불한다. Joint-life annuity는 은퇴 후 수입과 소비를 가족전체에 대해 효과적으로 평탄하게 하는 기능이 있으며 다른 고려사항이 없는 이상 single-life annuity보다 우월하다고 볼 수 있다.

(5) 투자연계연금(investment-linked annuities)

연금의 재원이 되는 적립금을 주식상품에 투자하고 수익자는 주식시장의 결과와 연계하여 연금액이 연동하게 된다. 구매력이 유지되는 연금상품이 있는 경우 연금구매자의 효용(utility)은 그렇지 않은 경우에 비해 더욱 커진다는 자료가 있는데 Diamond(1977)는 구매력이 유지되는 연금상품의 부재를 정부가 제공하는 공적연금이 필요해지는 중요한 근거로 들고 있다.

현재 미국 등의 개인연금시장은 변액연금이 주류를 이루고 있으며 변액연금은 지난 20년간 가장 빠른 속도로 증가하는 연금상품의 하나였다. 변액연금 상품의 경우 인플레이션위험에 대한 보장을 제공할 수 있을 것으로 생각할 수 있다. 그러나 인플레이션율과 주식시장의 수익률과의 년간 혹은 보다 장기간에 걸친 비례적 관계는 그다지 긴밀하지 않다. 예를 들어 1970년대는 인플레이션율이 상당히 높았음에도 불구하고 미국 주식시장은 저조한 수익률을 보였다.

참고로 변액연금은 최소지급액을 보장하고 있다.

이외에도 연금을 연금지급 개시시기에 따라 구분할 수도 있다. 예를 들어 연금계약 후 일정기간 후 연금지급이 시작되는 즉시연금(immediate annuity)과 연금지급 이전 연금계약의 성립과 함께 연금보험료의 납입이 이루어지는 거치연금(deferred annuity)이 있다.

영국의 경우 거치형 개인연금에 대한 수요가 전통적으로 매우 낮았는데 여기에는 두 가지 이유가 있다. 우선 우리나라의 금융기관간 계약이전과 유사한 영국의 open market option에서는 연금화 시점에서 보험회사를 변경할 수 있도록 하고 있다. 이것은 적립시기와 적립금의 인출시기를 분리시키고 또한 은퇴시점에 보다 유리한 연금상품을 고를 수 있는 권리를 갖고자 하는 목적에서 거치형 연금의 구매를 불필요하도록 만들기 때문이다. 다음으로 생명보험회사 자체가 채무의 장기화에 따른 추가적인 리스크를 의식하여 거치연금의 판매에 흥미를 보이지 않고 있다. 예를 들어 영국의 Equitable Life 생명보험회사의 파산은 거치연금의 판매와도 연관이 있는 것으로 알려졌다.[7]

2. 우리나라 개인연금상품의 종류

개인연금은 1994년 개인연금저축이라는 이름을 가지고 우리나라에 처음으로 도입되었다. 그 후 2000년 일시납 즉시연금이 도입되어 지급까지 판매 중이고 2002년에는 변액연금이 도입되었다. OECD 자료에 의하면 지금까지 전체 노동인구의 1/10에 해당하는 사람이 가입하였고 잔액은 평균 연간 임금의 1/5정도로서 연금제도라기보다는 세제혜택이 있는 저축상품으로 보고 투자하는 것으로 나타났다.

개인연금상품의 종류는 보험회사의 보험형과 은행, 투신운용사, 증권투자회사 등이 판매하는 신탁형 등 금융기관별로 구분이 가능하다.

이 중 신탁형은 대체로 단순하고 획일적이다. 일정기간(10년) 이상 적립하게 한 다음 투자수익을 포함한 총적립액을 일정기간 연금의 형태로 돌려주고 있으며 다만 투자위험의 크기와 관련하여 채권형, 안정형, 주식형 등으로 나눈 다음 개인이 취향에 맞추어 선택하도록 하고 있다.

이에 비해 보험형은 매우 다양한 형태가 가능하도록 되어있다. 이러한 다양성은 가끔 개인연금을 조금 복잡하게 느끼도록 만들기도 하지만 한편으로는 개인의 필요에 맞게끔 조정할 수 있도록 하는 장점이 되기도 한다.

그러나 따지고 보면 보험형을 포함하는 개인연금의 종류는 연금재원의 마련단계, 이 재원의 투자단계, 그리고 연금수령단계 이 세 가지 단계 각각에 대해 몇 가지 가능한 방법들을 제시하고 그 중 한 가지 대안들을 취하도록 하고 있다.

7) Cannon and Tonks(2005), 전게논문, p. 30.

그러면 보험형을 중심으로 개인연금의 형태에 대해 알아보도록 하자.

우선 연금재원의 마련단계는 이 재원을 언제, 어떻게 마련하느냐에 따라 목돈을 한번에 내는 일시납형이나 지속적으로 저축해나가는 적립형이 있을 수 있다.

다음으로 투자단계는 금리가 완전고정 되거나 보험회사의 공시이율에 따라가는 확정연금형이 있고 이것과는 달리 자신이 선택한 자산의 수익률에 따라 변동하는 변액연금형 등이 있다.

마지막으로 연금수령단계는 언제 연금을 수령하느냐에 따라 지금 당장 받는 즉시형과 자신이 지정한 미래에 받게 되는 거치형이 있다.

▶ 표 4-1 ◀ 금융회사별 상품특징

	보험형		신탁형	
	생명보험회사	손해보험회사	은 행	투신 및 증권투자회사
적립방식	매월 일정금액		납입금액 제한 없음 (매회 1만원 이상)	
연금 형태	확정기간형 종신기간형	확정기간형	확정기간형	
수익률/ 원금보장	최저이율 보장 형태 금리연동(공시이율) 위주		실적배당 (원금은 보장)	실적배당 원금손실 가능
예금자 보호	은행 및 보험은 5,000만원까지 예금보호자 대상 우체국은 정부에서 지급보증			예금자보호제외

자료 : 금융감독원, 보도자료 참조

1) 일시납형

보험회사에서 판매하는 개인연금이 그 대상이 되며 글자 그대로 개인연금 가입자가 목돈을 한번에 내고 일정기간이 지난 다음 연금을 받던가 아니면 즉시 연금을 받게 되는 경우를 말한다.

납입보험료는 거치형의 경우 500만원 이상, 즉시형은 1,000만원 이상 50억 이하 정도가 된다.

일시납형의 경우는 흔히 목돈을 가지고 있는 사람들을 위한 것으로 생각할 수 있다. 그러나 실제로는 소득이 들쑥날쑥 하거나 어떤 시점에 갑자기 큰 돈이 생겼음에도 불구하고 향후 꾸준히 들어오는 생활비가 필요한 사람들에게 적합한 상품이다.

이외에도 일시납이 유용하게 사용되는 경우는 연예인이나 작가, 예술가, 운동선수 등과 같이 특정기간에 상당한 소득이 발생하지만 그리 지속적이지 못한 직업을 가진 사람들이며 가지고 있던 회사를 처분한 경우 등도 여기에 해당된다.

◀ 그림 4-2 ▶ 개인연금의 종류

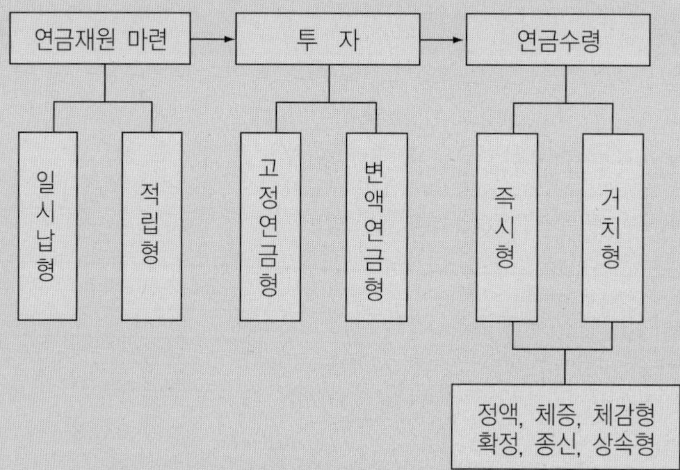

일시납을 통한 경우에도 투자단계에 대한 선택에 따라 고정연금형과 변액연금형으로 다시 나눠진다.

아래에서 자세히 언급되겠지만 고정연금형은 투자수익률 혹은 이자율이 아예 정해지거나 특정금리(공시금리 등)에 연동되는 경우를 말하며 변액연금형은 자신이 선택한 투자자산의 종류에 따라 투자수익률이 변동하게 되는 경우를 말하는데 어느 것을 선택하느냐 하는 것은 철저히 개인의 취향문제로서 어느 것이 더 낫다고 단정지어 말할 수는 없다.

2) 적립형

적립형은 적립기간이 지난 후 주로 연금을 타는 것을 목적으로 매월 일정한 금액을 적립하는 보험회사형과 자유납입식인 은행 등의 신탁형이 있다.

적립의 목적은 노후생활자금이나 자녀의 대학학자금마련 등이 되겠지만 만일 적립기간이 끝난 후 만 55세 이후 5년 이상에 걸친 연금대신 일시금수령을 수령하게 되면 세금측면에서 연금소득보다 불리한 기타소득세를 내야 하는 부담을 안아야 한다는 것은 알아둘 필요가 있다.

적립식의 경우 보험회사를 통하게 되면 일시납과 마찬가지로 투자단계에서 고정연금형과 변액연금형 둘 중 하나를 선택할 수 있다. 반면 은행의 경우는 신탁형으로서 안정형, 채권형, 주식형 등 위험의 크기에 따라 투자대상을 구분하고 가입자가 선택한 형에 따라 수익률이 달라지도록 하고 있는데 다만 원금은 보장해주고 있다.

적립형의 가입한도는 일반적으로 1구좌당 10~100만원 정도이다.

3) 고정연금형

고정연금형은 변액연금이 아닌 경우를 일컫는 것으로 보면 되고 보험회사가 주로 제공하는 상품이다.

여기서 고정이라는 말은 금리 혹은 투자수익률과 관련된 것인데 일반적으로 봤을 때 금리자체가 특정한 숫자에 고정되어있다는 의미보다는 어떤 지표에 일정기간 동안 고정되어 있다는 뜻으로 사용된다.

예를 들어 우리나라의 경우를 보면 금리를 가입기간 내내 6%, 7% 등으로 확정해주는 확정금리형은 근간에 보기가 힘들며 그 대신 보험개발원에서 발표하는 공시기준이율을 기준으로 80~110%의 범위 내에서 각각의 보험회사가 개별적으로 정하는 이른바 공시이율이 1년 동안 확정적으로 적용되는 경우가 많다.

구체적으로 만일 5월이 연금가입자 홍길동이 연금에 가입한 달이고 5월의 공시이율이 5%라고 하자. 그러면 이 이율은 다음해 5월까지는 홍길동에게 실제적으로 적용되는 투자수익률이 된다. 따라서 매 1년 기간 동안에는 실제 보험회사가 운영하는 자산의 투자수익률과 관계없는 5%의 확정금리가 적용되는 것이다. 참고로 공시기준이율은 회사채수익률, 국고채수익률, 정기예금이율을 종합하여 계산한 것으로서 1년에 네 번 발표된다.

보험회사에서 제공하는 연금이다 보니 고정연금형은 최저보증이율제도가 있는 경우가 대부분이다. 예를 들어 10년 이내에는 3%, 10년 이후에는 2%의 투자수익률을 보증하고 있어 이 부분은 원금만 보증하는 은행에 비해서는 다소 유리한 조건이 된다.

한편 연금보험료가 적립되는 시기가 아닌 연금수령시기에 있어서 고정연금형은 비록 연금액의 크기가 미리 정해진 정액형이라고 하더라도 공시이율에 따라 달라지는 경우가 많다.

구체적인 계산방식을 보면 예를 들어 어떤 사람이 공시이율이 5%일 때 20년의 확정기간 동안 정액형 연금을 타는 것을 선택했다고 하자.

이때 연금액의 크기는 20년 동안 이 공시이율이 지속된다는 가정하에 연금계약의 적립액에 해당하는 금액을 20년간 동일한 금액으로 적절히 배분한 액수만큼을 연금으로 지불한다.

그러다가 1년 후에 공시이율이 4%로 바뀌면 이제는 남아있는 적립액을 19년의 기간 동안 4% 공시이율이 지속된다고 보고 이 기간 동안 동일한 금액으로 적절히 배분한 금액을 연금으로 지불하는 것이다. 물론 당연히 공시이율이 높을수록 투자수익률이 커지는 셈이어서 연금액도 커지기 마련이다. 여기서 적절히 라고 하는 말은 연금계리상의 방법을 말한다.

4) 변액연금형

변액연금이란 한 마디로 연금상품 구매자 자신이 투자에 따른 수익률변동의 위험을 짊어지는 대신 고수익의 가능성을 엿보겠다는 것이다. 따라서 보험회사의 고정연금에서 제시하는 공시이율 등이 별로 기대에 부응하지 않는 경우에 주로 관심의 대상이 된다.

변액연금은 아래에서 따로 좀 더 자세히 다루고자 한다.

5) 즉시형 및 거치형

즉시형은 글자 그대로 목돈을 일시에 내는 경우 그 즉시(보통 한달 이내) 연금이 지급되는 경우를 말한다. 위에서 이미 언급한 바와 같이 불규칙적인 목돈이 생기고 이를 장기간에 걸친 생활비 등으로 바꿀 필요가 있는 경우 적절한 상품이다.

현재 우리나라 즉시형연금의 종류는 종신형(12년, 20년의 보증기간이 있기도 함), 확정기간형 외에 죽거나 특정 만기까지 생존시 목돈을 지급하는 상속형 등이 있다. 연금지급과 관련하여 아직까지 변액연금형은 찾기 힘들며 고정연금형 위주로 되어있다.

거치형의 경우는 일시금인 목돈을 맡기든 조금씩 적립해 가던지 가입자가 원하는 시기에 실제로 연금을 타기 전까지 시간을 가지는 경우를 말한다. 연금수령 전까지의 기간은 적립된 돈이 투자되는 시기인데 고정연금형이나 변액연금형 중에서 선택을 해야 하며 가입한도는 일반적으로 500만원 이상으로 되어있다.

거치형의 경우는 장기간의 투자기간이 있기 때문에 적립식펀드나 연금신탁 등 여러 가지 투자대안들을 충분히 고려한 상태에서 선택하여야 한다. 왜냐하면 어떤 시점에 와서 연금이 필요한 경우 언제든지 위의 즉시형 연금상품을 구매할 수 있기 때문이다. 이러한 선택에 관해서는 뒤에서 자세히 알아보기로 하자.

6) 선택특약

연금상품은 연금지급과 함께 사망보험금이나 장해지급금 등의 지급을 주 목적으로 하는 주계약 외에도 선택특약을 두고 있다. 선택특약은 선택사항이므로 본인의 필요여부에 따라 가입하는 것인데 각종 사고나 암 등의 질병에 대한 대비로서 일반 보험상품과 거의 동일한 것이다.

일반적으로 봤을 때 선택특약은 주계약 외에 부가적으로 가입하는 것이기 때문에 따로따로 구매하는 것에 비해 보험회사가 부과하는 경비를 어느 정도 줄일 수 있다. 이는 마치 물건을 세트로 구매하는 것과 유사한데 따라서 만일 유사한 내용의 보험에 가입되어있지 않다면 고려해 볼만 하다. 선택특약은 사망과 1급 장애 등을 담보해주는 정기특약, 재해사망특약, 재해상해특약, 입원특약, 암진단특약 등이 있다.

7) 변액연금

이미 언급한 바와 같이 변액연금은 투자에 따른 수익률변동의 위험과 고수익의 가능성을 한 손에 든 상품이기 때문에 보험보다는 오히려 뮤추얼펀드와 같은 펀드투자에 더 가깝다고 봐야 한다.

그래서 미국 등의 선진국에 있어서는 변액연금을 투자이익에 대한 과세이연의 혜택이 있는 뮤추얼펀드라고 부르는데 이는 변액연금이 뮤추얼펀드와는 달리 실제 투자자금을 인출 할 때 까지는 투자이익에 대해 세금을 부여하지 않기 때문이다.

그런데 우리나라의 경우를 보면 펀드투자가 주식이나 채권 등 투자대상의 가격상승으로 인한 이익 이른바 자본이익에 대해서는 세금을 부과하지 않기 때문에 펀드투자와 좀 더 유사한 형태를 지니고 있다.

물론 변액연금은 펀드투자와는 구별되는 보험상품으로서의 특성을 가지고 있다. 대표적인 것들이 최저사망보험금과 최저연금적립금인데 이것들은 피보험자가 사망하거나 혹은 연금지급시기에 들어섰음에도 불구하고 투자수익률이 그 동안 저조한 바람에 별로 되돌려 줄게 없는 경우가 발생하는 것 즉, 투자위험의 발생에 대해 보험회사가 다시금 손실담보자로서의 역할을 자처하고 나선 것이다.

그러면 보험회사의 이러한 보장장치를 중심으로 변액연금에 대해 좀 더 자세히 알아보자.

(1) 변액연금의 형태와 투자대상

우리나라의 변액연금은 거치형이 위주로서 아래의 **표 4-2** 에서 보는 바와 같이 적립기간동안 변액형으로 하여 적립이 이루어지고 이어 연금지급시기에 들어가는데 이 시기는 공시이율이 적용된다. 그러나 적립기간이 있는 거치형이나 혹은 즉시형을 막론하고 모두 변액연금형으로 할 수 있다.

▶ 표 4-2 ◀ 변액연금(적립형)의 구성

	적립시기	연금지급시기
투자계정	특별계정: 투자실적에 따름	일반계정: 공시이율 적용
보장여부	– 재해사망금(보통1,000만원), 일반사망금(보통500만원)에 추가하여 계약자 적립금을 지급. – 장해에 대한 보장 있음	보장 없음

변액연금은 보험보다는 주식이나 채권과 같이 투자위험을 가진 유가증권의 특징을 더 많이 가지고 있기 때문에 여러 나라에서는 변액연금을 일종의 유가증권으로 여겨 상당한 규제를 가하고 있다. 우리나라의 경우도 예외는 아니어서 변액연금을 판매하는 사람들에게는 변액보험 판매관리사라는 자격증취득을 요구하고 있는 실정이다.

변액보험에 가입하는 순간 가입자들은 자신에게 적합한 투자대상을 선택해야 한다. 보험회사들이 제시하고 있는 변액보험 펀드의 종류는 (주식)혼합형, 인덱스혼합형, 채권형, 단기채권형(또는 MMF형) 등 약 4가지 종류이며 이 중 하나만 선택하게 하는 경우도 있고 몇 가지 펀드에 나눠서 투자할 수 있도록 하기도 한다. 이 중에서는 단기채권이나 CP, CD등에 100% 투자하는 단기채권형이 제일 안전하다고 할 수 있고 주식투자비율(보통 30% 이하)이 높은 인덱스혼합형은 수익률을 높일 수 있는 가능성이 크다.

한편 대부분의 보험회사에서는 잘못된 선택을 수정할 수 있도록 하기 위해 1년에 12번까지는 펀드를 변경할 수 있도록 허락하고 있으며 대부분 수수료를 받지 않고 있다. 이러한 투자대상의 변경가능성은 나이나 여러 가지 상황의 변동에 따른 대응을 가능하게 해준다는 의미가 있는데 투자대상이 채권형과 (주식)안정형 두 가지로서 적립기간 동안 한 번의 계약변경만이 가능한 은행의 연금신탁 등에 비해서는 좀 더 선택의 폭이 큼을 알 수 있다.

(2) 변액연금의 수령과 계약자적립금의 인출

변액연금의 적립기간이 끝난 후 연금수령단계가 되면 미국 등 선진국의 변액연금은 적립된 금액을 가지고 이것을 다시 변액연금형과 고정연금형간에 어느 비율로 하여 연금을 받을 것인지를 결정하게 한다. 이때 고정연금형의 경우 연금액 자체가 고정되며 변액연금형의 경우는 선택한 자산의 투자수익률에 따라 연금액이 변동한다.

그러나 우리나라의 경우는 아직 변액연금형이 없으며 그렇다고 해서 미리 정해진 금액을 받는 것이 아니라 특별계정에서 일반계정으로 그 적립금액이 이동하여 공시이율의 변동에 따라 금액이 변동하도록 되어있다. 즉, 보험회사가 아닌 가입자가 금리변동에 따른 위험을 지는 형식이 되는 것이다.

한편 변액연금에서는 적립기간 중에 연금계약자체의 중도해지 없이 그동안 적립된 금액의 일부를 인출할 수 있도록 하는 장점이 있다. 일반적으로 적립기간이 시작된지 2년이 경과하면 연 4회에 걸쳐 가능하며 단 최고금액은 인출할 당시 해약환급금의 50%를 초과할 수 없고 아울러 인출 후 계약자적립금이 적립형은 1구좌당 500만원, 거치형은 일시납보험료의 30%미만이 되지 않아야 한다는 제한규정을 두고 있다.

단 한 가지 유의할 점은 인출된 금액은 인출된 금액만큼 해지처리가 된다는 사실이다. 따라서 인출 당시 가입기간이 10년이 안 된 경우라면 보험차익에 대해 이자소득세가 과세된다는 세법 규정이 적용이 되는데 여기에 대해서는 뒤의 세금부분에서 자세히 알아보도록 하자.

마지막으로 변액연금의 단점의 하나로는 은행 및 보험회사의 연금저축이 예금자보호법의 적용을 받음에도 불구하고 투신운용사 등의 연금저축과 마찬가지로 투자위험을 가입자가 전적으로 지는 실적배당형이기 때문에 1인당 5,000만원까지의 예금자보호대상에서 제외되고 있다는 사실이다.

(3) 연금개시시점 및 가입한도

일반적으로 우리나라의 변액연금은 적립형은 보험료납입완료 후 최소 5년이 지나야만 연금지급이 가능하고 거치형의 경우는 가입시점에서 최소 7년이 지난 후 연금지급이 가능하도록 하고 있다.

한편 가입한도를 보면 적립형의 경우 기본보험료는 보통 1구좌당 10만~100만원으로 하고 있으며 거치형의 경우 납입보험료를 1,000만원 이상으로 되어있다.

(4) 경비 및 수수료

변액연금은 일반연금의 경우와 마찬가지로 일종의 경비라고 볼 수 있는 사업비를 부과하며 이외에도 위에서 아래에서 언급되는 최저사망보험금 보증비용, 최저연금적립금 보증비용 등과 함께 특별계정운용수수료를 부과하고 있다.

특별계정이란 가입자 각각이 선택한 자산의 운용수익에 따라 연금액의 크기가 달라지는 변액연금의 특성을 반영한 것인데 투자의 결과를 보험회사가 대부분 책임지는 일반 연금상품이나 보험상품과는 달리 변액연금이나 변액보험상품에 대해서 그 적립금을 쌓아둘 계정을 따로 만든 것이다. 이렇게 하는 이유는 서로 다른 목적을 가진 자산이 서로 엉키지도 않고 또한 투자결과에 따른 손익을 공평히 배분하기도 쉽기 때문이다.

특별운용수수료는 자산운용에 따른 비용을 마련하기 위한 수수료인데 가입자가 선택한 자산의 종류에 따라 달라지며 일반적으로 채권형의 경우 특별계정의 0.4%, 혼합형, 인덱스혼합형의 경우 특별계정의 0.6% 정도를 부과한다.

혼합형과 인덱스혼합형은 채권투자를 위주로 하여 주식을 첨가한 것으로서(30% 이하) 인덱스형은 주식부분의 경우 종합주가지수를 추종하도록 만든 것이다.

(5) 변액연금의 투자위험과 보장장치

변액보험과 펀드투자를 구별화하는 주된 차이점은 변액연금의 각종 보장장치이다.

변액보험의 보장장치는 크게 두 가지인데 그 중 하나는 최저사망보험금으로서 이는 보험계약자의 사망시 그동안의 계약자적립금에다가 500만원(일반사망)이나 1,000만원(재해사망)을 더하여 되돌려주되 만일 계약자적립금이 그동안 납입한 보험료보다 적을 경우는 투자수익률에 관계없이 최소한 그동안 납입한 보험료만큼은 돌려준다는 것이다.

그리고 다음의 것도 마찬가지로 투자수익률이 매우 저조할 경우에 대비한 것인데 만일 연금을 받을 시점이 되었는데도 그 적립금의 크기가 그동안 납입한 원금에도 못 미치는 경우에는 최저연금적립금이라는 명칭을 통해 최소한 납입원금은 보장해주도록 하였다.

3. 우리나라 개인연금상품의 종류

개인연금을 제대로 이해하고 활용하기 위해서는 보험회사나 은행 등에서 제공하는 상품안내서와 약관의 내용을 제대로 알고 있을 필요가 있다.

약관을 보기에 앞서 연금보험계약의 주역들에 대해 먼저 알아보자. 이 계약당사자들은 보험회사 외에 보험계약자, 피보험자, 보험수익자로 이루어지는데 누가 각각의 당사자가 되는가 하는 것이 세금문제에 있어 중요한 역할을 하기도 한다.

1) 연금보험계약 관련 당사자들의 이해

(1) 보험계약자

보험계약자는 보험계약의 주인이다. 보험료를 부담하며 돈을 내는 주인인 만큼 연금계약과 관련하여 전권을 가지고 있는 사람이다. 예를 들자면 계약서 내의 수익자를 바꿀 수 있고 계약의 종료, 적립금의 인출, 연금수령시기의 결정 등

주인이라야 가능한 모든 일을 할 수 있다.

대부분의 경우에 보험계약자는 피보험자와 연금의 수익자가 되어 피보험자 혹은 보험계약자의 나이가 일정시점에 이르렀을 때 연금을 받는 당사자가 된다. 그러나 보험계약자와 피보험자, 수익자는 서로 각각 다를 수 있으며 특히 보험계약자와 수익자는 일반적으로 특정한 개인일 필요는 없고 부부, 기업 등도 가능하다.

계약자가 사망하는 경우는 계약자의 상속인 및 피보험자의 동의를 받아 계약자를 변경한 다음 보험계약을 계속 유지할 수 있다. 그러나 해약을 원하는 경우라면 계약자 상속인의 동의를 받아 해약이 가능하다.

(2) 피보험자

약간 이해가 어려운 부분이 바로 이 피보험자인데 여기에 대해 약관내의 보험용어집에서는 피보험자를 자신의 생과 사 등이 보험금지급사유 발생의 대상이 되는 자로 설명하고 있다.

조금 달리 표현하면 피보험자는 연금이나 기타 연금계약과 관련하여 보험회사가 가입자에게 급부를 지급함에 있어 지급시기나 지급금액의 크기를 결정함에 있어 기준이 되는 사람을 말한다.

예를 들어 현재 40세인 홍길동이 계약자로서 적립형 거치연금에 가입하되 60세부터 시작하여 죽을 때까지 종신연금을 받는 것으로 했다고 하자.

이때 자신을 피보험자로 정하게 되면 연금의 경우 우선 홍길동의 나이가 60세가 될 것을 요구하며 연금액의 크기도 60세인 남자 홍길동의 잔존수명을 고려하여 결정된다. 그리고 사망보험금도 피보험자인 홍길동이 사망했을 경우에만 지급이 된다.

그런데 만일 홍길동이 현재 나이 30세인 자신의 아내를 피보험자로 정하여 종신연금을 받는다고 하면 어떻게 될까.

당연히 아내의 나이가 60세가 되어야 비로소 연금지급의 조건이 갖춰지고 홍길동 아내의 잔존수명에 의거하여 연금액의 크기도 결정되는데 위의 경우에 비해 연금액의 크기가 줄어들 것으로 예상할 수 있다. 물론 사망일시금도 홍길동의 아내가 죽어야만 지급된다.

한편 피보험자는 그 역할을 봐서 짐작할 수 있겠지만 보험계약자나 수익자와 마찬가지로 특별한 제한조건은 없으되 단 하나 살아있는 사람이어야 한다는 것이다. 그리고 우리나라의 경우 피보험자의 변경은 불가능하도록 되어있다.

(3) 보험수익자

수익자는 연금계약과 관련한 지급사유가 발생했을 때 이 지급금을 받는 사람이다.

연금의 경우 수익자는 대부분 보험계약자이며 또한 계약자와 다르다고 하더라도 사망시 수익자와 입원 및 장해시 수익자의 경우처럼 피보험자의 동의를 필요로 하는 경우도 있지만 계약자에 의해 수익자의 변경이 가능하므로 실제적으로 연금계약의 주요 대상이라고 할 수는 없다.

그러나 종신연금이 시작되기 전에 계약자이자 피보험자가 사망했을 경우라면 사망보험금을 받을 수 있고 확정연금의 경우 지급기간이 끝나기 전이라면 미지급기간에 대한 연금급여를 받을 수 있다.

독신의 경우 연금계약은 통상적으로 계약자, 피보험자를 자신으로 하고 사망시 수익자를 대부분 자식, 사랑하는 사람들 혹은 자선단체 등으로 한다. 그것은 이러한 형태를 취할 경우 죽을때 까지 이 연금계약을 자신의 통제하에 있게 하고 죽은 후에는 자연스럽게 사망일시금이 자식에게 돌아갈 수 있게끔 하기 때문이다.

그러면 부부의 경우는 어떻게 하는 것이 좋은지 알아보자.

우선 선진국의 경우를 보면 대체적으로 보험계약서의 계약자, 피보험자, 수익자 지정을 통해 부부가 모두 죽기 전까지는 자식이나 기타 다른 3자에게 연금계약의 권리를 넘기지 않는다고 한다. 따라서 이러한 상황을 고려할 때 우선 피보험자와 사망시 수익자를 부부가 각각 따로 맡도록 할 필요가 있다. 그래야 한 쪽이 사망하더라도 다른 한 쪽이 수익자가 되기 때문이다. 위에서도 언급하였지만 수익자의 변경은 보통 피보험자의 동의가 있어야 하는데 만일 사망시 수익자를 자식으로 한 상태에서 피보험자가 사망하면 계약자가 수익자를 바꿀 기회는 없어진다.

그 다음으로는 계약자와 사망시 수익자는 일치하는 것이 좋다. 이것은 세금문제를 고려한 것인데 보험금을 지불한자가 그 혜택을 받다 보니 상속세 등의 문제가 해결된다는 장점이 있다.

참고로 연금약관에서는 계약자가 수익자를 지정하지 아니하는 경우 연금에 대해서는 계약자가, 그리고 재해 및 일반 사망보험금, 장해급여금은 피보험자가 수익자가 되게 하되 만일 피보험자 사망시에는 피보험자의 상속인이 수익자가 되도록 하여 연금에 대해서는 기여를 한 사람이, 피해에 대한 보상금은 피해를 실제 입은 사람에게 혜택이 돌아가도록 하고 있다.

2) 연금보험약관

연금보험약관은 대부분 일반적인 생명보험약관의 내용을 담고 있고 연금계약에 국한되는 내용들은 그리 많지 않다.

아래에서는 약관의 내용들 중에서 비교적 중요하다고 생각되는 것들을 정리해보았다.

(1) 보험계약의 성립과 유지

ⅰ) 보험계약의 성립: 연금보험을 비롯한 생명보험계약의 성립은 회사가 계약의 청약을 받고 제1회 보험료를 받고부터 시작된다. 물론 건강진단요구가 없는 경우 그 이후 30일 이전에 보험회사가 거절할 수는 있다.

ⅱ) 청약의 철회: 계약자는 청약을 한 날 또는 제1회 보험료를 납입한 날로부터 15일 이내에는 그 청약을 철회할 수 있다.

ⅲ) 계약의 무효: 만 15세 미만자, 심신상실자 또는 심신박약자를 피보험자로 하여 사망을 보험금지급사유로 한 계약은 여기에 해당한다.

ⅳ) 계약의 변경: 계약자는 기본보험료, 연금유형, 연금지급형태 및 연금지급개시연령, 계약자 또는 보험수익자 등을 변경할 수 있는데 다만 수익자의 변경시는 보험금 지급사유가 발생하기 전에 피보험자의 서면에 의한 동의가 있어야

한다.

ⅴ) 계약자의 임의해지: 계약자는 언제든지 계약을 해지할 수 있으나 종신연금의 경우는 지급개시 이후에는 불가능하다.

ⅵ) 계약의 소멸: 피보험자가 사망하면 계약은 소멸해버린다.

(2) 보험료의 납입

ⅰ) 보험료의 납입연체시 납입최고와 계약의 해지: 계약자가 제2회 이후의 보험료를 납입하지 아니하는 경우 납입기일이 있는 다음달 말일까지를 납입최고로 하여 이 기간이 경과하면 해약이 된다.

ⅱ) 보험료의 납입연체로 인한 해지계약의 부활: 계약해지 후 해약환급금을 받지 않았다면 해지된 날로부터 2년 이내에 계약의 부활이 가능하다.

(3) 보험금의 지급(회사의 주된 의무)

ⅰ) 보험금의 종류 및 지급사유: 제1보험기간 즉, 적립기간 중의 보험금의 종류에는 일반사망금, 재해사망금, 장해급여금이 있고 제2보험기간 즉, 연금지급시기 중에는 피보험자가 살아있을 때 생존연금이 있다. 이 부분은 연금저축의 경우 특약으로만 존재한다.

ⅱ) 보험금을 지급하지 아니하는 보험사고: 피보험자가 고의로 자신을 해친 경우이나 단 피보험자가 정신질환상태에 있었거나 계약의 책임개시일로부터 2년이 경과한 상태에서 자살이나 1급장해가 되는 경우는 여기에 해당되지 아니한다.

ⅲ) 소멸시효: 보험금청구권, 보험료 또는 환급금 반환청구권은 2년간 유효하다.

(4) 보험계약시 계약자의 계약전 알릴 의무 등

ⅰ) 계약전 알릴 의무 위반의 효과: 계약자 또는 보험자는 청약서 작성시 질문사항에 대해 알고 있는 사실을 반드시 알려야 할 의무가 있는데 만일 고의 또는

중대한 과실로 인해 사실과 다르게 알린 경우 계약의 해지 등이 가능하다.

그러나 다음과 같은 예외는 있다. 첫째, 회사가 계약당시에 그 사실에 대해 알았거나 과실로 인해 알지 못한 경우 둘째, 회사가 그 사실을 안 날부터 1개월 이상 지났거나 혹은 책임개시일로부터 지급사유가 발생하지 아니하고 2년이 지났을 때 셋째, 보험을 모집한 자가 임의로 이 내용을 기재하였을 때 등이다.

(5) 보험금 지급 등의 절차

i) 보험수익자의 지정: 계약자가 보험수익자를 지정하지 아니한 경우를 말하며 위의 보험수익자 부분에 언급되어있다.

ii) 적립액의 인출: 일반 연금보험에서는 중도인출을 허용하며 계약자는 적립기간 중 연 4회 내에 연금계약 적립액의 일부를 인출할 수 있다.

그 한도액은 해약환금금의 50% 이하이며 인출 후 연금계약적립금은 1구좌당 500만원 이상이어야 한다. 그리고 인출시에는 인출금액의 0.5% 이내에서 수수료가 따라온다. 단 연금보험료에 대한 소득세 공제가 허용되는 연금저축에서는 중도인출이 허용되지 않는다.

iii) 약관대출: 해약환급금의 범위 내에서 대출을 받을 수 있다. 이 대출금과 그 이자는 언제든지 상환가능하며 미상환시는 보험금이나 해약환급금 등의 지급사유 발생시 이 금액만큼 상계된다. 약관대출은 연금저축에서도 가능하다.

3) 변액연금보험 약관

변액보험약관은 일반연금보험약관의 내용을 대부분 담고 있으며 이외에 변액연금의 특성을 나타내는 몇 가지 추가사항을 가지고 있다.

i) 납입된 보험료의 처리: 계약자가 납입한 보험료는 회사에서 정한 사업비를 공제한 다음 일반계정에서 특별계정으로 이체한다.

ii) 계약자적립금의 계산: 이렇게 특별계정에 이체된 적립금은 투자수익이 가산되어 이른바 계약자적립금이 되는데 보험회사는 이 적립금에서 매일 최저사망보험금 보증비용, 최저연금적립금 보증비용 및 특별계정 운용수수료를 차감한다.

iii) 펀드의 운용 및 평가방법 및 펀드의 유형: 계약자가 선택한 자산인 펀드에 대한 설명부분이다.

iv) 계약자의 펀드선택 및 변경: 계약자는 매년 12번 까지는 펀드를 변경할 수 있으며 이 경우 회사는 계약자적립금의 0.1% 내에서 수수료를 청구할 수 있도록 되어있는데 현재는 대부분 수수료가 없는 상태다.

v) 특별계정의 폐지: 각 특별계정의 자산이 급격히 감소하거나 자산가치의 변동으로 인한 자산운용이 곤란해질 경우 보험회사가 특별계정을 폐지하고 유사한 펀드로 계약자적립금을 이동시킬 수 있도록 하고 있다.

vi) 계약자적립금의 인출: 위에서 본 일반 연금상품의 경우와 동일하다.

4) 연금신탁약관

보험회사의 연금상품 외에 그 다음으로 가장 많이 사용되는 연금상품은 바로 은행의 연금신탁이다.

연금신탁은 수탁자인 은행과 은행에 돈을 맡긴 위탁자 및 수익자로 구성되는데 은행의 연금신탁은 수익자와 위탁자가 동일인일 것을 요구하고 있다.

연금신탁의 약관내용을 보면 대부분 연금신탁상품의 특징을 나열한 것으로 신탁재산의 평가, 신탁재산의 운용방법 등이 가장 많은 부분을 차지하나 가장 핵심적인 내용은 원금의 보전이라고 할 수 있다. 원금의 보전이라 함은 신탁자산의 운용결과 원금에 손실이 난 경우를 말하며 개인연금신탁의 이전수수료나 중도해지시 기타소득세 등은 포함되지 않는다.

원본보전 이외에 기타 살펴볼 만한 내용은 다음과 같다.

i) 연금지급: 연금지급금액은 연금지급일의 신탁평가액을 남아있는 연금횟수로 균등 분할하여 지급하는데 이 금액은 신탁평가액의 크기, 즉 투자실적에 따라 달라진다.

ii) 계약변경: 적립기간 내에 단 1회에 한하여 운용방법을 변경할 수 있다.

ⅲ) 신탁보수: 신탁보수란 위탁자가 맡긴 신탁재산을 관리, 운용해주는 대가로 은행에게 지불하는 돈이며 보험회사의 사업비와 유사한 것이다. 일반적으로 채권형의 경우 신탁보수는 일반적으로 신탁재산 순자산총액의 연 1.2% 정도이며 주식이 약간 포함되는 안정형은 보통 1.5% 정도이다. 여기서 순자산총액이란 만일 부채가 있을 경우 신탁재산 혹은 자산총액에서 이것을 공제한 금액을 말한다.

ⅳ) 조세 및 비용: 만일 세금과 기타 신탁업무와 관련한 비용이 발생하게 되면 신탁재산에서 공제가 된다. 투자자에게 직접 부과되지는 않지만 신탁재산에서 빠져나가는 비용은 유가증권의 매매수수료, 차입금의 이자 등인데 이것은 적립식펀드의 신탁보수 중 기타 항목과 거의 일치하는 것이다. 세금과 비용에 대해서는 뒤에서 좀 더 자세히 알아보도록 하자.

ⅴ) 중도해지: 신탁중도해지의 경우 중도해지수수료는 받지 않는다.

ⅵ) 특별중도해지: 위탁자의 사망, 천재지변, 위탁자의 퇴직, 위탁자가 근무하는 사업장의 폐업, 위탁자 영위 사업장의 폐업, 위탁자가 3월 이상의 입원치료 또는 요양을 요하는 상해, 질병의 발생시는 해지가산세가 붙지 않는다.

ⅶ) 양도 및 담보제공: 신탁은 양도 및 담보로 제공할 수 없으나 수익자 본인의 대출을 위한 담보제공은 은행의 승낙을 얻어 가능하다.

ⅷ) 펀드의 해지: 중도해지 등으로 인해 신탁금액이 50억원에 미달하는 경우 등에 한하여 해지가 가능하다.

ⅸ) 신탁금의 시효: 신탁금의 수익권은 권리가 발생했음에도 불구하고 이후 10년 동안 행사하지 않으면 그 효력이 소멸한다.

4. 세계 각국의 개인연금제도[8)]

1) 영국

영국의 개인연금시장은 미국경제 대비 미국의 개인연금시장이 가지고 있는 크기를 기준으로 볼 때 영국경제의 규모에 비해서 상대적으로 크다. 이처럼 상대적 역할이 커지게 된 배경에는 1980년대 영국 대처정부의 연금개혁이 있다. 이 연금개혁은 공적연금제도에 미국의 IRA처럼 개인퇴직계좌요소를 도입하였는데 구체적으로 공적연금가입자는 소득비례부분에 대해 DB 혹은 DC형 기업연금제도로 대체이전(opt-out) 할 수 있도록 하였다. 그리고 DC제도로 대체이전한 경우는 은퇴시에 물가상승율에 연동되는 연금(indexed annuity)를 구매하도록 강제하였다. 현재 영국의 연금시장은 DC제도에 가입했던 사람들이 은퇴시기에 접근하면서 더욱 더 성장할 것으로 예상되고 있다.

2) 칠레의 개인연금시장

칠레의 경우 1981년도에 도입된 개인퇴직계좌제도에 가입된 사람들의 은퇴가 늘어남에 따라 종신개인연금이 보편화되었다. 개인퇴직계좌에 있는 적립금은 일반적으로 인덱스종신연금(indexed life annuity)의 구매나 혹은 계획인출(programmed withdrawal) 등에 사용된다.

3) 스위스의 개인연금시장

스위스에서는 1985년도에 도입된 강제적 기업연금제도를 통해 반강제적 연금화과정이 시행되고 있다. 강제적 기업연금의 80%는 DC제도이며 대부분의 경

8) Mackenzie(2006), 전게서, Pp. 24~26.

우 적립금은 연금으로 전환되거나 아니면 보험회사와의 단체계약을 통해 개인 연금으로 전환되는데 법적으로 전환비율을 정해놓고 있다.

4) 싱가포르의 개인연금시장

싱가포르의 개인연금시장은 상대적으로 작다. 싱가포르의 공적 DC연금제도인 Central Provident Fund로부터의 인출은 비록 다른 대안에 대해서는 제한조건을 두고 있지만 연금화 자체가 강제화되어 있지는 않다. 각 개인의 퇴직계좌의 적립금 중 일부는 은퇴시 기초적 소득을 제공하기 위해 따로 떼어놓도록 하고 있으며 나머지는 인출이 가능하다. 이 적립금은 거치종신연금의 구매에 사용되거나 은행 적립 혹은 CFP에 남겨진다. 연금구매를 제외하는 경우 각각 이자가 가산되며 은퇴시 적립금이 소진될 때까지 매달 지불이 이루어진다.

싱가포르 연금제도의 특징은 은퇴 전이라도 주거구입 혹은 교육과 의료비 비용 등의 목적으로 인출이 가능하다는 것인데 이것은 급여 중 매달 적립금이 차지하는 비중이 상대적으로 높기 때문이다.

5) 호주의 개인연금시장

호주의 연금제도에는 대부분의 근로자에게 적용이 되며 사용주의 기여가 요구되고 또한 사적으로 관리되는 개인퇴직계좌 부분(Superannuation Guarantee)이 있다. 이 적립금은 일정 나이가 되면 일시금 혹은 연금형태로 인출이 가능하다. 그런데 호주의 노령연금(standard age pension)은 소득과 재산의 크기에 따라 수급여부와 그 크기가 결정되며 연금형태의 경우 소득에 산입되기 때문에 노령연금의 크기를 늘리기 위해 개인퇴직계좌 적립금을 일시금으로 인출하는 경향이 많다. 이에 따라 개인연금시장은 상대적으로 작으며 대부분의 개인연금도 종신연금이 아닌 적립금이 소진될 때까지 인출되는 할당연금(allocated annuity)의 형태를 가지고 있다.

한편 프랑스, 독일, 이태리, 일본 등의 개인연금시장은 작은데 이것은 주로 후

한 공적연금과기업연금이 가지고 있는 보완적 역할 때문이다. 이태리의 경우는 과거 높은 인플레이션율에 영향을 받았을 수 있다 한편 네덜란드의 개인연금시장은 예외적으로 큰데 이것은 비록 적립여부는 자유지만 세제혜택이 주어지는 대신에 적립금전액의 연금화를 강제화하기 때문이다.[9)]

9) Mackenzie(2006), 전게서, Pp. 27.

제2장 개인연금시장의 이해

들어가기에 앞서

이번 장에서는 개인연금시장에 대해 알아보고자 한다.

개인연금은 우리가 일상생활에서 사용하는 각종 재화나 용역(service) 등의 일반 상품과 마찬가지로 하나의 시장을 통해 거래되는 금융상품이다. 따라서 개인연금을 보다 잘 이해하기 위해서는 이 시장의 특징을 잘 이해해야만 한다.

구체적으로 이 장에서는 개인연금의 수요와 공급, 그리고 가격결정 등에 대해서 알아볼 것이다.

1. 개인연금상품과 시장

아래에서는 Cannon and Tonks(2005)의 논문을 중심으로 하여 개인연금시장과 개인연금의 수요와 공급에 관한 경제이론을 정리하고자 한다.

향후 개인연금에 대한 수요는 증가하리라 예상되는데 그 이유는 인구의 노령화, DB에서 DC로의 지속적인 근로자의 이동이 있다. 공급 측의 상황은 보다 복잡한데 그 이유는 왜냐하면 현재의 개인연금상품들은 채권에 기초를 두고 있으며 채권시장의 상황은 대부분 국채의 관리와 규모에 대한 정부정책에 의해 결정되기 때문이다.

개인연금은 연금의 일부로서 구매된다. 표준적인 라이프사이클모델에서 개인생애의 초기부문에서는 개인들은 노동공급에 대한 의사결정을 하고 소비를 하며 영구생애소득(permanent life time income)을 극대화하기 위한 저축을 하게 되며 또한 절세의 목적으로 연금제도를 통해 저축을 하기도 한다. 저축의 시기는 연금제도의 적립단계(accumulation period)라 불린다. 은퇴 이후로는 개인들은 노동을 멈추고 저축금의 감축을 통해 소비를 한다. 이 시기는 인출단계(decumulation phase)라 불리며 개인연금과 DC형 퇴직연금에 있어서 이것은 연금적립금을 소득흐름 즉, 연금화(annuitisation)로의 전환하는 것에 대한 결정문제를 포함하게 된다.[10]

1) 개인연금의 수요

개인연금 특히 종신연금은 연금수급자로 하여금 얼마나 오랫동안 살아있느냐에 관계없이 생존기간 동안 일정한 소득을 얻을 수 있도록 해준다. 즉, 종신형 개인연금은 개인의 장수위험에 대한 보장 혹은 다른 말로 노후의 소비를 가능케 하는 저축이 바닥나는 것에 대한 보장을 해준다. 또한 개인연금의 채권과 같은 고정수익률 제공하는 투자수단보다 더 높은 수익률을 얻을 수 있도록 해주며[11]

10) Cannon and Tonks(2005), 전게논문, p. 11.

한꺼번에 적립금을 소비해버리지 않게 함으로써 은퇴 이후 소비에 있어서 일종의 통제수단이 되기도 한다. 따라서 위험회피형의 개인이라면 누구라도 연금을 수요할 것이다. 또한 연금은 다른 보험상품과 마찬가지로 개인연금은 개인간 재분배의 기능을 가지고 있다. 즉, 은퇴 후 상대적으로 짧게 사는 사람으로부터 상대적으로 오래 사는 사람에게 재분배가 이루어진다.

(1) 소비자선택에 있어서 연금의 역할

자금의 축적(accumulation)과 축적된 자금의 인출(decumulation)에 관한 라이프사이클 모델이 있을 때 처분단계에서 발생하는 주요한 불확실성 중의 하나는 죽음의 시기이다. 삶의 길이에 있어 불확실성은 사망 이전에 축적된 자금이 바닥나거나 혹은 자금이 남아 이것을 통해 유산을 남기게 될 수 있다는 것이다. Yaari(1965)는 이러한 문제에 대해 위험회피형 개인의 해결방법은 연금계약을 구매하고 이를 통해 은퇴기간 동안의 소비를 평탄케 하는 것을 보여주었다. 좀 더 구체적으로 말하자면 개인은 자기 재산의 전부를 생존을 조건으로 하여 연금을 지불하는 자산에 투자하는 것이 최적이라는 것이다. 이것은 "전부" 혹은 "완전" 연금화라 불리며 이는 모든 포트폴리오가 생존의 우연성을 바탕으로 하는 자산(life-contingent)으로 구성되어야 한다는 것을 의미한다.[12]

연금의 왜 필요한지에 대해 이유를 보여준 Yaari(1965)의 모델을 정리해보면 다음과 같다.[13]

우선 연금시장이 존재하지 않는 경우 은퇴시점에서 W_0의 자산을 가지고 있고 더 이상 근로 혹은 이자소득을 제외한 다른 소득이 없는 한 개인은 식 (4-2)와 같은 예산의 제약하에서 식 (4-1)과 같은 기대효용을 극대화 하고자 할 것이다.

11) 예를 들어 2004년 8월의 한 조사결과에 의하면 미국의 40개 생명보험회사들은 70세인 여성 기준 100,000불의 일시납 연금보험료를 납부하는 10년 확정 종신연금에 대해 매달 638~706불을 지급하는 것으로 나타났다. 최대 30년의 수명을 가정하는 경우 이것은 6.6~7.7%의 조건적 수익률을 의미하는 것인데 당시 장기채권의 수익률(이자와 원금의 가치를 채권의 시장가치와 일치시키는 할인율)은 5% 이하였다.(Mackenzie(2006), 전게서 p.50.

12) Cannon and Tonks(2005), 전게논문, p. 27.

13) Cannon and Tonks(2005), 전게논문, p. 31.

식 (4-1) $EU=\sum_{t=0}^{T}\delta^{t}p_{t}u(c_{t})$

식 (4-2) $\sum_{t=0}^{T}R(t)c_{t}=W_{t},\ R(t)=\prod_{i=0}^{t}(1+r_{t})-1$ 단, p_t는 생존확률(나이 0에서 t까지), T는 최대 생존기간, δ^t는 시간선호율, r_t는 t기의 이자율, $R(t)$는 t기의 소비금액, 는 은퇴 후 t기에 이루어지는 소비의 현재가치를 구하는데 필요한 식이다.

즉, 은퇴시점에서 이 개인의 문제는 자신의 생존기간 동안 소비의 효용을 극대화하기 위해 적립금을 적절히 사용하는 것이며 이 경우 본래 가지고 있던 자산 W는 최대생존기간 T동안 예정된 소비금액의 현재가치보다 적을 수는 없다.

그런데 만일 연금수리상 적정한 가격의 연금상품이 존재한다고 하자. 이것은 이 개인이 $r_t=r$로 일정하다고 가정할 때 $(1+r)^t$이 아닌 $(1+r)^t/p_t$의 투자수익을 제공하는 금융상품을 구매할 수 있다는 것을 의미한다. 즉, 최대생존기간 이전에 사망하게 되는 대부분의 연금구매자에 있어 연금시장이 존재한다는 것은 개인의 예산을 확대시키는 것과 동일한 결과를 낳는다는 것이며 이것은 위험회피형의 개인에게 보험을 제공하는 것이 항상 효용을 증대시키는 결과를 가져다 준다는 것과 같은 이치이다.[14)]

Yaari(1965)의 결과를 볼 때 개인들이 종종 연금구매를 회피한다는 사실은 의외의 사실이 아닐 수 없다. 물론 다른 경제학 모델과 마찬가지로 Yaari의 결과는 일련의 부차적인 가정하에서 가능한 것이다. 그러나 한 연구결과(Davidoff, Brown, and Diamond(2005))은 대부분의 이러한 가정들이 완화된다고 하더라도 본질적인 결과에는 영향을 미치지 못한다는 것을 보여주고 있다.[15)]

그런데 Yaari(1965)가 말하는 연금화(annuitisation)와 연금시장에서 전형적으로 판매되는 즉시형 연금상품을 전 재산(혹은 대부분의 재산)을 투자하여 구매하는 것과는 차이가 있다. Yaari의 모델에서 개인은 매기간마다 두 가지 저축방법 중 하나의 선택을 해야 하고 연금화는 그 중 하나이다. 두 가지 중 첫 번째 것은 ⅰ) 전통적인 방법으로 저축하는 것으로서 이 경우 일정한 투자수익률 r이 주어진다. 그리고 저축자금의 지급은 개인의 생존과 관계없이 이루어진다. 또 다

14) Cannon and Tonks(2005), 전게논문, p. 32.
15) Cannon and Tonks(2005), 전게논문, p. 27.

른 하나는 ii) 저축을 하되 저축금의 지급은 생존을 조건으로 하는 저축방법으로서 이때 계약조건은 보험수리상 공평한(fair) 즉, 연금수리상 연금사업자와 가입자간 손해를 보는 측이 없다는 것을 전제로 한다. 물론 생존을 조건으로 지급되므로 저축금에 대한 투자수익률은 전자에 비해 높다. 구체적으로 1원의 저축이 이루어질 때 다음 기간에 받는 돈이 전자의 경우 $(1+r)$이라면 후자의 경우는 $(1+r)/p$이며 여기서 p는 다음 기간까지 생존할 확률이다. 한편 연금상품을 구매하는 것은 일단 구매 후에는 다시 재판매 할 수 없는 비유동적 재산에 대해 투자하는 것을 의미한다. 물론 거치형연금상품의 경우 Yaari(1965)의 '연금화'와 유사한 개념이 될 수 있지만 해약상의 불이익 등을 고려할 때 비유동적 재산에 투자하는 것과 별로 다를 것이 없다.

더욱이 Yaari(1965)의 모델에서는 개인은 완벽한 신용시장(credit market)에서 보험수리상 공정한 이자율로 돈을 빌릴 수 있고 혹은 같은 내용의 다른 표현이지만 저축이자율과 같은 이자율로 돈을 빌리고 보험수리상 공평한 보험상품을 살 수 있다는 가정을 하고 있다.

한편 개인연금의 수요와 관련하여 대량구매의 경우가 미국 등 기업연금이 발달한 국가에서 나타날 수 있다. 개인연금의 대량구매는 우리나라처럼 보험회사 등과의 계약형이 아니라 미국 등처럼 기금을 중심으로 한 DB형의 기업연금제도를 두고 있는 기업에서 연금채무를 보험회사에 이전하고자 할 때 나타난다. 이것은 세 가지 경우에 발생한다. 우선 기업이 파산할 때, 두 번째는 기존 DB제도를 폐지할 때(대부분 DC로 대체됨), 그리고 마지막으로 DB제도 운영에 따른 리스크를 관리하고자 할 때이다.[16]

2) 연금수요와 연금수수께끼(annuity puzzle)

Yaari(1965)의 이론에 의하면 수명의 불확실성에 직면하고 있는 개인이 확실한 소득을 얻을 수 있는 가장 최선의 방법은 연금을 구매하는 것이다. 그리고 잔여수명을 정확히 예측할 수 있다고 하더라도 동일한 기간을 최대 연금수급기간

16) Cannon and Tonks(2005), 전게논문, p. 27~30.

으로 하고 있는 연금은 채권에 비해 높은 소득을 가져다 준다.

그러나 미국의 경우 실제 연구결과[17]에 의하면 연금시장은 아주 작으며 규모가 매우 제한적인 상태이며 이러한 Yaari(1965)의 이론과 현실과의 괴리는 "연금 수수께끼(annuity puzzle)"라 불린다.[18]

연금의 수요와 관련하여 Gardner와 Wadsworth(2004)는 50세와 64세 사이의 3,511명의 사람들을 대상으로 만일 10만 파운드의 돈이 주어졌을 경우의 연금상품의 구매여부에 대한 의견을 조사한 적이 있다. 이 조사대상자들 중 55%는 직업에 종사 중이었고 33%는 은퇴하였으며 11%는 직업이 없었다. 연금보유와 관련하여서는 20%는 사적연금 없이 공적연금에 의존하고 있었으며, 45%는 하나의 사적연금을 가지고 있었고 35%는 두 개 이상의 사적연금을 보유하고 있었다. 그리고 사적연금을 가지고 있는 사람들 중에서 50%는 소득의 주된 재원으로서 DB를, 30%는 DC에 의존하고 있었다.

이 조사결과에 의하면 조사대상자의 거의 50%는 그렇게 할 수만 있다면 이 돈을 연금상품에 투자하지 않겠다고 대답했다. 그리고 DC연금을 가지고 있는 사람들(따라서 언젠가 연금을 구매해야만 하는 사람들) 중에서 53%는 연금을 구매하지 않겠다고 대답했다. 연금회피에 대한 이유는 다음과 같다. 융통성(flexibility)이 74%, 스스로의 투자에 대한 선호가 45%, 연금소득이 너무 낮다는 것이 45%, 유산목적이 38%, 짧은 여명의 예상이 37%로 나타났다. 한편 연금에 대한 선호도는 자신의 건강상태, 교육수준, 개인의 참을성 등과 정(+)의 관계가 있고 가족의 크기 등과는 부(-)의 관계가 있음을 보여줬는데 가족이 장수위험에 대한 보험의 역할을 하기 때문인 것으로 추정되었다.[19]

Warner and Pleeter(2001)에 의한 또 다른 연구에서는 1990년대 초 미국방성 직원들을 대상으로 연금과 일시금 중 하나를 선택하는 양상에 대해 다루고 있는데 이 그룹들이 선택한 결과가 보여주는 바 미래의 돈에 대한 할인율은 17%를 초과하는 것으로 나타났다. 즉, 당장의 현금에 비해 미래의 현금이 가지는 가치

17) 예를 들면 Friedman and Warshawsky(1990)과 Mitchell er al.(1999)
18) Cannon and Tonks(2005), 전게논문, p. 87.
19) Cannon and Tonks(2005), 전게논문, p. 83.

를 아주 낮게 평가한다는 것인데 단순하게 표현하면 금융기관 등을 통해 미래의 장기적 지급을 목적으로 투자되는 자금에 대해서는 당장 목돈으로 지불되지 않는 대가로 최소 연간 17%이상의 수익률 달성을 요구한다는 것이다. 이러한 현상과 관련하여 Posner(1995)는 대부분의 인간에게 있어 발견되는 바 자신의 미래를 위해 준비하는 내용물의 빈약성, 그리고 나이와 더불어 할인율이 줄어드는 현상 등은 모두 "다중인격체"라는 모델을 통해서만 설명될 수 있다고 주장하였다.[20)]

연금형태의 자산보유와 개인연금의 구매에 관한 연구조사에서 Brown(2001)은 연금형태의 자산보유가 DC적립금을 연금화할 가능성을 부분적으로 설명해 줄 수 있다고 밝히고 있다.

한편 연금과 유산문제에 관한 연구에 있어서는 유산을 남기는 것이 중요한 문제인지, 즉 유산이 연금화에 영향을 미치는지에 대해서는 불확실한 것으로 나타났다.[21)]

3) 연금수요의 현실과 이론적 설명

위에서 언급한 바 '연금수수께끼' 즉, 연금에 대한 의외적 저수요가 이성적 행위와 순조로이 작동되는 시장에 합치된 것이라면 별달리 할 말이 없지만 만일 이것이 비이성적 행위 혹은 시장실패에 의한 것이라면 정부의 개입이 이러한 결과를 개선할 여지가 있는지 알아볼 필요가 있다.

그런데 이른바 '연금수수께끼'는 현재의 경제적 이론과 잘 맞아떨어지지 않은 일련의 현상들 중 하나로서 Zeldes(1989)는 다음의 내용을 포함한 몇 가지 "소비관련 수수께끼"를 제시한 바 있다. 예를 들면 ⅰ) 노인들이 은퇴기간 동안 저축자금을 소비를 통해 줄여나가지 않는다는 것 ⅱ) 소비규모가 은퇴시점에 비정상적으로 하락함으로써 소비의 평준화(consumption smoothing)가정에 부합하지 않는다는 것 등이다. 한편 Poterba(1994)는 저축행위에 관한 증거들을 담

20) Mackenzie(2006), 전게서, P.135.
21) 예를 들어 Brown(2002), Rowlinson and McKay(2005) 등의 연구결과가 있음

고 있는 논문들을 소개함으로써 이러한 수수께끼들이 전세계적인 현상이라는 것을 보여주고 있다. 즉, "연금수수께끼"가 하나의 특이한 현상이라기 보다는 저축행위에 대한 이해를 함에 있어 일반적 이슈 중 하나라는 것이다.[22)]

Cannon과 Tonks(2005)에서 정리하고 있는 "연금수수께끼"에 대한 이론적 접근들은 다음과 같다.

(1) 불완전 연금시장의 존재

Yaari(1965)의 모델에 있어 한 가지 문제점은 다른 형태의 리스크를 무시한 상태에서 장수리스크만을 강조했다는 것이다. Bodie(1990)는 은퇴시기의 리스크는 이외에도 다양하다는 것을 주장하였는데 예를 들어 공적연금의 지불에 관한 리스크, 적립시기의 투자리스크, 연금율의 리스크 등이 있다. 이러한 리스크들은 장수리스크만큼이나 위험할 수 있고 이것들은 은퇴 전후 시기의 소득비율을 말하는 소득대체율(replacement ratio)리스크를 높여줄 수 있다. 이러한 리스크 외에도 건강과 관련한 장기요양이라는 충격도 있을 수 있다. 그런데 이러한 리스크들은 왜 노인들이 사태에 대비한 예방적 저축을 하고 왜 저축자금을 허물지 않는지 설명을 해줄 수는 있지만 그렇다고 해도 그 때문에 연금을 제대로 구매하지 않을 것이라고 결론을 짓도록 이끌지는 않는다.

이러한 문제와 관련하여 David, Brown and Diamond(2005)는 이러한 잠재적인 문제점들을 인식하고 불완전 대부시장(imperfect credit market)과 습관의 형성(habit formation)이라는 측면들을 고려한 분석을 통해 개인의 재산을 연금화하는 수준을 100% 이하로 낮추는 것이 최적이라고 하였다. 하지만 여전히 현실대비 제시된 연금화율은 상대적으로 높은 편이다. 한편 Poterba(2004)는 연금화율이 낮은 이유에 대해 추가적으로 연금의 낮은 수익률(운영비용이나 역선택으로 인한), 유산의 필요성, 사적연금의 대체품의 존재와 기타 인간의 행위적 측면 등을 제시하였다. 그러나 연금상품의 부가비용(load factor)와 역선택문제와 관련하여 Davidoff et al.(2005)이 연금은 전통적인 채권에 비해 여전히 높은 수익

22) Cannon and Tonks(2005), 전게논문, p. 87.

률을 제공하고 있다고 지적하고 있으며 더구나 연금의 금전적 가치는 연금수리적 형평성을 보여주는 1에 가깝기 때문에 이 두 가지 자체만으로는 비연금화 문제에 대한 제대로 된 설명이 될 수가 없다.[23)]

한편 비연금화 문제를 완전연금시장(perfect annuity market)의 존재측면에서 볼 수 있다. 우선 Yaari의 결과는 지속적인 즉시시장(spot market)이 열리고 이 시장에서 연금을 사거나 공매(short-sale)를 할 수 있고 거치연금 등을 포함하는 모든 종류의 연금을 선택할 수 있다는 가정에 기초하고 있다. 이것은 중요한 사실인데 그것은 전형적인 연금은 개인들이 완전연금시장의 존재를 필요로 하지 않고 다만 자신들의 소비가 오랜 기간 동안 균일할 것을 원하는 경우에만 적절할 수 있기 때문이다. 따라서 중요한 이슈는 어떠한 상황에서 개인들이 자신들의 소비가 균일할 것을 원하지 않느냐 하는 것이다. 예를 들어 노인들은 건강과 관련하여 목돈의 비용이 들어가는 경우가 발생하는데 이것은 균일하지 않는 소비패턴을 필요로 하게 된다. 그리고 정책적인 측면에서도 만일 어떠한 상황이 저연금화(under-annuitisation)와 관련이 있고 이것이 또한 직간접적으로 정부의 통제하에 있다면 정부가 구태여 연금시장에 개입하지 않은 채 연금화를 촉진시킬 수가 있기 때문에 이러한 상황들을 파악하는 것이 중요하다.

이와 관련하여 Davidoff et al.(2005)는 소비자가 균일한 소비패턴을 원하지 않는 여러 가지 경우를 제시하고 있는데 이 경우 개인들은 연금시장이 완전하지 않을 경우 완전연금화를 선호하지 않게 된다.[24)]

(2) 초기 은퇴시점에서의 소비에 대한 필요성

불완전시장의 존재 하에서 개인은 자신들의 소비흐름을 평준화하기를 원하지 않는 이상 모든 자산을 연금화하려고 하지 않을 것이다. 일반적으로 노인은 삶의 후반부에서 상당한 건강 및 각종 간호비용을 필요로 할 것이라고 생각하지만

23) 역선택문제와 비연금화의 예를 들자면 소득과 기대수명이 서로 연관관계에 있기 때문에 연금이 가난한 사람들에게 불리하고 이에 따라 연금구매를 꺼릴 것이라는 내용인데 이것은 결과적으로 연금시장의 축소로 이어지게 된다.
24) Cannon and Tonks(2005), 전게논문, p. 88~89.

그와는 반대로 은퇴의 초기시점에서 건강상 이유 혹은 노동기간에서 은퇴기간으로의 이전을 용이하게 하기 위해 상당한 소비를 원할 수도 있다. 이러한 필요소비의 시점은 연금에 대한 필요성을 증가 혹은 감소시키느냐의 여부에 상당한 영향을 미치게 되는데 특히 은퇴초기에 높은 소비를 필요로 할 리스크가 존재하는 경우 연금화를 피하는 것만이 최적의 선택이 된다.

한편 연금을 제공하는 보험회사의 입장에서는 리스크가 큰 장기간병비용 같은 것이 장수위험에 대한 헤지기능을 할 수 있다는 것을 생각할 필요가 있다. 장기간병에 대한 보험은 역선택 문제에 직면할 수 있는데 장기간병을 필요로 하는 사람들의 기대수명이 짧다고 본다면 연금상품과 장기간병보험을 동시에 판매하는 경우 두 상품간 헤지기능이 발생하게 된다. 참고로 Spillman et al(2003)은 장기간병보험과 연금상품을 동시에 공급하는 비용은 두가지 상품을 동시에 판매하는 것에 비해 다소 낮아지며 이로인해 더욱 더 많은 구매를 가져올 것으로 예상하였다.[25)]

(3) 연금구매의 연기에 따른 이득(옵션가치)

Yaari의 가정 중 하나는 이자율(혹은 투자수익률)이 단 하나 존재하고 이것에 대한 불확실성은 존재하지 않는 다는 것이다. 그러나 현실세계에서는 다양한 투자수익률이 존재하고 또한 주식의 경우처럼 투자수익률 자체가 불확실하다는 것이다. Yaari(1865)의 모델에 있어서 개인의 투자선택은 단지 채권이냐 혹은 생존을 조건으로 지급이 이루어지는 연금수리적 투자대상(actuarial note)이냐 하는 것이지만 현실에서의 개인은 단지 저축이냐 소비냐를 결정하는 것이 아니라 다양한 투자대상 중에서 어느 것에 저축자금을 분배할 것인가 하는 문제에 대해 결정해야 한다. 즉 주식과 같은 제3의 투자대상이 있다는 것을 고려하는 경우 개인의 비연금화에 대해 새로운 설명이 나타날 수 있다는 것이다.

Milevsky와 Young(2002)은 제3의 투자대상의 존재를 가정하는 경우 연금구매를 늦추는 것이 경제적 이득을 가져다 준다는 것을 제시하면서 우리가 확인할

25) Cannon and Tonks(2005), 전게논문, p. 90~93.

수 있는 다음의 두 가지를 그 이유로 제시하고 있다. 우선 첫 번째 이유는 은퇴한지 얼마 되지 않은 사람들의 사망리스크는 상당히 낮다는 것이다. 이 경우 1년짜리 연금이 있고 이 기간 동안의 사망확률이 1%라면 투자에 따른 수익을 계산할 때 $(1+r)/0.99$를 적용하지만 이것은 채권의 경우에 적용되는 $(1+r)$에 비해 별로 나을 것이 없다는 것이다. 두 번째로 대체투자수단으로서 주식의 투자수익률은 위험회피현상만을 고려했을 때 적용할 수 있는 수익률보다 훨씬 높다. 이것은 이른바 '주식의 부가적 수익률에 대한 의문(risk premium puzzle)' 이라 불리며 세계적인 그리고 역사적인 현상으로 이미 기록되어 있다. 따라서 이 두 가지를 동시에 고려하는 경우 사망확률이 커짐에 따라 보험회사에서 제공하는 수익률이 높아져서 적절수익률에 도달할 때까지 연금구매를 늦추는 것 자체가 경제적 가치(option value)를 가지고 있다는 것이며 최소 1년 정도는 연기할 필요가 있다는 결론이 나온다. 예를 들어 Milevsky와 Young(2002)은 미국의 생명표를 기준으로 연금화의 최적 연령은 남자 73세 여자 78세라고 밝히고 있다. 그런데 이러한 결론은 주식의 부가적 수익률(equity premium)이 너무 크다는 것에 기초하고 있고 이것은 다시 인간의 '합리적 기대효용 극대화(rational expected utility maximization)' 라는 이론적 체계하에서 나온 결론이기 때문에 이것이 적절한 가정인지에 대해서는 반론의 여지가 있다.[26)]

(4) 사회복지제도의 존재

연금에 대한 수요는 사회복지제도 혹은 기업연금을 통한 연금이 이미 존재하는 경우 당연히 영향을 받을 수 있다. 연금상품을 대신하여 채권을 구매하는 경우 유동성이 상대적으로 크기 때문에 일종의 옵션가치가 존재할 수 있는데 사회복지제도나 기업연금 등을 통한 지급이 많으면 많을수록 이러한 옵션가치가 채권 대비 연금이 가질 수 있는 추가적 혜택을 능가하는 폭이 커지게 될 것이다.[27)]

26) Cannon and Tonks(2005), 전게논문, p. 94.
27) Cannon and Tonks(2005), 전게논문, p. 99.

(5) 습관의 형성

만일 어떤 기간의 개인의 소비를 통한 만족도가 기준이 되는 특정 생활수준에서 이루어지는 소비에 비해 상대적으로 어느 정도인가에 따라 결정된다면 개인의 행위는 이전에 형성된 소비습관에 의해 많은 영향을 받을 것이다. 만일 은퇴기간의 소비수준이 이전의 소비수준에 비해 높다면 시간에 따라 점차 커져가는 소비수준을 예상할 수 있을 것이고 이것은 최적의 선택이 될 것이다. 왜냐하면 현재의 소비수준이 이전보다 높다면 만족도는 계속 커질 것이기 때문이다.

그렇지만 보다 가능성 있는 시나리오는 이전의 소비수준이 은퇴시보다 높다는 것이고 이 경우 일정한 수준의 소비를 한다는 것은 불가능할 것이다. 그리고 미국의 경우를 보더라도 은퇴시점에서 하락하는데 일반적으로 이 하락수준은 일과 관련된 비용의 감소나 가격할인 등을 통해 설명될 수 있는 하락수준을 초과하였다. 따라서 이러한 경우 제한조건이 없는 상태에서 최적의 선택은 초기에는 소비가 높았지만 시간이 경과함에 따라 점차 소비를 낮추는 형태가 될 것인데 그 이유는 기준이 되는 시점의 소비를 조금씩 낮출 수 있기 때문이다. 이러한 내용이 연금의 수요에 의미하는 바는 시장에 만일 일정한 구매력을 가진 연금을 제공하는 연금상품만이 있을 경우 총재산을 연금으로 전환하는 이른바 연금화 비율은 그리 높지 않을 수 있다는 것이다.[28]

(6) 인간행위의 비합리성(Behavioral factors)

전통적인 경제학이론에서는 인간은 합리적이며 위험회피형으로서 효용극대화를 추구하는 것으로 가정하고 있다. 최근 들어 경제학자들은 이러한 가정들이 실제 행위를 설명함에 있어 부적당하다고 여기고 있으며 경제심리학에서 배울 수 있는 통찰력에 더욱 더 치중하는 경향이 있다. 이러한 연구분야에서는 인간의 실제 행위는 종종 비합리적이며 이러한 비합리성이 일련의 행위에 있어서 일관되게 나타나고 있고 다른 요소들과 연관되어 있음을 밝히고 있다.

28) Cannon and Tonks(2005), 전게논문, p. 100.

i) 기대이론과 손실회피성향(Cumulative prospect theory and loss aversion)

위에서 언급한 전통경제학의 가정들이 경제적 행위의 실제를 충분히 설명해 주지 못한다는 증거는 많이 있다. 잘 알려진 하나의 문제는 위험회피형의 인간이 항상 공정한 가격의 보험을 사고 불공정한 도박을 하지 않을 것으로 봐야 하지만 자주 불공정한 도박을 하는 것을 볼 수 있다는 것이다. 이에 대해 Kahneman과 Tversky(1979)는 이러한 행위가 위험회피(risk aversion)보다는 손실회피(loss aversion)라는 모델을 통해 보다 잘 설명될 수 있다고 제시하고 있다. 이 이론에 따르면 기준(reference) 혹은 기존(endowment)점이 있고 이것은 일종의 본래(initial)시점으로 이해할 수 있는데 인간의 만족도는 이러한 기준점 대비 나아지고 있는지 아니면 그 반대인지 여부에 달려있다는 것이다. 만일 기준점 이상이 되면 효용은 증가하되 한계효용체감의 법칙이 적용되고 이것은 위험회피형 이론과 일치한다. 기준점 대비 손실은 만족도의 감소를 가져다 주되 위험회피형과는 두 가지 차이점이 있다. 우선 손실에 대해서는 한계비효용이 체감하며 이것은 기준점 이하에서는 위험선호형이 된다는 것을 의미한다. 다음으로 아주 작은 손실로 인한 한계 비효용은 아주 작은 이득으로 인한 한계효용에 비해 상대적으로 크다는 것인데 이것은 결국 기준점을 중심으로 비틀림현상이 나타난다는 것을 의미한다. 이러한 현상의 예를 들자면 어떤 사람이 본래 100불을 가지고 있다가 10불을 잃게 되는 경우 본래 90불을 가지고 있다가 추가적으로 10불을 가지게 되는 것에 비해 비록 그 수치적 결과는 100불로서 동일함에도 불구하고 만족도가 떨어진다는 것이다. 위험회피를 손실회피로 대체하는 것은 그 자체로 인간의 합리성을 부정하는 것은 아니다. 하지만 무엇을 기준점으로 하며 이것이 어떻게 결정되며 시간에 따라 변화하는지에 대한 의문점을 여전히 남겨놓고 있다. 손실회피형을 연금시장에 적용하여 최적의 연금화 수준을 연구한 유일한 예는 Holmer(2003)이다.

ii) 기타 심리관련 효과

연금과 개인의 심리적 행위에 관련한 내용은 우선 프레임 효과(framing effects)가 있다. 이것은 인간의 행위는 가능한 선택사항이 어떤 것이냐가 아니라 어떻게 제시되느냐에 따라 영향을 받는다는 것이다. 예를 들어 Pension

비해 더 우월한 세제혜택을 제공하고 있는데[33] 일반적으로 OECD국가에 있어서 기여금에 대한 세금은 개인연금의 경우보다 기업연금의 경우가 세제상 더 유리하다.

② 역모기지의 존재이다. 역모기지는 호주, 영국 등에서 찾을 수 있으며 다른 나라에서는 거의 발달되지 않았다. 역모기지란 주택의 소유주가 집의 소유권을 이전함이 없이 자신이 거주하는 집이라는 자산을 통해 은퇴시기의 소비를 유지하는 것을 말한다. 역모기지에 대한 수요는 비록 세제혜택을 받지는 못하지만 위에서 본 바와 같이 주인이 거주하고 있는 집에 대한 일종의 세제상 혜택을 통해 간접적으로 영향을 받았을 수 있다. 역모기지는 전통적인 대부와 집의 자산가치가 0이 되었을 때 시작되는 거치종신연금의 조합으로 생각할 수 있는데 이때 지불금은 대부금액에 대한 이자로 생각 할 수 있다. 역모기지는 미국에서 현재까지 인기를 끌지 못하고 있는데 연금시장에 대한 역모기지의 영향은 불확실한 상태이다. 역모기지시장이 발달하게 되는 경우 거주하고 있는 집을 통한 정기적 노후자금의 조달에 대한 인식이 보편화된다면 이것이 노인들의 개인연금에 대한 수요를 자극할 수 있다. 특히 자식이 없는 경우 유산 혹은 만약의 사태에 대비한 자산의 보유의 필요성이 적기 때문에 역모기지 대신 차라리 종신 혹은 확정연금을 선택할 수도 있기 때문이다.

③ 개인연금에 대한 이해부족

사람들이 생존을 조건으로 주어지는 연금의 수익률이 채권과 같이 고정이자를 제공하는 보다 전통적인 투자수단에 비해 더 높다는 사실을 이해하지 못할 수가 있다. 그리고 단순히 미래에 대해 관심을 기울이지 않거나 미래소득의 가치를 낮게 평가하는 경우도 연금에 대한 수요를 줄일 수 있다.[34]

33) 기업연금제도내에서 볼 수 있는 바 은퇴관련 저축들에 대한 세제혜택은 다음과 같은 이유에 근거하고 있다. 우선 저축을 가로막는 소득세의 저축왜곡화 현상을 경감시키고 다음으로 사람들의 근시안적 태도로 말미암은 저축의 부족문제를 해결하고자 하는 것이다.

34) Mackenzie(2006), Pp. 35~40.

4) 연금수요의 전망[35)]

개인연금에 대한 수요는 향후 지속적으로 증가하리라 예상되고 있으며 그 주된 이유는 인구의 노령화, DB에서 DC로의 지속적인 근로자의 이동 등을 들 수 있다, 여기서 구체적으로 개인연금에 대한 수요를 증가시키는 요인들을 알아보면 다음과 같다.

(1) 세계적인 인구구조의 변화

전세계는 중대한 인구구조의 변화를 경험하고 있다. 19세기까지만 해도 유럽의 산업국가들조차도 젊은 인구구조를 가지고 있었다. 당시만해도 70세의 생일을 맞이할 수 있는 있는 사람은 별로 없었으며 인구성장은 점차적으로 이루어졌다. 공중보건, 특히 전염병에 대한 혁명적 접근방식, 개선된 방역 및 개인위생, 생활수준의 향상 등의 조합을 통해 영아사망율은 하락했고 성인의 기대수명은 증가하였다. 그리고 20세기에 들어와서 세계인구의 노령화는 출산율의 하락과 수명증가가 촉매가 되어 지속되었다.

(2) 인구의 노령화와 연금개혁

인구노령화와 인구노령화가 가져다 준 재정적 압박문제를 반영하기 위한 공적연금제도의 개혁은 사적연금에 대한 수요를 증가시킬 것이다.

(3) 기업연금제도 중 DB제도의 쇠퇴

미국 등에서 볼 수 있는 전형적인 DB제도에서 볼 수 있는 연금급여의 예는 (20년 한도) 가입년수×연금산정 기초급여의 2%+(20년을 초과 년수)×연금산정 기초급여의 1.5%로서 최대금액은 마지막 근무년도 급여의 70%이다.

35) Mackenzie(2006), Pp. 6~12.

(4) 사적연금 관련 시장의 성장

공적연금문제가 설혹 해결된다고 하더라도 사적연금시장의 성장은 기대할 수 있다. 왜냐하면 노인들은 사적연금의 필연적인 수요자들이며 인구구조상 노인들의 증가는 사적연금시장의 확대를 가져오지 않을 수 없다.

그런데 영국의 경우에 개인연금상품에 대한 수요는 상당히 증가한 것으로 나타났다. Stark(2003)에 의하면 개인연금의 판매가 1992년의 24.5억 파운드에서 2002년의 85.5억 파운드로 증가하였는데 이러한 증가가 향후에도 다음과 같은 네가지 이유로 지속될 것으로 예상되었다. 그 이유들을 보면 i) 과거 기업연금 중 DC연금제도의 성숙 ii) 노년층의 증가 iii) DB에서 DC로의 전환현상 iv) DB제도의 폐쇄와 기존 연금채무의 개인연금 단체구매를 통한 해결 등이 있다.[36)]

5) 개인연금의 공급

Stark(2003)이 언급한 바와 같이 개인연금의 수요는 개인연금의 공급한도에 의해 제한될 것이며 따라서 연금의 공급을 결정하는 요소들에 대해 이해할 필요가 있다.

현재의 개인연금은 대부분 채권을 그 배경으로 가지고 있다. 즉 보험회사는 채권(국채, 회사채 등)을 투입물(input)로 하여 연금을 하나의 산출물(product)로 생산하는 것이며 이때 보험회사가 만들어낸 부가가치는 채권과 같은 금융수단을 생존기간 동안의 소득의 흐름으로 전환한 것이다. 따라서 중요한 이슈는 채권의 공급문제와 보험회사가 장수위험을 다루는 방법에 관한 것이 된다.

또 하나의 중요한 이슈는 연금제공자가 소수에 국한된다는 것인데 이것은 독점이 가지는 영향력의 남용으로 이어질 수 있으며 아울러 개개 연금제공 보험회사의 파산이 많은 연금수급자에게 나쁜 결과를 가져다 줄 수 있음을 말한다.[37)]

36) Cannon and Tonks(2005), 전게논문, p. 79.

(1) 연금채무의 관리와 장수위험

연금계약에 있어 연금을 공급하는 보험회사와 연금을 구매하는 연금구매자와의 사이에 현금의 흐름관계는 다음과 같다.

이 관계에서 연금공급자의 입장을 중심으로 살펴보면 보험회사는 연금구매자에 대해 채무를 지고 있으며 이 채무를 보호 혹은 충당하기 위해 다양한 방법들을 취하게 된다. 보험회사는 연금계약자로부터 받은 연금보험료를 투자함에 있어 포트폴리오를 구성하게 되는데 만일 신중한 위험관리를 하는 경우라면 연금계약을 충실히 이행하기 위해 장차 예상되는 기대 지급금 풀(pool)과 지불금액의 크기와 위험측면 등에서 밀접하게 부합(match)하는 자산의 풀(pool)에 투자할 것이다. 이때 해당되는 대표적인 투자자산으로는 장기국채가 있으며 가장 이상적인 부합(matching)자산으로는 장수채권(longevity bond)[38]이 있을 것이다.

장수채권이 가지고 있는 의미는 보험회사가 비록 연금계약을 통해 개인의 장수위험을 인수하였지만 보험회사 역시 이 위험을 적절히 통제할 수단이 필요하기 때문인데 장수위험은 이자율위험과 함께 연금계약에 있어서 연금제공자가 반드시 유념하고 관리해야 할 두 가지 가장 대표적인 위험의 하나이다.

장수채권은 이표금액(coupon)이 특정 인구의 사망률지표에 따라 달라지는 방식으로 되어있으며 따라서 생존자가 많을수록 이표금액도 커지도록 되어있다. 장수채권을 구매하는 보험회사의 입장에서 그 장점은 당연히 보험회사의 채무에 밀접하게 부합(match)하는 현금흐름을 제공한다는 것인데 단점들도 있다. 먼저 보험회사에 속한 연금수익자들의 사망률이 특정 인구전체의 사망률과 다를 수 있다는 것이다. 두 번째는 장수채권이 이자율의 움직임에 대한 헤지를 제공해줄 수도 있지만 국채가 가지고 있는 정도의 유동성을 제공하지 못할 수 있다

37) Cannon and Tonks(2005), 전게논문, p. 109.

38) 2004년 유럽투자은행(European Investment Bank)는 25년 만기의 장수채권을 발행한다는 발표를 하였다. 이 채권의 발행은 BNP Paribas에 의해 중개되었으며 PartnerRE 가 재보험회사로서 장수위험을 담보하였는데 2005년 현재 이 채권은 제대로 발행되지 않았으며 보험회사 등이 채권구매에 별 다른 관심을 보이지 않는 것으로 밝혀졌다.

는 것, 그리고 세 번째로 장수채권 발행자의 신용위험이 국채의 것보다 더 클 수 있다는 것이다.

◀ 그림 4-3 ▶ 연금계약에 있어 연금공급자와 연금수급자간 현금의 흐름관계

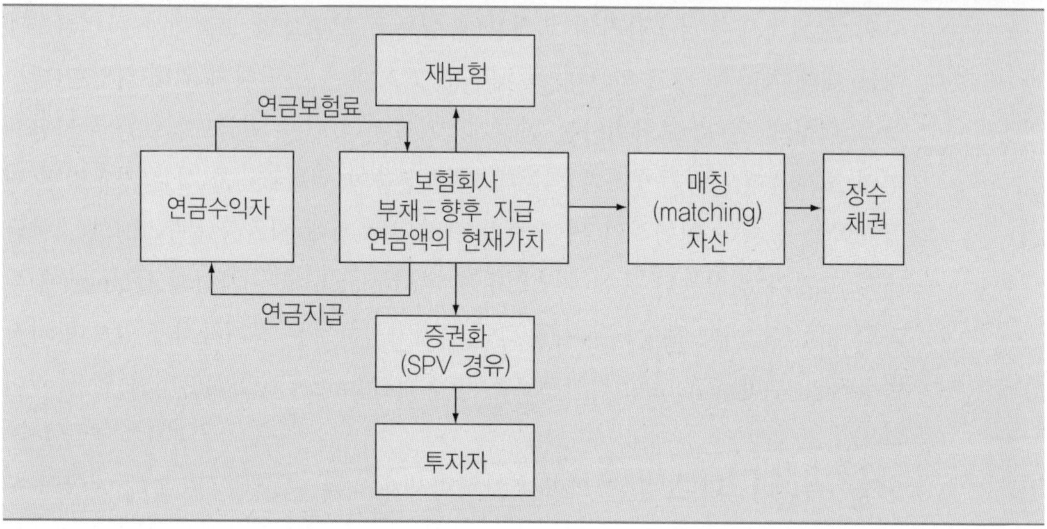

자료 : Cannon and Tonks, "Survey of annuity pricing", p.116

보험회사의 두 번째 투자대안은 재보험을 구매함으로써 연금계약상 위험의 일부를 하는 것이다. 마지막으로 증권화(securitization)가 있는데 이것은 연금계약의 보험자가 연금지급에 대한 재보험을 SPV(Special Purpose Vehicle)로부터 구매하고 이 SPV는 재보험보험료를 받는 대가로 특정인구의 생존율이 기대이상으로 커지는 경우 재보험금을 지급하는 형태를 말한다. 이 때 SPV는 일반 외부투자자를 대상으로 사망채권(mortality bond)을 발행하는데 이것은 지급조건이 장수채권과 반대의 형태를 취하고 있다. 동시에 SPV는 사망채권의 매각대금을 통해 유사한 구조의 국채를 구매하게 된다.[39]

위에서 살펴본 바와 같이 보험회사는 자신들이 인수한 연금계약관련 장수위험을 재보험 혹은 증권화 등을 통해 제3자에게 전가하고자 하는 동기를 가지고 있는데 중요한 문제는 누가 이 장수위험을 떠맡느냐 하는 것이다.

39) Cannon and Tonks(2005), 전게논문, p. 115~117.

이와 관련하여 Pension Commission Interim Report(2004)에 의하면 장수위험에는 세 가지 종류가 있다. 우선 '은퇴 이후 기준 개인별 장수위험(specific longevity risk post-retirement)'이 있다. 이것은 개인에 국한된 것으로서 은퇴 이후 자신이 얼마 동안 생존할지 모르는 것을 말한다. 두 번째는 '은퇴 이후 기준 동일 세대의 평균적 장수위험(average cohort longevity risk post-retirement)'으로서 개인이 아니라 동일 세대의 은퇴자들 전체를 대상으로 한 불확실성을 말한다. 세 번째는 '은퇴 이전 기준 장기적 장수위험(long-term average longevity risk pre-retirement)'은 향후 은퇴할 현재 근로자들의 기대수명에 대한 예측이 불확실하다는 것이다.

이 세 가지 중에서 첫 번째와 두 번째 위험은 전형적으로 연금의 제공자들이 맡게 된다. 즉, 기업연금 중 DB는 고용주가 맡고 DC는 보험회사가 주로 맡게 된다. 반면에 세 번째 위험은 DB제도의 경우는 여전히 연금제공자나 정부가 맡게 되지만 DC는 근로자 연금율(annuity rate)의 변화라는 것을 통해 개인이 떠맡게 된다. 왜냐하면 동일한 가치의 적립금에 대해 보험회사가 얼마의 금액을 제공하느냐 하는 이른바 보험회사의 연금율은 사망률의 변화에 따라 향후에 변할 수 있기 때문이다.

한편 Stark(2003)과 Wadsworth(2005)는 보험 및 재보험산업 전체가 동일세대의 장수위험을 흡수할 능력이 없다는 사실에 대해 우려를 표시하고 있다. 재보험의 경우 재보험사업자들이 연금사업에 대해 재보험계약을 꺼리고 있는데 그 이유는 재보험자들이 '동일 세대의 평균적 장수위험(average cohort longevity)'을 보험자들의 풀(pool)을 통해 분산화시키기가 어렵기 때문이다. 결국 이 위험은 정부를 통해 많은 세대에 걸쳐 분산시켜야 하며 만일 정부가 장수채권의 발행 등을 통해 이 위험을 인수하려고 하지 않거나 혹은 재보험자 또는 개인투자자들이 이 위험을 떠 맡지 않는 이상 이 위험을 떠맡을 대상은 연금수급자 자신들 밖에 없는 결과가 나타난다.[40]

40) Cannon and Tonks(2005), 전게논문, p. 119.

(2) 연금채무의 관리와 이자율위험

위에서 언급한 바와 같이 이자율위험은 장수위험과 함께 연금제공자의 관리가 필요한 두 가지 가장 대표적인 위험의 하나이다. 이자율위험이라 함은 이자율이 변화함으로써 연금자산의 현재가치를 연금부채의 현재가치보다 적게 만드는 위험을 말한다. 보험회사는 자산의 위험속성(risk profile)을 부채의 위험속성에 정확히 부합(matching)시킴으로써 이러한 위험을 제거할 수도 있다. 실제에 있어서 보험회사는 현존하는 장기, 중기, 그리고 단기국채의 조합과 스왑이나 파생상품 등을 사용함으로써 이자율위험에 대한 부채포트폴리오의 면역화(immunization)를 사용하고 있다. 그런데 Wadsworth(2005)에 의하면 영국의 경우 보험회사와 기업연금의 잠재적 수요를 만족시킬만한 국채와 회사채가 충분하지 않다고 지적하고 있다.[41]

(3) 운영비용(administrative expense)과 마케팅비용(marketing expense)

전세계적으로 운영비용이나 마케팅비용과 같은 연금의 공급과 관련한 비용에 대한 정보는 부분적이며 단편적이다. MW 등에서 유추할 수 있는 증거들은 해석상에 어려움을 가져다 주는데 그것은 보험회사의 투자정책이나 각 연구의 가정들에 따라 달라질 수 있기 때문이다. 참고로 James and Song(2002)은 미국의 경우 즉시연금에 대한 판매수수료는 연금보험료의 4%이며 판매와 관련한 전체 비용은 보험료의 5~6% 정도라고 말하고 있다. 이 연구에 의하면 나머지 비용들, 즉 판매시점이나 그 이후에 발생하는 비용들을 합친 것들은 보험료의 7~8%에 이르며 따라서 전체 비용은 보험료의 12~14%에 이르는 것으로 보고 있다.

그런데 이러한 비용들은 고정비용과 연결되기 때문에 적은 규모의 연금을 구매하는 사람들에게 불리하다. 영국의 예를 보면 적은 규모의 연금구매자들이 치르는 일종의 대가는 높은 수수료가 아니라 개개인의 사정에 비추어 자신들에게 가장 적합한 연금이 무엇인지에 대해 좋은 상담을 받는 것을 포기하는 것이다.

41) Cannon and Tonks(2005), 전게논문, p. 122.

한편 연금의 공급과 관련하여 또 하나의 중요한 비용을 발생시키는 것은 책임준비금에 관한 규정이다. 책임준비금은 안전성을 고려해야 하기 때문에 저수익률 자산에 투자될 수 밖에 없고 이 경우 보험회사의 부채를 계산하는데 사용되는 할인율보다 낮기 때문에 책임준비금 관련 규정은 일종의 비용으로 작용하게 된다.[42]

(4) 연금시장의 정부규제

전통적으로 어떤 산업을 막론하고 다음 중 하나의 상황이 발생할 때 정부규제의 대상이 될 수 있다. 첫 번째는 소비자관련 정보의 비대칭(asymmetric information)문제가 있을 경우이다. 다음은 외부효과(externalities), 즉 어떤 생산자의 행위가 다른 생산자에게 영향을 미치는 경우를 말한다. 마지막으로 시장지배력을 남용할 가능성이 존재하는 경우이다.

Davis(2004)가 이미 지적한 바와 같이 연금의 제공은 상당한 정부규제가 따르는데 왜냐하면 위에서 언급한 세 가지 경우가 모두 해당되기 때문이다. 연금제공자 혹은 연금상품의 판매자는 다음과 같은 세 가지 측면에서 규제를 받게 된다. 우선 소비자에 대한 정보제공 방법, 두 번째는 상품의 구조와 내용, 그리고 세 번째로 지불준비금, 적정자본금 등과 관련된 지급능력에 관한 규제 등이다.

소비자에 대한 정보제공은 연금이 복잡한 금융상품이고 그 특성을 소비자가 제대로 이해하기 어렵다는 것에 기초를 두고 있다.[43] 연금구매자들의 경우 자신의 생애 중 연금을 구매할 기회가 한두 번에 그치며 이것은 아무리 지각이 있고 지적인 사람이라 하더라도 다양한 회사의 다양한 상품들 중에서 선택할 수 있는 정보에 기초한 의사결정을 할 수 있는 시간과 전문성을 가지고 있지 못하다는 것을 의미한다.[44] 그리고 치료제와 마찬가지로 연금상품은 구매 이후 한동안 시

42) Mackenzie(2006), Pp. 76~77.
43) Cannon and Tonks(2005), 전게논문, p. 112~113.
44) Mackenzie(2006), P. 82.

간이 경과한 다음에야 소비자는 그 상품의 가치를 인식하게 된다. 이것은 다른 한편으로는 보험회사가 보험료를 받는 시점과 연금을 실제 지불하는 시점까지 기간이 길기 때문에 보험회사로 하여금 투자 등의 측면에서 보다 가입자를 보호하는 방향으로 움직여가도록 감독해줘야 할 필요성이 존재한다는 것을 의미하기도 한다. 또한 한 회사가 연금상품을 만드는 과정에서 적용한 가정들은 다른 기업들에게도 영향을 미친다.[45] 그런데 만일 정부가 그 나라의 시민들이 연금과 관련하여 필요한 정보를 취득하고 제대로 된 의사결정을 하도록 원하는 경우라면 공적 웹사이트를 구축하는 문제를 생각해볼 수 있다. 이런 시각에서 싱가포르의 CPF나 칠레의 Superintendency의 웹사이트는 비록 공적 정보의 제공을 위해 설립된 것은 아니지만 참고할만한 모델이다. 그런데 이러한 웹사이트에서 볼 수 있어야 할 몇 가지 사항이 있다. 그것은 우선 어떤 경우에 있어 연금의 구매가 별 의미가 없는지를 설명해놓아야 하는데 왜냐하면 이 웹사이트가 생명보험회사의 사업을 도와주고자 하는 것처럼 보여서는 안되기 때문이다. 그리고 다음으로는 연금화에 대한 의사결정이 은퇴 재무계획이라는 큰 구조물의 일부로서 이루어져야 한다는 것이다.[46]

한편 지급능력에 관한 규제는 연금상품 구매자들로 하여금 보험회사의 파산으로부터 보호하기 위한 것이다. 지불준비금에 관한 규제와 관련해 Daykin(2001, 2004)은 이것은 몇 가지 이유로 말미암아 시행되는 것이라고 밝히고 있다. 그것은 구체적으로 ⅰ) 보험회사의 건전하고도 신중한 경영을 지원하고 ⅱ) 보험회사의 회계가 자산과 부채에 관한 진실되고도 공정한 기술이 되도록 하고 ⅲ) 세금관련 정부기관에 대해 정보를 제공하기 위한 것 등을 말한다.[47]

이외에도 일개 보험회사의 재무적 어려움은 재보험 등의 연결을 통해 다른 보험회사 심지어는 은행이나 기타 금융기관까지 영향을 미칠 가능성이 있기 때문에 보험회사의 정부규제가 필요할 수 있다.[48]

45) Cannon and Tonks(2005), 전게논문, p. 113.
46) Mackenzie(2006), P. 188.
47) Cannon and Tonks(2005), 전게논문, p. 113.
48) Mackenzie(2006), p.83

6) 연금시장과 역선택(adverse selection)

(1) 역선택의 이론

연금시장에 있어 역선택의 문제는 이미 잘 알려져 있다. 예를 들어 1811년 Jane Austen의 소설 'Sense and sensibility' 에서는 "…people always live forever when there is any annuity to be paid them"이라는 대목을 발견할 수 있다.

역선택이란 보험상품을 판매하다 보면 보험회사가 개인별 리스크정도를 분별할 수 없는 경우 높은 리스크를 가진 사람들이 주로 이 상품을 구매하게 되어 결국 보험회사의 손해로 연결되어 최악의 경우 보험시장이 없어지는 이른바 시장실패가 나타날 수 있다는 것이다. 경제이론에 있어 역선택의 중요성은 정보의 비대칭(asymmetric information)의 효과라고 하는 보다 일반적인 상황에서 1970년대 이후 인식되기 시작했다.

연금시장에 있어 역선택문제의 해결에 관한 두 가지 이론을 정리해보면 다음과 같다. 먼저 보험회사의 입장에서 기대수명 이상을 능가하는 개인의 상대적 장수가능성은 리스크로 간주되는데 만일 보험회사가 개인의 장수가능성에 대한 완벽한 정보를 가지고 있다면 높은 리스크와 낮은 리스크의 개인들에게는 각각 다른 가격의 연금을 판매할 수 있을 것이다. 그리고 이때 두 그룹의 개인들은 모든 자산을 연금에 투자하는 완전연금화를 선택하게 될 것이다.[49]

그러나 이것은 불가능하며 이에 따라 이론적인 차선책 중 하나는 만일 가능하다면 두 가지 종류의 연금을 판매하는 것이다. 그것은 연금의 구매량에 따라 가격을 달리하는 것인데 즉, 많은 연금을 사는(리스크가 높을 가능성이 큰) 개인에게는 높은 가격을 책정하는 것이다.[50] 이러한 정책이 가져올 수 있는 이론적 결과는 연금의 부분적 구매(특히 리스크가 낮은 개인)가 이루어지게 되어 결국 모두에게 불리한 결과를 낳게 된다는 것이다. 그러나 실제 연금시장을 보게 되면 이러한 연금의 구매크기에 따라 가격을 달리하는 정책을 볼 수가 없으며 더구나

49) Cannon and Tonks(2005), 전게논문, Pp. 62~63.
50) Ekstein-Eichenbaum-Peled(1985)가 처음 이러한 이론을 제시하였다.

연금구매의 양을 감시할 방법도 존재하지 않는다. 두 번째 이론적 차선책[51]은 높은 리스크와 낮은 리스크의 개인들 모두에게 보험회사의 손익분기점에 해당하는 한 가지 가격의 연금을 판매하는 것이다. 이때의 가격은 높은 리스크와 낮은 리스크에 해당하는 가격 사이에 있는 것으로서 이 경우 높은 리스크의 개인들은 상대적 낮은 가격으로 인해 많은 연금을 구매할 것이며 더구나 부유할 가능성이 많아서 더욱 그 가능성을 높여준다는 것이다.[52] 물론 리스크가 낮은 개인의 경우는 구매를 적게 할 것인데 리스크가 낮은 경우 연금의 필요성도 줄어들므로 별 문제가 없다.

한편 역선택문제와 관련하여 두 종류의 리스크 그룹의 지동적인 분리현상이 나타날 수 있다는 것을 제시한 경우가 있다. Finkelstein과 Poterba(2002)는 리스크가 낮은 개인들은 조기에 연금의 무게가 실리는 level연금이나 guaranteed 연금을, 리스크가 높은 개인들은 후기에 연금의 가치가 커지는 인플레이션 보장 연금 혹은 escalated연금을 선택한다는 것이다.

(2) 역선택의 실제

Warshawsky(1998)는 인구전체의 생존표(life tables)를 기초로 한 연금의 금전적 가치와 연금가입자의 생존표를 근기로 한 연금의 금전적 가치의 차이가 역선택의 정도를 보여주는 것이라고 하였다. 왜냐하면 장수의 가능성이 많은 사람들이 주로 연금을 구매할 것으로 예상할 수 있고 보험회사 역시 이러한 동기가 존재한다는 사실을 알고 있기 때문에 보험료에 이것을 반영할 것으로 보이기 때문이다. 그런데 Finkelstein과 Poterba(2002)는 이러한 금전적 가치의 차이가 역선택의 연금 가입자의 능동적 행위에 의한 문제가 아니라 좀 더 '조심성 있는(careful)' 사람들이 연금을 산다는 것, 즉 수동적 선별(passive selection)의 문제라고 보았다.

연금가치의 차이에 대한 실제 연구결과는 다음과 같다. 먼저 영국의 경우 65

51) Abel(1986)과 Walliser(2002)에서 이러한 이론이 도출되었다.
52) Cannon and Tonks(2005), 전게논문, p. 66~67.

세 남자로서 5년간 확정연금 level single연금을 받는 경우 연금가입자의 생명표를 기준으로 한 1972~2002년 동안 연금의 금전적 가치는 평균적으로 구매가격의 89.5%였다. 한편 같은 기간 동안 인구전체의 생명표를 기준으로 할 경우 연금의 금전적 가치는 95.6%로서 전자와의 차이는 약 2.9%가 있었다. 결국 이러한 차이가 역선택의 문제인지 아니면 단순한 수동적 선별인지는 알 수 없으나 연금가입자가 더 오래 산다는 것은 선별(selection)이라는 행위가 존재함을 말해주고 있다.

한편 Finkelstein과 Poterba(2002)의 연구결과는 65세 연금가입자의 경우 연금가입자의 생명표를 적용했을 경우 인구전체의 생명표를 적용한 경우에 비해 연금의 금전적 가치가 14.2% 더 높은 것을 보여주었다. 또한 이 연구결과는 escalating이나 indexed연금의 경우 금전적 가치는 상당히 낮다는 것을 보여주었는데 이것은 이러한 연금상품을 공급하는데 있어 비용이 크거나 아니면 이러한 상품의 연금부채를 지탱할 적절한 투자자산이 없기 때문이거나 혹은 역선택의 결과일 수도 있다.[53)]

한편 미국의 경우에서 볼 수 있는 바와 같이 연금시장에 있어 선별의 문제는 점점 줄어들고 있는 것으로 나타났으며 국제적으로도 이러한 양상은 지속되는 것으로 보고되고 있다.[54)]

53) Cannon and Tonks(2005), 전게논문, p. 70~71.
54) Cannon and Tonks(2005), 전게논문, p. 75.

제3장 개인연금의 수리와 개인연금의 금전적 가치

들어가기에 앞서

이 장에서는 기초적인 수준에서의 생명연금 수리에 대해 알아보고 이어서 개인연금의 금전적 가치, 즉 우리가 내는 돈에 비해 개인연금은 어느 정도의 대가를 지불하는지에 대해 검토할 것이다.

구체적으로 생명연금수리에 있어서는 확정기간형 연금의 현재가치 혹은 가격의 계산방법을 알아보고 이어서 연금수령기간이 확정되지 않은 생명연금의 가치에 대해 이해하고자 한다.

다음으로 개인연금의 금전적 가치에 있어서는 이것을 계산하는 수식을 먼저 알아보고 우리나라와 외국의 경우에 있어 실제로 금전적 가치를 계산해본 결과가 어떻게 나왔는지 소개할 것이다.

1. 생명연금의 수리 기초

1) 생명연금의 개념

연금이란 일반적으로 일정한 기간과 일정한 간격(1년 혹은 1개월) 등을 두고 일정금액을 계속해서 지불 혹은 수령하는 것을 의미한다. 국민연금이나 퇴직연금, 그리고 개인연금을 포함하여 월세, 자동차 할부금 등이 모두 수리상 연금의 영역에 포함될 수 있다.

연금은 지급기간과 관련하여 크게 두 종류로 나눌 수 있다.

그 하나는 수급기간이 미리 확정되고 이 기간 중에는 연금을 수령하는 사람의 생사에 관계없이 무조건적으로 연금이 지급되는 확정연금이 있고 다른 하나는 연금수급자의 생존을 조건으로 하여 지급되는 생명연금이 있다.

생명연금은 대부분 장기간에 걸쳐서 지급되며 이에 따라 우리가 관심을 가지는 내용 중의 하나는 이 연금의 가치인데 예를 들어 연금의 지금 시점에서의 가치 혹은 미래가치 등이 여기에 해당한다.

이 생명연금의 현재가치 혹은 가격은 세 가지 요소에 의해 결정된다. 즉, 연금의 크기, 미래연금을 할인하는데 사용되는 이자율, 그리고 전형적 연금구매자가 미래의 일정시점에 생존해있을 가능성을 계산하는데 사용되는 사망률이다.

아래에서는 생명연금의 가치를 계산하기 전에 좀 더 단순한 형태인 확정연금의 가치를 구하는 방법을 알아보고자 한다.

2) 확정연금의 미래가치, 현재가치

(1) 연금의 미래가치

매년 말 1원씩 10년 동안 지급되는 연금의 10년 후 가치 FV는 다음과 같다. 단 이자는 5%로 가정한다.

$$FV = 1+(1+0.5)^1+(1+0.5)^2+ \cdots\cdots +(1+0.05)^9$$

그런데 연금수급기간이 길어지는 경우 이러한 방식은 너무 복잡해지며 좀 더 간단하게 계산할 수 있는 방법이 있다. 그것은 등비수열의 합을 이용하는 것이다.

먼저 $S_n = a+ar+ar^2+\cdots ar^{n-1}$과 같은 등비수열의 합 S_n는 다음과 같다.

$$S_n = \frac{a(1-r^n)}{1-r}$$

따라서 모두 n개의 항으로 구성된 연금의 미래가치는 $\frac{(1+i)^n-1}{i}$로 나타낼 수 있다.

(2) 연금의 현재가치

연금의 현재가치 계산도 연금의 미래가치의 계산방법과 유사하다. 즉 매년 말 1원씩 10년 동안 지급되는 연금의 현재가치 PV는 다음과 같다.

$$PV = (1+0.5)^{-1}+(1+0.5)^{-2}+ \cdots\cdots +(1+0.05)^{-10}$$

연금의 미래가치와 마찬가지 방법으로 n개의 항으로 구성된 연금의 현재가치는

$$\frac{1-(1+i)^{-n}}{i}$$ 이다.

한편 수급기간 초에 지급되는 연금의 현재가치와 미래가치는 매기간 말에 지급되는 경우의 현재가치와 미래가치에 $(1+i)$를 곱해주면 된다.

예 1) 매년 말 1,000원씩 30년 동안 적립되는 적립금의 현재가치는 얼마인가? 단 이자율은 연간 5%이다.

$$1,000 \times \frac{1-(1+0.05)^{-30}}{0.05} = 1,000 \times \frac{1-0.2313}{0.05} = 15,372.4\text{원}$$

예 2) 매년 말 1,000원씩 20년 동안 적립되는 적립금의 현재가치는 얼마인가? 단 이자율은 연간 7%이다.

$$1,000 \times \frac{1-(1+0.07)^{-20}}{0.07} = 1,000 \times \frac{1-0.2584}{0.07} = 10,594\text{원}$$

예 3) 30년 후에 매년 말에 x원씩 적립하여 1억원을 장만하고 싶다면 매년 적립하여야 할 금액은 얼마인가? 단 이자율은 연간 5%로 가정한다.

$$x \times \frac{(1+0.05)^{30}-1}{0.05} = x \times 66.439 = 100,000,000$$
$$x = 1,505,140\text{원}$$

예 4) 현재 나이가 25세인 갑과 을 두 사람이 35년 후 은퇴를 예상하고 매년 저축을 통해 은퇴자금을 모으기로 결정하였다. 우선 갑은 매년 말 120만원(즉 한달에 10만원 정도)을 처음 10년 동안 꾸준히 적립하다가 그 이후 입금은 하지 않았지만 자금을 인출하지는 않았고 이에 따라 이자는 꾸준히 적립되었다. 다음으로 을은 처음 10년 동안은 적립을 하지 못하였으며 10년이 지난 후 적립을 시작하여 그 후 25년 동안 매년 120만원씩 적립하였다. 만일 35년 기간 동안 매년 6%의 투자수익률(이자율)이 적용된다면 은퇴시점의 총 적립금은 각각 얼마인가?

◀ 그림 4-4 ▶ 적립시기에 따른 적립금가치의 비교

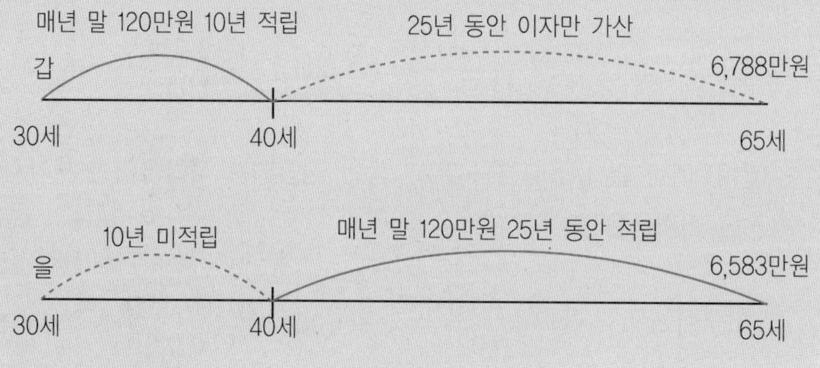

먼저 갑의 경우,

$$120 \times \frac{(1+0.06)^{10}-1}{0.06} = 120 \times \frac{1.7908-1}{0.06} = 1581.6\text{만원}$$

그리고 이 금액의 25년 후 원리금합계는

$$1581.6 \times (1+0.06)^{25} = 6788.02\text{만원이다.}$$

다음으로 을의 경우,

$$120 \times \frac{(1+0.06)^{25}-1}{0.06} = 120 \times \frac{4.2918-1}{0.06} = 6,583.7\text{만원}$$

계산결과 갑은 6,788만원, 을은 6,583만원으로서 을이 갑에 비해 15년을 더 적립했음에도 불구하고 은퇴자금으로 사용할 적립금 총액은 오히려 갑이 더 크다.

3) 생명연금의 현재가치 혹은 가격의 계산

(1) 계산에 필요한 자료

연금의 가격은 이자율, 기대수명에 대한 예측, 연금적립금의 크기, 연금의 형태, 그리고 연금제공자의 비용(mark-up)등에 영향을 받는다.

미래의 기간 동안 받게 될 명목적 연금을 할인하기 위해 우선 미래의 단기이자율에 대해 가정을 해야 한다. 연금의 가격에 영향을 미치는 가장 중요한 두 가지 요소는 이자율과 사망 혹은 생존율로서 후자가 그렇게 급변하지 않는다고 본다면 연금의 가격에 가장 영향을 미치는 것은 바로 이자율이다.

다음으로 사망률에 대한 가정이 필요한데 관련되는 사망률에는 두 가지 형태가 있다. 첫 번째는 전체인구의 기대사망률이며 두 번째 타입은 개별연금을 구매하는 사람들의 기대사망률이다.

이 두 가지 형태는 분명한 차이를 가지고 있다. 먼저 평균 이상의 재산을 가진 사람이 그렇지 않은 사람보다 오래 살며 이러한 사람들이 연금구매자들에게 상대적으로 많다. 두 번째로 재산이 같은 경우에도 연금을 구매하는 사람이 그렇지 않은 사람보다 오래 사는 경향이 있다는 것도 이미 잘 알려진 사실이다.

한편 전체인구 혹은 연금구매자의 생명표를 이용할 것인가에 대한 결정 외에도 기간(period) 혹은 동일세대(cohort)의 생명표를 이용하여 연금수급자의 사망률을 전망할 것인가를 결정해야 한다. 먼저 기간 생명표는 한 그룹의 사람들이 상대적으로 짧은 기간(보통 1년)동안의 실제 사망률을 나타내며 이에 비해 동일세대 생명표는 특정 해에 출생한 사람들의 일생 동안의 실제 사망률을 나타내고 있다.

연금의 가치를 계산할 때는 동일세대의 생명표를 사용하는 것이 당연한데 그 이유는 동일생명표가 합리적이며 미래를 예상하는 개인들이 연금구매와 관련한 의사결정을 할 때 적용하게 될 확률이기 때문이다. 한편 동일세대의 개인들에 대한 나이별 기대사망률은 개인의 사망패턴과 기대수명 관련 추세에 대한 새로운 정보로 인하여 시간이 흐름에 따라 변할 수가 있다.

(2) 생명연금의 가치 계산방법

연금의 가격(premium)이 결정되는 것을 단순화시키면 다음과 같다. 먼저 연금공급자의 비용 등을 고려하지 않는 경우 연금의 가격은 간단히 미래에 지급될 기대 연금액(expected annuity: EA)의 현재가치라고 볼 수 있다. 그런데 여기서 기대연금액이라고 할 때 만일 특정시기에 생존해 있는 것을 조건으로 지급되는 연금이라면 연금지급액에 살아있을 확률을 곱해주어야 한다. 따라서 어떤 사람이 매년 말에 연금을 받되 연금지급이 시작된 이후 t년까지 생존해 있을 가능성이 SP_t이고 최대생존기간이 T년, 연간 이자율이 i로서 변함없이 일정하다고 할 때 매년 1원씩 지불되는 연금의 가격 PA는 다음과 같다.[55)]

$$PA = \sum_{t=1}^{T} \frac{EA_t}{(1+i)^t} = \sum_{t=1}^{T} \frac{1+SP_t}{(1+i)^t}$$

미래의 기대사망률을 추정하는 것은 생명연금의 현재가치의 계산에 있어 가장 복잡한 과정인데 만일 ps_t를 연금개시 이후 $t-1$년까지 살아있는 사람이 t년까지 1년 동안 살아있을 확률로 가정한다면 $SP_t = ps_1 \times ps_2 \times \cdots \times ps_t$가 된다. 위의 식에서 본 바와 같이 연금의 가격은 이자율(혹은 할인율)이 높을수록, 그리고 살아있을 확률이 적을수록 싸지게 되는데 연금공급자가 연금의 가격을 결정하기 위해서는 이러한 이자율과 사망률에 대한 예측이 필요하다.

개인들이 연금상품의 구매를 회피하는 이유 중 하나는 상품의 가격이 잘못 책정되었다는 것이다. 그런데 우선 영국의 경우는 연금상품이 연금계리 기준에서 봤을 때 다소 높게 가격이 책정되었다는 것을 보여주는 강력한 증거는 있지만 그렇다고 해도 이 추가금액이 다른 금융상품의 비용에 비해서 상대적으로 과도해 보이지는 않는다는 결과가 나와 있다.

한편 개인연금에 있어 연금가격의 역사적 움직임에 대해서는 대표적인 것들이 미국의 경우(Mitchell, Poterba and Warshawsky(2001)이 있고 영국의 경우 Cannon and Tonks(2004)이 있다. 영국의 경우 1957년에서 2002년까지 대부분

55) Mackenzie(2006), P. 44.

이 즉시연금에 관한 연구조사 결과로서 먼저 개인연금의 연금율(annuity rate)을 결정하는 개인적 요소는 나이와 성별이었다. 그런데 나이별 성별 연금율(annuity rate)의 움직이는 형태는 거의 동일하였는데 이것은 연금율이 이자율의 기간구조(term structure)에 기초를 두고 있기 때문인 것으로 설명되고 있다.[56)]

2. 생명연금의 금전적 가치

1) 금전적 가치

연금의 가치를 다른 자산과 비교하는 가장 일반적인 방법은 금전적 가치(money's worth: MW)라 불리는 측정수단을 이용하는 것이다. 이것은 연금을 1원(불, 파운드)을 주고 구매했을 때 향후 받게 될 기대연금액의 가치를 말한다. 만일 연금의 금전적 가치가 1원이라면 연금계리적 측면에서 완벽하게 공정한 가격으로 책정되었다고 한다(이때 보험회사는 운영비용이나 수익을 낼 수 있는 돈을 받지 못한 것임).

따라서 만일 보험회사가 비용이 소요되고 어느 정도 수익을 내야 하는 경우라면 금전적 가치가 1보다 적을 것으로 예상할 수 있다. 예를 들어 수익비가 0.65라면 1원의 65%는 연금구매자에게 돌아가고 나머지 35전은 보험회사의 경비 혹은 이익의 명목으로 사용된 것을 의미한다. 한편 금전적 가치를 계산하는 것보다 좀 더 사용빈도가 적은 측정수단은 연금가격에 내포된 내부수익률이다. 이러한 접근방식의 장점은 기대수명만 예상하면 된다는 것이며 이자율에 대한 가정은 필요가 없다.[57)]

연금의 금전적 가치를 계산해보는 것은 상당히 가치가 있는 것이다. 왜냐하면

56) Cannon and Tonks(2005), 전게논문, p. 48.
57) Cannon and Tonks(2005), 전게논문, p. 56.

이것은 위에서 언급한 바 연금공급자가 부과한 비용을 가름해볼 수 있는 수단을 제공하기도 하고 또한 연금시장의 중요한 이슈의 하나인 역선택문제의 심각성 여부를 밝혀주기도 하기 때문이다.[58)]

연금의 금전적 가치를 계산하는 방법은 다음과 같다. 먼저 z를 1원의 돈을 주고 구매한 연금계약을 통해 매년 받게 되는 연금율(annuity rate)이라고 하면 level annuity의 금전적 가치(MW)는 다음과 같다.

$$MW = z\left(\sum_{t=1}^{T} p_t R(t)\right)$$

여기서 p_t는 0의 나이에서 t의 나이까지 생존할 확률이고 T는 최대수명, $R(t)$는 은퇴 후 t기에 이루어지는 연금의 현재가치를 구하는데 필요한 식이다.

그런데 연금의 금전적 가치를 계산하는 방법에는 사전적(exante) 방법과 사후적(expost) 방법, 두 가지가 있다. 사전적 방법은 연금판매 당시에 사용되던 기대이자율과 생존확률을 이용하는 것이다. 그런데 보험회사는 일반적으로 연금채무를 적절한 만기를 가진 채권을 통해 충당하므로 이자율의 경우는 역사적 수익률곡선(yield curve)을 사용하는 것이 대체적으로 적절하다. 사후적 방법은 실제적(actual) 연간이자율과 연금수익자의 실제적 사망률을 이용하는 것이다.

사전적 방법에 의해 영국 연금상품의 금전적 가치를 연구한 Cannon and Tonks(2004)의 결과를 보면 1957~2002년 기간 동안 Guaranteed와 Non-guaranteed를 종합한 평균치는 0.98로서 거의 1에 접근하였다. 그런데 0.98이 1과의 차이가 있다는 것은 비록 통계적 유의성을 가지고 있었지만 이 차이가 경제적 의미를 가지고 있는지는 논쟁의 여지가 있다고 말하고 있다. 그리고 1972~2002년 사이 연금수익자가 아닌 인구전체를 대상으로 한 연금의 금전적 가치는 0.956으로서 위의 경우와는 차이를 보였는데 역선택(adverse selection)이나 연금가입자가 상대적으로 수입이 높거나 건강한 이유로 해석되고 있다.[59)]

연금의 금전적 가치에 대한 연구결과 중[60)]에는 MW이 1을 초과하는 경우를

58) Mackenzie(2006), P. 48.
59) Cannon and Tonks(2005), 전게논문, Pp. 57~59.
60) 예를 들어 James and Vittas(2000)

볼 수 있다. 이것은 연금공급자들의 광고나 운영비용 등을 고려하는 경우 불가능한 일인데 그 이유는 이러한 연구들이 할인율(discount rate)로서 국채이자율을 사용하였기 때문으로 볼 수 있다. 실제 보험회사들은 수익률이 높은 자산들, 예를 들어 회사채나 주식, 그리고 부동산과 같은 자산에 투자하고 있다. 그런데 만일 이러한 투자가 국채에 비해 추가적인 채무불이행위험(default risk)를 수반하고 있다면 할인율로서는 당연히 국채가 아닌 회사채 등의 적절한 이자율이 사용되어야 할 것이다.

한편 연금의 금전적 가치(MW)를 계산하는 경우 잠재적 연금구매자들이 연금을 구매하지 않고 채권의 구매 등을 통해 자신이 직접 노후의 경제적 문제를 해결하고자 할 때 거래비용 등 각종 비용들이 발생할 수 있다는 사실을 감안할 필요가 있다. 따라서 연금의 수익률은 직접적인 투자에 있어 발생하는 경비 등을 제외한 이른바 순수익률(net rate of return)과 비교되어야 한다.

이외에도 연금의 금전적 가치를 바라볼 때 반드시 고려해야 할 사항이 있다. 그것은 MW이 1과 어느 정도의 괴리를 가지고 있느냐 하는 것이 연금상품이 가지고 있는 보험적 가치를 반영하지 않고 있다는 것이다. 특히 낮은 MW가 연금의 조건적 수익률(conditional rate of return)이 채권의 수익률보다 낮다는 것을 반드시 의미하는 것은 아니라는 것이다. 종신연금이 제공하고 있는 장수위험에 대한 보장의 의미는 개인이 은퇴 후 소비의 하락을 피하고 싶어하는 정도, 개인의 주관적인 할인율(subjective discount rate) 등에 달려있다.

한 연구[61)]에서는 연금상품의 구매 등을 통해 연금화가 가능한 경우와 그렇지 않은 경우의 개인의 만족도 차이를 비교함을 통해 연금의 보험적 가치를 계산한 적이 있다. 이 연구결과를 보면 개인의 위험에 대한 회피정도가 심하지 않다는 가정하에서도 연금화가 불가능한 경우 연금화가 가능한 경우의 만족도수준에 달성하기 위해서는 은퇴시점에서 30% 정도의 추가적 재산이 더 필요하다고 밝히고 있다.[62)] 물론 이 연구에서는 유산의 필요성이나 만일의 사태에 대비한 자금의 필요성 등 연금의 필요성을 제한하는 요인들에 대해서는 고려하지 않았다.

61) Mitchell et al.(2001)
62) Mackenzie(2006), P. 48~49.

한편 Murthi et al.(1999)는 연금과 관련하여 비용을 세가지로 분류하고 있다. 즉, 적립기간 동안의 비용, 연금화(ceding)비용, 연금의 부가비용(loading)으로서 이 중에서 연금의 부가비용이 가장 규모가 작다고 주장하고 있다.

연금의 금전적 가치와 관련하여 James(2000)는 영국의 소매투자상품에 있어 투자에 따른 비용을 계산한 적이 있는데 1원을 통해 시장수익률만큼을 올리기 위해서는 적극적 펀드(managed fund)의 경우 1.5원, 인덱스펀드의 경우 1.10~1.25원을 투자해야 함을 보여주고 있다. 이것은 적극적펀드의 경우 금전적 가치는 0.66, 인덱스펀드의 경우 0.91보다 작다는 것을 말한다. 이것은 실질적 투자수익률의 감소를 가져다 주는 것은 보험회사가 연금적립금의 적립기간 동안 부과하는 비용이지 연금지급기간 동안의 비용이 아님을 말해주고 있다.

또한 영국의 경우 일반 자동차 등 몇 가지 손해보험상품과 연금의 금전적 가치를 비교한 것을 보면 손해보험의 금전적 가치를 보험료대비 클레임비용으로 봤을 때 연금의 금전적 가치가 상대적으로 높은 것으로 나타났다.[63)]

(2) 연금가격의 현실과 변동성

미국과 영국의 경우를 예로 볼 때 현실적으로 연금시장에서 제공되는 연금상품의 가격은 보험회사별로 상당한 격차가 존재하고 있다. 그러나 그럼에도 불구하고 일반적으로 사람들은 다른 상품을 살 때처럼 여러 곳의 가격을 비교하는 행태를 보여주지 않고 있다. 예를 들어 기업연금 적립금으로 다른 회사의 연금상품을 살 수도 있지만 자신의 현재 연금사업자가 제공하는 연금을 선택하는 경향을 볼 수 있다.

또한 시간적으로 봤을 때도 연금의 가격은 시간의 흐름에 따라 상당히 변해나가는 것을 볼 수 있다. 그러나 이것은 그리 놀랄만한 사실은 아니다. 왜냐하면 연금의 가격은 기본적으로 이자율 수준과 수익률곡선(yield curve)의 모습에 따라 변하기 때문이다.

그런데 공적연금에 개인퇴직계좌제도가 도입되는 작금의 현실에 있어서는 연

63) Cannon and Tonks(2005), 전게논문, P 61.

금가격의 변동성 문제를 고려하지 않을 수 없다. 개인퇴직계좌제도의 도입시 이러한 연금가격의 변동성 문제를 완화하는 방법 중 하나는 개인퇴직계좌로부터의 인출에 대한 규정을 다소 덜 엄격하게 하는 것이다. 구체적으로 보면 첫 번째로 연금의 구입을 연기할 수 있도록 해주고 실제 연금을 구입하기 전까지의 기간 동안은 프로그램화된 인출을 허용하는 것이다. 두 번째는 은퇴 몇 년 이전에 미리 거치연금을 구매할 수 있도록 허용하는 것이다. 마지막으로 세 번째로 개인이 직접 분산투자를 통해 이자율변동에 대한 면역체계를 구축하도록 하는 것인데 실제적으로 이것은 현실적으로 어려운 문제점들을 가지고 있다. 그런데 이러한 세 가지 방법들이 모두 동원된다고 하더라도 세대별로 동일한 연금액에 대해 각각 다른 가격이 적용되는 변동성문제는 근본적으로 해결하기가 쉽지 않다.

3. 우리 나라 생명연금의 금전적 가치

우리나라의 경우 개인연금상품에 대한 연구, 그 중에서도 개인연금 상품의 금전적 가치(money's worth)에 대한 연구는 별로 없다.

다만 최근에 발표된 하나의 논문[64]이 있는데 이 논문의 결과를 소개하면 다음과 같다.

먼저 이 논문은 명목연금액의 크기와 관련하여 일시납 혹은 즉시연금상품으로서 만 65세 남자에게 제시되는 상품을 그 대상으로 하되 이 명목연금액에 대한 데이터는 2009년 12월 기준 일시납연금상품을 판매하는 국내 생명보험회사 중 외국계 생보사 2개사를 포함한 6개 대표적 회사들이 홈페이지를 통해 제시하고 있는 자료를 사용하였다. 다음으로 가입자의 사망확률을 나타내주는 생명표와 관련하여 2006년도 발표 제5회 경험생명표를 사용하되 이 기간생명표를 동

64) 신종욱, "개인연금의 금전적 가치와 역선택에 관한 연구", 한국계리학회지 2010년 6월호 개제 예정.

일세대생명표로 전환하였다. 왜냐하면 특정연령(세대)의 사람이 구입한 개인연금의 가치를 구하기 위해서는 이 특정연령대의 사람이 살아가는 동안에 받게 될 연금의 현재가치를 구해야 하는데 이를 위해서는 현재 시점기준 어떤 연령대의 사망확률이 아니라 미래 특정연령의 생명표 이른바 동일세대 생명표가 필요하기 때문이다. 예를 들어 2009년도에 65세인 사람이 10년 동안 생존하고 80세에 사망할 확률은 2009년 현재 80세인 사람의 것이 아니라 10년 후에 80세가 되는 사람의 사망확률이 필요하다.

그리고 미래의 돈을 지금 시점의 가치로 환산하는 할인율로서 먼저 무위험수익률로서는 국고채(3년 및 5년)의 수익률을, 그리고 위험자산의 수익률로서 회사채(AA-) 수익률을 사용하고, 이외에 추가적으로 해당 보험회사가 공시하고 있는 공시이율을 사용하여 연금의 가치(MW)를 산출하였다. 한편 현재 우리나라에서 판매되고 있는 종신형 개인연금상품은 공시이율이 변동함에 따라 그 지급연금액도 변동하도록 하는 금리연동형상품만이 판매되고 있기 때문에 2009년 12월의 해당 (단일)이자율을 할인율로 사용하였다. 다음의 **표 4-3** 은 그 결과를 정리한 것이다.

▶ 표 4-3 ◀ 우리나라 종신형 개인연금상품에 대한 금전적 가치(MW): 65세 남자 기준

	국고채 3년(4.2%)	국고채 5년(4.71%)	회사채(AA-)(5.30)	예정이율
A	0.982	0.934	0.884	0.918
B	0.954	0.907	0.859	0.891
C	1.001	0.953	0.902	0.936
D	1.036	0.984	0.931	0.967
E	1.017	0.9687	0.916	0.950
F	1.039	0.989	0.936	0.971
평균	1.005	0.956	0.905	0.939

자료 : 신종욱(2010), "개인연금의 금전적 가치와 역선택에 관한 연구".

참고로 다음의 **표 4-4** 는 우리나라의 경우와 비교하기 위하여 영국을 포함한 세계 여러 나라의 MW를 정리해 놓은 것이다.

▶ 표 4-4 ◀ 여러 나라의 개인연금의 가치(MW): 즉시(명목)연금, 65세 남성의 경우

생명표	할인율	영국	호주	캐나다	스위스	싱가포르
인구전체	국채이자	0.897	0.914	0.925	0.965	없음
연금가입자	국채이자	0.966	0.986	1.014	1.117	1.256

자료 : James and Vittas(1999a)

우리나라 즉시납 종신형 개인연금상품의 금전적 가치에 관한 위의 결과를 놓고 볼 때 납입보험료 대비 연금액의 크기는 크게 무리가 없으나 그럼에도 불구하고 다른 나라와 비교할 때는 유사하거나 다소 낮은 상태에 있음을 알 수 있다.

제4장 개인연금관련 경제적 의사결정

들어가기에 앞서

우리는 시장이나 백화점에서 물건을 고를 때 가격과 품질 등을 꼼꼼히 따지게 된다.

개인연금을 구매하는 것도 결국은 동일한 구매행위라고 볼 수 있는데 이 장에서는 국민연금에서 시도했던 바와 유사하게 개인연금과 관련한 각종 경제적 의사결정문제를 다룰 것이다. 이 장에서는 개인연금 구매자의 입장에서 세금문제와 의사결정에 있어 우리가 알고 있어야 할 여러 가지 사항들을 검토하고자 한다.

1. 개인연금의 세제혜택

국민연금과 마찬가지로 개인연금과 관련해서도 여러 가지 의사결정이 필요할 수 있다. 예를 들어 연금저축과 연금보험간의 선택, 연금보험과 변액연금간의 선택, 즉시형과 거치형간의 선택, 그리고 변액연금과 대체투자상품인 적립식펀드간의 선택 등이 여기에 해당한다.

이러한 비교는 금전적인 측면에서 그리고 현금화 가능성을 의미하는 유동성 등의 비금전적 측면에서 각각 비교가 이루어져야 한다. 그런데 금전적 비교에 있어서 결정적인 역할을 하는 것은 세금과 각종 비용들이다. 따라서 아래에서는 개인연금관련 각종 세금문제에 관해서 알아보고자 한다.

1) 소득세관련

개인연금제도가 다른 저축형태와 구별되는 특징은 무엇보다 위에서 언급한 바와 같은 세제혜택인데 공적연금제도나 뒤에서 다루게 되는 기업연금제도에 대해 부여되는 것과 유사하다.

즉, 저축금에 대해서는 일정한도 내에 소득공제가 가능하고 장래 연금급여시 소득세가 부과되며 중도해약에 대해서는 세제상의 불이익을 받게 하여 개인연금이 노후자금으로 사용되도록 강제한다는 것이다. 아래의 **표 4-5** 는 이른바 적격연금보험이라고 불리는 보험회사의 연금저축보험이나 은행 등의 연금신탁 상품의 세제혜택을 구체적으로 보여주고 있다.

▶ 표 4-5 ◀ 연금저축(신탁)제도의 세제혜택 및 세제상 불이익

	조건	10년 이상 만 55세 이후까지 적립 만 55세 이후부터 5년 이상 일시금이 아닌 연금수령	
	적립 금액	소득 공제	연간 300만원 한도
	이자 소득	과세 이연	중도해지 또는 적립기간 만기 전까지
	연금 수령	연 600만원 이하	분리과세 가능. 연금소득세(5%) 원천징수 후 종결
		연 600만원 초과	총수령액(소득공제금액 + 이자소득)에 대해 연금소득공제(900만원 한도) 후 종합과세
	조건	중도해지 또는 일시금 수령시	
	과세 금액	$기타소득 = 해지금액 \times \left[1 - \frac{실제납입금액 - 소득공제금액}{해지금액}\right]$	
	중도 해지	10년 이내	기타소득세(20%) 원천징수
		5년 미만	기타소득세 (20%) 원천징수 + 납입금액 (연간240만원 한도)의 2% 해지가산세
	일시금	기타소득세(20%) 원천징수	

이 표 4-5 에서 보면 우리나라의 개인연금생품인 적격연금상품은 투자소득(이자)에 대한 과세이연 뿐만 아니라 300만원 한도 소득공제까지 가능한 것으로 나와있는데 선진국의 경우 일반적으로 투자소득에 대한 과세이연만 허용하고 있다.

한편 개인연금상품에는 이외에 추가적으로 비적격연금보험 혹은 연금보험상품이 있다. 이것은 보장성이 아닌 저축성보험으로서 연금보험료에 대한 소득공제는 없는 대신 보험차익(만기수령금액에서 그 동안 불입한 금액을 공제한 것)에 대해서 기본적으로 이자소득세를 부과하지만 단 가입기간이 만 10년 이상이 된 경우는 이 소득세과세를 면해주고 있다.

(1) 연금저축(신탁)의 소득공제

2001년 이후 보험회사의 연금저축에서는 연간 300만원의 한도 내에서 연금적립금에 대해 소득공제를 해주고 있다. 이것은 봉급생활자나 자영업자를 막론

하고 적용되며 자신의 소득에서 이 금액이 공제되는 만큼 소득세의 크기가 줄어든다.

연금저축에 있어 소득공제는 처나 자식 등 이른바 기본공제대상자가 피보험자로 가입한 경우도 소득공제를 해주는 일반 보장성보험과는 달리 본인이 피보험자이며 보험계약자인 경우에만 소득공제가 가능하다.

은행 등의 연금신탁에 있어서도 동일한 혜택이 주어진다. 그러나 일반 연금보험의 경우는 여기에 해당되지 않는다.

참고로 2001년부터 적용된 연금저축과 그 이전의 개인연금저축은 따로 분리된 것으로서 한 사람이 두 가지 모두 가입할 수 있고 각각에 대해 소득공제혜택을 받을 수 있다.

한편 개인연금상품 특히 연금저축(신탁)상품의 경우 세제혜택도 있지만 그 반대로 본래 의도한 노후자금으로 사용되지 못한다는 결과가 나타날시 세제상의 불이익도 부과하고 있다. 즉, 중도해지, 일시금 수령 및 중도인출이 발생하는 경우 그 동안 세제상 혜택을 반납하게 하고 더 나아가 불이익까지 부여하고 있다. 구체적으로 다음과 같다.

우선 보험회사로부터 받은 해지금액에다가 소득공제한도액인 300만원을 초과하여 적립한 금액을 공제한 것에 대해서는 기타소득세(20%)와 주민세(2%)가 부과된다.

즉, 아래와 같이 계산된 금액에다가 22%의 소득세율을 곱한 금액이 바로 납부해야 할 세금이 되는데 여기서 해지금액은 이른바 실제로 보험회사에 납부한 돈이 아니라 보험회사가 모든 경비를 제하고 난 후 돌려주는 해약환급금을 가리킨다.

$$\text{기타소득} = \text{해지금액} \times \left[1 - \frac{\text{실제납입금액} - \text{소득공제금액}}{\text{해지금액}}\right]$$

위의 식에서 실제납입금액에서 소득공제금액을 빼게 되면 연간 300만원 공제금액 외에 추가적으로 보험회사에 납부한 금액이 되는데 이 부분을 세금부분에서 제외하는 이유는 보험회사에 적립하기 전에 이 돈에 대한 세금을 이미 납부했기 때문이다.

이외에도 만일 계약기간 5년 이내에 해약하는 경우에는 추가적으로 해지가산세를 내야 한다. 해지가산세는 실제 공제 받은 금액에 2.2%(주민세 포함)를 곱해준 금액이다.

실제 계산사례를 들어보자.

만일 갑이 연금저축보험에 매년 350만원씩 4년간 가입해오다가 중도해지하여 1,450만원을 받았다고 하자.

그렇다면 원금이 1,400만원이니까 나머지 50만원은 실제 투자수익에서 사업비 등 모든 경비를 제한 금액이라고 봐야 할 것이다. 이러한 경우 우선 소득공제금액 1,200만원(300×4)과 이자 50만원의 합계 1,250만원은 기타소득 22%(주민세 2% 포함)의 세율이 적용되어 275만원의 세금을 내야 한다.

그리고 위의 식을 이용한 경우에도

$$\text{기타소득} = \text{해지금액}(1{,}450) \times \left[1 - \frac{\text{실제납입금액}(1{,}400) - \text{소득공제금액}(1{,}200)}{\text{해지금액}(1{,}450)}\right]$$

을 계산하면 마찬가지로 1,250만원이 됨을 알 수 있다.

게다가 5년 이내에 중도해지 했으므로 1,200만원에 대한 2.2%(주민세 포함)인 26.4만원의 해지가산세를 내야 한다. 단, 사망이나 해외이주, 천재지변, 퇴직, 직장의 폐업, 상해, 질병 등의 경우는 예외임을 이미 말한 바 있다.

한편 비록 계약만기까지 해약을 하지 않고 가입이 되어 있었더라도 연금이 아닌 일시금을 받는 경우에 있어서는 중도해지와 동일한 취급이 이루어지며 이에 따라 동일한 세금이 부과된다는 것을 알아야 한다.

위에서 언급된 내용을 다시 반복하면 세제혜택은 10년 이상 만 55세 이상까지 적립하고 55세 이후 만 5년 이상 연금으로 타는 경우에 한하여 적용이 된다.

한편 중도인출의 경우 연금저축에서는 허용되지 않고 연금보험의 경우에만 가능하다. 중도인출에 대해서는 별다른 세금부과가 없는데 중도인출에 대해서 다른 소득에 합산하여 소득세를 부과하는 미국 등 선진국에 비해서는 상당한 혜택이라고 볼 수 있다.

(2) 연금수급시의 세금

연금은 다른 소득과 마찬가지로 소득세를 내야 한다.

먼저 연금저축의 경우는 전체 연금보험료와 이자소득을 합한 것에 대해 과세를 하되 만일 소득공제를 받지 못한 보험료(원금)부분이 있을 경우 이를 제외시키는 방식이 된다. 즉, 그 동안 못 받고 실제 연금을 수령하는 때까지 미뤄둔 세금을 이제 징수하겠다는 것이다. 이러한 원칙에 따라 연금소득은 다음의 공식에 따라 계산된다. 즉,

$$\text{연금소득} = \text{연금수령액} \times \left[1 - \frac{\text{소득공제를 받지 못한 금액의 누계액}}{\text{총연금지급액}}\right]$$

이며 따라서 만일 연 240만원 이내에서 그동안 연금보험료를 납부했다면 과세대상이 되는 연금액은 연금수령액과 일치하게 된다.

한편 우리나라의 소득세구조를 보면 개인의 경우 연금을 포함하는 근로, 사업, 일시재산, 부동산임대 등 8가지 소득에 대해서는 모두 합산하여 종합소득세를 내도록 하고 있다.

국민연금, 개인연금 등과 같은 연금소득은 다음의 **표 4-6** 과 같은 공제제도가 있으며 이 공제된 나머지를 다른 소득과 함께 합산하여 종합과세 한다. 단 공제한도는 최고 900만원 까지이다.

그러나 만일 국민연금, 개인연금 등을 포함한 연금소득이 연간 600만원 이하라면 이처럼 복잡한 종합과세가 아닌 분리과세 방식을 택할 수 있다.

개인연금의 경우는 보험회사가 5.5%를 떼어 원천징수를 하도록 되어있는데 이것으로 연금에 대한 세금문제를 종결시킬 수도 있다.

▶ 표 4-6 ◀ 연금소득의 공제

총연금액	공제액
350만원 이하	100%
350만원 초과 700만원 이하	350만원+350만원 초과금액의 40%
700만원 초과 1,400만원 이하	490만원+700만원 초과금액의 20%
1,400만원 초과	630만원+1,400만원 초과금액의 10%

2) 상속세와 증여세 관련

개인연금의 경우 상속이나 증여와 관련하여 특별한 취급대상이 된다거나 하는 내용은 없다. 다만 보험이나 연금계약은 계약자, 피보험자, 수익자 모두 세 명의 중복이 가능한 관련 당사자들이 있기 때문에 가족이나 혹은 외부사람 중 누가 어느 역할을 맡느냐에 대해 몇 가지 고려해야 할 사항들이 따라온다. 특히 누가 보험료를 지불하였고 누가 혜택을 보는 사람인지가 중요한 관건이다.

(1) 연금계약자의 사망

보험료를 지불하고 보험계약의 주체인 계약자가 사망한 만큼 사망보험금은 상속세 과세대상이 된다. 만일 상속금이 연금인 경우에는 상속금의 가치를 결정해야 하는데 결정 방법은 연금수령기간의 연금액을 지금 시점의 가치(현재가치)로 환산한 다음 이를 전부 합산한다.

(2) 피보험자의 사망

일단 보험료를 지불하는 계약자가 사망한 것이 아니므로 보험료납입을 중심으로 몇 가지 경우를 따져봐야 한다.

우선 사망한 피보험자가 동시에 보험계약자라면 위에서처럼 상속세가 부과된다. 예를 들어 남편이 피보험자이자 보험계약자라면 보험료를 내는 보험계약자가 사망한 것이므로 상속관계에 들어가는 것이다.

그런데 만일 남편이 계약자이자 수익자이고 피보험자가 아내라면 연금보험료를 지급한 보험계약자가 이에 상응하는 혜택을 받는 것이므로 상속세 과세대상이 되지 않는다.

하지만 보험계약자인 동시에 수익자가 미성년자이거나 경제적 능력이 없는 배우자나 자식인 경우 또는 이들이 사망한 피보험자인 남편 또는 아버지로부터 돈을 증여 받아 연금보험료를 불입한다 하더라도 이 경우에는 실제로 연금보험료를 불입한 사망한 피보험자를 보험계약자로 보므로 보험금은 사망한 피보험자가 수익자인 자식 또는 배우자에게 상속한 재산으로 간주되어 상속세가 과세된다. 이 때 불입한 보험료는 상속, 증여금에서 공제된다.

한편 증여시기는 실제 증여가 이루어진 시점이 아니라 보험금 지급사고가 발생한 날로 보며 실제 증여시기와는 관계가 없다.

▶ 표 4-7 ◀ 피보험자 사망 경우의 상속 및 증여세 관계

사례	과세 결과	계약자 (보험료 불입자)	피보험자	수익자 (보험금 수취인)	이 유
1	해당 없음	남편	아내	남편	실제 보험료 납입자인 계약자와 수익자 일치
2	상속세	아내	남편	아내	아내의 수입이 없어 남편이 보험료를 불입하여 준 경우
3	상속세	자식	남편	자식	경제적 능력이 없는 자식 대신 아버지가 대납하거나 아버지로부터의 증여를 통해 보험료를 납부하는 경우
4	증여세	남편	아내	자식	아버지가 자식에게 증여 한 것으로 간주
5	증여세	아내	남편	자식	어머니가 자식에게 증여한 것으로 간주

3) 상품간 비교분석에 있어 주요 사항

위에서 언급한 바와 같이 연금저축과 연금보험간의 선택, 연금보험과 변액연금간의 선택, 즉시형과 거치형간의 선택, 그리고 변액연금과 대체투자상품인 적립식펀드간의 선택 등을 하는 경우는 다음과 같은 사항을 고려해야 한다.

i) 보험료 납입 혹은 적립시의 세금: 소득공제여부를 확인한다.
ii) 적립시기의 소득세율, 연금수령시기의 소득세율, 이자 및 배당소득의 세율
iii) 보험회사나 펀드 등에서 공제하는 각종 비용 및 수수료 등의 확인
iv) 변액연금의 경우 최저사망금보증비용과 같은 각종 보증비용의 크기
v) 사망, 장애 등의 각종 위험보험료의 첨가여부

vi) 비용을 공제하고 실제로 투자되는 자금의 크기

vii) 각종 투자대안의 투자위험의 크기에 상응하는 수익률의 선택

4) 개인연금의 문제점

현재 거론되고 있는 개인연금제도의 문제점은 소득공제 한도액이 물가 연동 없이 연 300만원에 제한되어있다는 것과 전 금융기관을 통해 분기별 3백만원까지 적립이 가능하기 때문에 고소득층의 경우 이 한도액을 초과하여 적립함으로써 이자소득에 대한 상당한 세제혜택을 누릴 수 있다는 것 등이 지적되고 있다.

이외에도 개인연금은 국민연금이나 기업연금에 비해 몇 가지 취약점을 가지고 있다. 우선 개인연금은 국민연금이나 기업연금에 비해 연금급여에 대한 인플레이션 해지기능이 가장 떨어진다. 국민연금의 경우 급여공식상 해지기능이 뛰어나며 기업연금에 있어서도 DB의 경우는 연금액이 최종급여에 연동되는 경우가 많기 때문에 어느 정도는 해지기능을 발휘하는데 비해 개인연금은 DC와 유사한 수준에 머물게 된다.

다음으로 개인연금은 선택의 고통이 수반되는 임의 가입의 성격을 가지고 있기 때문에 자동으로 적립되는 국민연금이나 기업연금에 비해 노후자금의 적립을 결과적으로 어렵게 하며 이에 따라 경제적 여유가 있는 고소득자만을 위한 제도가 될 수 있다.

그리고 개인연금은 일반적으로 단체가입이나 강제가입의 형태가 아니기 때문에 보험형의 경우 역선택 문제의 발생으로 말미암아 보험료인상이 야기될 수 있다. 이와 연관하여 위험분산기능의 취약문제도 제기되는데 보험형, 그 중에서도 종신형을 제외한 나머지의 경우 가입자들은 장수위험에 노출되어있는데 연금지급기간이 만료되고 나서도 생존해 있는 경우 재정부족문제에 직면하게 된다.

부록 1

근로자퇴직급여 보장법

근로자퇴직급여 보장법 시행령

근로자퇴직급여 보장법 시행규칙

근로자퇴직급여 보장법	근로자퇴직급여 보장법 시행령	근로자퇴직급여 보장법 시행규칙
하여 1주간의 소정근로시간이 15시간 미만인 근로자에 대하여는 그러하지 아니하다. ② 제1항의 규정에 의한 퇴직급여제도를 설정함에 있어서 하나의 사업안에 차등을 두어서는 아니된다. ③ 사용자가 퇴직급여제도의 종류를 선택하거나 선택한 퇴직급여제도를 다른 종류의 퇴직급여제도로 변경하고자 하는 경우에는 당해 사업에 근로자의 과반수로 조직된 노동조합이 있는 경우에는 그 노동조합, 근로자의 과반수로 조직된 노동조합이 없는 경우에는 근로자의 과반수(이하 "근로자대표"라 한다)의 동의를 얻어야 한다. ④ 사용자가 제3항의 규정에 따라 선택되거나 변경된 퇴직급여제도의 내용을 변경하고자 하는 경우에는 근로자대표의 의견을 들어야 한다. 다만, 근로자에게 불이익하게 변경하고자 하는 경우에는 근로자대표의 동의를 얻어야 한다.		

근로자퇴직급여 보장법	근로자퇴직급여 보장법 시행령	근로자퇴직급여 보장법 시행규칙
제5조(퇴직급여제도의 미설정에 따른 처리) 제4조제1항의 규정에 불구하고 사용자가 퇴직급여제도를 설정하지 아니한 경우에는 제8조의 규정에 의한 퇴직금제도를 설정한 것으로 본다.		
제6조(퇴직연금심의위원회) ①퇴직연금제도의 운영 및 개선에 관한 주요사항을 심의하기 위하여 노동부에 퇴직연금심의위원회(이하 "위원회"라 한다)를 둔다. ②위원회는 위원장, 근로자를 대표하는 위원, 사용자를 대표하는 위원, 공익을 대표하는 위원, 정부위원으로 구성한다. ③위원회의 위원장은 노동부차관이 된다. ④위원회의 구성 및 운영에 관하여 필요한 사항은 대통령령으로 정한다	제2조(퇴직연금심의위원회의 구성) ①「근로자퇴직급여 보장법」(이하 "법"이라 한다) 제6조의 규정에 의한 퇴직연금심의위원회(이하 "위원회"라 한다)는 위원장과 다음 각 호의 구분에 따라 노동부장관이 위촉 또는 임명하는 위원으로 구성한다. 1. 근로자 및 사용자를 대표하는 위원 각 2인 2. 공익을 대표하는 위원으로서 퇴직연금에 관한 전문가 3인 3. 재정경제부장관 및 금융감독위원회가 그 소속의 2급 또는 3급 공무원 중에서 추천하는 자 각 1인, 노동부의 퇴직급여 업무를 담당하는 2급 또는 3급 공무원 1인	

근로자퇴직급여 보장법	근로자퇴직급여 보장법 시행령	근로자퇴직급여 보장법 시행규칙
	②제1항제1호 및 제2호의 위원의 임기는 3년으로 하되, 연임할 수 있다. ③위원회에 간사 1인을 두되, 간사는 노동부의 퇴직급여 업무를 담당하는 3급 또는 4급 공무원 중에서 노동부장관이 지명하는 자가 된다. 제3조(위원장의 직무) ①위원장은 위원회를 대표하고, 위원회의 업무를 통할한다. ②위원장이 부득이한 사유로 직무를 수행할 수 없을 때에는 위원장이 미리 지명한 위원이 그 직무를 대행한다. 제4조(위원회의 회의) ①위원장은 재적위원 3분의 1 이상이 요구하거나 위원장이 필요하다고 인정하는 경우에 위원회를 소집하고 그 의장이 된다. ②위원장은 회의를 소집하고자 하는 경우에는 회의 개최 7일 전까지 회의일시 · 회의장소 및 안건을 각 위원에게 통지하여야 한다. 다만, 긴급한 경우에는 그러하지 아니하다.	

근로자퇴직급여 보장법	근로자퇴직급여 보장법 시행령	근로자퇴직급여 보장법 시행규칙
	③위원회의 회의는 재적위원 과반수의 출석과 출석위원 과반수의 찬성으로 의결한다. 제5조(실무위원회) 위원회의 효율적인 운영과 위원회로부터 위임받은 사항을 처리하기 위하여 위원회에 실무위원회를 둘 수 있다. 제6조(수당) 위원회의 회의에 출석한 위원 또는 실무위원회의 회의에 출석한 실무위원에 대하여는 예산의 범위 안에서 수당을 지급할 수 있다. 다만, 공무원인 위원 또는 실무위원이 그 소관업무와 직접적으로 관련되어 위원회 또는 실무위원회에 출석하는 경우에는 그러하지 아니하다. 제7조(운영세칙) 이 영에 규정된 사항 외에 위원회의 운영 및 실무위원회의 구성·운영 등에 관하여 필요한 사항은 위원회의 의결을 거쳐 위원장이 정한다.	

근로자퇴직급여 보장법	근로자퇴직급여 보장법 시행령	근로자퇴직급여 보장법 시행규칙
제7조(수급권의 보호) 퇴직연금의 급여를 받을 권리는 양도하거나 담보로 제공할 수 없다. 다만, 주택구입 등 대통령령이 정하는 사유와 요건을 갖춘 경우에는 노동부령이 정하는 한도내에서 담보로 제공할 수 있다. **제2장 퇴직금제도** 제8조(퇴직금제도의 설정) ①퇴직금제도를 설정하고자 하는 사용자는 계속근로기간 1년에 대하여 30일분 이상의 평균임금을 퇴직금으로 퇴직하는 근로자에게 지급할 수 있는 제도를 설정하여야 한다. ②제1항의 규정에 불구하고 사용자는 근로자의 요구가 있는 경우에는 근로자가 퇴직하기 전에 당해 근로자가 계속 근로한 기간에 대한 퇴직금을 미리 정산	제8조(퇴직연금 수급권의 담보제공 사유) 법 제7조 단서에서 "주택구입 등 대통령령이 정하는 사유와 요건을 갖춘 경우"라 함은 다음 각 호의 어느 하나에 해당하는 경우를 말한다. 1. 무주택자인 가입자가 주택을 구입하는 경우 2. 가입자 또는 그 부양가족이 6월 이상 요양을 하는 경우 3. 그 밖에 천재 · 사변 등 노동부령이 정하는 사유와 요건을 갖춘 경우	제2조(담보제공 한도 등) ①「근로자퇴직급여 보장법 시행령」(이하 "영"이라 한다) 제8조제3호에서 "천재 · 사변 등 노동부령이 정하는 사유와 요건을 갖춘 경우"라 함은 천재 · 사변 등으로 인하여 가입자 또는 그 부양가족이 노동부장관이 정하여 고시하는 기준 이상의 피해를 입은 경우를 말한다. ②「근로자퇴직급여 보장법」(이하 "법"이라 한다) 제7조 단서에서 "노동부령이 정하는 한도"라 함은 다음 각 호의 한도를 말한다. 1. 영 제8조제1호 및 제2호의 경우 : 가입자별 적립금의 100분의 50 2. 영 제8조제3호의 경우 : 노동부장관이 별도로 정하여 고시하는 한도

근로자퇴직급여 보장법	근로자퇴직급여 보장법 시행령	근로자퇴직급여 보장법 시행규칙
하여 지급할 수 있다. 이 경우 미리 정산하여 지급한 후의 퇴직금 산정을 위한 계속근로기간은 정산시점부터 새로이 기산한다. 제9조(퇴직금의 지급) 사용자는 근로자가 퇴직한 경우에는 그 지급 사유가 발생한 날부터 14일 이내에 퇴직금을 지급하여야 한다. 다만, 특별한 사정이 있는 경우에는 당사자간의 합의에 의하여 지급기일을 연장할 수 있다. 제10조(퇴직금의 시효) 이 법에 의한 퇴직금을 받을 권리는 3년간 행사하지 아니하면 시효로 인하여 소멸한다. 제11조(퇴직금의 우선변제) ①퇴직금은 사용자의 총재산에 대하여 질권 또는 저당권에 의하여 담보된 채권을 제외하고는 조세 · 공과금 및 다른 채권에 우선하여 변제되어야 한다. 다만, 질권 또는 저당권에 우선하는 조세 · 공과금에 대		

근로자퇴직급여 보장법	근로자퇴직급여 보장법 시행령	근로자퇴직급여 보장법 시행규칙
하여는 그러하지 아니하다. ②제1항의 규정에 불구하고 최종 3년간의 퇴직금은 사용자의 총재산에 대하여 질권 또는 저당권에 의하여 담보된 채권, 조세·공과금 및 다른 채권에 우선하여 변제되어야 한다. ③제2항의 퇴직금은 계속근로기간 1년에 대하여 30일분의 평균임금으로 계산한 금액으로 한다. **제3장 퇴직연금제도의 설정**		
제12조(확정급여형퇴직연금제도의 설정) 확정급여형퇴직연금제도를설정하고자하는 사용자는 근로자대표의 동의를 얻어 다음의 사항을 기재한 확정급여형퇴직연금규약을 작성하여 노동부장관에게 신고하여야 한다. 1. 퇴직연금사업자 선정에 관한 사항 2. 가입자에 관한 사항 3. 가입기간에 관한 사항. 이 경우 가입기간은 퇴직연금의 설정 이후 당해	제9조(확정급여형퇴직연금의 적립금 수준) 법 제12조제5호가목 및 나목에서 "대통령령이 정하는 수준"이라 함은 각각 각 목별로 산정된 금액의 100분의 60을 말한다. 다만, 법 제12조제3호 후단의 규정에 의하여 당해 퇴직연금의 설정 전에 제공한 근로기간을 가입기간에 포함시키는 경우 당해 근로기간에 대한 적립금의 수준은 그 기간을 고려하여 각각 각 목별로 산정된 금액의 100분의 60 이하	제3조(재정건전성 확보를 위한 기준 산정 방식) ①법 제12조제5호가목에서 "노동부령이 정하는 방식"이라 함은 급여에 소요되는 비용예상액의 현재가치에서 장래 근무기간분에 대하여 발생하는 급여지급을 위하여 산정되는 부담금 수입예상액의 현재가치와 과거 근무기간분에 대한 급여지급을 위하여 산정되는 부담금 수입예상액의 현재가치의 합을 공제하는 것을 말한다.

근로자퇴직급여 보장법	근로자퇴직급여 보장법 시행령	근로자퇴직급여 보장법 시행규칙
사업에서 근로를 제공한 기간으로 하되, 당해 퇴직연금의 설정전에 제공한 근로기간에 대하여도 가입기간으로 할 수 있다. 4. 급여수준에 관한 사항. 이 경우 가입자의 퇴직일을 기준으로 산정한 일시금의 금액이 계속근로기간 1년에 대하여 30일분의 평균임금에 상당하는 금액 이상이어야 한다. 5. 재정건전성 확보에 관한 사항. 이 경우 다음 각호의 어느 하나에 해당하는 금액중 더 큰 금액이 적립되도록 명시하여야 한다. 가. 매 사업연도 말일현재 급여에 소요되는 비용예상액의 현재가치와 부담금 수입예상액의 현재가치를 추정하여 노동부령이 정하는 방식에 의하여 산정된 금액으로서 대통령령이 정하는 수준 나. 가입자 및 가입자이었던 자의 당해 사업연도 말일까지의 가입기간에 대한 급여에 소요되는 비용	의 범위 안에서 노동부장관이 정하여 고시한다. 제10조(확정급여형퇴직연금규약의 규정사항) 법 제12조제11호에서 "대통령령이 정하는 사항"이라 함은 다음 각 호의 사항을 말한다. 1. 부담금의 부담에 관한 사항 2. 가입자에 대한 교육방법에 관한 사항	②법 제12조제5호나목에서 "노동부장관이 정하는 방식"이라 함은 가입자별 예상급여를 합하는 것을 말한다. 이 경우 가입자별 예상급여는 당해 가입자의 가입기간에 법 제12조제4호의 규정에 의한 급여수준을 곱하여 산정한다. 제4조(적립금액 및 운용수익률 등의 통지) 법 제12조제8호 후단의 규정에 의한 적립금액 및 운용수익률 등의 통지는 우편, 교부, 정보통신망에 의한 방법 그 밖에 운용관리업무의 위탁계약 체결시 당사자가 합의한 방법에 의한다.

근로자퇴직급여 보장법	근로자퇴직급여 보장법 시행령	근로자퇴직급여 보장법 시행규칙
예상액을 노동부령이 정하는 방식에 의하여 산정된 금액으로서 대통령령이 정하는 수준 6. 급여의 종류 및 수급요건 등에 관한 사항. 이 경우 다음 각호의 내용이 명시되어야 한다. 가. 연금은 55세 이상으로서 가입기간이 10년 이상인 가입자에게 지급할 것. 이 경우 연금의 지급기간은 5년 이상이어야 한다. 나. 일시금은 연금수급 요건을 갖추지 못하거나 일시금 수급을 원하는 가입자에게 지급할 것 7. 제15조의 규정에 의한 운용관리업무 및 제16조의 규정에 의한 자산관리업무의 수행을 내용으로 하는 계약의 체결 및 해지, 해지에 따른 계약이전에 관한 사항 8. 확정급여형퇴직연금 운용현황의 통지에 관한 사항. 이 경우 매년 1회 이상 적립금액 및 운용수익률 등이 노동부령이 정하는 바에 따라 가입자에		

근로자퇴직급여 보장법	근로자퇴직급여 보장법 시행령	근로자퇴직급여 보장법 시행규칙
게 통지되어야 한다. 9. 가입자의 퇴직 등 급여지급 사유발생과 급여의 지급절차에 관한 사항 10. 퇴직연금의 폐지 · 중단에 관한 사항. 이 경우 폐지 · 중단사유 등이 명시되어야 한다. 11. 그 밖에 확정급여형퇴직연금의 운영을 위하여 대통령령이 정하는 사항		
제13조(확정기여형퇴직연금제도의 설정) 확정기여형퇴직연금제도를 설정하고자 하는 사용자는 근로자대표의 동의를 얻어 다음의 사항을 포함한 확정기여형퇴직연금규약을 작성하여 노동부장관에게 신고하여야 한다. 1. 부담금의 부담에 관한 사항. 이 경우 다음의 내용이 명시되어야 한다. 가. 사용자는 최소한 가입자의 연간 임금총액의 12분의 1에 해당하는 금액은 현금으로 부담하도록 할 것 나. 가입자는 가목에 의한 사용자의	제11조(확정기여형퇴직연금의 중도인출 사유) 법 제13조제5호 후단에서 "주택구입 등 대통령령이 정하는 사유"라 함은 제8조 각 호의 어느 하나에 해당하는 경우를 말한다. 제12조(확정기여형퇴직연금규약의 규정사항) 법 제13조제7호에서 "대통령령이 정하는 사항"이라 함은 다음 각 호의 사항을 말한다. 1. 법 제15조의 규정에 의한 운용관리업무(이하 "운용관리업무"라 한다) 및 법 제16조의 규정에 의한 자산관리업	

근로자퇴직급여 보장법	근로자퇴직급여 보장법 시행령	근로자퇴직급여 보장법 시행규칙
부담금 외에 추가로 부담금을 부담할 수 있다는 것 2. 부담금의 납부에 관한 사항. 이 경우 다음의 내용이 명시되어야 한다. 가. 사용자는 매년 1회 이상 정기적으로 부담금을 납부할 것 나. 사용자는 가입자가 탈퇴한 때에 당해 가입자에 대한 부담금을 미납한 경우에는 탈퇴일부터 14일 이내에 그 부담금을 납부할 것 3. 적립금의 운용에 관한 사항. 이 경우 가입자는 적립금의 운용방법을 스스로 선정할 수 있고, 매반기 1회 이상 적립금 운용방법의 변경이 가능하여야 한다. 4. 적립금 운용방법 및 정보의 제공 등에 관한 사항. 이 경우 다음 의 내용이 명시되어야 한다. 가. 매반기 1회 이상 위험과 수익구조가 서로 다른 세 가지 이상의 적립금 운용방법이 제시되어 있을 것	무(이하 "자산관리업무"라 한다)의 수행과 관련하여 소요되는 비용의 부담에 관한 사항 2. 가입자에 대한 교육방법에 관한 사항	

근로자퇴직급여 보장법	근로자퇴직급여 보장법 시행령	근로자퇴직급여 보장법 시행규칙
나. 운용방법별 이익 및 손실의 가능성에 관한 정보 등 가입자가 적립금의 운용방법을 선정하는 데 필요한 정보가 제공될 것 5. 중도인출에 관한 사항. 이 경우 주택구입 등 대통령령이 정하는 사유가 발생하는 때에는 중도인출이 허용되어야 한다. 6. 제12조제1호 내지 제3호 · 제6호 내지 제10호에 관한 사항 7. 그 밖에 확정기여형퇴직연금의 운영을 위하여 대통령령이 정하는 사항		
제4장 퇴직연금사업자 및 업무의 수행		
제14조(퇴직연금사업자의 등록) 다음 각호의 어느 하나에 해당하는 자로서 퇴직연금사업자가 되고자 하는 자는 재무건전성 및 인적 · 물적 요건 등 대통령령이 정하는 요건을 갖추어 노동부장관에게 등록하여야 한다. 1. 간접투자자산운용업법 제2조제16호	**제13조(퇴직연금사업자의 등록요건 등)** ① 법 제14조 각 호 외의 부분에서 "재무건전성 및 인적 · 물적 요건 등 대통령령이 정하는 요건"이라 함은 다음 각 호의 모든 요건을 말한다. 1. 「금융산업의 구조개선에 관한 법률」 제10조제1항의 규정에 의한 자기자	

근로자퇴직급여 보장법	근로자퇴직급여 보장법 시행령	근로자퇴직급여 보장법 시행규칙
의 규정에 의한 자산운용회사 2. 보험업법 제2조제5호의 규정에 의한 보험회사 3. 은행법 제2조제1항제2호의 규정에 의한 금융기관 4. 증권거래법 제28조제1항의 규정에 의한 증권업 허가를 받은 주식회사 5. 그 밖에 제1호 내지 제4호에 준하는 자로서 대통령령이 정하는 자	본비율이 동조제2항의 규정에 의하여 금융감독위원회가 정하여 고시하는 기준 이상일 것. 이 경우 「금융산업의 구조개선에 관한 법률」 제2조 각 호의 어느 하나에 해당하지 아니하는 자에 대하여는 법 제14조 각 호의 어느 하나에 해당하는 자 중 영위하는 업무, 재무구조 등이 가장 유사한 자에 적용되는 기준을 적용한다. 2. 운용관리업무 또는 자산관리업무에 관한 전문성을 갖춘 인력과 업무수행에 필요한 전산요원 등 필요한 인력을 갖출 것 3. 운용관리업무 또는 자산관리업무의 수행에 필요한 전산설비와 사무실을 갖출 것. 이 경우 그 전산설비는 정전·화재 등의 사고가 발생할 경우 업무의 연속성을 유지할 수 있도록 보완설비를 갖추어야 한다. ②금융감독위원회는 제1항제2호 및 제3호의 요건에 관한 세부기준을 정하여 고시하여야 한다. 이 경우 미리 노동부장	

근로자퇴직급여 보장법	근로자퇴직급여 보장법 시행령	근로자퇴직급여 보장법 시행규칙
	관과 협의하여야 한다. ③법 제14조제5호에서 "대통령령이 정하는 자"라 함은 「신탁업법」에 의하여 신탁업의 인가를 받은 자를 말한다.	
제15조(운용관리업무에 관한 계약의 체결) ①퇴직연금제도를 설정한 사용자는 다음의 업무(이하 "운용관리업무"라 한다)의 수행을 내용으로 하는 계약을 퇴직연금사업자와 체결하여야 한다. 다만, 제2호의 업무는 확정급여형퇴직연금에 한한다. 1. 사용자 또는 가입자에 대한 적립금 운용방법 및 운용방법별 정보의 제공 2. 연금제도 설계 및 연금계리 3. 적립금 운용현황의 기록 · 보관 · 통지 4. 사용자 또는 가입자가 선정한 운용방법을 제16조제1항의 규정에 의한 자산관리업무를 수행하는 퇴직연금사업자에게 전달하는 업무 5. 그 밖에 운용관리업무의 적정한 수행을 위하여 대통령령이 정하는 업무	제14조(운용관리업무의 일부 위탁) ①법 제15조제2항에서 "대통령령이 정하는 일부 업무"라 함은 동조제1항제2호 내지 제4호의 업무를 말한다. ②법 제15조제2항에서 "인적 · 물적요건 등 대통령령이 정하는 요건"이라 함은 다음 각 호의 구분에 따른 요건을 말한다. 1. 법 제15조제1항제2호의 업무를 처리하고자 하는 자는 동 업무를 수행할 수 있는 전문인력을 갖출 것 2. 법 제15조제1항제3호 및 제4호의 업무를 처리하고자 하는 자는 동 업무를 수행할 수 있는 전문인력 · 전산설비 및 사무실을 갖출 것. 이 경우 그 전산설비는 정전 · 화재 등의 사고가 발생할 경우 업무의 연속성을 유지할	

근로자퇴직급여 보장법	근로자퇴직급여 보장법 시행령	근로자퇴직급여 보장법 시행규칙
②제1항의 규정에 의하여 운용관리업무를 수행하는 퇴직연금사업자는 대통령령이 정하는 일부 업무를 인적 · 물적요건 등 대통령령이 정하는 요건을 갖춘 자에게 처리하게 할 수 있다.	수 있도록 보완설비를 갖추어야 한다. ③노동부장관은 제2항 각 호의 요건에 관한 세부기준을 정하여 고시하여야 한다.	
제16조(자산관리업무의 수행) ①퇴직연금제도를 설정한 사용자는 다음의 업무(이하 "자산관리업무"라 한다)의 수행을 내용으로 하는 계약을 퇴직연금사업자와 체결하여야 한다. 1. 계좌의 설정 및 관리 2. 부담금의 수령 3. 적립금의 보관 및 관리 4. 운용관리업무를 수행하는 퇴직연금사업자가 전달하는 적립금의 운용지시의 이행 5. 급여의 지급 6. 그 밖에 자산관리업무의 적정한 수행을 위하여 대통령령이 정하는 업무 ②사용자가 제1항의 규정에 의한 계약을 체결하고자 하는 때에는 근로자를 피	제15조(자산관리업무 수행계약의 형태) 법 제16조제2항에서 "대통령령이 정하는 보험계약 또는 신탁계약"이라 함은 「보험업법」 제108조의 규정에 의한 특별계정으로 운영하는 보험계약 또는 「신탁업법 시행령」 제3조제2항제1호의 규정에 의한 특정금전신탁계약으로서 다음 각 호의 요건을 모두 갖춘 것을 말한다. 1. 급여는 가입자가 퇴직하는 경우에 지급하는 것일 것 2. 가입자가 퇴직연금사업자에 대하여 직접 급여를 청구할 수 있을 것. 다만, 계속근로기간이 1년 미만인 가입자는 급여를 청구할 수 없으며, 그 적립금은 사용자에게 귀속되는 것이어야 한다.	

근로자퇴직급여 보장법	근로자퇴직급여 보장법 시행령	근로자퇴직급여 보장법 시행규칙
보험자 또는 수익자로 하여 대통령령이 정하는 보험계약 또는 신탁계약의 방법에 의하여야 한다.	3. 계약이 해지되는 경우 적립금은 가입자에게 지급되는 것일 것. 다만, 계속근로기간이 1년 미만인 가입자에 대한 적립금은 사용자에게 귀속되는 것이어야 한다.	
제17조(운용관리업무의 수행) ①퇴직연금사업자는 선량한 관리자로서의 주의의무를 다하여야 한다. ②퇴직연금사업자는 적립금의 운용방법을 제시함에 있어서 다음 각호의 요건을 갖춘 운용방법을 제시하여야 한다. 1. 운용방법에 관한 정보의 취득과 이해가 쉬울 것 2. 운용방법간의 변경이 쉬울 것 3. 적립금 운용결과의 평가방법과 절차가 투명할 것 4. 확정기여형퇴직연금과 개인퇴직계좌의 경우에는 대통령령이 정하는 원리금보장 운용방법이 하나 이상 포함될 것 5. 적립금의 안정적 운용을 위하여 분산	제16조(확정기여형퇴직연금 및 개인퇴직계좌 적립금의 원리금보장 운용방법) ① 법 제17조제2항제4호에서 "대통령령이 정하는 원리금보장 운용방법"이라 함은 다음 각 호의 운용방법을 말한다. 1. 신용등급 등에 관하여 금융감독위원회가 정하여 고시하는 기준 이상의 금융기관이 원리금 지급을 보장하는 운용방법 2. 국채증권, 지방채증권, 「한국은행법」 제69조제1항의 규정에 의한 한국은행통화안정증권 그 밖에 정부가 원리금의 상환을 보증한 채권 3. 제1호 및 제2호의 운용방법에 준하는 것으로서 금융감독위원회가 정하여 고시하는 운용방법	

근로자퇴직급여 보장법	근로자퇴직급여 보장법 시행령	근로자퇴직급여 보장법 시행규칙
투자 등 대통령령이 정하는 운용방법 및 기준 등에 따를 것	②금융감독위원회는 제1항제1호 및 제3호의 사항을 정하고자 하는 경우에는 미리 노동부장관과 협의하여야 한다.	
	제17조(적립금의 안정적 운용을 위한 운용방법 및 기준) ①법 제17조제2항제5호에서 "분산투자 등 대통령령이 정하는 운용방법 및 기준"이라 함은 다음 각 호의 것을 말한다. 1. 운용방법 : 다음 각 목의 어느 하나에 해당하는 운용방법 가. 「은행법」에 의한 금융기관이 취급하는 예 · 적금 나. 「보험업법」에 의한 보험회사가 취급하는 보험계약 다. 「신탁업법 시행령」 제3조제2항제1호의 규정에 의한 특정금전신탁 라. 「증권거래법」에 의한 유가증권으로서 금융감독위원회가 정하여 고시하는 유가증권. 이 경우 유가증권(「간접투자자산 운용업법」에 의한 간접투자증권을 제외한다)은	제5조(적립금의 운용기준) ①영 제17조제1항제2호가목 후단에서 "노동부령이 정하는 위험자산"이라 함은 주식(「간접투자자산 운용업법」에 의한 투자회사의 주식을 제외한다) 및 출자증권을 말한다. ②영 제17조제1항제2호나목 후단에서 "노동부령이 정하는 기준"이라 함은 운용방법별로 100분의 40을 말한다.

근로자퇴직급여 보장법	근로자퇴직급여 보장법 시행령	근로자퇴직급여 보장법 시행규칙
	사용자 또는 금융감독위원회가 정하여 고시하는 이해관계인이 발행한 것이 아니어야 한다. 마. 그 밖에 적립금의 안정적 운용을 위하여 필요한 운용방법으로서 금융감독위원회가 정하여 고시하는 운용방법 2. 기준 : 다음 각 목의 사항에 관하여 금융감독위원회가 정하여 고시하는 기준. 이 경우 금융감독위원회는 퇴직연금의 형태별로 그 기준을 달리 정할 수 있다. 가. 제1호 각 목의 규정에 의한 운용방법 중 투자위험이 큰 자산(이하 "위험자산"이라 한다)별 투자한도. 이 경우 확정기여형퇴직연금 및 개인퇴직계좌의 경우에는 「간접투자자산 운용업법」 제2조제1호의 규정에 의한 간접투자(이하 "간접투자"라 한다)의 방법에 의하지 아니하고는 노동부령이 정하는 위험자산에는 투자할 수 없다.	

근로자퇴직급여 보장법	근로자퇴직급여 보장법 시행령	근로자퇴직급여 보장법 시행규칙
	나. 확정기여형퇴직연금 및 개인퇴직계좌의 운용에 있어 위험자산에 간접투자하는 운용방법의 경우 위험자산에 대한 총투자한도. 이 경우 위험자산에 대한 총투자한도는 노동부령이 정하는 기준을 초과할 수 없다. ②금융감독위원회는 제1항제1호라목·마목 및 제2호 각 목의 사항을 정하고자 하는 경우에는 미리 노동부장관과 협의하여야 한다.	
제18조(퇴직연금사업자에 대한 등록취소 및 이전명령) ①노동부장관은 퇴직연금사업자가 다음 각호의 어느 하나에 해당되는 경우에는 등록을 취소할 수 있다. 다만, 제1호 또는 제2호에 해당하는 경우에는 등록을 취소하여야 한다. 1. 해산한 경우 2. 거짓 그 밖의 부정한 방법으로 제14조의 규정에 의한 등록을 한 경우 3. 제14조의 규정에 의한 등록요건을 갖		

근로자퇴직급여 보장법	근로자퇴직급여 보장법 시행령	근로자퇴직급여 보장법 시행규칙
추지 못하게 된 경우 4. 제23조의 규정에 의한 노동부장관 또는 금융감독위원회의 명령에 따르지 아니한 경우 ②노동부장관은 제1항의 규정에 의한 등록취소의 처분을 함에 있어 근로자의 수급권 보호를 위하여 필요하다고 인정되는 경우에는 등록이 취소되는 퇴직연금사업자에게 그 업무의 전부 또는 일부를 다른 퇴직연금사업자에게 이전할 것을 명할 수 있다. 이 경우 노동부장관은 그 업무의 전부 또는 일부를 이전받는 퇴직연금사업자의 동의를 얻어야 한다.		
제5장 책무 및 감독		
제19조(사용자의책무) ①퇴직연금제도를 설정한 사용자는 매년 1회 이상 가입자에게 당해 사업의 퇴직연금제도 운영상황 등 대통령령이 정하는 사항에 관한 교육을 실시하여야 한다. 이 경우 사용자는 퇴직연금사업자에게 그 교육의 실	제18조(퇴직연금 가입자에 대한 교육사항) 법 제19조제1항 전단에서 "대통령령이 정하는 사항"이라 함은 다음 각 호의 구분에 따른 사항을 말한다. 1. 확정급여형퇴직연금제도의 경우에는 다음 각 목의 사항	

근로자퇴직급여 보장법	근로자퇴직급여 보장법 시행령	근로자퇴직급여 보장법 시행규칙
시를 위탁할 수 있다. ②퇴직연금제도를 설정한 사용자는 다음 각호의 어느 하나에 해당하는 행위를 하여서는 아니된다. 1. 자기 또는 제3자의 이익을 도모할 목적으로 운용관리업무 및 자산관리업무의 수행계약을 체결하는 행위 2. 그 밖에 퇴직연금의 적정한 운영을 저해하는 행위로서 대통령령이 정하는 행위	가. 급여종류별 표준적인 급여액 및 지급상황 나. 사용자의 부담금액, 부담금 납부시기 및 납부 상황 다. 예상 급여액 대비 적립금 규모 라. 가입자의 전직 · 이직 시의 처리절차, 퇴직 시의 적립금 운용 · 관리 방법 2. 확정기여형퇴직연금제도의 경우에는 다음 각 목의 사항 가. 사용자의 부담금 수준, 부담금 납부시기 및 납부 상황 나. 가입자별 적립금의 운용수익 및 운용방법별 구성비율 등 운용현황 다. 퇴직연금사업자가 제시하는 운용방법의 위험과 수익에 관한 사항 라. 가입자의 연령 · 근속연수 등을 고려한 노후 설계의 중요성에 관한 사항 제19조(사용자에 대한 금지행위) 법 제19조제2항제2호에서 “대통령령이 정하는	

근로자퇴직급여 보장법	근로자퇴직급여 보장법 시행령	근로자퇴직급여 보장법 시행규칙
	행위"라 함은 운용관리업무 또는 자산관리업무의 수행에 필요한 자료를 고의로 누락하여 작성하거나 거짓으로 작성하여 퇴직연금사업자에게 제공하는 행위를 말한다.	
제20조(퇴직연금사업자의 책무) ①퇴직연금사업자는 이 법, 이 법에 의한 명령 및 제15조제1항 · 제16조제1항 및 제25조제3항의 규정에 의한 계약의 내용을 준수하고 가입자를 위하여 성실히 그 업무를 수행하여야 한다. ②퇴직연금사업자는 정당한 사유 없이 다음 각호의 어느 하나에 해당하는 행위를 하여서는 아니된다. 1. 제15조제1항 및 제25조제3항의 규정에 의한 운용관리업무의 수행계약 체결을 거부하는 행위 2. 제16조제1항 및 제25조제3항의 규정에 의한 자산관리업무의 수행계약 체결을 거부하는 행위 3. 특정한 퇴직연금사업자와 계약을 체	제20조(퇴직연금사업자에 대한 금지행위) 법 제20조제2항제4호에서 "대통령령이 정하는 행위"라 함은 다음 각 호의 어느 하나에 해당하는 행위를 말한다. 1. 사용자 또는 가입자에게 특정한 운용방법의 가치상승 또는 하락에 대한 단정적이거나 합리적 근거가 없는 판단을 제공하는 행위 2. 사용자 또는 가입자의 운용지시 등 업무수행과 관련하여 알게 된 정보를 자기 또는 제3자의 이익을 위하여 이용하는 행위 제21조(개인퇴직계좌 가입자에 대한 교육사항) 법 제20조제4항에서 "당해 사업의 퇴직연금제도 운영상황 등 대통령령	제6조(퇴직연금 및 개인퇴직계좌 취급실적 제출사항) 법 제20조제5항의 규정에 의하여 퇴직연금사업자가 제출하는 퇴직연금 및 개인퇴직계좌의 취급실적에는 다음 각 호의 사항이 모두 포함되어야 한다. 1. 당해 퇴직연금사업자 관련 사항. 이 경우 퇴직연금사업자의 명칭 · 대표자 · 주소 및 영위하는 업무에 관한 사항이 포함되어야 한다. 2. 운용관리업무 수행에 관한 사항. 이 경우 대상사업장 · 가입자 및 적립금에 대한 현황이 포함되어야 한다. 3. 적립금 운용사항. 이 경우 운용방법별 현황이 포함되어야 한다. 4. 급여 지급사항. 이 경우 급여종류별

근로자퇴직급여 보장법	근로자퇴직급여 보장법 시행령	근로자퇴직급여 보장법 시행규칙
결할 것을 강요하는 행위 4. 그 밖에 사용자 또는 가입자의 이익을 침해할 우려가 있는 것으로서 대통령령이 정하는 행위 ③운용관리업무를 수행하는 퇴직연금사업자는 다음 각호의 어느 하나에 해당하는 행위를 하여서는 아니된다. 1. 계약체결시 가입자 또는 사용자의 손실의 일부 또는 전부를 부담할 것을 약속하는 행위 2. 가입자 또는 사용자에게 특별한 이익을 제공하는 것을 약속하는 행위 3. 가입자의 성명·주소 등의 개인정보를 퇴직연금의 운용과 관련된 업무수행에 필요한 범위를 벗어나서 사용하는 행위 4. 자기 또는 제3자의 이익을 도모할 목적으로 특정한 운용방법을 가입자 또는 사용자에게 제시하는 행위 ④제25조제1항의 규정에 따라 개인퇴직계좌를 운영하는 퇴직연금사업자는 당해 사업의 퇴직연금제도 운영상황 등 대	이 정하는 사항"이라 함은 제18조제2호 각 목의 사항을 말한다. 다만, 동호가목의 사항은 법 제26조의 규정에 의한 개인퇴직계좌 가입자에 대한 교육에 한한다.	수급 및 중도인출 현황이 포함되어야 한다.

근로자퇴직급여 보장법	근로자퇴직급여 보장법 시행령	근로자퇴직급여 보장법 시행규칙
통령령이 정하는 사항에 대하여 매년 1회 이상 가입자에게 교육을 실시하여야 한다. ⑤퇴직연금사업자는 매 사업연도 종료후 3월 이내에 노동부령이 정하는 바에 따라 퇴직연금 및 개인퇴직계좌의 취급실적을 사용자(퇴직연금 취급실적에 한한다)·노동부장관 및 금융감독위원회에 제출하여야 한다. ⑥퇴직연금사업자는 제15조 및 제16조의 규정에 의한 계약 체결과 관련된 약관 또는 표준계약서(이하 "약관등"이라 한다)를 제정 또는 변경하고자 할 때에는 미리 금융감독위원회에 보고하여야 한다. 다만, 근로자 또는 사용자의 권익이나 의무에 불리한 영향이 없는 경우로서 금융감독위원회가 정하는 경우에는 약관의 제정 또는 변경후 10일 이내에 금융감독위원회에 보고할 수 있다.〈신설 '05.7.29〉 ⑦퇴직연금사업자는 매년 말 적립금 운용수익률 및 수수료 등을 금융감독위원		

근로자퇴직급여 보장법	근로자퇴직급여 보장법 시행령	근로자퇴직급여 보장법 시행규칙
회가 정하는 바에 따라 공시하여야 한다.〈신설 '05.7.29〉 제21조(정부의 책무 등) ①정부는 퇴직연금제도가 활성화될 수 있도록 지원방안을 강구하여야 한다. ②정부는 퇴직연금제도의 건전한 정착 및 발전을 위하여 노사단체, 퇴직연금업무의 수행과 관련된 기관·단체와 공동으로 연구사업 지원 등 필요한 조치를 할 수 있다. ③정부는 퇴직연금의 지급보장장치 마련 등 근로자의 수급권 보호를 위한 방안을 강구하도록 노력하여야 한다. 제22조(사용자에 대한 감독) ①노동부장관은 사용자가 퇴직연금제도의 설정 또는 그 운영 등에 관하여 이 법 또는 퇴직연금규약에 위반되는 행위를 한 때에는 기간을 정하여 그 위반의 시정을 명할 수 있다. ②노동부장관은 사용자가 제1항의 규정		

근로자퇴직급여 보장법	근로자퇴직급여 보장법 시행령	근로자퇴직급여 보장법 시행규칙
에 의한 기간내에 시정명령에 따르지 아니하는 경우에는 퇴직연금 운영의 중단을 명할 수 있다.		
제23조(퇴직연금사업자에 대한 감독) ①노동부장관은 퇴직연금사업자가 이 법에 위반되는 행위를 한 때에는 기간을 정하여 그 위반의 시정을 명할 수 있다. ②노동부장관은 퇴직연금사업자가 제1항의 규정에 의한 시정명령에 따르지 아니하는 경우에는 이 법에 의하여 수행하는 업무를 다른 퇴직연금사업자에게 이전할 것을 명할 수 있다. ③노동부장관은 퇴직연금사업자에 대하여 이 법의 규정에 의하여 수행하는 업무와 관련하여 자료의 제출이나 보고를 명할 수 있다. ④금융감독위원회는 퇴직연금제도의 안정적 운영과 근로자의 수급권 보호를 위하여 대통령령이 정하는 업무에 대하여 퇴직연금사업자를 감독하고 퇴직연금사업자가 제20조의 규정을 위반하는 경우	제22조(퇴직연금사업자에 대한 금융감독위원회의 감독) ①법 제23조제4항에서 "대통령령이 정하는 업무"라 함은 운용관리업무 및 자산관리업무를 말한다. ②법 제23조제4항에서 "대통령령이 정하는 조치"라 함은 다음 각 호의 조치를 말한다. 1. 퇴직연금사업자에 대한 주의 · 경고, 그 임원에 대한 주의 · 경고 또는 그 직원에 대한 주의 · 경고 · 견책 · 감봉 · 정직 · 면직의 요구 2. 당해 위반행위에 대한 시정명령 3. 임원의 해임권고 또는 직무정지요구 4. 6월 이내의 영업의 일부정지 ③금융감독위원회는 제1항의 업무에 대한 감독을 수행함에 있어 필요한 세부기준을 정하여 고시할 수 있다. 이 경우 미리 노동부장관과 협의하여야 한다.	

근로자퇴직급여 보장법	근로자퇴직급여 보장법 시행령	근로자퇴직급여 보장법 시행규칙
기간을 정하여 그 시정을 명하는 등 대통령령이 정하는 조치를 할 수 있으며, 금융감독원장으로 하여금 퇴직연금사업자의 업무 및 재산상황 등을 검사하게 할 수 있다. ⑤금융감독위원회는 제20조제6항의 규정에 의하여 퇴직연금사업자가 보고한 약관등이 이 법에 위반될 경우에는 금융감독원장으로 하여금 약관등의 변경·보완을 명하게 할 수 있다.〈신설 '05.7.29〉		
제24조(청문) 노동부장관은 제18조제1항의 규정에 의한 등록취소를 하고자 하는 경우에는 청문을 실시하여야 한다.		
제6장 보 칙		
제25조(개인퇴직계좌의 설정 및 운영 등) ①퇴직연금사업자는 개인퇴직계좌를 운영할 수 있다. ②다음 각호의 어느 하나에 해당하는 자는 개인퇴직계좌를 설정할 수 있다.	제23조(개인퇴직계좌의 급여종류별 수급요건 및 중도인출) ①법 제25조제5항의 규정에 의한 개인퇴직계좌의 급여종류별 수급요건은 다음과 같다. 다만, 법 제26조의 규정에 의한 개인퇴직계좌의	

근로자퇴직급여 보장법	근로자퇴직급여 보장법 시행령	근로자퇴직급여 보장법 시행규칙
1. 퇴직급여제도의 일시금을 수령한 자 2. 안정적인 노후소득 확보가 필요한 자로서 대통령령이 정하는 자 ③제15조 및 제16조의 규정은 개인퇴직계좌의 운용관리업무 및 자산관리업무의 수행에 있어서 이를 준용한다. 이 경우 "사용자"는 "가입자"로 본다. ④적립금을 운용함에 있어서 다음의 사항이 준수되어야 한다. 1. 가입자는 적립금의 운용방법을 스스로 선정할 수 있어야 하며, 매반기 1회 이상 적립금 운용방법의 변경이 가능하여야 할 것 2. 퇴직연금사업자는 매반기 1회 이상 위험과 수익구조가 서로 다른 세 가지 이상의 적립금 운용방법을 제시할 것 3. 퇴직연금사업자는 적립금 운용방법별 이익 및 손실의 가능성에 관한 정보 등 가입자가 적립금 운용방법을 선정하는 데 필요한 정보를 제공할 것 ⑤개인퇴직계좌의 급여의 종류별 수급요건, 중도인출에 관한 사항은 대통령령	급여종류별 수급요건에 관하여는 법 제12조제6호 각 목의 규정을 준용한다. 1. 연금은 55세 이상인 가입자에게 지급할 것. 이 경우 연금의 지급기간은 5년 이상이어야 한다. 2. 일시금은 55세 이상으로서 일시금 수급을 원하는 가입자에게 지급할 것 ②법 제25조제5항의 규정에 의하여 개인퇴직계좌의 가입자는 제8조 각 호의 어느 하나에 해당하는 경우 적립금을 중도인출할 수 있다.	

근로자퇴직급여 보장법	근로자퇴직급여 보장법 시행령	근로자퇴직급여 보장법 시행규칙
으로 정한다. 제26조(10인 미만 사업에 대한 특례) ①상시근로자 10인 미만을 사용하는 사업의 경우 제4조제1항의 규정에 불구하고 사용자가 근로자대표의 동의를 얻어 근로자 전원으로 하여금 제25조의 규정에 의한 개인퇴직계좌를 설정하게 한 경우에는 퇴직급여제도를 설정한 것으로 본다. ②제1항의 규정에 의하여 개인퇴직계좌를 설정하는 경우에는 다음 각호의 사항이 준수되어야 한다. 1. 퇴직연금사업자 선정에 있어서 근로자대표의 동의를 얻을 것 2. 사용자는 최소한 가입자의 연간 임금총액의 12분의 1에 해당하는 금액은 현금으로 부담할 것 3. 가입자는 사용자의 부담금 외에 추가로 부담금을 부담할 수 있을 것 4. 사용자는 매년 1회 이상 정기적으로 부담금을 납부할 것		

근로자퇴직급여 보장법	근로자퇴직급여 보장법 시행령	근로자퇴직급여 보장법 시행규칙
5. 사용자는 가입자의 탈퇴시에 당해 가입자에 대한 부담금을 미납한 경우에는 탈퇴일부터 14일 이내에 그 부담금을 납부할 것 6. 그 밖에 근로자의 수급권의 안정적인 보호를 위하여 대통령령이 정하는 사항		
제27조(퇴직연금제도의 폐지 · 중단시의 처리) ①퇴직연금제도가 폐지되거나 운영이 중단된 경우에는 폐지된 이후 또는 중단된 기간에 대하여는 제2장의 규정에 의한 퇴직금제도를 적용한다. ②퇴직연금제도의 폐지 또는 운영의 중단으로 인하여 가입자가 급여를 지급받은 경우에는 제8조제2항의 규정에 따라 중간정산되어 지급받은 것으로 본다. 이 경우 중간정산 대상기간의 산정 등에 관하여는 대통령령으로 정한다.	제24조(퇴직연금제도의 폐지 · 중단에 따른 중간정산의 대상기간 등) 법 제27조제2항의 규정에 의하여 퇴직금이 중간정산되어 지급된 것으로 보는 경우의 중간정산 대상기간 및 중간정산금의 산정은 다음의 기준에 의한다. 1. 확정급여형퇴직연금의 경우 중간정산금은 사업별로 적립된 금액을 가입자별 근속기간 · 평균임금, 법 제12조제4호의 규정에 의한 급여수준을 고려하여 안분(按分) · 산정하고, 중간정산 대상기간은 중간정산금을 기준으로 환산한다. 2. 확정기여형퇴직연금의 경우 중간정	

근로자퇴직급여 보장법	근로자퇴직급여 보장법 시행령	근로자퇴직급여 보장법 시행규칙
	산 대상기간은 가입자별로 퇴직연금에 가입한 날부터 사용자의 부담금이 납부된 날까지로 한다.	
제28조(업무의 협조) 노동부장관은 이 법의 시행을 위하여 필요한 경우에 금융감독위원회 등 관련기관에 자료의 제출을 요청할 수 있다. 이 경우 자료의 제출을 요청받은 기관은 정당한 사유가 없는 한 이를 거부하여서는 아니된다. 제29조(보고 및 조사) ①노동부장관은 이 법 시행에 필요한 범위 내에서 사용자에게 퇴직연금의 실시상황 등에 관한 보고, 관계서류의 제출 또는 관계인의 출석을 요구할 수 있다. ②노동부장관은 이 법의 시행을 위하여 필요하다고 인정하는 경우에는 소속 직원으로 하여금 퇴직연금을 실시하는 사업장에 출입하여 관계인에 대하여 질문하거나 장부 등 서류를 조사하게 할 수 있다. 이 경우 직원은 그 신분을 표시하		

근로자퇴직급여 보장법	근로자퇴직급여 보장법 시행령	근로자퇴직급여 보장법 시행규칙
는 증명서를 지니고 이를 관계인에게 내보여야 한다.		
제30조(권한의 위탁 · 위임) ①노동부장관은 이 법에 의한 권한의 일부를 대통령령이 정하는 바에 따라 금융감독위원회에 위탁하거나 지방노동관서의 장에게 위임할 수 있다. ②금융감독위원회는 이 법에 의한 권한의 일부를 대통령령이 정하는 바에 따라 금융감독원장에게 위탁할 수 있다.	제25조(권한의 위탁 · 위임) ①법 제30조제1항의 규정에 의하여 노동부장관은 다음 각 호의 권한을 금융감독위원회에 위탁한다. 1. 법 제14조의 규정에 의한 퇴직연금사업자의 등록 2. 법 제18조의 규정에 의한 퇴직연금사업자에 대한 등록취소 및 업무 이전명령 3. 법 제23조제1항 내지 제3항의 규정에 의한 시정명령, 업무 이전명령 및 자료제출 또는 보고명령 4. 법 제24조의 규정에 의한 청문 5. 법 제35조의 규정에 의한 과태료의 부과 · 징수(퇴직연금사업자에 대한 과태료의 부과 · 징수에 한한다) ②금융감독위원회는 제1항제1호 내지 제3호의 업무를 수행함에 있어 필요한 세부기준을 정하여 고시할 수 있다. 이	

근로자퇴직급여 보장법	근로자퇴직급여 보장법 시행령	근로자퇴직급여 보장법 시행규칙
	경우 미리 노동부장관과 협의하여야 한다. ③법 제30조제1항의 규정에 의하여 노동부장관은 다음 각 호의 권한을 지방노동관서의 장에게 위임한다. 1. 법 제12조 및 법 제13조의 규정에 의한 퇴직연금규약의 신고 접수 2. 법 제22조의 규정에 의한 시정명령 및 퇴직연금의 운영중단 명령 3. 법 제29조제1항의 규정에 의한 보고 · 서류제출 또는 출석요구, 동조제2항의 규정에 의한 질문 · 조사 4. 법 제35조의 규정에 의한 과태료의 부과 · 징수(사용자에 대한 과태료의 부과 · 징수에 한한다) ④법 제30조제2항의 규정에 의하여 금융감독위원회는 제22조제2항제1호의 조치(임원에 대한 경고와 직원에 대한 면직요구를 제외한다)에 관한 권한을 금융감독원장에게 위탁한다.	

근로자퇴직급여 보장법	근로자퇴직급여 보장법 시행령	근로자퇴직급여 보장법 시행규칙
제7장 벌　칙 제31조(벌칙) 제9조의 규정을 위반하여 퇴직금을 지급하지 아니한 자는 3년 이하의 징역 또는 2천만원 이하의 벌금에 처한다. 제32조(벌칙) 제4조제2항의 규정을 위반하여 하나의 사업안에 퇴직급여제도를 차등하여 설정한 자는 2년 이하의 징역 또는 1천만원 이하의 벌금에 처한다. 제33조(벌칙) 다음 각호의 어느 하나에 해당하는 자는 5백만원 이하의 벌금에 처한다. 1. 제4조제3항의 규정을 위반하여 근로자대표의 동의를 얻지 아니한 자 2. 제4조제4항의 규정을 위반하여 근로자대표의 의견을 듣지 아니하거나 동의를 얻지 아니한 자 제34조(양벌규정) 법인의 대표자나 법인 또		

근로자퇴직급여 보장법	근로자퇴직급여 보장법 시행령	근로자퇴직급여 보장법 시행규칙
는 개인의 대리인 · 사용인 그 밖의 종업원이 그 법인 또는 개인의 업무에 관하여 제31조 내지 제33조의 위반행위를 한 때에는 그 행위자를 벌하는 외에 그 법인이나 개인에 대하여도 해당 조의 벌금을 과한다.		
제35조(과태료) ①제19조제1항 · 제20조제2항 내지 제4항의 규정에 의한 사용자 또는 퇴직연금사업자의 책무를 위반한 자는 1천만원 이하의 과태료를 부과한다. ②제19조제2항 또는 제20조제1항 · 제5항의 규정에 의한 사용자 또는 퇴직연금사업자의 책무를 위반한 자는 5백만원 이하의 과태료를 부과한다. ③제1항 및 제2항의 규정에 의한 과태료는 대통령령이 정하는 바에 의하여 노동부장관이 부과 · 징수한다. ④제3항의 규정에 의한 과태료의 처분에 불복이 있는 자는 그 처분의 고지를 받은 날부터 30일 이내에 노동부장관에	제26조(과태료의 부과 · 징수 절차) ①노동부장관은 법 제35조제3항의 규정에 의하여 과태료를 부과하고자 할 때에는 당해 위반행위를 조사 · 확인한 후 위반행위의 종류, 과태료의 금액, 납부기한, 이의방법 및 이의기간 등을 명시하여 서면으로 당해 과태료처분대상자에게 통지하여야 한다. ②노동부장관은 과태료를 부과할 때에는 10일 이상의 기간을 정하여 과태료처분대상자에게 의견진술의 기회를 주어야 한다. 이 경우 지정된 기일까지 의견진술이 없을 때에는 의견이 없는 것으로 본다. ③위반행위의 종별에 따른 과태료의 금	제7조(과태료의 징수절차) 영 제26조제4항의 규정에 의한 과태료의 징수절차에 관하여는 「국고금관리법 시행규칙」을 준용한다.

근로자퇴직급여 보장법	근로자퇴직급여 보장법 시행령	근로자퇴직급여 보장법 시행규칙
게 이의를 제기할 수 있다. ⑤제3항의 규정에 의하여 과태료의 처분을 받은 자가 제4항의 규정에 의하여 이의를 제기한 때에는 노동부장관은 지체없이 관할법원에 그 사실을 통보하여야 하며 그 통보를 받은 관할법원은 비송사건절차법에 의한 과태료의 재판을 한다. ⑥제4항의 규정에 의한 기간 이내에 이의를 제기하지 아니하고 과태료를 납부하지 아니한 때에는 국세체납처분의 예에 의하여 이를 징수한다.	액은 별표와 같다. ④과태료의 징수절차는 노동부령으로 정한다.	
부 칙	**부 칙**	**부 칙**
제1조(시행일) 이 법은 2005년 12월 1일부터 시행한다. 다만, 상시 4인 이하의 근로자를 사용하는 사업은 2008년 이후 2010년을 넘지 아니하는 기간내에서 대통령령이 정하는 날부터 시행한다.	제1조(시행일) 이 영은 2005년 12월 1일부터 시행한다.	이 규칙은 2005년 12월 1일부터 시행한다.
제2조(퇴직보험등의 유효기간) ①사용자가	제2조(퇴직금제도의 설정이 의제되는 퇴직	

근로자퇴직급여 보장법	근로자퇴직급여 보장법 시행령	근로자퇴직급여 보장법 시행규칙
근로자를 피보험자 또는 수익자로 하여 대통령령이 정하는 퇴직보험 또는 퇴직일시금신탁(이하 "퇴직보험등"이라 한다)에 가입하여 근로자의 퇴직시에 일시금 또는 연금으로 수령하게 하는 경우에는 제8조제1항의 규정에 의한 퇴직금제도를 설정한 것으로 본다. 다만, 퇴직보험등에 의한 일시금의 액은 동조동항의 규정에 의한 퇴직금의 액보다 적어서는 아니된다. ②제1항의 규정은 이 법 시행 당시 퇴직보험등에 가입한 자에 한하여 효력을 가지되, 그 효력기간은 2010년 12월 31일까지로 한다.	보험등) ①법 부칙 제2조제1항 본문에서 "대통령령이 정하는 퇴직보험 또는 퇴직일시금신탁"이라 함은 다음 각 호의 요건을 모두 갖춘 보험 또는 신탁(이하 "퇴직보험등"이라 한다)을 말한다. 1. 퇴직하는 근로자가 퇴직보험등을 취급하는 금융기관(이하 "보험사업자등"이라 한다)에 대하여 직접 일시금 또는 연금(퇴직일시금신탁에 가입한 경우를 제외한다. 이하 같다)을 선택하여 청구할 수 있을 것. 다만, 계속근로기간이 1년 미만인 근로자는 일시금 또는 연금을 청구할 수 없으며, 그 일시금 또는 연금은 사용자에게 귀속되는 것이어야 한다. 2. 퇴직보험등의 계약이 해지되는 경우에 환급금은 피보험자 또는 수익자(이하 "피보험자등"이라 한다)인 근로자에게 지급되는 것일 것. 다만, 계속근로기간이 1년 미만인 피보험자등인 근로자에 대한 해지환급금은 사용자에게 귀속되는 것이어야 한다.	

근로자퇴직급여 보장법	근로자퇴직급여 보장법 시행령	근로자퇴직급여 보장법 시행규칙
	3. 퇴직보험등에 의한 일시금?연금 또는 해지환급금을 받을 피보험자등인 근로자의 권리는 양도하거나 담보로 제공할 수 없는 것일 것 4. 보험사업자등이 퇴직보험등의 계약 체결 전에 계약의 내용을 피보험자등에게 주지시키고 계약 체결 후에는 그 사실을 통지하는 것일 것 5. 보험사업자등이 매년 보험료 또는 신탁부금 납부 상황과 일시금 또는 연금의 수급 예상액을 피보험자등에게 통지하는 것일 것 ②제1항제2호 본문의 규정에 의하여 해지환급금을 지급받는 경우에는 법 제8조제2항의 규정에 의하여 지급받을 퇴직금 중 그 해당 금액을 미리 지급받은 것으로 본다. ③사용자는 퇴직보험등에 의한 일시금의 액이 법 제8조제1항의 규정에 의한 퇴직금의 액보다 적을 경우에는 그 차액을 퇴직하는 근로자에게 지급하여야 한다.	

근로자퇴직급여 보장법	근로자퇴직급여 보장법 시행령	근로자퇴직급여 보장법 시행규칙
	④제1항제2호의 규정에 불구하고 사용자 및 근로자가 퇴직보험등의 계약을 해지하고, 법 제12조 또는 법 제13조의 규정에 의한 퇴직연금제도를 실시하기로 한 경우에는 해지환급금은 피보험자등에게 지급되지 아니할 수 있다.	
제3조(상시 4인 이하의 근로자를 사용하는 사업의 급여 및 부담금에 관한 특례) 상시 4인 이하의 근로자를 사용하는 사업에 적용되는 퇴직금, 확정급여형퇴직연금의 급여액 및 확정기여형퇴직연금의 사용자 부담의 수준은 제8조제1항 · 제12조제4호 및 제13조제1호가목의 규정에 불구하고 동 규정이 정하는 수준의 100분의 50 이상 100분의 100 이하의 범위안에서 대통령령이 정하는 바에 따라 단계적으로 높일 수 있다.		
제4조(퇴직금 우선변제에 관한 경과조치) ①제11조제2항의 규정에 불구하고 1997년 12월 24일 전에 퇴직한 근로자		

근로자퇴직급여 보장법	근로자퇴직급여 보장법 시행령	근로자퇴직급여 보장법 시행규칙
의 경우에는 1989년 3월 29일 이후의 계속근로기간에 대한 퇴직금을 우선변제의 대상으로 한다. ②제11조제2항의 규정에 불구하고 1997년 12월 24일 전에 채용된 근로자로서 1997년 12월 24일 이후에 퇴직하는 근로자의 경우에는 1989년 3월 29일 이후부터 1997년 12월 23일까지의 계속근로기간에 대한 퇴직금에 1997년 12월 24일 이후의 계속근로기간에 대하여 발생하는 최종 3년간의 퇴직금을 합산한 금액을 우선변제의 대상으로 한다. ③제1항 및 제2항의 규정에 의하여 우선변제의 대상이 되는 퇴직금은 계속근로기간 1년에 대하여 30일분의 평균임금으로 계산한 금액으로 한다. ④제1항 및 제2항의 규정에 의한 우선변제의 대상이 되는 퇴직금은 250일분의 평균임금을 초과할 수 없다. 제5조(퇴직금제도에 관한 경과조치) 이 법 시행 당시 종전의 근로기준법 제34조제		

근로자퇴직급여 보장법	근로자퇴직급여 보장법 시행령	근로자퇴직급여 보장법 시행규칙
1항의 규정에 의하여 설정된 퇴직금제도와 미리 정산하여 지급된 퇴직금은 이 법에 의하여 설정되거나 지급된 것으로 본다.		
제6조(다른 법률의 개정) ①勤勞基準法중 다음과 같이 개정한다. 제34조를 다음과 같이 한다. 제34조(퇴직급여제도) 사용자가 퇴직하는 근로자에게 지급하는 퇴직급여제도에 관하여는 근로자퇴직급여보장법이 정하는 바에 따른다. 제37조제1항 본문중 "賃金·退職金"을 "임금"으로 한다. 제37조제2항제2호를 삭제한다. 제96조제5호중 "退職金, 賞與"를 "근로자퇴직급여보장법 제8조의 규정에 의한 퇴직금, 상여"로 한다. ②賃金債權保障法 일부를 다음과 같이 개정한다. 제6조제2항제1호를 다음과 같이 한다. 1. 「근로기준법」 제37조제2항제1호의	제3조(다른 법령의 개정) ①근로기준법 시행령 일부를 다음과 같이 개정한다. 제5조제4항중 "법 제34조"를 "「근로자퇴직급여 보장법」 제8조"로 한다. 제9조제3항중 "법 제34조, 법 제54조"를 "법 제54조"로 한다. 제11조를 삭제한다. ②농업협동조합법시행령 일부를 다음과 같이 개정한다. 제50조제1항제2호를 다음과 같이 한다. 2. 「근로기준법」 제37조제2항의 규정에 의하여 우선변제권이 인정되는 최종 3월분의 임금·재해보상금 및 「근로자퇴직급여 보장법」 제11조제2항의 규정에 의하여 우선변제권이 인정되는 최종 3년간의 퇴직금에 관한 채무	

근로자퇴직급여 보장법	근로자퇴직급여 보장법 시행령	근로자퇴직급여 보장법 시행규칙
규정에 의한 임금 및 「근로자퇴직급여 보장법」 제11조제2항의 규정에 의한 퇴직금 제7조제2항을 다음과 같이 한다. ②「근로기준법」 제37조제2항의 규정에 의한 임금채권우선변제권 및 「근로자퇴직급여 보장법」 제11조제2항의 규정에 의한 퇴직금채권우선변제권은 제1항의 규정에 의하여 대위되는 권리에 존속한다. 제9조제2호를 다음과 같이 한다. 2. 「근로자퇴직급여 보장법」 부칙 제2조제1항의 규정에 의한 퇴직보험등에 가입한 사업주, 동법 제3장의 규정에 의한 퇴직연금제도를 설정한 사업주(동법 제26조의 규정에 의한 특례적용 사업의 사업주를 포함한다)〈개정 '05.7.29〉 ③保險業法중 다음과 같이 개정한다. 제108조제1항제2호를 다음과 같이 한다. 2. 근로자퇴직급여보장법 부칙 제2조	③법인세법 시행령 일부를 다음과 같이 개정한다. 제44조제2항제3호중 "?근로기준법? 제34조제3항"을 "「근로자퇴직급여 보장법」 제8조제2항"으로 한다. ④산림조합법시행령 일부를 다음과 같이 개정한다. 제26조제1항제2호를 다음과 같이 한다. 2. 「근로기준법」 제37조제2항의 규정에 의하여 우선변제권이 인정되는 최종 3월분의 임금 · 재해보상금 및 「근로자퇴직급여 보장법」 제11조제2항의 규정에 의하여 우선변제권이 인정되는 최종 3년간의 퇴직금에 관한 채무 ⑤소득세법 시행령 일부를 다음과 같이 개정한다. 제23조제6항 · 제25조제2항제1호 및 제40조의3제1항중 "「근로기준법」 제34조"를 각각 "「근로자퇴직급여 보장법」 부칙 제2조제1항"으로 한다. 제38조제1항제15호 단서 및 제42조의2	

근로자퇴직급여 보장법	근로자퇴직급여 보장법 시행령	근로자퇴직급여 보장법 시행규칙
제1항의 규정에 의한 퇴직보험계약 및 제16조제2항의 규정에 의한 보험계약	제1항제5호중 "「근로기준법」 제34조제3항"을 각각 "「근로자퇴직급여 보장법」 제8조제2항"으로 한다. 제51조제3항제4호의2중 "「근로기준법」 제34조"를 "「근로자퇴직급여 보장법」부칙 제2조제1항"으로 한다. ⑥신용협동조합법시행령 일부를 다음과 같이 개정한다. 제21조의5제1항제2호를 다음과 같이 한다. 2. 「근로기준법」 제37조제2항의 규정에 의하여 우선변제권이 인정되는 최종 3월분의 임금 · 재해보상금 및 「근로자퇴직급여 보장법」 제11조제2항의 규정에 의하여 우선변제권이 인정되는 최종 3년간의 퇴직금에 관한 채무 ⑦예금자보호법시행령 일부를 다음과 같이 개정한다. 제3조제4항제1호 및 제18조제3항 본문 중 "근로기준법"을 각각 "「근로자퇴직급여 보장법」"으로 한다.	

근로자퇴직급여 보장법	근로자퇴직급여 보장법 시행령	근로자퇴직급여 보장법 시행규칙
제7조(다른 법령과의 관계) 이 법 시행 당시 다른 법령에서 종전의 근로기준법 제34조의 규정에 의한 퇴직금제도 또는 그 규정을 인용한 경우 이 법중 그에 해당하는 규정이 있는 때에는 종전의 규정에 갈음하여 이 법 또는 이 법의 해당 규정을 인용한 것으로 본다. **부 칙〈2005.7.29〉** 이 법은 2005년 12월 1일부터 시행한다.	⑧임금채권보장법시행령 일부를 다음과 같이 개정한다. 제14조제2호 및 제15조제2항 각 호 외의 부분중 "근로기준법 제34조제4항"을 각각 "「근로자퇴직급여 보장법」 부칙 제2조제1항"으로 한다. ⑨청원산림보호직원배치에관한법률시행령 일부를 다음과 같이 개정한다. 제6조제2항 본문중 "근로기준법"을 "「근로자퇴직급여 보장법」"으로 한다.	

근로자퇴직급여 보장법	근로자퇴직급여 보장법 시행령	근로자퇴직급여 보장법 시행규칙
	[별 표] 과태료의 부과기준(제17조제3항관련)	

위반행위	해 당 법규정	금 액
1. 퇴직연금제도를 설정한 사용자가 가입자에게 매년 1회 실시하여야 할 퇴직연금제도 운영상황 등에 관한 교육을 실시하지 아니한 경우	제19조 제1항	1천만원
2. 퇴직연금제도를 설정한 사용자가 자기 또는 제3자의 이익을 도모할 목적으로 운용관리업무 및 자산관리업무의 수행계약을 체결하는 경우	제19조 제2항 제1호	5백만원
3. 퇴직연금제도를 설정한 사용자가 운용관리업무 또는 자산관리업무의 수행에 필요한 자료를 고의로 누락하여 작성하거나 거짓으로 작성하여 퇴직연금사업자에게 제공하는 경우	제19조 제2항 제2호	

근로자퇴직급여 보장법	근로자퇴직급여 보장법 시행령	근로자퇴직급여 보장법 시행규칙
	<table><tr><td>4. 퇴직연금사업자가 법, 법에 의한 명령 또는 퇴직연금계약의 내용을 준수하지 아니하거나 성실히 그 업무를 수행하지 아니하는 경우</td><td>제20조 제1항</td><td></td></tr><tr><td>5. 퇴직연금사업자가 정당한 사유 없이 다음 각 목의 어느 하나에 해당하는 행위를 한 경우 가. 운용관리업무의 수행계약 체결을 거부하는 행위 나. 자산관리업무의 수행계약 체결을 거부하는 행위 다. 특정한 퇴직연금사업자와 계약을 체결할 것을 강요하는 행위 라. 사용자 또는 가입자에게 특정한 운용방법의 가치 상승 또는 하락에 대한 단정적이거나 합리적 근거가 없는 판단을 제공하는 행위 마. 사용자 또는 가입자의</td><td>제20조 제2항</td><td>1천만원</td></tr></table>	

<table>
<tr><th>근로자퇴직급여 보장법</th><th>근로자퇴직급여 보장법 시행령</th><th>근로자퇴직급여 보장법 시행규칙</th></tr>
<tr><td></td><td>
<table>
<tr><td>운용지시 등 업무수행과 관련하여 알게 된 정보를 자기 또는 제3자의 이익을 위하여 이용하는 행위</td><td></td><td></td></tr>
<tr><td>6. 운용관리업무를 수행하는 퇴직연금사업자가 다음 각 목의 어느 하나에 해당하는 행위를 한 경우
가. 계약체결시 가입자 또는 사용자의 손실의 일부 또는 전부를 부담할 것을 약속하는 행위
나. 가입자 또는 사용자에게 특별한 이익을 제공하는 것을 약속하는 행위
다. 가입자의 성명 · 주소 등의 개인정보를 퇴직연금의 운용과 관련된 업무수행에 필요한 범위를 벗어나서 사용하는 행위
라. 자기 또는 제3자의 이익을 도모할 목적으로 특정한 운용방법을 가입자 또는 사용자에게</td><td>제20조 제3항</td><td></td></tr>
</table>
</td><td></td></tr>
</table>

근로자퇴직급여 보장법	근로자퇴직급여 보장법 시행령	근로자퇴직급여 보장법 시행규칙
	제시하는 행위	

7. 개인퇴직계좌를 운영하는 퇴직연금사업자가 당해 사업의 퇴직연금제도 운영상황 등에 대하여 매년 1회 이상 가입자에게 교육을 실시하지 아니하는 경우	제20조 제4항	
8. 퇴직연금사업자가 매 사업연도 종료 후 3월 이내에 퇴직연금 및 개인퇴직계좌의 취급실적을 사용자(퇴직연금 취급실적에 한한다) · 노동부장관 및 금융감독위원회에 제출하지 아니하는 경우	제20조 제5항	5백만원

부 록 2

국민연금법

국민연금법 시행령

국민연금법 [시행 2009.12.10] [법률 제9754호, 2009.6.9, 타법개정]	국민연금법 시행령 [시행 2010.2.1] [대통령령 제22003호, 2010.1.27, 타법개정]
제1장 총 칙	
제1조(목적) 이 법은 국민의 노령, 장애 또는 사망에 대하여 연금급여를 실시함으로써 국민의 생활 안정과 복지 증진에 이바지하는 것을 목적으로 한다.	**제1조(목적)** 이 영은 「국민연금법」에서 위임된 사항과 그 시행에 필요한 사항을 규정함을 목적으로 한다.
제2조(관장) 이 법에 따른 국민연금사업은 보건복지가족부장관이 맡아 주관한다. 〈개정 2008.2.29〉	
제3조(정의 등) ① 이 법에서 사용하는 용어의 뜻은 다음과 같다.	**제2조(근로자에서 제외되는 자)** 「국민연금법」(이하 "법"이라 한다) 제3조제1항제1호 단서에 따라 근로자에서 제외되는 자는 다음과 같다.
1. "근로자"란 직업의 종류가 무엇이든 사업장에서 노무를 제공하고 그 대가로 임금을 받아 생활하는 자(법인의 이사와 그 밖의 임원을 포함한다)를 말한다. 다만, 대통령령으로 정하는 자는 제외한다.	1. 일용근로자나 1개월 미만의 기한을 정하여 사용되는 근로자. 다만, 1개월 이상 계속 사용되는 경우는 그러하지 아니하다.
2. "사용자(사용자)"란 사업주나 사업경영자를 말한다.	2. 소재지가 일정하지 아니한 사업장에 종사하는 근로자
3. "소득"이란 일정한 기간 근로를 제공하여 얻은 수입에서 대통령령으로 정하는 비과세소득을 제외한 금액 또는 사업 및 자산을 운영하여 얻는 수입에서 필요경비를 제외한 금액을 말한다. 이 경우 국민연금가입자(이하 "가입자"라 한다)의 종류에 따른 소득 범위는 대통령령으로 정한다.	3. 법인의 이사 중 제3조제1항제2호에 따른 소득이 없는 자
4. "평균소득월액"이란 매년 사업장가입자 및 지역가입자 전원	4. 1개월 동안의 근로시간이 80시간 미만인 시간제 근로자 등

국민연금법	국민연금법 시행령
(全員)의 기준소득월액을 평균한 금액을 말하며, 그 산정방법은 대통령령으로 정한다.	사업장에서 상시 근로에 종사할 목적으로 사용되는 자가 아닌 자
5. "기준소득월액"이란 연금보험료와 급여를 산정하기 위하여 가입자의 소득월액을 기준으로 하여 대통령령으로 정하는 금액을 말하며, 그 결정방법 및 적용기간 등에 관하여는 대통령령으로 정한다.	**제3조(소득의 범위)** ① 사업장가입자나 국민연금에 가입된 사업장에 종사하는 임의계속가입자(법 제8조제1항에 따른 퇴직연금등수급권자 및 「국민기초생활 보장법」에 따른 수급자가 임의계속가입자가 되는 경우는 제외하고, 「국민연금과 직역연금의 연계에 관한 법률」 제8조에 따라 연계 신청을 한 법 제8조제1항에 따른 퇴직연금등수급권자를 포함한다. 이하 "사업장임의계속가입자"라 한다)의 법 제3조제1항제3호에 따른 소득의 범위는 다음 각 호와 같다.〈개정 2009.7.27〉
6. "사업장가입자"란 사업장에 고용된 근로자 및 사용자로서 제8조에 따라 국민연금에 가입된 자를 말한다. 7. "지역가입자"란 사업장가입자가 아닌 자로서 제9조에 따라 국민연금에 가입된 자를 말한다.	1. 사용자(법인이 아닌 사업장의 사용자만 해당한다)의 경우 : 제2항제1호부터 제3호까지, 제5호 및 제6호에 따른 소득 2. 근로자의 경우 : 「소득세법」 제20조제1항에 따른 근로소득에서 같은 법 제12조제4호에 따른 비과세 근로소득(「조세특례제한법」 제18조의2에 따라 과세하지 아니하는 금액을 포함한다)을 뺀 소득
8. "임의가입자"란 사업장가입자 및 지역가입자 외의 자로서 제10조에 따라 국민연금에 가입된 자를 말한다.	② 지역가입자와 지역가입자의 요건을 갖춘 임의계속가입자(이하 "지역임의계속가입자"라 한다)의 법 제3조제1항제3호에 따른 소득의 범위는 다음 각 호의 것으로 하되, 해당 가입자의 소득이 둘 이상이면 합하여 계산한 것으로 한다.
9. "임의계속가입자"란 국민연금 가입기간이 20년 미만인 가입자가 제13조제1항에 따라 가입자로 된 자를 말한다.	1. 농업 소득

국민연금법	국민연금법 시행령
10. “연금보험료”란 국민연금사업에 필요한 비용으로서 사업장가입자의 경우에는 부담금 및 기여금의 합계액을, 지역가입자 · 임의가입자 및 임의계속가입자의 경우에는 본인이 내는 금액을 말한다.	경종업, 과수 · 원예업, 양잠업, 종묘업, 특수작물 생산업, 가축의 사육업, 종축업 또는 부화업과 이에 따른 업무에서 얻는 소득
11. “부담금”이란 사업장가입자의 사용자가 부담하는 금액을 말한다.	2. 임업 소득
12. “기여금”이란 사업장가입자가 부담하는 금액을 말한다.	영림업, 임산물 생산업 또는 야생 조수 사육업과 이에 따른 업무에서 얻는 소득
13. “사업장”이란 근로자를 사용하는 사업소 및 사무소를 말한다.	3. 어업 소득
② 이 법을 적용할 때 배우자, 남편 또는 아내에는 사실상의 혼인관계에 있는 자를 포함한다.	어업과 이에 따른 업무에서 얻는 소득
③ 이 법에 따른 급여를 받을 권리를 취득할 당시 가입자 또는 가입자였던 자의 태아가 출생하면 그 자녀는 가입자 또는 가입자였던 자에 의하여 생계를 유지하고 있던 자녀로 본다.	4. 근로소득 제1항제2호에 따른 소득 5. 사업소득 「소득세법」 제19조제2항에 따른 사업소득 금액 6. 부동산 임대 소득 「소득세법」 제18조제2항에 따른 부동산 임대소득 금액 **제4조(평균소득월액의 산정 방법)** 법 제3조제1항제4호에 따른 평균소득월액은 매년 12월 31일 현재의 사업장가입자와 지역가

국민연금법	국민연금법 시행령
	입자 전원(법 제91조제1항 각 호에 따른 납부 예외 사유로 연금보험료를 내지 아니하는 사업장가입자 및 지역가입자는 제외한다. 이하 같다)의 기준소득월액 총액을 사업장가입자와 지역가입자 전원의 수로 나누어 산정한다. **제5조(기준소득월액 및 적용기간)** ① 법 제3조제1항제5호에 따른 기준소득월액은 다음 각 호의 하한액과 상한액의 범위에서 사업장가입자는 사용자가, 지역가입자는 가입자가 신고한 소득월액에서 천원 미만을 버린 금액으로 한다. 1. 하한액: 가목을 나목으로 나눈 값(소수점 이하 넷째자리에서 반올림한다)에 직전 적용기간의 기준소득월액 하한액을 곱한 금액. 이 경우 만원 미만은 반올림한다. 가. 법 제51조제1항제1호에 따라 산정하여 제37조에 따라 해당 연도 4월부터 다음 연도 3월까지 적용하는 금액 나. 법 제51조제1항제1호에 따라 산정하여 제37조에 따라 전년도 4월부터 해당 연도 3월까지 적용하는 금액 2. 상한액: 제1호가목을 같은 호 나목으로 나눈 값(소수점 이하 넷째자리에서 반올림한다)에 직전 적용기간의 기준소득월액 상한액을 곱한 금액. 이 경우 만원 미만은 반올림한다. ② 보건복지가족부장관은 제1항에도 불구하고, 국민의 생활수준, 임금, 물가, 그 밖에 경제사정에 뚜렷한 변동이 생긴 경우에는 법 제5조에 따른 국민연금심의위원회(이하 "국민연금심의위원회"라 한다)의 심의를 거쳐 제1항 각 호에 따른 하한액

국민연금법	국민연금법 시행령
	과 상한액을 조정할 수 있다. ③ 보건복지가족부장관은 제1항 또는 제2항에 따른 하한액과 상한액을 국민연금심의위원회의 심의를 거쳐 매년 3월 31일까지 고시하여야 한다. ④ 제3항에 따라 고시된 하한액과 상한액의 적용기간은 해당 연도 7월부터 다음 연도 6월까지로 한다. ⑤ 사용자나 가입자가 신고한 소득월액이 제3항에 따라 고시된 하한액보다 적으면 그 하한액을, 같은 항에 따라 고시된 상한액보다 많으면 그 상한액을 기준소득월액으로 한다.[전문개정 2009.12.30]
제4조(국민연금 재정 계산 및 급여액 조정) ① 이 법에 따른 급여수준과 연금보험료는 국민연금 재정이 장기적으로 균형을 유지할 수 있도록 조정(調整)되어야 한다.	**제11조(국민연금의 재정계산 등)** ① 보건복지가족부장관은 법 제4조제2항에 따라 매 5년이 되는 해의 3월 31일까지 법 제101조에 따른 국민연금기금(이하 "기금"이라 한다)의 재정계산을 하고, 국민연금 재정 전망 및 연금보험료 조정 등을 포함한 국민연금 운영 전반에 관한 계획을 수립하여 국민연금심의위원회의 심의를 거쳐 해당 연도 9월 말일까지 대통령의 승인을 받아 해당 연도 10월 말일까지 국회에 제출하여야 한다. 〈개정 2008.2.29〉
② 보건복지가족부장관은 대통령령으로 정하는 바에 따라 5년마다 국민연금 재정 수지를 계산하고, 국민연금의 재정 전망과 연금보험료의 조정 및 국민연금기금의 운용 계획 등이 포함된 국민연금 운영 전반에 관한 계획을 수립하여 국무회의의 심의	② 보건복지가족부장관은 국민연금 재정 전망 등을 포함한 국민연금 운영 전반에 관한 계획을 「신문 등의 진흥에 관한 법률」 제9조제1항에 따라 전국을 보급지역으로 등록한 일반일간신문 1개 이상 및 경제 분야 특수일간신문 1개 이상에 각각 공

국민연금법	국민연금법 시행령
를 거쳐 대통령의 승인을 받아야 하며, 승인받은 계획을 국회에 제출하고 대통령령으로 정하는 바에 따라 공시하여야 한다. 〈개정 2008.2.29〉 ③ 이 법에 따른 급여액은 국민의 생활수준, 임금, 물가, 그 밖에 경제사정에 뚜렷한 변동이 생기면 그 사정에 맞게 조정되어야 한다.	시하여야 한다. 〈개정 2008.2.29, 2010.1.27〉
제5조(국민연금심의위원회) ① 국민연금사업에 관한 다음 사항을 심의하기 위하여 보건복지가족부에 국민연금심의위원회를 둔다. 〈개정 2008.2.29〉 1. 국민연금제도 및 재정 계산에 관한 사항 2. 급여에 관한 사항 3. 연금보험료에 관한 사항 4. 국민연금기금에 관한 사항 5. 그 밖에 국민연금제도의 운영과 관련하여 보건복지가족부장관이 회의에 부치는 사항	**제5조(기준소득월액 및 적용기간)** ① 법 제3조제1항제5호에 따른 기준소득월액은 다음 각 호의 하한액과 상한액의 범위에서 사업장가입자는 사용자가, 지역가입자는 가입자가 신고한 소득월액에서 천원 미만을 버린 금액으로 한다. 1. 하한액: 가목을 나목으로 나눈 값(소수점 이하 넷째자리에서 반올림한다)에 직전 적용기간의 기준소득월액 하한액을 곱한 금액. 이 경우 만원 미만은 반올림한다. 가. 법 제51조제1항제1호에 따라 산정하여 제37조에 따라 해당 연도 4월부터 다음 연도 3월까지 적용하는 금액 나. 법 제51조제1항제1호에 따라 산정하여 제37조에 따라 전년도 4월부터 해당 연도 3월까지 적용하는 금액 2. 상한액: 제1호가목을 같은 호 나목으로 나눈 값(소수점 이하 넷째자리에서 반올림한다)에 직전 적용기간의 기준소득월액 상한액을 곱한 금액. 이 경우 만원 미만은 반올림한다. ② 보건복지가족부장관은 제1항에도 불구하고, 국민의 생활수준, 임금, 물가, 그 밖에 경제사정에 뚜렷한 변동이 생긴 경우

국민연금법	국민연금법 시행령
	에는 법 제5조에 따른 국민연금심의위원회(이하 "국민연금심의위원회"라 한다)의 심의를 거쳐 제1항 각 호에 따른 하한액과 상한액을 조정할 수 있다.
② 국민연금심의위원회는 위원장 · 부위원장 및 위원으로 구성하되, 위원장은 보건복지가족부차관이 되고, 부위원장은 공익을 대표하는 위원 중에서 호선(互選)하며, 위원은 다음 구분에 따라 보건복지가족부장관이 지명하거나 위촉한다. 〈개정 2008.2.29〉	③ 보건복지가족부장관은 제1항 또는 제2항에 따른 하한액과 상한액을 국민연금심의위원회의 심의를 거쳐 매년 3월 31일까지 고시하여야 한다.
1. 사용자를 대표하는 위원으로서 사용자 단체가 추천하는 자 4명	④ 제3항에 따라 고시된 하한액과 상한액의 적용기간은 해당 연도 7월부터 다음 연도 6월까지로 한다.
2. 근로자를 대표하는 위원으로서 근로자 단체가 추천하는 자 4명	⑤ 사용자나 가입자가 신고한 소득월액이 제3항에 따라 고시된 하한액보다 적으면 그 하한액을, 같은 항에 따라 고시된 상한액보다 많으면 그 상한액을 기준소득월액으로 한다.[전문개정 2009.12.30]
3. 지역가입자를 대표하는 위원으로서 다음의 자 가. 농어업인 단체가 추천하는 자 2명 나. 농어업인 단체 외의 자영자(自營者) 관련 단체가 추천하는 자 2명 다. 소비자단체와 시민단체가 추천하는 자 2명 4. 공익을 대표하는 위원으로서 국민연금에 관한 전문가 5명 ③ 국민연금심의위원회의 구성 및 운영 등에 필요한 사항은 대통령령으로 정한다.	

국민연금법	국민연금법 시행령
제2장 국민연금가입자	
제6조(가입 대상) 국내에 거주하는 국민으로서 18세 이상 60세 미만인 자는 국민연금 가입 대상이 된다. 다만, 「공무원연금법」, 「군인연금법」 및 「사립학교교직원 연금법」을 적용받는 공무원, 군인 및 사립학교 교직원, 그 밖에 대통령령으로 정하는 자는 제외한다.	제18조(가입 대상 제외자) 법 제6조 단서에 따라 다음 각 호의 어느 하나에 해당하는 자는 국민연금 가입 대상에서 제외한다. 1. 법 제61조제1항부터 제3항까지 및 법률 제8541호 국민연금법 전부개정법률 부칙 제2조에 따라 노령연금의 수급권을 취득한 자 중 60세 미만의 특수 직종 근로자 2. 법 제61조제4항에 따른 조기노령연금의 수급권을 취득한 자. 다만, 법 제66조제1항에 따라 조기노령연금의 지급이 정지 중인 자는 제외한다.
제7조(가입자의 종류) 가입자는 사업장가입자, 지역가입자, 임의가입자 및 임의계속가입자로 구분한다. 제8조(사업장가입자) ① 사업의 종류, 근로자의 수 등을 고려하여 대통령령으로 정하는 사업장(이하 "당연적용사업장"이라 한다)의 18세 이상 60세 미만인 근로자와 사용자는 당연히 사업장가입자가 된다. 다만, 다음 각 호의 어느 하나에 해당하는 자는 제외한다. 〈개정 2009.2.6〉	제3조(소득의 범위) ① 사업장가입자나 국민연금에 가입된 사업장에 종사하는 임의계속가입자(법 제8조제1항에 따른 퇴직연금등수급권자 및 「국민기초생활 보장법」에 따른 수급자가 임의계속가입자가 되는 경우는 제외하고, 「국민연금과 직역연금의 연계에 관한 법률」 제8조에 따라 연계 신청을 한 법 제8조제1항에 따른 퇴직연금등수급권자를 포함한다. 이하 "사업장임의계속가입자"라 한다)의 법 제3조제1항제3호에 따른 소득의 범위는 다음 각 호와 같다. 〈개정 2009.7.27〉

국민연금법	국민연금법 시행령
1. 「공무원연금법」, 「사립학교교직원 연금법」 또는 「별정우체국법」에 따른 퇴직연금, 장해연금 또는 퇴직연금일시금이나 「군인연금법」에 따른 퇴역연금, 상이연금, 퇴역연금일시금을 받을 권리를 얻은 자(이하 "퇴직연금등수급권자"라 한다). 다만, 퇴직연금등수급권자가 「국민연금과 직역연금의 연계에 관한 법률」 제8조에 따라 연계 신청을 한 경우에는 그러하지 아니하다.	1. 사용자(법인이 아닌 사업장의 사용자만 해당한다)의 경우 : 제2항제1호부터 제3호까지, 제5호 및 제6호에 따른 소득
2. 「국민기초생활 보장법」에 따른 수급자(受給者)	2. 근로자의 경우 : 「소득세법」 제20조제1항에 따른 근로소득에서 같은 법 제12조제4호에 따른 비과세 근로소득(「조세특례제한법」 제18조의2에 따라 과세하지 아니하는 금액을 포함한다)을 뺀 소득
② 제1항 및 제6조에도 불구하고 국민연금에 가입된 사업장에 종사하는 18세 미만 근로자는 자기가 원하면 사용자의 동의를 받아 사업장가입자가 될 수 있다.	② 지역가입자와 지역가입자의 요건을 갖춘 임의계속가입자(이하 "지역임의계속가입자"라 한다)의 법 제3조제1항제3호에 따른 소득의 범위는 다음 각 호의 것으로 하되, 해당 가입자의 소득이 둘 이상이면 합하여 계산한 것으로 한다. 1. 농업 소득 경종업, 과수 · 원예업, 양잠업, 종묘업, 특수작물 생산업, 가축의 사육업, 종축업 또는 부화업과 이에 따른 업무에서 얻는 소득 2. 임업 소득 영림업, 임산물 생산업 또는 야생 조수 사육업과 이에 따른 업무에서 얻는 소득

국민연금법	국민연금법 시행령
	3. 어업 소득 어업과 이에 따른 업무에서 얻는 소득 4. 근로소득 제1항제2호에 따른 소득 5. 사업소득 「소득세법」 제19조제2항에 따른 사업소득 금액 6. 부동산 임대 소득 「소득세법」 제18조제2항에 따른 부동산 임대소득 금액 **제19조(당연적용사업장)** ① 법 제8조제1항에 따른 당연적용사업장은 다음 각 호의 어느 하나에 해당하는 사업장으로 한다. 1. 1명 이상의 근로자를 사용하는 사업장 2. 주한 외국 기관으로서 1명 이상의 대한민국 국민인 근로자를 사용하는 사업장 ② 사업장 상호 간에 본점과 지점 · 대리점 · 출장소 등의 관계에 있고 그 사업 경영이 일체로 되어 있는 경우에는 이를 하나의 사업장으로 보아 제1항을 적용한다.
제9조(지역가입자) 제8조에 따른 사업장가입자가 아닌 자로서 18세 이상 60세 미만인 자는 당연히 지역가입자가 된다. 다만, 다음 각 호의 어느 하나에 해당하는 자는 제외한다. 〈개정 2009.2.6〉 1. 다음 각 목의 어느 하나에 해당하는 자의 배우자로서 별도의 소득이 없는 자	**제20조(행방불명된 자에 대한 인정 기준 및 방법)** ① 법 제9조제5호에 따라 행방불명된 자의 증명은 특별자치도지사 · 시장 · 군수 · 구청장(자치구의 구청장을 말한다. 이하 같다)이 확인하는 바에 따른다. ② 제1항에 따른 행방불명기간의 기산일은 특별자치도지사 · 시장 · 군수 · 구청장이 확인한 날로 한다.

국민연금법	국민연금법 시행령
가. 제6조 단서에 따라 국민연금 가입 대상에서 제외되는 자 나. 사업장가입자, 지역가입자 및 임의계속가입자 다. 별정우체국 직원 라. 노령연금 수급권자 및 퇴직연금등수급권자 2. 퇴직연금등수급권자. 다만, 퇴직연금등수급권자가 「국민연금과 직역연금의 연계에 관한 법률」 제8조에 따라 연계 신청을 한 경우에는 그러하지 아니하다. 3. 18세 이상 27세 미만인 자로서 학생이거나 군 복무 등의 이유로 소득이 없는 자(연금보험료를 납부한 사실이 있는 자는 제외한다) 4. 「국민기초생활 보장법」에 따른 수급자 5. 1년 이상 행방불명된 자. 이 경우 행방불명된 자에 대한 인정 기준 및 방법은 대통령령으로 정한다. 제10조(임의가입자) ① 다음 각 호의 어느 하나에 해당하는 자 외의 자로서 18세 이상 60세 미만인 자는 보건복지가족부령으로 정하는 바에 따라 국민연금공단에 가입을 신청하면 임의가입자가 될 수 있다. 〈개정 2008.2.29〉 1. 사업장가입자	③ 제1항에도 불구하고 행방불명된 자의 연금보험료가 납부된 사실이 있는 경우에는 연금보험료가 납부된 기간은 행방불명된 기간에 산입하지 아니한다. ④ 제3항에 따라 연금보험료가 납부된 자가 다시 제1항에 따라 행방불명된 것으로 확인되는 경우 행방불명된 기간은 연금보험료 납부 후 다시 행방불명된 것으로 확인된 날부터 기산한다.

국민연금법	국민연금법 시행령
2. 지역가입자 ② 임의가입자는 보건복지가족부령으로 정하는 바에 따라 국민연금공단에 신청하여 탈퇴할 수 있다. 〈개정 2008.2.29〉 **제11조(가입자 자격의 취득 시기)** ① 사업장가입자는 다음 각 호의 어느 하나에 해당하게 된 날에 그 자격을 취득한다. 1. 제8조제1항 본문에 따른 사업장에 고용된 때 또는 그 사업장의 사용자가 된 때 2. 당연적용사업장으로 된 때 ② 지역가입자는 다음 각 호의 어느 하나에 해당하게 된 날에 그 자격을 취득한다. 1. 사업장가입자의 자격을 상실한 때 2. 제6조 단서에 따른 국민연금 가입 대상 제외자에 해당하지 아니하게 된 때 3. 제9조제1호에 따른 배우자가 별도의 소득이 있게 된 때 4. 18세 이상 27세 미만인 자가 소득이 있게 된 때 ③ 임의가입자는 가입 신청이 수리된 날에 자격을 취득한다.	
제12조(가입자 자격의 상실 시기) ① 사업장가입자는 다음 각 호의 어느 하나에 해당하게 된 날의 다음 날에 자격을 상실한다. 다만, 제5호의 경우에는 그에 해당하게 된 날에 자격을 상실한다.	**제3조(소득의 범위)** ① 사업장가입자나 국민연금에 가입된 사업장에 종사하는 임의계속가입자(법 제8조제1항에 따른 퇴직연금등수급권자 및 「국민기초생활 보장법」에 따른 수급자가 임의계속가입자가 되는 경우는 제외하고, 「국민연금과 직역연금의 연계에 관한 법률」 제8조에 따라 연계 신청을 한 법 제8조제1항에 따른 퇴직연금등수급권자를 포함한다. 이하 "사업장임의계

국민연금법	국민연금법 시행령
1. 사망한 때 2. 국적을 상실하거나 국외로 이주한 때 3. 사용관계가 끝난 때 4. 60세가 된 때 5. 제6조 단서에 따른 국민연금 가입 대상 제외자에 해당하게 된 때	속가입자"라 한다)의 법 제3조제1항제3호에 따른 소득의 범위는 다음 각 호와 같다. 〈개정 2009.7.27〉 1. 사용자(법인이 아닌 사업장의 사용자만 해당한다)의 경우 : 제2항제1호부터 제3호까지, 제5호 및 제6호에 따른 소득 2. 근로자의 경우 : 「소득세법」 제20조제1항에 따른 근로소득에서 같은 법 제12조제4호에 따른 비과세 근로소득(「조세특례제한법」 제18조의2에 따라 과세하지 아니하는 금액을 포함한다)을 뺀 소득 ② 지역가입자와 지역가입자의 요건을 갖춘 임의계속가입자(이하 "지역임의계속가입자"라 한다)의 법 제3조제1항제3호에 따른 소득의 범위는 다음 각 호의 것으로 하되, 해당 가입자의 소득이 둘 이상이면 합하여 계산한 것으로 한다. 1. 농업 소득 경종업, 과수·원예업, 양잠업, 종묘업, 특수작물 생산업, 가축의 사육업, 종축업 또는 부화업과 이에 따른 업무에서 얻는 소득
② 지역가입자는 다음 각 호의 어느 하나에 해당하게 된 날의 다음 날에 자격을 상실한다. 다만, 제3호와 제4호의 경우에는 그에 해당하게 된 날에 그 자격을 상실한다. 1. 사망한 때 2. 국적을 상실하거나 국외로 이주한 때	2. 임업 소득 영림업, 임산물 생산업 또는 야생 조수 사육업과 이에 따른 업무에서 얻는 소득 3. 어업 소득

국민연금법	국민연금법 시행령
3. 제6조 단서에 따른 국민연금 가입 대상 제외자에 해당하게 된 때	어업과 이에 따른 업무에서 얻는 소득
4. 사업장가입자의 자격을 취득한 때 5. 제9조제1호에 따른 배우자로서 별도의 소득이 없게 된 때 6. 60세가 된 때	4. 근로소득 제1항제2호에 따른 소득 5. 사업소득
③ 임의가입자는 다음 각 호의 어느 하나에 해당하게 된 날의 다음 날에 자격을 상실한다. 다만, 제6호와 제7호의 경우에는 그에 해당하게 된 날에 그 자격을 상실한다.	「소득세법」 제19조제2항에 따른 사업소득 금액
1. 사망한 때 2. 국적을 상실하거나 국외로 이주한 때 3. 제10조제2항에 따른 탈퇴 신청이 수리된 때	6. 부동산 임대 소득 「소득세법」 제18조제2항에 따른 부동산 임대소득 금액 제21조(연금보험료 체납에 따른 자격 상실) 법 제12조제3항제5호, 법 제13조제3항제4호에 따라 임의가입자와 임의계속가입자가 그 자격을 상실하게 되는 연금보험료의 체납기간은 3개월로 한다. 다만, 천재지변이나 그 밖에 부득이한 사유로 기간 내에 연금보험료를 낼 수 없었음을 증명하면 그러하지 아니하다.
4. 60세가 된 때 5. 대통령령으로 정하는 기간 이상 계속하여 연금보험료를 체납한 때 6. 사업장가입자 또는 지역가입자의 자격을 취득한 때 7. 제6조 단서에 따른 국민연금 가입 대상 제외자에 해당하게 된 때	
제13조(임의계속가입자) ① 다음 각 호의 어느 하나에 해당하는 자	제21조(연금보험료 체납에 따른 자격 상실) 법 제12조제3항제5

국민연금법	국민연금법 시행령
는 제6조에도 불구하고 65세가 될 때까지 보건복지가족부령으로 정하는 바에 따라 국민연금공단에 가입을 신청하면 임의계속가입자가 될 수 있다. 이 경우 가입 신청이 수리된 날에 그 자격을 취득한다. 〈개정 2008.2.29〉 1. 국민연금 가입기간이 20년 미만인 가입자로서 60세가 된 자 2. 대통령령으로 정하는 직종에 종사하거나 종사하였던 근로자(이하 "특수직종근로자"라 한다)로서 제61조제2항 · 제3항 및 법률 제3902호 국민복지연금법개정법률 부칙 제5조에 따라 특례노령연금 수급권을 취득한 자 ② 임의계속가입자는 보건복지가족부령으로 정하는 바에 따라 국민연금공단에 신청하면 탈퇴할 수 있다. 〈개정 2008.2.29〉 ③ 임의계속가입자는 다음 각 호의 어느 하나에 해당하게 된 날의 다음 날에 그 자격을 상실한다. 1. 사망한 때 2. 국적을 상실하거나 국외로 이주한 때 3. 제2항에 따른 탈퇴 신청이 수리된 때 4. 대통령령으로 정하는 기간 이상 계속하여 연금보험료를 체납한 때 **제14조(자격의 확인)** ① 국민연금공단은 가입자의 자격 취득 및 상	호, 법 제13조제3항제4호에 따라 임의가입자와 임의계속가입자가 그 자격을 상실하게 되는 연금보험료의 체납기간은 3개월로 한다. 다만, 천재지변이나 그 밖에 부득이한 사유로 기간 내에 연금보험료를 낼 수 없었음을 증명하면 그러하지 아니하다. **제22조(특수 직종 근로자)** ① 법 제13조제1항제2호에서 "대통령령으로 정하는 직종"이란 다음 각 호와 같다. 〈개정 2009.4.30〉 1. 「광업법」 제3조제2호에 따른 광업(갱내 작업에 한정한다) 2. 「선원법」 제2조에 따른 선박 중 어선에서의 「수산업법」 제2조제2호에 따른 어업(부원으로서 직접 어로작업에 종사한 경우만 해당한다) ② 제1항의 경우에 특수 직종 근로자로서의 연금 가입 기간이 그의 전(全)연금가입기간의 5분의 3에 미달하면 특수 직종 근로자로 보지 아니한다.

국민연금법	국민연금법 시행령
실에 관한 확인을 하여야 한다. ② 가입자 자격의 취득 및 상실은 제1항에 따른 국민연금공단의 확인에 의하여 제11조부터 제13조까지의 규정에 따른 자격의 취득 및 상실 시기에 그 효력이 생긴다. ③ 제1항에 따른 확인은 가입자의 청구, 제21조에 따른 신고 또는 직권으로 한다. ④ 가입자 또는 가입자였던 자는 언제든지 보건복지가족부령으로 정하는 바에 따라 자격의 취득·상실 및 가입자 종류의 변동에 관한 확인을 청구할 수 있다. 〈개정 2008.2.29〉	
제15조(사망의 추정) 사고가 발생한 선박 또는 항공기에 탔던 자로서 생사를 알 수 없거나 그 밖의 사유로 생사를 알 수 없게 된 자는 대통령령으로 정하는 바에 따라 사망으로 추정한다.	**제23조(사망의 추정)** ① 법 제15조에 따라 사망으로 추정되는 경우는 다음과 같다. 1. 선박이 침몰, 전복, 멸실 또는 행방불명되거나 항공기가 추락, 멸실 또는 행방불명된 경우에 그 선박이나 항공기에 탔던 자가 그 사고의 발생일부터 3개월 동안 생사를 알 수 없을 때 2. 항행 중의 선박이나 항공기에 탔던 자가 행방불명되어 3개월 동안 생사를 알 수 없을 때 3. 천재지변이나 그 밖에 이에 준하는 사유로 3개월 동안 생사를 알 수 없을 때 ② 제1항에 따라 사망으로 추정되는 자는 그 사고가 발생한 날이나 행방불명된 날에 사망한 것으로 추정한다. ③ 제1항 각 호의 사유로 생사를 알 수 없었던 자가 사망한 것

국민연금법	국민연금법 시행령
	이 사고가 발생한 날이나 행방불명된 날부터 3개월 이내에 확인되었으나 그 사망의 시기가 분명하지 아니하면 그 사고가 발생한 날이나 행방불명된 날에 사망한 것으로 추정한다.
제16조(가입자 증서) ① 국민연금공단은 가입자에게 국민연금가입자 증서를 내주어야 한다. ② 제1항에 따른 증서의 교부에 관하여 필요한 사항은 보건복지가족부령으로 정한다. 〈개정 2008.2.29〉	
제17조(국민연금 가입기간의 계산) ① 국민연금 가입기간(이하 "가입기간"이라 한다)은 월 단위로 계산하되, 가입자의 자격을 취득한 날이 속하는 달의 다음 달부터 자격을 상실한 날의 전날이 속하는 달까지로 한다. 다만, 다음 각 호의 어느 하나에 해당하는 경우 자격을 취득한 날이 속하는 달은 가입기간에 산입하되, 가입자가 그 자격을 상실한 날의 전날이 속하는 달에 자격을 다시 취득하면 다시 취득한 달을 중복하여 가입기간에 산입하지 아니한다.	**제24조(기여금의 개별 납부)** ① 근로자가 법 제17조제3항 후단에 따라 체납 사실이 통지된 체납 월의 다음 달부터 발생되는 체납 연금보험료 중 본인이 부담하여야 하는 기여금의 전부 또는 일부를 내려는 경우에는 해당 연금보험료의 월별 납부 기한으로부터 3년 이내에 공단에 내야 한다.
1. 가입자가 자격을 취득한 날이 그 속하는 달의 초일인 경우 2. 임의계속가입자의 자격을 취득한 경우	② 공단이 법 제88조제1항 및 법 제95조제3항에 따라 체납 사실이 통지된 체납 월의 다음 달부터 발생되는 체납 연금보험료의 전부 또는 일부를 사용자로부터 납부받거나 징수하면 제1항에 따라 근로자가 중복하여 낸 기여금은 해당 근로자에게 이자를 더하여 돌려주어야 한다. 이 경우 이자율은 제73조제3항을 준용한다.

국민연금법	국민연금법 시행령
3. 가입자가 희망하는 경우 ② 가입기간을 계산할 때 연금보험료를 내지 아니한 기간은 가입기간에 산입하지 아니한다. 다만, 사용자가 근로자의 임금에서 기여금을 공제하고 연금보험료를 내지 아니한 경우에는 그 내지 아니한 기간의 2분의 1에 해당하는 기간을 근로자의 가입기간으로 산입한다. 이 경우 1개월 미만의 기간은 1개월로 한다. ③ 「국민건강보험법」 제12조에 따른 국민건강보험공단(이하 "건강보험공단"이라 한다)이 보건복지가족부령으로 정하는 바에 따라 근로자에게 그 사업장의 체납 사실을 통지한 경우에는 제2항 단서에도 불구하고 통지된 체납월(滯納月)의 다음 달부터 체납 기간은 가입기간에 산입하지 아니한다. 이 경우 그 근로자는 제90조제1항에도 불구하고 대통령령으로 정하는 바에 따라 기여금을 건강보험공단에 낼 수 있다. 〈개정 2008.2.29, 2009.5.21〉 ④ 제77조에 따라 지급받은 반환일시금이 제57조제1항에 따른 부당이득에 해당하는 경우 이를 반납하지 아니하는 때에는 그에 상응하는 기간을 가입기간에 산입하지 아니한다. **제18조(군 복무기간에 대한 가입기간 추가 산입)** ① 다음 각 호의 어느 하나에 해당하는 자가 노령연금 수급권을 취득한 때(이 조에 따라 가입기간이 추가 산입되면 노령연금 수급권을 취득할 수 있는 경우를 포함한다)에는 6개월을 가입기간에 추가로	

국민연금법	국민연금법 시행령
산입한다. 다만, 「병역법」에 따른 병역의무를 수행한 기간이 6개월 미만인 경우에는 그러하지 아니한다. 〈개정 2009.6.9〉 1. 「병역법」 제5조제1항제1호에 따른 현역병 2. 「병역법」 제2조제1항제10호에 따른 공익근무요원 ② 제1항에도 불구하고 다음 각 호의 어느 하나에 해당하는 경우에는 제1항을 적용하지 아니한다. 1. 「병역법」에 따른 병역의무를 수행한 기간의 전부 또는 일부가 「공무원연금법」·「사립학교교직원 연금법」 및 「별정우체국법」에 따라 재직기간에 산입되거나 「군인연금법」에 따라 복무기간에 산입된 경우 2. 「병역법」에 따른 병역의무를 수행한 기간 중 연금보험료를 납부하여 가입기간으로 인정된 경우. 다만, 당해 가입기간이 6개월 미만인 경우를 제외한다. ③ 제1항에 따라 가입기간을 추가로 산입하는데 필요한 재원은 국가가 전부를 부담한다.	
제19조(출산에 대한 가입기간 추가 산입) ① 2이상의 자녀가 있는 가입자 또는 가입자였던 자가 노령연금수급권을 취득한 때(이 조에 따라 가입기간이 추가 산입되면 노령연금수급권을 취득할 수 있는 경우를 포함한다)에는 다음 각 호에 따른 기간을 가입기간에 추가로 산입한다. 다만, 추가로 산입하는 기간은 50개월을 초과할 수 없으며, 자녀 수의 인정방법 등에 관하여 필요한 사항은 대통령령으로 정한다.	제25조(자녀의 인정 범위 등) ① 법 제19조에 따라 가입기간이 추가 산입되는 자녀는 다음 각 호에 정하는 자(가입기간에 추가 산입하는 때에 이미 사망한 자를 포함한다)로 한다.

국민연금법	국민연금법 시행령
1. 자녀가 2명인 경우 : 12개월 2. 자녀가 3명 이상인 경우 : 둘째 자녀에 대하여 인정되는 12개월에 2자녀를 초과하는 자녀 1명마다 18개월을 더한 개월 수	1. 「민법」에 따른 친생자, 인지된 출생자, 양자 및 친양자 2. 「입양촉진 및 절차에 관한 특례법」에 따라 입양된 자녀
② 제1항에 따른 추가 가입기간은 부모가 모두 가입자 또는 가입자였던 자인 경우에는 부와 모의 합의에 따라 2명 중 1명의 가입기간에만 산입하되, 합의하지 아니한 경우에는 균등 배분하여 각각의 가입기간에 산입한다. 이 경우 합의의 절차 등에 관하여 필요한 사항은 보건복지가족부령으로 정한다. 〈개정 2008.2.29〉	② 제1항에 따른 자녀의 부 또는 모(양부모의 경우를 포함한다. 이하 이 항에서 같다)가 노령연금 수급권을 취득한 때에 자녀가 다음 각 호의 어느 하나에 해당하면 해당 부 또는 모의 가입기간을 추가 산입할 수 없다.
③ 제1항에 따라 가입기간을 추가로 산입하는데 필요한 재원은 국가가 전부 또는 일부를 부담한다.	1. 다른 사람의 양자로 된 경우 2. 파양 ③ 법 제19조에 따라 가입자 또는 가입자였던 자가 가입기간에 추가 산입한 자녀에 대하여는 다른 사람이 가입기간에 추가 산입을 할 수 없다.
제20조(가입기간의 합산) ① 가입자의 자격을 상실한 후 다시 그 자격을 취득한 자에 대하여는 전후(前後)의 가입기간을 합산한다. ② 가입자의 가입 종류가 변동되면 그 가입자의 가입기간은 각 종류별 가입기간을 합산한 기간으로 한다.	
제21조(신고) ① 사업장가입자의 사용자는 보건복지가족부령으로 정하는 바에 따라 당연적용사업장에 해당된 사실, 사업장의 내용 변경 및 휴업·폐업 등에 관한 사항과 가입자 자격의 취	제7조(가입기간 중 기준소득월액의 결정 및 적용 기간) ① 사업장가입자나 사업장임의계속가입자가 자격을 취득한 후 가입기간 중의 기준소득월액은 전년도 중 해당 사업장에서 종사한 기간

국민연금법	국민연금법 시행령
득·상실, 가입자의 소득월액 등에 관한 사항을 국민연금공단에 신고하여야 한다. 〈개정 2008.2.29〉	에 받은 소득액을 그 기간의 총일수로 나눈 금액의 30배에 해당하는 금액을 소득월액으로 하여 매년 공단이 결정하되, 그 적용 기간은 해당 연도 7월부터 다음 연도 6월까지로 한다. 다만, 해당 사업장에서 종사한 기간이 1개월 미만이면 제6조제1항에 따라 기준소득월액을 결정한다. 〈개정 2009.2.25〉
② 지역가입자, 임의가입자 및 임의계속가입자는 보건복지가족부령으로 정하는 바에 따라 자격의 취득·상실, 이름 또는 주소의 변경 및 소득에 관한 사항 등을 국민연금공단에 신고하여야 한다. 〈개정 2008.2.29〉	1. 삭제 〈2009.2.25〉
③ 지역가입자, 임의가입자 또는 임의계속가입자가 부득이한 사유로 제2항에 따른 신고를 할 수 없는 경우에는 배우자나 그 밖의 가족이 신고를 대리(代理)할 수 있다.	2. 삭제 〈2009.2.25〉
	② 지역가입자나 지역임의계속가입자가 자격을 취득한 후 가입기간 중의 기준소득월액은 다음 각 호의 어느 하나에 해당하는 방법으로 공단이 결정한다. 1. 소득의 변경이 없는 경우 제6조제2항에 따른 자격 취득 시의 해당 가입자의 기준소득월액 2. 1회 이상 소득이 변경된 경우 공단은 법 제122조에 따라 사업장 등에 대하여 조사·확인하여 종사 업종의 변경 등 소득의 변동 사유를 확인하였거나 과세 자료 등에 따라 가입자의 실제 소득이 기존의 기준소득

국민연금법	국민연금법 시행령
	월액과 다르다고 인정되면 해당 가입자에게 법 제21조에 따라 변경된 소득을 신고할 것을 통지하여 그 가입자나 대리인이 신고한 전년도의 제3조제2항에 따른 소득으로 기준소득월액을 결정하되, 그 결정을 한 날이 속하는 달의 다음 달부터 이를 적용한다. 이 경우 공단은 해당 가입자나 대리인이 소득 신고를 할 때에 참고가 될 수 있도록 전년도의 제3조제2항에 따른 소득의 범위에서 과세 자료, 종사 업종, 사업장 규모 및 농지 면적 등을 기초로 산정한 금액을 신고권장소득월액으로 통지할 수 있다. ③ 지역가입자 · 지역임의계속가입자 또는 그 대리인은 다음 각 호의 어느 하나에 해당하면 보건복지가족부령으로 정하는 바에 따라 공단에 기준소득월액의 변경을 신청할 수 있으며, 그 기준소득월액은 해당 가입자나 대리인이 신청한 소득으로 결정하되, 그 변경을 신청한 날이 속하는 다음 달부터 적용한다. 〈개정 2008.2.29〉 1. 종사 업종의 변경, 경영 실적의 변동 또는 사업 중단 등으로 소득이 증가되거나 감소된 경우 2. 가입자 본인이 기준소득월액을 실제 소득보다 높게 결정하여 줄 것을 희망하는 경우 ④ 공단은 제2항에 따라 소득 신고를 하게 하는 경우 필요하다고 인정하면 이사회의 심의를 거쳐 신고 대상자의 범위, 소득 조사의 시기 및 방법 등을 포함한 연간 소득 확인 계획을 수립

국민연금법	국민연금법 시행령
	하여야 한다. 제9조(기준소득월액의 결정의 특례) ① 사업장가입자 · 지역가입자 · 사업장임의계속가입자 또는 지역임의계속가입자의 기준소득월액을 제6조에 따라 계산하기 곤란하거나, 제6조 또는 제7조제1항 · 제2항 및 같은 조 제3항제1호에 따라 신고하거나 신청한 소득이 실제 소득과 뚜렷한 차이가 있는 경우에는 그 규정에도 불구하고 공단이 결정하되, 그 결정의 기준 및 방법 등은 국민연금심의위원회의 사전 심의를 거쳐야 한다. 〈개정 2009.12.30〉 ② 소득의 전부 또는 일부가 현물로 지급되는 경우에 그 가액(價額)은 해당 지방의 소비자물가를 기준으로 하여 공단이 정한다. ③ 사업장가입자 · 지역가입자 · 사업장임의계속가입자 또는 지역임의계속가입자의 소득월액에 대하여 법 제21조에 따른 신고를 하지 아니한 경우로서 법 제122조제1항에 따라 확인한 결과 소득 관련 자료가 없는 경우에는 공단이 다음 각 호에 따른 금액을 소득월액으로 하여 기준소득월액을 결정한다. 1. 가입기간 중 기준소득월액을 결정하는 경우 : 해당 가입자의 전년도 기준소득월액을 평균소득월액의 변동률을 기준으로 조정한 금액 2. 가입자 자격 취득 시나 납부 재개 시의 기준소득월액을 결정하는 경우 : 제10조제1항 본문에 따른 임의가입자 등에게

<table>
<tr><th>국민연금법</th><th>국민연금법 시행령</th></tr>
<tr><td>제22조(신고인에 대한 통지 등) ① 국민연금공단은 제21조에 따른 신고를 받으면 그 내용을 확인하고, 신고 내용이 사실과 다르다고 인정되면 그 뜻을 신고인에게 통지하여야 한다.
② 제1항에 따른 통지에 관하여는 제23조제3항을 준용한다.
제23조(가입자 등에 대한 통지 등) ① 국민연금공단은 제14조에 따라 사업장가입자의 자격 취득 · 상실에 관한 확인을 한 때와 기준소득월액이 결정되거나 변경된 때에는 이를 그 사업장의 사용자에게 통지하여야 하며, 지역가입자, 임의가입자 또는 임의계속가입자의 자격 취득 · 상실에 관한 확인을 한 때와 기준소득월액이 결정되거나 변경된 때에는 이를 그 지역가입자, 임의가입자 또는 임의계속가입자에게 통지하여야 한다.
② 제1항에 따른 통지를 받은 사용자는 이를 해당 사업장가입자 또는 그 자격을 상실한 자에게 통지하되, 그 통지를 받을 자의 소재를 알 수 없어 통지할 수 없는 경우에는 그 뜻을 국민연금공단에 통지하여야 한다.
③ 국민연금공단은 다음 각 호의 어느 하나에 해당하면 보건복</td><td>적용하는 기준소득월액에 해당하는 금액
④ 사업장가입자 · 지역가입자 · 사업장임의계속가입자 또는 지역임의계속가입자의 소득월액에 대하여 법 제21조에 따른 신고를 하지 아니한 경우로서 법 제122조제1항에 따라 확인한 결과 소득 관련 자료가 있는 경우에는 제6조 및 제7조제1항 · 제2항을 준용한다.</td></tr>
</table>

국민연금법	국민연금법 시행령
지가족부령으로 정하는 바에 따라 공고하는 것으로 통지를 갈음할 수 있다. 〈개정 2008.2.29〉 1. 사업장이 폐지된 경우 2. 제1항에 따른 통지를 받을 지역가입자, 임의가입자 또는 임의계속가입자의 소재를 알 수 없는 경우 3. 제2항에 따라 사용자로부터 통지를 받은 경우 4. 그 밖에 통지할 수 없는 불가피한 사정이 있는 경우로서 대통령령으로 정하는 경우	
제3장 국민연금공단	
제24조(국민연금공단의 설립) 보건복지가족부장관의 위탁을 받아 제1조의 목적을 달성하기 위한 사업을 효율적으로 수행하기 위하여 국민연금공단(이하 "공단"이라 한다)을 설립한다. 〈개정 2008.2.29〉	**제6조(가입자 자격 취득 시와 납부 재개 시의 기준소득월액의 결정 및 적용 기간)** ① 사업장가입자나 사업장임의계속가입자가 가입자 자격을 취득하여 연금보험료를 최초로 내거나 법 제91조에 따른 연금보험료의 납부 예외 기간이 끝나 연금보험료의 납부를 재개하는 경우의 기준소득월액은 다음 각 호에 따른 금액을 소득월액으로 하여 법 제24조에 따른 국민연금공단(이하 "공단"이라 한다)이 결정하되, 그 적용 기간은 자격을 취득한 날이나 납부를 재개한 날이 속하는 달부터 제7조제1항에 따라 정기 결정되는 기준소득월액을 적용하는 달의 전달까지로 한다. 1. 월이나 주 또는 그 밖에 일정 기간으로 소득이 정하여지는 경우 : 그 소득액을 그 기간의 총 일수로 나눈 금액의 30배

국민연금법	국민연금법 시행령
제25조(공단의 업무) 공단은 다음의 업무를 한다. 〈개정 2008.2.29, 2009.1.30, 2009.5.21〉 1. 가입자에 대한 기록의 관리 및 유지	에 해당하는 금액 2. 일 · 시간 · 생산량 또는 도급으로 소득이 정하여지는 경우 : 가입자의 자격을 취득한 날 또는 납부를 재개한 날이 속하는 달의 전 1개월 동안 해당 사업장에서 같은 업무에 종사하고 같은 소득이 있는 자가 받은 소득월액을 평균한 금액 3. 제1호와 제2호에 따라 소득월액을 산정하기 어려운 자의 경우 : 가입자의 자격을 취득한 날 또는 납부를 재개한 날이 속하는 달의 전 1개월 동안에 그 지방에서 같은 업무에 종사하고 같은 소득이 있는 자가 받은 소득월액을 평균한 금액 ② 지역가입자나 지역임의계속가입자가 가입자 자격을 취득하여 연금보험료를 최초로 내거나 법 제91조에 따른 연금보험료의 납부 예외 기간이 끝나 연금보험료의 납부를 재개하는 경우의 기준소득월액은 가입자 자격 취득 시나 납부 재개 시 종사하는 업무에서 얻는 소득으로서 해당 가입자나 대리인이 신고한 소득을 소득월액으로 하여 공단이 결정한다. 이 경우 공단은 해당 가입자나 대리인이 소득 신고를 할 때에 참고가 될 수 있도록 종사 업종별 과세 자료, 종사 업종, 사업장 규모 및 농지 면적 등을 기초로 산정한 금액을 신고권장소득월액으로 제시하거나 미리 통지할 수 있다.

국민연금법	국민연금법 시행령
2. 연금보험료의 부과 3. 급여의 결정 및 지급 4. 가입자, 가입자였던 자 및 제50조에 따른 수급권자를 위한 노후설계 상담, 소득활동 지원 및 자금의 대여와 복지시설의 설치 · 운영 등 복지증진사업 5. 가입자 및 가입자였던 자에 대한 기금증식을 위한 자금 대여사업 6. 이 법 또는 다른 법령에 따라 위탁받은 사항 7. 그 밖에 국민연금사업에 관하여 보건복지가족부장관이 위탁하는 사항 **제26조(법인격)** 공단은 법인으로 한다. **제27조(사무소)** ① 공단의 주된 사무소의 소재지는 정관으로 정하는 바에 따른다. ② 공단은 필요하면 정관으로 정하는 바에 따라 분사무소를 둘 수 있다. **제28조(정관)** ① 공단의 정관에는 다음 사항을 기재하여야 한다. 1. 목적 2. 명칭 3. 주된 사무소와 분사무소에 관한 사항 4. 임직원에 관한 사항 5. 이사회에 관한 사항 6. 사업에 관한 사항	

<table>
<tr><th>국민연금법</th><th>국민연금법 시행령</th></tr>
<tr><td>7. 예산 및 결산에 관한 사항
8. 자산 및 회계에 관한 사항
9. 정관의 변경에 관한 사항
10. 규약 · 규정의 제정 및 개정 · 폐지에 관한 사항
11. 공고에 관한 사항
② 공단은 정관을 변경하려면 보건복지가족부장관의 인가를 받아야 한다. 〈개정 2008.2.29〉
제29조(설립 등기) 공단은 그 주된 사무소의 소재지에서 설립 등기를 하면 성립한다.
제30조(임원) ① 공단에 임원으로 이사장 1명, 상임이사 3명 이내, 이사 7명, 감사 1명을 두되, 이사에는 사용자 대표, 근로자 대표, 지역가입자 대표 각 1명 이상과 당연직 이사로서 보건복지가족부에서 국민연금 업무를 담당하는 3급 국가공무원 또는 고위공무원단에 속하는 일반직 공무원 1명이 포함되어야 한다. 〈개정 2008.2.29〉
② 이사장은 보건복지가족부장관의 제청으로 대통령이 임면(任免)하고, 상임이사 · 이사(당연직 이사는 제외한다) 및 감사는 이사장의 제청으로 보건복지가족부장관이 임면한다. 〈개정 2008.2.29〉
③ 이사에게는 보수를 지급하지 아니한다. 다만, 실비(實費)는 지급할 수 있다.
제31조(기금이사) ① 상임이사 중 제101조에 따른 국민연금기금</td><td>제85조(기금의 회계기관 등) ① 보건복지가족부장관은 기금의 출</td></tr>
</table>

국민연금법	국민연금법 시행령
(이하 "국민연금기금"이라 한다)의 관리 · 운용에 관한 업무를 담당하는 이사(이하 "기금이사"라 한다)는 경영 · 경제 및 기금운용에 관한 지식과 경험이 풍부한 자 중에서 선임하여야 한다.	납 업무를 담당하게 하기 위하여 보건복지가족부 소속 공무원 중에서 기금수입징수관, 기금재무관, 기금지출관 및 기금출납공무원을 임명한다. 이 경우 임명 사실을 감사원장과 한국은행 총재에게 각각 통지하여야 한다. 〈개정 2008.2.29〉
② 기금이사 후보를 추천하기 위하여 공단에 이사장을 위원장으로 하고 이사를 위원으로 하는 기금이사추천위원회(이하 "추천위원회"라 한다)를 둔다.	② 기금수입징수관과 기금재무관은 기금의 관리 · 운용에 따르는 계약과 수입 · 지출의 원인이 되는 행위 및 기금 수입금의 징수 · 결정에 관한 업무를 담당하며, 기금지출관과 기금출납공무원은 기금의 관리 · 운용에 따르는 수입 및 지출 업무를 담당한다.
③ 추천위원회는 주요 일간신문에 기금이사 후보의 모집 공고를 하여야 하며, 이와 별도로 적임자로 판단되는 기금이사 후보를 조사하거나 전문단체에 조사를 의뢰할 수 있다.	③ 공단은 제76조제1항에 따라 위탁받은 기금의 관리 · 운용에 관한 업무를 처리하기 위하여 기금출납이사와 기금출납원을 두되, 기금출납이사는 법 제31조에 따른 기금이사가 되고, 기금출납원은 공단 직원 중에서 공단 이사장이 임명한 자가 된다. 이 경우 기금출납이사는 기금수입징수관 및 기금재무관의 업무를 수행하고, 기금출납원은 기금지출관 및 기금출납공무원의 업무를 수행한다.
④ 추천위원회는 제3항에 따라 모집한 자를 보건복지가족부령으로 정하는 기금이사 후보 심사기준에 따라 심사하여야 하며, 기금이사 후보로 추천될 자와 계약 조건에 관하여 협의하여야 한다. 〈개정 2008.2.29〉	④ 공단 이사장은 제3항에 따라 기금출납이사와 기금출납원을 임명하면 그 사실을 보건복지가족부장관과 감사원장 및 한국은행총재에게 각각 통지하여야 한다. 〈개정 2008.2.29〉
⑤ 이사장은 제4항에 따른 심사와 협의 결과에 따라 기금이사 후보를 보건복지가족부장관에게 추천하고 계약서안을 함께 제	⑤ 기금의 지출원인행위 및 지출 등에 필요한 사항은 보건복지가족부령으로 정한다. 〈개정 2008.2.29〉

국민연금법	국민연금법 시행령
출하여야 한다. 〈개정 2008.2.29〉 ⑥ 제5항에 따라 제출한 기금이사 후보 추천안과 계약서안을 보건복지가족부장관이 승인하면 이사장은 기금이사 후보와 계약을 체결하여야 한다. 〈개정 2008.2.29〉 ⑦ 제5항에 따른 기금이사 후보 추천안 및 계약서안의 제출과 제6항에 따른 승인은 각각 제30조제2항에 따른 상임이사의 임명 제청과 임명으로 본다. ⑧ 기금이사의 자격, 계약서안에 관한 협의, 추천과 계약 등에 관하여 필요한 사항은 보건복지가족부령으로 정한다. 〈개정 2008.2.29〉 **제32조(임원의 임기)** 임원의 임기는 3년으로 한다. 다만, 당연직 이사의 임기는 그 재임기간으로 하고, 기금이사의 임기는 계약기간으로 한다. **제33조(임원의 직무)** ① 이사장은 공단을 대표하고, 공단의 업무를 통할(統轄)한다. ② 상임이사는 정관으로 정하는 바에 따라 공단의 업무를 분장하고, 이사장에게 사고가 있을 때에는 정관으로 정하는 순위에 따라 그 직무를 대행한다. ③ 감사는 공단의 회계, 업무 집행 상황 및 재산 상황을 감사(監査)한다. **제34조(대리인 선임)** 이사장은 정관으로 정하는 바에 따라 직원 중에서 공단의 업무에 관한 모든 재판상 또는 재판 외의 행위	

국민연금법	국민연금법 시행령
를 할 수 있는 권한을 가진 대리인을 선임할 수 있다. **제35조(임원의 결격사유)** 다음 각 호의 어느 하나에 해당하는 자는 공단의 임원이 될 수 없다. 1. 금치산자나 한정치산자 2. 파산선고를 받고 복권되지 아니한 자 3. 금고 이상의 실형을 선고받고 그 집행이 끝나거나 집행을 받지 아니하기로 확정된 날부터 3년이 지나지 아니한 자 4. 법률이나 법원의 판결에 따라 자격이 상실되거나 정지된 자 **제36조(임원의 당연퇴임 · 해임)** ① 임원이 제35조 각 호의 어느 하나에 해당하게 되면 당연히 퇴임한다. ② 임면권자는 임원이 다음 각 호의 어느 하나에 해당하게 되면 그 임원을 해임할 수 있다. 1. 신체장애나 정신장애로 직무를 수행할 수 없다고 인정될 때 2. 직무에 따른 의무를 위반한 때 3. 고의나 중대한 과실로 공단에 손실이 생기게 한 때 4. 기금이사가 제31조제6항에 따라 이사장과 체결한 계약에서 정한 해임 사유에 해당하게 된 때 **제37조(임직원의 겸직 제한)** 공단의 이사장 · 상임이사 · 감사 및 직원은 영리를 목적으로 하는 업무에 종사하지 못하며, 이사장 · 상임이사 및 감사는 보건복지가족부장관의, 직원은 이사장의 허가 없이 다른 직무를 겸할 수 없다. 〈개정 2008.2.29〉 **제38조(이사회)** ① 공단의 중요 사항을 심의 · 의결하기 위하여 공	

국민연금법	국민연금법 시행령
단에 이사회를 둔다. ② 이사회는 이사장 · 상임이사 및 이사로 구성한다. ③ 이사장은 이사회를 소집하고 그 의장이 된다. ④ 이사회는 재적 구성원 과반수의 출석과 출석 구성원 과반수의 찬성으로 의결한다. ⑤ 감사는 이사회에 출석하여 발언할 수 있다. ⑥ 이사회의 운영에 관하여 필요한 사항은 대통령령으로 정한다. **제39조(직원의 임면)** 공단의 직원은 정관으로 정하는 바에 따라 이사장이 임면한다. **제40조(임직원의 신분)** 공단의 임직원은 「형법」 제129조부터 제132조까지의 규정을 적용할 때 공무원으로 본다. **제41조(공단에 대한 감독)** ① 공단은 대통령령으로 정하는 바에 따라 회계연도마다 사업 운영 계획과 예산에 관하여 보건복지가족부장관의 승인을 받아야 한다. 〈개정 2008.2.29〉 ② 공단은 회계연도가 끝나고 2개월 내에 사업 실적과 결산을 보건복지가족부장관에게 보고하여야 한다. 〈개정 2008.2.29〉 ③ 보건복지가족부장관은 공단에 대하여 사업에 관한 보고를 명하거나, 사업이나 재산 상황을 검사할 수 있으며, 필요하다고 인정하면 정관의 변경을 명하는 등 감독에 필요한 조치를 할 수 있다. 〈개정 2008.2.29〉 **제42조(공단의 회계)** ① 공단의 회계연도는 정부의 회계연도에 따른다.	

국민연금법	국민연금법 시행령
② 공단은 보건복지가족부장관의 승인을 받아 회계규정을 정하여야 한다. 〈개정 2008.2.29〉	
제43조(공단의 수입 · 지출) 공단의 수입은 국민연금기금으로부터의 전입금, 국가 보조금, 차입금, 그 밖의 수입금으로 하고, 지출은 이 법에 따른 각종 급여 · 적립금 · 환부금(환부금) · 차입금의 상환금과 이자, 그 밖에 공단의 운영과 사업을 위한 각종 경비로 한다.	
제44조(일시차입과 이입충당) ① 공단은 회계연도마다 지출할 자금이 부족하면 국민연금기금에서 일시차입할 수 있다.	제30조(일시차입과 이입충당) ① 공단은 법 제44조제1항에 따라 일시차입을 하려면 차입 사유, 차입 방법, 이자율 및 상환 방법 등을 적은 서면을 보건복지가족부장관에게 제출하여야 한다. 〈개정 2008.2.29〉
② 일시차입금은 해당 회계연도 내에 상환하여야 한다.	② 공단은 법 제44조제3항에 따라 기금에서 이입충당을 하려면 이입충당의 사유 및 금액 등에 관한 사항을 적은 서면을 법 제103조에 따른 국민연금기금운용위원회(이하 "운용위원회"라 한다)에 제출하여야 한다.
③ 공단은 회계연도마다 각종 급여와 관련된 지출이 수입을 초과하게 되면 제103조에 따른 국민연금기금운용위원회의 심의를 거쳐 국민연금기금에서 이입충당(移入充當)할 수 있다.	
제45조(잉여금 처리) 공단은 매 회계연도 말에 결산하여 잉여금이 있으면 손실금을 보전(補塡)하고 나머지는 국민연금기금으로 적립하여야 한다.	
제46조(복지사업과 대여사업 등) ① 공단은 가입자, 가입자였던	제31조(복지사업) ① 공단은 법 제46조제1항에 따라 다음의 복지

국민연금법	국민연금법 시행령
자 및 수급권자의 복지를 증진하기 위하여 대통령령으로 정하는 바에 따라 다음 각 호의 복지사업을 할 수 있다.	사업을 할 수 있다. 〈개정 2009.4.30〉
1. 자금의 대여	1. 노인복지시설의 설치 · 공급 · 임대 · 운영과 노인복지시설의 부대시설로서 체육시설의 설치 · 운영 및 자금의 대여
2. 「노인복지법」에 따른 노인복지시설의 설치 · 공급 · 임대와 운영	2. 아동복지시설, 장애인복지시설 등의 복지시설의 설치 · 운영 및 자금의 대여
3. 제2호에 따른 노인복지시설의 부대시설로서「체육시설의 설치 · 이용에 관한 법률」에 따른 체육시설의 설치 및 운영	3. 병원과 휴양 시설 또는 요양 시설의 설치와 운영 및 자금의 대여
4. 그 밖에 대통령령으로 정하는 복지사업	4. 생활 안정을 위한 자금의 대여
② 제1항제2호 및 제3호에 따른 복지사업을 실시하기 위하여 국민연금기금으로부터 보건복지가족부령으로 정하는 법인에 출자할 수 있다.	5. 학자금의 대여
③ 공단은 대통령령으로 정하는 바에 따라 가입자와 가입자였던 자에 대하여 국민연금기금의 증식을 위한 대여사업을 할 수 있다.	6. 당연적용사업장인 중 · 소사업장의 사업장 내 복지시설의 설치를 위한 자금의 대여
④ 제1항 및 제3항에 따른 대여 업무를 담당하는 공단의 임직원은 그 직무를 수행하면서 고의 또는 중대한 과실로 공단에 손해를 끼쳤을 때에는 그 손해를 배상하여야 한다.	7. 주택 구입 자금과 전세 자금의 대여
⑤ 제2항에 따른 출자의 방법에 관한 사항은 보건복지가족부령으로 정한다.[전문개정 2009.1.30]	② 공단은 사업에 지장이 없는 범위에서 가입자, 가입자였던 자 또는 수급권자가 아닌 자에게 제1항제1호부터 제3호까지의 규정에 따른 복지시설을 이용하게 할 수 있다. 〈개정 2009.4.30〉

국민연금법	국민연금법 시행령
	제32조(대여사업) ① 공단은 법 제46조제3항에 따라 가입자나 가입자였던 자에게 그가 낸 연금보험료의 100분의 80에 해당하는 금액의 범위에서 자금을 대여할 수 있다. 〈개정 2009.4.30〉 ② 대여금의 이자율, 대여의 기간과 기준 및 절차 등에 필요한 사항은 보건복지가족부장관이 정하여 고시한다. 〈개정 2008.2.29〉
제46조의2(복지시설의 설치사업 등에 관한 특례) 공단이 제46조제1항제2호 및 제3호에 따른 복지시설을 설치하기 위하여 국가, 지방자치단체, 「한국토지공사법」에 따른 한국토지공사, 「대한주택공사법」에 따른 대한주택공사, 그 밖에 대통령령으로 정하는 공공기관이 조성한 토지를 취득하는 경우 공단을 국가 또는 지방자치단체로 본다.[본조신설 2009.1.30]	제32조의2(복지시설의 설치를 위한 토지 취득 특례) 법 제46조의2에서 "대통령령으로 정하는 공공기관"이란 「지방공기업법」 제49조에 따라 설립된 지방공사를 말한다.[본조신설 2009.4.30]
제46조의3(노후설계 상담 및 소득활동 지원) 공단은 대통령령으로 정하는 바에 따라 가입자, 가입자였던 자 및 수급권자의 다층보장체계를 통한 적정 노후소득 보장을 위하여 노후설계 상담 및 소득활동 지원 사업을 할 수 있다.[본조신설 2009.1.30]	제32조의3(노후설계 상담 및 소득활동 지원 사업) 공단은 법 제46조의3에 따라 다음 각 호의 사항에 관한 노후설계 상담 및 소득활동 지원 사업을 할 수 있다. 1. 국민연금 등 법률에 따른 각종 연금, 개인연금 등 다층보장체계를 통한 적정 노후 소득보장에 관한 종합 상담 2. 「직업안정법」에 따른 직업안정기관이나 무료직업소개사업을 하는 자에게의 연계 및 일자리 전문기관에의 연계 3. 건강, 주거, 대인관계, 취미, 여가 등 노후생활 설계서비스를 제공하는 전문기관의 발굴 및 연계 4. 노후설계 상담을 위한 정보시스템의 구축 · 운영

국민연금법	국민연금법 시행령
	5. 노후설계 상담 및 소득활동 지원을 위한 교육훈련 및 홍보 6. 노후설계 상담 및 소득활동 지원에 관한 조사 연구 및 국제 협력[본조신설 2009.4.30]
제47조(업무 위탁) ① 공단은 정관으로 정하는 바에 따라 대여금 상환금의 수납, 급여 · 대여금의 지급에 관한 업무, 그 밖에 그 업무의 일부를 다른 법령에 따른 사회보험 업무를 수행하는 법인, 체신관서, 금융기관, 그 밖의 자에게 위탁할 수 있다. 〈개정 2009.5.21〉	제33조(업무의 위탁) ① 법 제47조제2항에 따라 공단이 위탁할 수 있는 업무의 범위와 공단으로부터 그 업무를 위탁받을 수 있는 자는 다음과 같다. 〈개정 2008.5.27, 2009.4.30〉
② 제1항에 따라 공단이 위탁할 수 있는 업무와 위탁받을 수 있는 자의 범위는 대통령령으로 정한다.	1. 연금보험료, 대여금의 상환금이나 그 밖의 비용의 수납, 급여의 지급 및 대여금의 지급에 관한 업무 : 체신관서, 금융기관 또는 금융 관련 업무를 행하는 비영리법인 2. 가입자의 자격의 취득 신청 및 상실 신청의 접수 등에 관한 업무 : 국민건강보험의 보험자 또는 지방자치단체의 장 3. 노인복지시설과 그 부대시설로서의 체육시설, 아동복지시설, 장애인복지시설 등의 복지시설의 설치 · 운영 사업 및 병원 · 휴양 시설 · 요양 시설의 설치 · 운영 사업 : 「사회복지사업법」에 따른 사회복지법인, 「공공기관의 운영에 관한 법률」에 따른 공기업 · 준정부기관, 「농업협동조합법」 · 「수산업협동조합법」 및 「산림조합법」에 따른 농업협동조합중앙회 · 수산업협동조합중앙회 및 산림조합중앙회, 종교 단체 또는 같은 종류의 사업을 운영하는 자 4. 보험료 고지서 및 독촉장의 발급 업무 : 국민건강보험의 보

국민연금법	국민연금법 시행령
	험자 ② 공단은 제1항에 따라 업무를 위탁받은 자에게 수수료를 지급할 수 있다.
제48조(「민법」의 준용) 공단에 관하여 이 법에서 정한 것 외에는 「민법」중 재단법인에 관한 규정을 준용한다. **제4장 급 여** **제1절 통 칙**	
제49조(급여의 종류) 이 법에 따른 급여의 종류는 다음과 같다. 1. 노령연금 2. 장애연금 3. 유족연금 4. 반환일시금	제113조(외국인가입자에 대한 반환일시금의 지급) 법 제126조제2항제1호에서 "외국인의 본국 법이 대한민국 국민에게 제77조부터 제79조까지의 규정에 따른 반환일시금에 상응하는 급여를 지급하도록 규정하고 있는 경우"란 외국인의 본국 법에서 법 제49조제1호부터 제3호까지의 규정에 따른 급여에 상응하는 급여의 수급권을 취득하지 못하고 법 제77조제1항 각 호의 어느 하나에 해당하게 되는 대한민국 국민에게 해당 대한민국 국민이 가입기간 중 낸 연금보험료에 기초하여 셈하여 정한 일정금액을 일시금으로 지급하도록 규정하고 있는 경우를 말한다.
제50조(급여 지급) ① 급여는 받을 권리가 있는 자(이하 "수급권자"라 한다)의 청구에 따라 공단이 지급한다. ② 연금액은 지급사유에 따라 기본연금액과 부양가족연금액을	

국민연금법	국민연금법 시행령
기초로 산정한다. **제51조(기본연금액)** ① 수급권자의 기본연금액은 다음 각 호의 금액을 합한 금액에 1천분의 1천200을 곱한 금액으로 한다. 다만, 가입기간이 20년을 초과하면 그 초과하는 1년(1년 미만이면 매 1개월을 12분의 1년으로 계산한다)마다 본문에 따라 계산한 금액에 1천분의 50을 곱한 금액을 더한다. 〈개정 2008.2.29〉	**제5조(기준소득월액 및 적용기간)** ① 법 제3조제1항제5호에 따른 기준소득월액은 다음 각 호의 하한액과 상한액의 범위에서 사업장가입자는 사용자가, 지역가입자는 가입자가 신고한 소득월액에서 천원 미만을 버린 금액으로 한다.
1. 다음 각 목에 따라 산정한 금액을 합산하여 3으로 나눈 금액	1. 하한액: 가목을 나목으로 나눈 값(소수점 이하 넷째자리에서 반올림한다)에 직전 적용기간의 기준소득월액 하한액을 곱한 금액. 이 경우 만원 미만은 반올림한다.
가. 연금 수급 3년 전 연도의 평균소득월액을 연금 수급 3년 전 연도와 대비한 연금 수급 전년도의 전국소비자물가변동률(「통계법」 제3조에 따라 통계청장이 매년 고시하는 전국소비자물가변동률을 말한다. 이하 이 조에서 같다)에 따라 환산한 금액	가. 법 제51조제1항제1호에 따라 산정하여 제37조에 따라 해당 연도 4월부터 다음 연도 3월까지 적용하는 금액
나. 연금 수급 2년 전 연도의 평균소득월액을 연금 수급 2년 전 연도와 대비한 연금 수급 전년도의 전국소비자물가변동률에 따라 환산한 금액 다. 연금 수급 전년도의 평균소득월액	나. 법 제51조제1항제1호에 따라 산정하여 제37조에 따라 전년도 4월부터 해당 연도 3월까지 적용하는 금액 2. 상한액: 제1호가목을 같은 호 나목으로 나눈 값(소수점 이하 넷째자리에서 반올림한다)에 직전 적용기간의 기준소득월액 상한액을 곱한 금액. 이 경우 만원 미만은 반올림한다.
2. 가입자 개인의 가입기간 중 매년 기준소득월액을 대통령령으로 정하는 바에 따라 보건복지가족부장관이 고시하는 연	② 보건복지가족부장관은 제1항에도 불구하고, 국민의 생활수준, 임금, 물가, 그 밖에 경제사정에 뚜렷한 변동이 생긴 경우

국민연금법	국민연금법 시행령
도별 재평가율에 의하여 연금 수급 전년도의 현재가치로 환산한 후 이를 합산한 금액을 총 가입기간으로 나눈 금액. 다만, 다음 각 목에 따라 산정하여야 하는 금액은 그 금액으로 한다. 가. 제18조에 따라 추가로 산입되는 가입기간의 기준소득월액은 제1호에 따라 산정한 금액의 2분의 1에 해당하는 금액 나. 제19조에 따라 추가로 산입되는 가입기간의 기준소득월액은 제1호에 따라 산정한 금액 ② 제1항 각 호의 금액을 수급권자에게 적용할 때에는 연금 수급 2년 전 연도와 대비한 전년도의 전국소비자물가변동률을 기준으로 매년 3월 말까지 그 변동률에 해당하는 금액을 더하거나 빼되, 미리 제5조에 따른 국민연금심의위원회의 심의를 거쳐야 한다. ③ 제2항에 따라 조정된 금액을 수급권자에게 적용할 때 그 적용 기간은 해당 조정연도 4월부터 다음 연도 3월까지로 한다.	에는 법 제5조에 따른 국민연금심의위원회(이하 "국민연금심의위원회"라 한다)의 심의를 거쳐 제1항 각 호에 따른 하한액과 상한액을 조정할 수 있다. ③ 보건복지가족부장관은 제1항 또는 제2항에 따른 하한액과 상한액을 국민연금심의위원회의 심의를 거쳐 매년 3월 31일까지 고시하여야 한다. ④ 제3항에 따라 고시된 하한액과 상한액의 적용기간은 해당 연도 7월부터 다음 연도 6월까지로 한다. ⑤ 사용자나 가입자가 신고한 소득월액이 제3항에 따라 고시된 하한액보다 적으면 그 하한액을, 같은 항에 따라 고시된 상한액보다 많으면 그 상한액을 기준소득월액으로 한다.[전문개정 2009.12.30] **제36조(연도별 재평가율 등)** 법 제51조제1항제2호에 따라 보건복지가족부장관이 연도별 재평가율(이하 "재평가율"이라 한다)을 고시할 때는 제1호에 따라 산정한 금액을 제2호에 따라 산정한 금액으로 나눈 값을 기준으로 하여 매년 이를 정하여야 한다. 이 경우 국민연금심의위원회의 사전 심의를 거쳐야 한다. 〈개정 2008.2.29〉 1. 법 제51조제1항제1호에 따라 산정한 금액 2. 법 제51조제1항제1호에 따른 산정 방식에 준하여 재평가 대

국민연금법	국민연금법 시행령
	상 연도마다 산정한 금액 **제37조(기본연금액 산정 관련 적용 기간)** 법 제51조제1항제1호에 따라 산정한 금액 및 제36조에 따른 재평가율은 해당 연도 4월부터 다음 연도 3월까지의 기간 동안에 지급이 시작되는 급여를 지급받을 권리를 가지는 자에게 적용한다. **제45조(소득이 있는 업무)** 법 제61조제3항 및 제4항에서 "소득이 있는 업무"란 다음 각 호의 소득 금액을 합하여 계산한 금액을 종사 개월 수(해당 연도에 종사한 개월 수를 말하며, 1개월 미만인 경우에는 1개월로 본다)로 나눈 금액이 법 제51조제1항제1호에 따라 산정한 금액을 초과하는 소득이 있는 업무를 말한다. 1. 「소득세법」 제18조제2항에 따른 부동산 임대 소득 금액 2. 「소득세법」 제19조제2항에 따른 사업소득 금액 3. 「소득세법」 제20조제2항에 따른 근로소득 금액
제52조(부양가족연금액) ① 부양가족연금액은 수급권자가 그 권리를 취득할 당시 그(유족연금의 경우에는 가입자 또는 가입자였던 자를 말한다)에 의하여 생계를 유지하고 있거나 노령연금 또는 장애연금의 수급권자가 그 권리를 취득한 후 그 자에 의하여 생계를 유지하고 있는 다음 각 호의 자에 대하여 해당 호에 규정된 각각의 금액으로 한다. 이 경우 생계유지에 관한 대상자별 인정기준은 대통령령으로 정한다. 1. 배우자 : 연 15만원	**제38조(부양가족연금액 지급 대상의 생계유지에 관한 인정기준)** 법 제52조제1항에 따라 부양가족연금액의 지급 대상이 되는 대상자별 인정기준은 별표 1과 같다.

국민연금법	국민연금법 시행령
2. 18세 미만이거나 장애등급 2급 이상인 자녀(배우자가 혼인 전에 얻은 자녀를 포함한다. 이하 이 조에서 같다) : 연 10만원 3. 60세 이상이거나 장애등급 2급 이상인 부모(배우자의 부모를 포함한다. 이하 이 조에서 같다) : 연 10만원 ② 제1항에 따른 부양가족연금액을 수급권자에게 적용하는 경우에는 제51조제2항과 제3항을 준용한다. ③ 제1항 각 호의 자가 연금 수급권자(「국민연금과 직역연금의 연계에 관한 법률」에 따른 연계급여 수급권자를 포함한다)이면 제1항에 따른 부양가족연금액 계산에서 제외한다. 〈개정 2009.2.6〉 ④ 제1항 각 호의 자는 부양가족연금액을 계산할 때 2명 이상의 연금 수급권자의 부양가족연금 계산 대상이 될 수 없다. ⑤ 제1항 각 호에 해당하는 자가 다음 각 호의 어느 하나에 해당하게 되면 부양가족연금액의 계산에서 제외한다. 1. 사망한 때 2. 수급권자에 의한 생계유지의 상태가 끝난 때 3. 배우자가 이혼한 때 4. 자녀가 다른 사람의 양자가 되거나 파양(罷養)된 때 5. 자녀가 18세가 된 때. 다만, 수급권자가 그 권리를 취득할 당시부터 장애등급 2급 이상의 상태에 있는 자는 제외한다. 6. 장애등급 2급 이상의 상태에 있던 자녀 또는 부모가 그 장애 상태에 해당하지 아니하게 된 때	

국민연금법	국민연금법 시행령
7. 배우자가 혼인 전에 얻은 자녀와의 관계가 이혼으로 인하여 종료된 때 제53조(연금액의 최고한도) 연금의 월별 지급액은 다음 각 호의 금액 중에서 많은 금액을 넘지 못한다. 1. 가입자였던 최종 5년 동안의 기준소득월액(연금 수급 전년도를 기준으로 제51조제1항제2호에 준하여 조정한다)을 평균한 금액을 제51조제2항에 준하여 조정한 금액 2. 가입기간 동안의 기준소득월액(연금 수급 전년도를 기준으로 제51조제1항제2호에 준하여 조정한다)을 평균한 금액을 제51조제2항에 준하여 조정한 금액 제54조(연금 지급 기간 및 지급 시기) ① 연금은 지급하여야 할 사유가 생긴 날(제78조제1항에 따른 반납금을 내거나 제92조제1항에 따른 추납보험료(추납보험료)를 냄에 따라 연금을 지급하여야 할 사유가 생긴 경우에는 해당 금액을 낸 날)이 속하는 달의 다음 달부터 수급권이 소멸한 날이 속하는 달까지 지급한다. ② 연금은 매월 말일에 그 달의 금액을 지급하되, 지급일이 토요일이나 공휴일이면 그 전날에 지급한다. 다만, 수급권이 소멸하거나 연금 지급이 정지된 경우에는 그 지급일 전에 지급할 수 있다. ③ 연금은 지급을 정지하여야 할 사유가 생기면 그 사유가 생긴 날이 속하는 달의 다음 달부터 그 사유가 소멸한 날이 속하	

국민연금법	국민연금법 시행령
는 달까지는 지급하지 아니한다.	
제55조(미지급 급여) ① 수급권자가 사망한 경우 그 수급권자에게 지급하여야 할 급여 중 아직 지급되지 아니한 것이 있으면 그 배우자 · 자녀 · 부모 · 손자녀 · 조부모 또는 형제자매의 청구에 따라 그 미지급 급여를 지급한다. 다만, 형제자매의 경우에는 수급권자의 사망 당시 수급권자에 의하여 생계를 유지하고 있던 자에 한하며, 그 인정 기준은 대통령령으로 정한다.	**제39조(미지급급여 지급 대상의 생계유지에 관한 인정기준)** 법 제55조제1항 단서에 따라 미지급급여의 지급 대상이 되는 형제자매로서 수급권자에 의하여 생계를 유지하고 있던 자의 인정기준은 별표 1과 같다.
② 제1항에 따른 급여를 받을 순위는 배우자, 자녀, 부모, 손자녀, 조부모, 형제자매의 순으로 한다. 이 경우 순위가 같은 사람이 2명 이상이면 똑같이 나누어 지급하되, 지급 방법은 대통령령으로 정한다.	**제40조(미지급급여의 지급 방법)** 법 제55조제2항에 따라 미지급의 급여를 지급받을 같은 순위 자가 2명 이상 있을 때에 그 지급 방법은 다음과 같다. 1. 같은 순위자 중 1명이 한 청구는 그가 지급받을 부분에 대하여 청구한 것으로 본다. 2. 같은 순위자나 그의 법정대리인이 같은 순위자 모두의 급여를 지급받을 대표자를 선정하면 그 대표자가 미지급급여를 청구할 수 있다.
제56조(중복급여의 조정) ① 수급권자에게 이 법에 따른 2 이상의 급여 수급권이 생기면 수급권자의 선택에 따라 그 중 하나만 지급하고 다른 급여의 지급은 정지된다. ② 제1항에도 불구하고 제1항에 따라 선택하지 아니한 급여가 다음 각 호의 어느 하나에 해당하는 경우에는 해당 호에 규정된 금액을 선택한 급여에 추가하여 지급한다. 1. 선택하지 아니한 급여가 유족연금일 때(선택한 급여가 반환	

국민연금법	국민연금법 시행령
일시금일 때를 제외한다) : 유족연금액의 100분의 20에 해당하는 금액 2. 선택하지 아니한 급여가 반환일시금일 때(선택한 급여가 장애연금이고, 선택하지 아니한 급여가 본인의 연금보험료 납부로 인한 반환일시금일 때를 제외한다) : 제80조제2항에 상당하는 금액	
제57조(부당이득 등의 환수) ① 공단은 거짓이나 그 밖의 부정한 방법으로 급여를 받거나 수급권이 소멸 또는 정지된 급여, 그 밖에 과오급(過誤給)된 급여를 받은 자에 대하여 대통령령으로 정하는 바에 따라 지급한 금액을 환수하여야 한다. 이 경우 거짓이나 그 밖의 부정한 방법으로 급여를 받았으면 대통령령으로 정하는 이자를 더하여 환수하여야 한다.	제41조(부당이득환수금의 고지 등) ① 공단은 법 제57조제1항 및 제2항에 따른 부당이득 등의 환수 사유가 발생하면 20일 이상의 기한을 정하여 환수하여야 할 금액(이하 "부당이득환수금"이라 한다)을 고지하여야 한다.
② 제15조에 따라 사망한 것으로 추정된 자의 생존이 확인되면 공단은 그 사망의 추정을 근거로 급여를 지급받은 자로부터 그 지급 금액을 환수하여야 한다.	② 제1항에 따른 기한까지 부당이득환수금을 내지 아니하면 20일 이상의 기한을 정하여 독촉하여야 한다.
③ 제1항이나 제2항에 따라 급여에 해당하는 금액을 반환하여야 할 자에게 다른 급여의 수급권이 있거나 과오납금 등 반환받을 금액이 있으면 공단은 이를 제1항이나 제2항에 따라 환수할 금액(이하 "환수금"이라 한다)에 충당할 수 있다. 〈개정 2009.5.21〉	③ 부당이득환수금은 다음 각 호에 정하는 바에 따라 매월 분할하여 납부하게 할 수 있다.
④ 공단은 제1항부터 제3항까지의 규정에 따라 환수할 금액이 대통령령으로 정하는 금액 미만인 경우에는 징수하지 아니할	1. 부당이득환수금(분할 납부 신청일을 기준으로 한다. 이하 이 항에서 같다)이 20만원 이상 40만원 미만인 경우 : 2회 이내

국민연금법	국민연금법 시행령
수 있다.	2. 부당이득환수금이 40만원 이상 120만원 미만인 경우 : 4회 이내 3. 부당이득환수금이 120만원 이상 360만원 미만인 경우 : 12회 이내 4. 부당이득환수금이 360만원 이상인 경우 : 36회 이내 ④ 국민연금공단은 제3항에 따른 부당이득환수금을 3개월 이상 체납한 경우에는 부당이득환수금을 한꺼번에 환수할 수 있다. 제42조(부당이득 등에 가산할 이자) ① 법 제57조제1항 후단에 따라 거짓이나 그 밖의 부정한 방법으로 지급받은 급여에 가산할 이자의 계산 기간은 해당 급여를 지급받은 날이 속하는 달부터 부당이득환수금을 낸 날이 속하는 달의 전달까지의 개월 수에 의하되, 연 단위로 계산한 이자를 지급받은 급여에 산입하여 그 후의 이자액을 계산한다. ② 제1항의 계산 기간에 적용할 이자율은 3년 만기 정기예금 이자율(해당 계산 기간 중에 그 이자율이 변동되거나 은행에 따라 이자율이 다른 경우에 적용할 이자율은 그 해 1월 1일 현재 「은행법」에 따라 설립된 금융기관 중 전국을 영업 구역으로 하는 은행이 적용하는 이자율을 평균한 이자율로 한다. 이하 같다)로 한다. 제43조(부당이득환수금 징수 제외) 법 제57조제4항에 따라 공단이 징수하지 아니할 수 있는 부당이득환수금은 3천원 미만의 금액으로 한다.

국민연금법	국민연금법 시행령
제57조의2(환수금의 고지, 독촉 및 체납처분 등) ① 공단은 제57조제1항 및 제2항에 따라 환수금을 징수하려면 기한을 정하여 환수할 금액, 납부 기한 등을 적은 문서로써 납입의 고지를 하여야 한다. ② 공단은 제1항에 따른 고지를 받은 자가 그 기한까지 환수금을 내지 아니하면 기한을 정하여 대통령령으로 정하는 바에 따라 독촉하여야 한다. ③ 공단은 제2항에 따른 독촉을 받은 자가 그 기한까지 환수금을 내지 아니하면 보건복지가족부장관의 승인을 받아 국세 체납처분의 예에 따라 이를 징수할 수 있다. 이 경우 체납처분과 관련하여서는 제95조제5항 · 제6항을 준용하고, "건강보험공단"은 "공단"으로 본다.[본조신설 2009.5.21]	
제58조(수급권 보호) ① 급여를 받을 권리는 양도 · 압류하거나 담보로 제공할 수 없다. ② 수급권자에게 지급된 급여로서 대통령령으로 정하는 금액 이하의 급여는 압류할 수 없다.	제44조(지급된 급여의 압류 금지 금액) 법 제58조제2항에 따라 수급권자에게 지급된 급여로서 압류할 수 없는 금액은 「민사집행법 시행령」 제2조에서 정하는 금액으로 한다.
제59조(미납금의 공제 지급) ① 가입자 또는 가입자였던 자가 수급권을 취득하거나 사망한 경우 제46조에 따라 대여한 자금의 상환금에 관한 채무가 있으면 이를 이 법에 따른 급여(사망일시금을 포함하고 지급이 정지된 급여는 제외한다)에서 공제할 수 있다. 다만, 이 법에 따른 급여 중 연금급여(제68조제2항에 따라 일시보상금으로 지급되는 장애연금은 제외한다)의 수급	제111조(당연 적용에서 제외되는 외국인) 법 제126조제1항에 따라 당연히 사업장가입자나 지역가입자가 되는 외국인에서 제외되는 자는 다음 각 호와 같다. 〈개정 2008.2.29〉

국민연금법	국민연금법 시행령
권자에 대하여는 해당 연금월액의 2분의 1을 초과하여 공제할 수 없다.	
② 제1항에 따라 해당 상환금에 관한 채무를 공제하려면 20일 이상의 기한을 정하여 문서로 그 채무의 변제를 최고(催告)하여야 하며, 그 기한까지 채무를 변제하지 아니하면 해당 급여에서 공제할 것임을 미리 수급권자에게 통지하여야 한다.	1. 「출입국관리법」 제25조에 따라 체류기간연장허가를 받지 아니하고 체류하는 자
③ 제1항에 따라 공제한 금액은 그 액수만큼 수급권자에게 지급된 것으로 본다.	2. 「출입국관리법」 제31조에 따른 외국인등록을 하지 아니하거나 같은 법 제59조제2항에 따라 강제퇴거명령서가 발급된 자 3. 「출입국관리법 시행령」 별표 1에 따른 외국인의 체류자격이 있는 자로서 보건복지가족부령으로 정하는 자
제60조(조세와 그 밖의 공과금 면제) 이 법에 따른 급여로 지급된 금액에 대하여는 「조세특례제한법」이나 그 밖의 법률 또는 지방자치단체가 조례로 정하는 바에 따라 조세, 그 밖에 국가 또는 지방자치단체의 공과금을 감면한다.	
제2절 노령연금	
제61조(노령연금 수급권자) ① 가입기간이 20년 이상인 가입자 또는 가입자였던 자에 대하여는 60세(특수직종근로자는 55세)가 된 때부터 그가 생존하는 동안 노령연금을 지급한다.	**제18조(가입 대상 제외자)** 법 제6조 단서에 따라 다음 각 호의 어느 하나에 해당하는 자는 국민연금 가입 대상에서 제외한다.
② 가입기간이 10년 이상 20년 미만인 가입자 또는 가입자였던	1. 법 제61조제1항부터 제3항까지 및 법률 제8541호 국민연금

국민연금법	국민연금법 시행령
자에 대하여는 60세(특수직종근로자는 55세)가 된 때부터 그가 생존하는 동안 제1항에 따른 노령연금액에서 일정한 금액을 뺀 연금(이하 "감액노령연금"이라 한다)을 지급한다. ③ 가입기간이 10년 이상인 자가 소득이 있는 업무에 종사하고 있으면 60세 이상 65세 미만(특수직종근로자는 55세 이상 60세 미만)인 기간에는 일정한 금액의 연금(이하 "재직자노령연금"이라 한다)을 지급한다. ④ 가입기간이 10년 이상인 가입자 또는 가입자였던 자로서 55세 이상인 자가 소득이 있는 업무에 종사하지 아니하는 경우 본인이 희망하면 제1항에도 불구하고 60세가 되기 전이라도 그가 생존하는 동안 일정한 금액의 연금(이하 "조기노령연금"이라 한다)을 받을 수 있다. ⑤ 제3항과 제4항에 따른 소득이 있는 업무의 범위는 대통령령으로 정한다.	법 전부개정법률 부칙 제2조에 따라 노령연금의 수급권을 취득한 자 중 60세 미만의 특수 직종 근로자 2. 법 제61조제4항에 따른 조기노령연금의 수급권을 취득한 자. 다만, 법 제66조제1항에 따라 조기노령연금의 지급이 정지 중인 자는 제외한다. **제45조(소득이 있는 업무)** 법 제61조제3항 및 제4항에서 "소득이 있는 업무"란 다음 각 호의 소득 금액을 합하여 계산한 금액을 종사 개월 수(해당 연도에 종사한 개월 수를 말하며, 1개월 미만인 경우에는 1개월로 본다)로 나눈 금액이 법 제51조제1항제1호에 따라 산정한 금액을 초과하는 소득이 있는 업무를 말한다. 1. 「소득세법」 제18조제2항에 따른 부동산 임대 소득 금액 2. 「소득세법」 제19조제2항에 따른 사업소득 금액 3. 「소득세법」 제20조제2항에 따른 근로소득 금액
제62조(지급의 연기에 따른 가산) ① 재직자노령연금의 수급권자가 연금지급의 연기를 희망하는 경우에는 1회에 한하여 연기할 수 있다. ② 제1항에 따라 지급의 연기를 신청한 수급권자가 연금의 지급을 희망하는 경우의 연금액은 지급의 연기를 신청한 때의 제61조제1항 · 제2항 · 제4항 및 제66조제2항의 노령연금액(부양가족연금액을 제외한다)을 제51조제2항에 따라 조정한 금액에 연	

국민연금법	국민연금법 시행령
기되는 매 1개월마다 그 금액의 1천분의 5를 더한 액으로 한다. 제63조(노령연금액) ① 제61조제1항에 따른 노령연금액은 기본연금액에 부양가족연금액을 더한 금액으로 한다. ② 감액노령연금액은 기본연금액의 1천분의 500에 해당하는 금액에 부양가족연금액을 더한 금액으로 한다. 다만, 가입기간이 10년을 초과하면 그 초과하는 1년(1년 미만이면 매 1개월을 12분의 1년으로 계산한다)마다 기본연금액의 1천분의 50에 해당하는 금액을 더한다. ③ 재직자노령연금액은 가입기간 등에 따라 제1항 · 제2항 · 제4항 · 제62조제2항 및 제66조제2항에 따른 노령연금액에서 부양가족연금액을 제외한 금액에 수급권자의 연령별로 다음 각 호의 비율을 곱한 금액으로 한다. 1. 60세(특수직종근로자는 55세)인 자는 1천분의 500 2. 61세(특수직종근로자는 56세)인 자는 1천분의 600 3. 62세(특수직종근로자는 57세)인 자는 1천분의 700 4. 63세(특수직종근로자는 58세)인 자는 1천분의 800 5. 64세(특수직종근로자는 59세)인 자는 1천분의 900 ④ 조기노령연금액은 가입기간에 따라 제1항 및 제2항에 따른 노령연금액 중 부양가족연금액을 제외한 금액에 수급연령별로 다음 각 호의 구분에 따른 비율(청구일이 연령도달일이 속한 달의 다음 달 이후인 경우에는 1개월마다 1천분의 5를 더한다)을 곱한 금액에 부양가족연금액을 더한 금액으로 한다.	

국민연금법	국민연금법 시행령
1. 55세부터 지급받는 경우에는 1천분의 700 2. 56세부터 지급받는 경우에는 1천분의 760 3. 57세부터 지급받는 경우에는 1천분의 820 4. 58세부터 지급받는 경우에는 1천분의 880 5. 59세부터 지급받는 경우에는 1천분의 940 제64조(분할연금 수급권자 등) ① 혼인 기간(배우자의 가입기간 중의 혼인 기간만 해당한다. 이하 같다)이 5년 이상인 자가 다음 각 호의 어느 하나에 해당하게 되면 그때부터 그가 생존하는 동안 배우자였던 자의 노령연금을 분할한 일정한 금액의 연금(이하 "분할연금"이라 한다)을 받을 수 있다. 1. 노령연금 수급권자인 배우자와 이혼한 후 60세가 된 때 2. 60세가 된 이후에 노령연금 수급권자인 배우자와 이혼한 때 3. 60세가 된 이후에 배우자였던 자가 노령연금 수급권을 취득한 때 4. 배우자였던 자가 노령연금 수급권을 취득한 후 본인이 60세가 된 때 ② 제1항에 따른 분할연금액은 배우자였던 자의 노령연금액(부양가족연금액은 제외한다) 중 혼인 기간에 해당하는 연금액을 균등하게 나눈 금액으로 한다. ③ 분할연금을 청구할 권리는 제1항 각 호의 어느 하나에 해당하는 때부터 3년이 지나면 소멸한다. 제65조(분할연금과 노령연금의 관계 등) ① 제64조제1항에 따른	

국민연금법	국민연금법 시행령
분할연금 수급권은 그 수급권을 취득한 후에 배우자였던 자에게 생긴 사유로 노령연금 수급권이 소멸·정지되어도 영향을 받지 아니한다. ② 수급권자에게 2 이상의 분할연금 수급권이 생기면 제56조에도 불구하고 2 이상의 분할연금액을 합산하여 지급한다. 다만, 2 이상의 분할연금 수급권과 다른 급여(노령연금을 제외한다. 이하 이 항에서 같다)의 수급권이 생기면 그 2 이상의 분할연금 수급권을 하나의 분할연금 수급권으로 보고 본인의 선택에 따라 분할연금과 다른 급여 중 하나만 지급하고 선택하지 아니한 분할연금 또는 다른 급여의 지급은 정지된다. ③ 분할연금 수급권자는 제72조제1항에 따른 유족연금을 지급할 때 노령연금 수급권자로 보지 아니한다. ④ 분할연금 수급권자에게 노령연금 수급권이 발생한 경우에는 제56조에도 불구하고 분할연금액과 노령연금액을 합산하여 지급한다.	
제66조(조기노령연금의 지급 정지 등) ① 제61조제4항과 제63조제4항에 따라 조기노령연금을 받고 있는 60세 미만인 자가 제61조제5항에 따른 소득이 있는 업무에 종사하게 되면 그 기간에 해당하는 조기노령연금은 지급을 정지한다.	**제18조(가입 대상 제외자)** 법 제6조 단서에 따라 다음 각 호의 어느 하나에 해당하는 자는 국민연금 가입 대상에서 제외한다.
② 제1항에 따라 조기노령연금의 지급이 정지된 자가 그 후에 소득이 있는 업무에 종사하지 아니하게 되어 60세 도달 전에 다시 조기노령연금을 수급하게 되거나 60세에 도달한 경우의	1. 법 제61조제1항부터 제3항까지 및 법률 제8541호 국민연금법 전부개정법률 부칙 제2조에 따라 노령연금의 수급권을 취득한 자 중 60세 미만의 특수 직종 근로자

국민연금법	국민연금법 시행령
조기노령연금액은 다음 각 호와 같다. 1. 지급 정지 전후의 가입기간을 합산하여 산정한 제63조제1항 및 제2항에 따른 노령연금액(부양가족연금액을 제외한다)에 재 수급 당시의 제63조제4항 각 호의 연령별 비율에서 기 수급기간 1개월마다 1천분의 5를 뺀 비율을 곱한 금액에 부양가족연금액을 더한 금액 2. 제1호에 따른 조기노령연금액(부양가족연금액을 제외한다. 이하 이 호에서 같다)이 제1항에 따라 지급 정지되기 전의 조기노령연금액보다 적어지는 경우에는 지급 정지되기 전의 조기노령연금액	2. 법 제61조제4항에 따른 조기노령연금의 수급권을 취득한 자. 다만, 법 제66조제1항에 따라 조기노령연금의 지급이 정지 중인 자는 제외한다.
제3절 장애연금	
제67조(장애연금의 수급권자) ① 가입 중에 생긴 질병(당해 질병의 초진일이 가입 중에 있는 경우로서 가입자가 가입 당시 발병 사실을 알지 못한 경우를 포함한다. 이하 이 절 및 제4절에서 같다)이나 부상으로 완치된 후에도 신체상 또는 정신상의 장애가 있는 자에 대하여는 그 장애가 계속되는 동안 장애 정도에 따라 장애연금을 지급한다.	제46조(장애등급 등) ① 법 제67조제5항에 따른 장애등급 구분의 기준은 별표 2와 같다.
② 제1항에 따른 질병이나 부상을 입은 자가 초진일(初診日)부터 1년 6개월이 지나도 완치되지 아니하면 그 1년 6개월이 지난 날을 기준으로 장애 정도를 결정한다. 다만, 그 1년 6개월이	② 공단은 장애등급을 결정하기 위하여 장애 정도를 심사한다.

국민연금법	국민연금법 시행령
지난 날에 장애연금의 지급 대상이 되지 아니한 자가 그 질병이나 부상이 악화되어 60세가 되기 전에 장애연금 지급 대상이 되는 경우에는 본인의 청구에 따라 그 청구한 날을 기준으로 장애 정도를 결정한다.	
③ 제70조제1항에 따라 장애연금의 수급권이 소멸된 자가 장애연금 수급권을 취득할 당시의 질병이나 부상이 악화되어 60세가 되기 전에 다시 장애연금의 지급 대상이 되는 경우에는 본인의 청구에 따라 그 청구한 날을 기준으로 장애 정도를 결정한다.	③ 공단은 장애 정도의 적정한 심사를 위하여 장애 심사 위원을 두거나 자문 의사를 위촉할 수 있다.
④ 장애연금의 지급 대상이 되는 자가 제77조에 따라 반환일시금을 지급받았으면 장애연금을 지급하지 아니한다.	④ 장애 심사 위원 및 자문 의사의 자격, 장애 정도의 판정기준이나 그 밖에 필요한 사항은 보건복지가족부장관이 정하여 고시한다. 〈개정 2008.2.29〉
⑤ 장애 정도에 관한 장애등급은 1급, 2급, 3급 및 4급으로 구분하되, 등급 구분의 기준과 장애 정도의 심사에 관한 사항은 대통령령으로 정한다.	**제50조(반환일시금의 산정)** 법 제77조제2항 및 법 제116조제1항에 따라 반환일시금을 산정할 때 합하여 계산하여야 할 이자는 해당 기간의 개월 수를 기준으로 다음 각 호에 정하는 바에 따라 산정한다. 1. 연금보험료(법 제92조에 따른 추납보험료를 포함한다)를 낸 날이 속하는 달의 다음 달부터 자격상실일이 속하는 달까지의 이자율 : 해당 기간의 3년 만기 정기예금 이자율 2. 자격상실일이 속하는 달의 다음 달부터 법 제77조제1항 각 호의 어느 하나에 해당하는 사유가 발생한 날(법 제116조에 따라 반환일시금을 지급받는 경우에는 다음 각 목에 정하는

국민연금법	국민연금법 시행령
	날로 한다)이 속하는 달까지의 이자율 : 해당 기간의 1년 만기 정기예금 이자율 가. 종전의 법 제67조제1항제1호(법률 제3902호 국민복지연금법개정법률에 따라 개정되어 법률 제5623호 국민연금법중개정법률에 따라 폐지된 규정을 말한다)에 따라 반환일시금을 지급받는 경우에는 수급권자의 지급사유가 발생된 날부터 5년이 지난 날로 하되, 5년이 지나기 이전에 60세에 도달하거나 국외 이주하거나 국적을 상실한 경우 또는 다른 공적 연금에 가입하게 된 경우에는 해당 지급사유가 발생한 날 나. 법 제77조제1항제3호 및 종전의 법 제67조제1항제4호(법률 제6027호 국민연금법중개정법률에 따라 개정된 규정을 말한다)에 따라 반환일시금을 지급받는 경우에는 해당 지급사유가 발생한 날
제68조(장애연금액) ① 장애연금액은 장애 등급에 따라 다음 각 호의 금액으로 한다. 1. 장애등급 1급에 해당하는 자에 대하여는 기본연금액에 부양가족연금액을 더한 금액 2. 장애등급 2급에 해당하는 자에 대하여는 기본연금액의 1천분의 800에 해당하는 금액에 부양가족연금액을 더한 금액 3. 장애등급 3급에 해당하는 자에 대하여는 기본연금액의 1천분의 600에 해당하는 금액에 부양가족연금액을 더한 금액	

국민연금법	국민연금법 시행령
② 장애등급 4급에 해당하는 자에 대하여는 기본연금액의 1천분의 2천250에 해당하는 금액을 일시보상금으로 지급한다. **제69조(장애의 중복 조정)** 장애연금 수급권자에게 다시 장애연금을 지급하여야 할 장애가 발생한 때에는 전후의 장애를 병합(併合)한 장애 정도에 따라 장애연금을 지급한다. 다만, 전후의 장애를 병합한 장애 정도에 따른 장애연금이 전의 장애연금보다 적으면 전의 장애연금을 지급한다. **제70조(장애연금액의 변경 등)** ① 공단은 장애연금 수급권자의 장애 정도를 심사하여 장애등급이 다르게 되면 그 등급에 따라 장애연금액을 변경하고, 장애등급에 해당되지 아니하면 장애연금 수급권을 소멸시킨다. ② 장애연금의 수급권자는 그 장애가 악화되면 공단에 장애연금액의 변경을 청구할 수 있다. ③ 제1항 및 제2항은 60세 이상인 장애연금 수급권자에 대하여는 적용하지 아니한다. **제71조(일시보상금에 대한 평가)** 제68조제2항에 따른 일시보상금 수급권자에게 제56조에 따른 중복급여의 조정, 제69조에 따른 장애의 중복 조정, 제70조에 따른 장애연금액의 변경 및 제115조제1항에 따른 소멸시효를 적용할 때에는 일시보상금 지급 사유 발생일이 속하는 달의 다음 달부터 기본연금액의 1천분의 400을 12로 나눈 금액이 67개월 동안 지급된 것으로 본다.	

국민연금법	국민연금법 시행령
제4절 유족연금	
제72조(유족연금의 수급권자) ① 다음 각 호의 어느 하나에 해당하는 자가 사망하면 그 유족에게 유족연금을 지급한다. 다만, 가입기간이 1년 미만인 가입자가 질병이나 부상으로 사망하면 가입 중에 생긴 질병이나 부상으로 사망한 경우에만 유족연금을 지급한다. 1. 노령연금 수급권자 2. 가입기간이 10년 이상인 가입자였던 자 3. 가입자 4. 장애등급이 2급 이상인 장애연금 수급권자	제73조(과오납금의 충당 및 반환) ① 공단은 법 제100조에 따른 과오납금이 발생한 경우에는 다음 각 호의 순서대로 우선 충당한다. 이 경우 제3호에 따른 징수금의 충당 방법에 관하여는 제65조를 준용한다. 1. 체납처분비 2. 부당이득환수금과 가산 이자 3. 미납된 연금보험료와 법 제97조에 따른 연체금 및 가산금 4. 앞으로 내야 할 1개월분의 연금보험료. 다만, 제2항에 따라 과오납금의 나머지 금액을 반환받을 수 있는 자의 의사에 반하여는 충당할 수 없다.
② 가입기간이 10년 미만인 가입자였던 자가 가입 중에 생긴 질병이나 부상 또는 그 부상으로 생긴 질병으로 가입 중의 초진일 또는 가입자 자격을 상실한 후 1년 이내의 초진일부터 2년 이내에 사망하면 그 유족에게 유족연금을 지급할 수 있다. 다만, 제77조에 따라 본인이나 유족이 반환일시금을 지급받은 경우에는 유족연금을 지급하지 아니한다.	② 제1항에 따라 충당하고 남은 과오납금의 나머지 금액은 다음 각 호의 순서대로 반환하여야 한다. 이 경우 같은 순위자가 2명 이상인 경우 그 반환방법은 제40조를 준용한다. 1. 납부의무자 2. 법 제72조에 따른 유족연금 수급권자 3. 납부의무자의 상속인

국민연금법	국민연금법 시행령
	③ 법 제100조 후단에 따라 과오납금에 더할 이자의 계산기간은 그 과오납부한 날이 속하는 달의 다음 달부터 충당하거나 반환하기로 결정한 날이 속하는 달까지로 하되, 이자율은 계산기간 중에 적용된 1년 만기 정기예금 이자율로 한다. ④ 공단은 제1항에 따라 과오납금을 충당하거나 제2항에 따라 반환하려면 그 사실을 제2항에 규정된 자에게 문서로 알려야 한다. ⑤ 반납금 및 추납보험료의 징수에서 발생한 과오납금에 관하여는 제1항부터 제4항까지의 규정을 준용하고, 부당이득환수금의 징수에서 발생한 과오납금에 관하여는 제1항, 제2항 및 제4항을 준용한다.
제73조(유족의 범위 등) ① 유족연금을 지급받을 수 있는 유족은 가입자 또는 가입자였던 자가 사망할 당시 그에 의하여 생계를 유지하고 있던 다음 각 호의 자로 한다. 이 경우 가입자 또는 가입자였던 자에 의하여 생계를 유지하고 있던 자에 관한 인정 기준은 대통령령으로 정한다. 1. 배우자 2. 자녀. 다만, 18세 미만이거나 장애등급 2급 이상인 자만 해당한다. 3. 부모(배우자의 부모를 포함한다. 이하 이 절에서 같다). 다	제47조(유족연금 지급 대상의 생계유지에 관한 인정기준) 법 제73조제1항에 따라 유족연금의 지급 대상이 되는 가입자 또는 가입자였던 자에 의하여 생계를 유지하고 있던 자에 관한 대상자별 인정기준은 별표 1과 같다. 제48조(유족연금의 지급 방법) 법 제73조제3항에 따라 같은 순위의 유족이 2명 이상 있을 때의 유족연금의 지급 방법에 관하여는 제40조를 준용한다.

국민연금법	국민연금법 시행령
만, 60세 이상이거나 장애등급 2급 이상인 자만 해당한다. 4. 손자녀. 다만, 18세 미만이거나 장애등급 2급 이상인 자만 해당한다. 5. 조부모(배우자의 조부모를 포함한다. 이하 이 절에서 같다). 다만, 60세 이상이거나 장애등급 2급 이상인 자만 해당한다. ② 유족연금은 제1항 각 호의 순위에 따라 최우선 순위자에게만 지급한다. 다만, 제1항제1호에 따른 유족의 수급권이 소멸되거나 정지되면 같은 항 제2호에 따른 유족에게 지급한다. ③ 제2항의 경우 같은 순위의 유족이 2명 이상이면 그 유족연금액을 똑같이 나누어 지급하되, 지급 방법은 대통령령으로 정한다. **제74조(유족연금액)** 유족연금액은 가입기간에 따라 다음 각 호의 금액에 부양가족연금액을 더한 금액으로 한다. 다만, 노령연금 수급권자가 사망한 경우의 유족연금액은 사망한 자가 지급받던 노령연금액을 초과할 수 없다. 1. 가입기간이 10년 미만이면 기본연금액의 1천분의 400에 해당하는 금액 2. 가입기간이 10년 이상 20년 미만이면 기본연금액의 1천분의 500에 해당하는 금액 3. 가입기간이 20년 이상이면 기본연금액의 1천분의 600에 해당하는 금액	

국민연금법	국민연금법 시행령
제75조(유족연금 수급권의 소멸) ① 유족연금 수급권자가 다음 각 호의 어느 하나에 해당하게 되면 그 수급권은 소멸한다. 1. 수급권자가 사망한 때 2. 배우자인 수급권자가 재혼한 때 3. 자녀나 손자녀인 수급권자가 다른 사람에게 입양되거나 파양된 때 4. 장애등급 2급 이상에 해당하지 아니한 자녀 또는 손자녀인 수급권자가 18세가 된 때 5. 장애로 수급권을 취득한 자가 장애등급 2급 이상에 해당하지 아니하게 된 때 ② 부모, 손자녀 또는 조부모인 유족의 유족연금 수급권은 가입자 또는 가입자였던 자의 사망 당시의 태아가 출생하여 수급권을 갖게 되면 소멸한다.	
제76조(배우자에 대한 유족연금의 지급 정지) ① 유족연금의 수급권자인 배우자에 대하여는 수급권이 발생한 때부터 3년 동안 유족연금을 지급한 후 55세가 될 때까지 지급을 정지한다. 다만, 그 수급권자가 다음 각 호의 어느 하나에 해당하면 지급을 정지하지 아니한다. 1. 장애등급이 2급 이상인 경우 2. 가입자 또는 가입자였던 자의 18세 미만인 자녀 또는 장애등급 2급 이상인 자녀의 생계를 유지한 경우 3. 대통령령으로 정하는 소득이 있는 업무에 종사하지 아니하	제49조(유족연금 수급권자인 배우자의 소득이 있는 업무) 유족연금 수급권자인 배우자의 경우 법 제76조제1항제3호에 따라 해당 연금의 지급이 정지되는 소득이 있는 업무의 범위에 관하여는 제45조를 준용한다.

국민연금법	국민연금법 시행령
	법 제49조제1호부터 제3호까지의 규정에 따른 급여에 상응하는 급여의 수급권을 취득하지 못하고 법 제77조제1항 각 호의 어느 하나에 해당하게 되는 대한민국 국민에게 해당 대한민국 국민이 가입기간 중 낸 연금보험료에 기초하여 셈하여 정한 일정금액을 일시금으로 지급하도록 규정하고 있는 경우를 말한다.
제78조(반납금 납부와 가입기간) ① 제77조에 따라 반환일시금을 받은 자로서 다시 가입자의 자격을 취득한 자는 지급받은 반환일시금에 대통령령으로 정하는 이자를 더한 금액(이하 "반납금"이라 한다)을 공단에 낼 수 있다. ② 반납금은 대통령령으로 정하는 바에 따라 분할하여 납부하게 할 수 있다. 이 경우 대통령령으로 정하는 이자를 더하여야 한다.	제52조(반납금의 납부 기한 등) ① 법 제78조제1항에 따라 반환일시금을 지급받은 자가 공단에 반납하여야 할 반환일시금 및 이자(이하 "반납금"이라 한다)는 일시 반납의 경우에는 반납금의 납부신청을 한 날이 속하는 달의 다음 달 말일까지 내고, 분할 반납의 경우에는 반납금의 납부 신청을 한 날이 속하는 달의 다음 달부터 매월 말일까지 내야 한다. ② 공단은 법 제78조제2항에 따라 반납금을 분할하여 납부하게 하는 경우에는 다음 각 호의 어느 하나에 해당하는 횟수의 범위에서 납부할 자의 신청에 따라 반납금을 똑같이 나누어 월별로 내게 하여야 한다.
③ 제1항과 제2항에 따라 반납금을 낸 경우에는 그에 상응하는 기간은 가입기간에 넣어 계산한다. ④ 제1항과 제2항에 따른 반납금의 납부 신청, 납부 방법 및 납부 기한 등 반납금의 납부에 필요한 사항은 대통령령으로 정한다.	1. 가입 기간이 1년 미만인 경우 : 3회 2. 가입 기간이 1년 이상 5년 미만인 경우 : 12회 3. 가입 기간이 5년 이상인 경우 : 24회 ③ 법 제78조제1항에 따라 반환일시금에 가산할 이자의 계산기간은 해당 반환일시금을 지급한 날이 속하는 달부터 반납금

국민연금법	국민연금법 시행령
	의 납부 신청을 한 날이 속하는 달의 전월까지의 개월 수에 따르되, 연 단위로 그 이자를 그 반환일시금에 산입하여 그 후의 이자액을 계산한다. 다만, 법 제78조제2항에 따른 분할 납부의 경우에 다시 가산할 이자의 계산 기간은 반납금의 납부 신청을 한 날이 속하는 달부터 분할 납부가 끝나는 달의 전월까지로 하되, 분할 납부할 1회의 금액은 분할 납부 횟수에 따라 원리금을 똑같이 나눈 금액으로 한다. ④ 제3항 본문에 따른 이자는 같은 규정에 따른 기간 중에 적용되었던 1년 만기 정기예금 이자율을 적용한 금액으로 하고, 같은 항 단서에 따른 분할 납부의 경우에 다시 가산하는 이자는 반납금의 납부 신청을 한 날이 속하는 해당 연도의 1년 만기 정기예금 이자율을 적용한 금액으로 한다. ⑤ 제2항에 따른 분할 납부의 경우에 내는 반납금에 상응하는 기간을 가입기간에 산입하는 경우에는 해당 가입기간이 시작되는 처음 달부터 차례로 산입한다.
제79조(반환일시금 수급권의 소멸) 반환일시금의 수급권은 다음 각 호의 어느 하나에 해당하면 소멸한다. 1. 수급권자가 다시 가입자로 된 때 2. 수급권자가 노령연금의 수급권을 취득한 때 3. 수급권자가 장애연금의 수급권을 취득한 때 4. 수급권자의 유족이 유족연금의 수급권을 취득한 때	
제80조(사망일시금) ① 가입자 또는 가입자였던 자가 사망한 때에	제53조(사망일시금 지급 대상의 생계유지 등에 관한 인정기준)

국민연금법	국민연금법 시행령
제73조에 따른 유족이 없으면 그 배우자 · 자녀 · 부모 · 손자녀 · 조부모 또는 형제자매에게 사망일시금을 지급한다. 다만, 가입자 또는 가입자였던 자가 사망한 때에 실종 등으로 인하여 행방을 알 수 없는 자에게는 사망일시금을 지급하지 아니하며, 배우자 · 자녀 · 부모 · 손자녀 · 조부모 또는 형제자매가 없는 경우에는 4촌 이내의 방계혈족(傍系血族)으로서 가입자 또는 가입자였던 자에 의하여 생계를 유지하고 있던 자에게 사망일시금을 지급한다. 이 경우 행방을 알 수 없는 자에 대한 인정 기준 및 방법, 가입자 또는 가입자였던 자에 의하여 생계를 유지하고 있던 자에 대한 인정 기준은 대통령령으로 정한다.	① 법 제80조제1항 단서에 따른 행방을 알 수 없는 자는 다음 각 호의 어느 하나에 해당하는 자로 한다.
② 제1항에 따른 사망일시금은 가입자 또는 가입자였던 자의 반환일시금에 상당하는 금액으로 하되, 그 금액은 사망한 가입자 또는 가입자였던 자의 최종 기준소득월액을 제51조제1항제2호에 따른 연도별 재평가율에 따라 사망일시금 수급 전년도의 현재가치로 환산한 금액과 같은 호에 준하여 산정한 가입기간 중 기준소득월액의 평균액 중에서 많은 금액의 4배를 초과하지 못한다.	1. 특별자치도지사 · 시장 · 군수 · 구청장 및 경찰서장이 행방을 알 수 없는 자로 확인한 날부터 1년이 지난 자
③ 제1항에 따른 사망일시금을 받을 자의 순위는 배우자 · 자녀 · 부모 · 손자녀 · 조부모 · 형제자매 및 4촌 이내의 방계혈족 순으로 한다. 이 경우 순위가 같은 사람이 2명 이상이면 똑같이 나누어 지급하되, 그 지급 방법은 대통령령으로 정한다.	2. 거주지를 벗어나 상당 기간 연락이 끊어진 자로서 공단이 행방을 알 수 없는 자로 확인한 자 ② 법 제80조제1항 단서에 따라 사망일시금의 지급 대상이 되

국민연금법	국민연금법 시행령
	는 4촌 이내의 방계혈족으로서 가입자 또는 가입자였던 자에 의하여 생계를 유지하고 있던 자의 인정기준은 별표 1과 같다. 제54조(사망일시금의 지급 방법) 법 제80조제3항에 따라 사망일시금을 지급받을 같은 순위자가 2명 이상 있을 경우 그 지급 방법에 관하여는 제40조를 준용한다.
제81조(유족연금과 사망일시금의 관계) 제73조제1항제2호 및 제4호에 따른 유족연금 수급권자에 대하여는 제75조제1항제4호에 따라 유족연금수급권이 소멸할 때까지 지급받은 유족연금액이 제80조제2항에 따른 사망일시금액보다 적을 때에는 그 차액을 일시금으로 지급한다.	
제6절 급여 제한 등	
제82조(급여의 제한) ① 가입자 또는 가입자였던 자가 고의로 질병·부상 또는 그 원인이 되는 사고를 일으켜 그로 인하여 장애를 입은 경우에는 그 장애를 지급 사유로 하는 장애연금을 지급하지 아니할 수 있다. ② 가입자 또는 가입자였던 자가 고의나 중대한 과실로 요양 지시에 따르지 아니하거나 정당한 사유 없이 요양 지시에 따르지 아니하여 다음 각 호의 어느 하나에 해당하게 되면 대통령령으로 정하는 바에 따라 이를 원인으로 하는 급여의 전부 또는 일부를 지급하지 아니할 수 있다.	제55조(급여의 제한) 법 제82조제2항에 따라 급여를 제한하는 경우에 지급하지 아니할 수 있는 급여의 범위는 다음 각 호의 구분에 따른다. 1. 고의 또는 중대한 과실로 요양 지시에 따르지 아니하면 급여의 1천분의 800에서 1천분의 1,000까지

국민연금법	국민연금법 시행령
1. 장애를 입거나 사망한 경우 2. 장애나 사망의 원인이 되는 사고를 일으킨 경우 3. 장애를 악화시키거나 회복을 방해한 경우 **제83조(장애연금액의 변경 제한)** 장애연금의 수급권자가 고의나 중대한 과실로 요양 지시에 따르지 아니하거나 정당한 사유 없이 요양 지시에 따르지 아니하여 장애를 악화시키거나 회복을 방해한 경우에는 제70조에 따라 장애연금액을 변경하지 아니할 수 있다. **제84조(유족연금의 지급 제한)** ① 가입자 또는 가입자였던 자를 고의로 사망하게 한 유족에게는 유족연금을 지급하지 아니한다. ② 유족연금의 수급권자가 될 수 있는 자를 고의로 사망하게 한 유족에게는 유족연금을 지급하지 아니한다. ③ 유족연금의 수급권자가 다른 수급권자를 고의로 사망하게 한 경우에는 그에게는 유족연금을 지급하지 아니한다. **제85조(연금보험료의 미납에 따른 지급 제한)** 장애연금의 경우에는 당해 질병 또는 부상의 초진일 당시, 유족연금의 경우에는 사망일 당시 다음 각 호의 어느 하나에 해당하면 그 연금을 지급하지 아니한다. 1. 연금보험료를 낸 사실이 없는 경우 2. 연금보험료를 낸 기간(제17조제3항에 따라 기여금을 낸 기간을 포함한다. 이하 이 조에서 같다)이 그 연금보험료를 낸	2. 정당한 사유 없이 요양 지시에 따르지 아니하면 급여의 1천분의 500에서 1천분의 800까지

국민연금법	국민연금법 시행령
기간과 연금보험료를 내지 아니한 기간(제89조제1항에 따른 납부 기한으로부터 1개월이 지나지 아니한 기간과 제91조제1항에 따라 연금보험료를 내지 아니한 기간은 제외한다. 이하 이 조에서 같다)을 합산한 기간의 3분의 2보다 짧은 경우. 다만, 연금보험료를 내지 아니한 기간이 6개월 미만인 경우는 제외한다.	
제86조(지급의 정지 등) ① 수급권자가 다음 각 호의 어느 하나에 해당하면 급여의 전부 또는 일부의 지급을 정지할 수 있다. 1. 수급권자가 정당한 사유 없이 제122조제1항에 따른 공단의 서류, 그 밖의 자료 제출 요구에 응하지 아니한 때 2. 장애연금 또는 유족연금의 수급권자가 정당한 사유 없이 제120조에 따른 공단의 진단 요구 또는 확인에 응하지 아니한 때 3. 장애연금 수급권자가 고의나 중대한 과실로 요양 지시에 따르지 아니하거나 정당한 사유 없이 요양 지시에 따르지 아니하여 회복을 방해한 때 4. 수급권자가 정당한 사유 없이 제121조제1항에 따른 신고를 하지 아니한 때 ② 제1항에 따라 급여의 지급을 정지하려는 경우에는 지급을	**제56조(지급의 일시 중지)** ① 공단은 법 제86조제2항에 따라 급여의 지급을 일시 중지하려면 수급권자에게 10일 이상의 기한을 정하여 서면으로 급여의 지급이 정지될 수 있는 사유를 해소할 것을 재촉하여야 한다. ② 제1항에 따른 재촉을 받은 자가 기한까지 필요한 조치를 하지 아니하면 그 다음 달부터 3년 이내의 기간을 정하여 급여의 지급을 일시 중지한다. ③ 제1항에 따라 급여의 지급이 일시 중지된 자가 그 일시 중지 기간에 필요한 조치를 이행하면 그 일시 중지를 바로 해제하고, 그 동안 지급하지 아니한 급여를 지급하여야 한다. ④ 제2항에 따른 일시 중지 기간에 필요한 조치를 이행하지 아니하는 자에 대하여 법 제86조제1항에 따라 급여의 지급을 정지하는 경우에는 일시 중지한 기간을 포함하여 그 지급을 정지하여야 한다.

국민연금법	국민연금법 시행령
정지하기 전에 대통령령으로 정하는 바에 따라 급여의 지급을 일시 중지할 수 있다.	
제5장 비용 부담 및 연금보험료의 징수 등	
제87조(국고 부담) 국가는 매년 공단 및 건강보험공단이 국민연금사업을 관리·운영하는 데에 필요한 비용의 전부 또는 일부를 부담한다. 〈개정 2009.5.21〉	
제88조(연금보험료의 부과·징수 등) ① 보건복지가족부장관은 국민연금사업 중 연금보험료의 징수에 관하여 이 법에서 정하는 사항을 건강보험공단에 위탁한다. 〈신설 2009.5.21〉	**제24조(기여금의 개별 납부)** ① 근로자가 법 제17조제3항 후단에 따라 체납 사실이 통지된 체납 월의 다음 달부터 발생되는 체납 연금보험료 중 본인이 부담하여야 하는 기여금의 전부 또는 일부를 내려는 경우에는 해당 연금보험료의 월별 납부 기한으로부터 3년 이내에 공단에 내야 한다.
② 공단은 국민연금사업에 드는 비용에 충당하기 위하여 가입자와 사용자에게 가입기간 동안 매월 연금보험료를 부과하고, 건강보험공단이 이를 징수한다. 〈개정 2009.5.21〉	② 공단이 법 제88조제1항 및 법 제95조제3항에 따라 체납 사실이 통지된 체납 월의 다음 달부터 발생되는 체납 연금보험료의 전부 또는 일부를 사용자로부터 납부받거나 징수하면 제1항에 따라 근로자가 중복하여 낸 기여금은 해당 근로자에게 이자를 더하여 돌려주어야 한다. 이 경우 이자율은 제73조제3항을 준용한다.
③ 사업장가입자의 연금보험료 중 기여금은 사업장가입자 본인이, 부담금은 사용자가 각각 부담하되, 그 금액은 각각 기준소득월액의 1천분의 45에 해당하는 금액으로 한다. 〈개정	**제72조(연금보험료 등의 회계기관)** 공단의 이사장은 법 제88조제1항 및 법 제97조에 따른 연금보험료 및 연체금·가산금의 징수 업무를 담당하게 하기 위하여 공단의 상임이사 중에서 연금보

국민연금법	국민연금법 시행령
2009.5.21〉 ④ 지역가입자, 임의가입자 및 임의계속가입자의 연금보험료는 지역가입자, 임의가입자 또는 임의계속가입자 본인이 부담하되, 그 금액은 기준소득월액의 1천분의 90으로 한다. 〈개정 2009.5.21〉 제88조의2(납입의 고지 등) ① 건강보험공단은 공단이 제88조에 따라 연금보험료를 부과한 때에는 그 납부 의무자에게 연금보험료의 금액, 납부 기한, 납부 장소 등을 적은 문서로써 납입의 고지를 하여야 한다. 다만, 제89조제4항에 따라 연금보험료를 자동 계좌이체의 방법으로 내는 기간 동안에는 이를 생략할 수 있다. ② 건강보험공단은 납부 의무자의 신청이 있는 경우에는 제1항 본문에 따른 납입의 고지를 전자문서교환방식 등에 의하여 전자문서로 할 수 있다. 이 경우 전자문서 고지에 대한 신청 방법·절차, 그 밖에 필요한 사항은 보건복지가족부령으로 정한다. ③ 건강보험공단은 제2항에 따라 전자문서로 고지한 경우 보건복지가족부령으로 정하는 정보통신망에 저장하거나 납부 의무자가 지정한 전자우편주소에 입력된 때에 그 납부 의무자에게 도달된 것으로 본다. ④ 제90조제3항에 따라 연금보험료를 연대하여 납부하여야 하는 자 중 1명에게 한 고지는 다른 연대 납부 의무자에게도 효력	험료 세입징수관을 임명할 수 있고, 공단의 직원 중에서 분임 연금보험료 세입징수관을 임명할 수 있다.

국민연금법	국민연금법 시행령
이 있다.[본조신설 2009.5.21]	
제89조(연금보험료의 납부 기한 등) ① 연금보험료는 납부 의무자가 다음 달 10일까지 내야 한다. 다만, 대통령령으로 정하는 농업·임업·축산업 또는 수산업을 경영하거나 이에 종사하는 자(이하 "농어업인"이라 한다)는 본인의 신청에 의하여 분기별 연금보험료를 해당 분기의 다음 달 10일까지 낼 수 있다.	**제57조(농어업인의 범위)** ① 법 제89조제1항 단서에 따른 농업·임업·축산업 또는 수산업을 경영하거나 이에 종사하는 자(이하 "농어업인"이라 한다)는 「농어업·농어촌 및 식품산업 기본법 시행령」 제3조에 해당하는 자로 한다. 〈개정 2009.11.26〉
② 연금보험료를 납부 기한의 1개월 이전에 미리 낸 경우에는 그 전달의 연금보험료 납부 기한이 속하는 날의 다음 날에 낸 것으로 본다.	② 제1항에도 불구하고 농업이나 임업 또는 어업 간의 겸업을 하는 경우에는 각 업종의 판매액 또는 종사 기간을 보건복지가족부령으로 정하는 바에 따라 합산하여 농어업인인지 여부를 결정한다. 〈개정 2008.2.29〉
③ 납부 의무자가 연금보험료를 미리 낼 경우 그 기간과 감액(減額)할 금액 등은 대통령령으로 정한다. ④ 납부 의무자가 연금보험료를 자동 계좌이체의 방법으로 낼 경우에는 대통령령으로 정하는 바에 따라 연금보험료를 감액하거나 재산상의 이익을 제공할 수 있다. 〈개정 2009.5.21〉	③ 제1항과 제2항에도 불구하고 다음 각 호의 어느 하나에 해당하는 자는 농어업인에서 제외한다. 1. 농업 소득이나 임업 소득 또는 어업 소득을 합산한 액보다 그 외의 소득이 많은 자
⑤ 건강보험공단은 제1항에도 불구하고 고지서의 송달 지연 등 보건복지가족부령으로 정하는 사유에 해당하는 경우에는 제1항에 따른 납부 기한으로부터 1개월 범위에서 납부 기한을 연장할 수 있다. 〈개정 2008.2.29, 2009.5.21〉	2. 「부가가치세법」 제5조 및 「소득세법」 제168조에 따라 등록하여 사업을 하는 자. 다만, 다음 각 목의 어느 하나에 해당하는 자는 제외한다.
⑥ 제5항에 따라 납부 기한을 연장받으려면 보건복지가족부령으로 정하는 바에 따라 건강보험공단에 납부 기한의 연장을 신청하여야 한다. 〈개정 2008.2.29, 2009.5.21〉	가. 「부가가치세법」 제25조에 따른 간이과세 대상자

국민연금법	국민연금법 시행령
	나. 농업이나 임업 또는 어업과 관련하여 사업 활동을 하는 자 ④ 제1항 및 제2항에 따른 농어업인에 해당하는 자는 보건복지가족부령으로 정하는 바에 따라 그 거주지나 토지의 소재지를 관할하는 시장 · 구청장 · 읍장 또는 면장의 확인을 받아야 한다. 다만, 「농지법」 제49조에 따른 농지원부로 농업인임을 확인할 수 있는 자나 「축산법」 제22조제1항에 따라 축산업을 등록한 자의 경우에는 그러하지 아니하다. 〈개정 2008.2.29〉 **제58조(연금보험료의 선납과 환부)** ① 법 제89조제2항에 따라 연금보험료를 미리 내는 경우에는 월 단위로 내야 한다. ② 법 제89조제2항에 따라 연금보험료를 미리 낸 후 선납분에 해당되는 기간이 지나기 전에 가입자가 그 자격을 상실한 경우에는 그 자격을 상실한 자(사망한 경우에는 「민법」에 따른 상속인을 말한다)의 청구로 미리 낸 연금보험료 등 지나지 아니한 기간 분에 해당하는 금액을 돌려주며, 돌려 줄 금액은 미리 낸 연금보험료 등 금액에서 제3항에 따른 감액률을 적용한 지난 기간 분에 해당하는 금액을 뺀 금액으로 한다. ③ 법 제89조제3항에 따라 연금보험료를 미리 내는 경우 그 기간은 1년을 초과하지 못하며, 미리 냄에 따라 연금보험료에서 감액되는 금액은 월 연금보험료에 1년 만기 정기예금 이자율의 12분의 1과 미리 내는 개월 수를 곱하여 계산한다. 이 경우 1년 만기 정기예금 이자율은 연금보험료의 선납을 신청한 날이 속하는 연도의 이자율로 한다.

국민연금법	국민연금법 시행령
	제59조(자동 계좌이체를 하는 자에 대한 이익 제공) 공단은 법 제89조제4항에 따라 연금보험료를 자동 계좌이체의 방법으로 내는 자에게는 자동 계좌이체에 따라 절감되는 비용에 해당하는 금액을 연금보험료에서 빼거나 추첨의 방법으로 금품 또는 경품 등을 제공할 수 있다.
제90조(연금보험료의 원천공제 납부 등) ① 사용자는 사업장가입자가 부담할 기여금을 그에게 지급할 매달의 임금에서 공제하여 내야 한다. 〈개정 2009.5.21〉 ② 사용자는 제1항에 따라 임금에서 기여금을 공제하면 공제계산서를 작성하여 사업장가입자에게 내주어야 한다. ③ 해당 사업장의 사용자는 법인이 아닌 사업장의 사용자가 2명 이상인 때에는 그 사업장가입자의 연금보험료와 그에 따른 징수금을 연대하여 납부할 의무를 진다. 〈신설 2009.5.21〉	
제91조(연금보험료 납부의 예외) ① 납부 의무자는 사업장가입자 또는 지역가입자가 다음 각 호의 어느 하나에 해당하는 사유로 연금보험료를 낼 수 없으면 대통령령으로 정하는 바에 따라 그 사유가 계속되는 기간에는 연금보험료를 내지 아니할 수 있다. 〈개정 2007.12.21〉 1. 사업 중단, 실직 또는 휴직 중인 경우	**제4조(평균소득월액의 산정 방법)** 법 제3조제1항제4호에 따른 평균소득월액은 매년 12월 31일 현재의 사업장가입자와 지역가입자 전원(법 제91조제1항 각 호에 따른 납부 예외 사유로 연금보험료를 내지 아니하는 사업장가입자 및 지역가입자는 제외한다. 이하 같다)의 기준소득월액 총액을 사업장가입자와 지역가입자 전원의 수로 나누어 산정한다. **제6조(가입자 자격 취득 시와 납부 재개 시의 기준소득월액의 결정 및 적용 기간)** ① 사업장가입자나 사업장임의계속가입자가 가입자 자격을 취득하여 연금보험료를 최초로 내거나 법 제91

국민연금법	국민연금법 시행령
	조에 따른 연금보험료의 납부 예외 기간이 끝나 연금보험료의 납부를 재개하는 경우의 기준소득월액은 다음 각 호에 따른 금액을 소득월액으로 하여 법 제24조에 따른 국민연금공단(이하 "공단"이라 한다)이 결정하되, 그 적용 기간은 자격을 취득한 날이나 납부를 재개한 날이 속하는 달부터 제7조제1항에 따라 정기 결정되는 기준소득월액을 적용하는 달의 전달까지로 한다.
2. 「병역법」 제3조에 따른 병역의무를 수행하는 경우	1. 월이나 주 또는 그 밖에 일정 기간으로 소득이 정하여지는 경우 : 그 소득액을 그 기간의 총 일수로 나눈 금액의 30배에 해당하는 금액
3. 「초·중등교육법」 제2조나 「고등교육법」 제2조에 따른 학교에 재학 중인 경우	2. 일·시간·생산량 또는 도급으로 소득이 정하여지는 경우 : 가입자의 자격을 취득한 날 또는 납부를 재개한 날이 속하는 달의 전 1개월 동안 해당 사업장에서 같은 업무에 종사하고 같은 소득이 있는 자가 받은 소득월액을 평균한 금액
4. 「형의 집행 및 수용자의 처우에 관한 법률」 제11조에 따라 교정시설에 수용 중인 경우	3. 제1호와 제2호에 따라 소득월액을 산정하기 어려운 자의 경우 : 가입자의 자격을 취득한 날 또는 납부를 재개한 날이 속하는 달의 전 1개월 동안에 그 지방에서 같은 업무에 종사하고 같은 소득이 있는 자가 받은 소득월액을 평균한 금액
5. 종전의「사회보호법」에 따른 보호감호시설이나 「치료감호법」에 따른 치료감호시설에 수용 중인 경우	② 지역가입자나 지역임의계속가입자가 가입자 자격을 취득하여 연금보험료를 최초로 내거나 법 제91조에 따른 연금보험료의 납부 예외 기간이 끝나 연금보험료의 납부를 재개하는 경우의 기준소득월액은 가입자 자격 취득 시나 납부 재개 시 종사하는 업무에서 얻는 소득으로서 해당 가입자나 대리인이 신고

국민연금법	국민연금법 시행령
	한 소득을 소득월액으로 하여 공단이 결정한다. 이 경우 공단은 해당 가입자나 대리인이 소득 신고를 할 때에 참고가 될 수 있도록 종사 업종별 과세 자료, 종사 업종, 사업장 규모 및 농지 면적 등을 기초로 산정한 금액을 신고권장소득월액으로 제시하거나 미리 통지할 수 있다.
6. 1년 미만 행방불명된 경우. 이 경우 행방불명의 인정 기준 및 방법은 대통령령으로 정한다. 7. 재해 · 사고 등으로 소득이 감소되거나 그 밖에 소득이 있는 업무에 종사하지 아니하는 경우로서 대통령령으로 정하는 경우 ② 제1항에 따라 연금보험료를 내지 아니한 기간은 가입기간에 산입하지 아니한다.	**제60조(연금보험료 납부의 예외)** 법 제91조제1항제7호에 따라 연금보험료를 내지 아니할 수 있는 경우는 다음 각 호의 어느 하나에 해당하는 경우로 한다. 〈개정 2008.2.29〉 1. 질병이나 부상으로 3개월 이상 입원한 경우 2. 「농어업재해대책법」, 「자연재해대책법」 또는 「재해구호법」에 따른 보조나 지원의 대상이 된 경우 3. 재해나 사고 등의 발생으로, 연금보험료를 낼 경우 보건복지가족부장관이 정하는 기초생활을 유지하는 것이 곤란하다고 인정될 정도로 소득이 감소된 경우 **제61조(연금보험료의 납부 예외 신청 등)** ① 사용자나 지역가입자는 법 제91조제1항에 따라 연금보험료를 내지 아니하려는 경우에는 보건복지가족부령으로 정하는 바에 따라 공단에 연금보험료의 납부 예외 신청을 하여야 한다. 〈개정 2008.2.29〉 ② 공단은 지역가입자에게 법 제91조제1항제2호부터 제6호까지에 규정된 사유가 발생하여 연금보험료를 징수할 수 없다고

국민연금법	국민연금법 시행령
	판단되면 제1항에도 불구하고 그 사유의 발생기간에 대하여 연금보험료의 납부 예외를 결정할 수 있다. 다만, 납부 예외 사유가 발생한 기간의 전부 또는 일부에 대하여 이미 연금보험료를 낸 경우 그 낸 연금보험료에 대하여는 그러하지 아니하다. ③ 공단은 법 제91조제1항제6호 또는 제7호에 따른 사유로 연금보험료를 내지 아니하는 자에 대하여는 연금보험료의 납부 예외 시작일부터 1년이 지날 때마다 그 예외 사유의 종료 여부를 확인하여야 한다. ④ 공단은 연금보험료를 내지 아니하는 자의 납부 예외 사유가 끝날 때에는 미리 그 사실을 해당 가입자에게 알려야 한다. ⑤ 법 제91조제1항제6호에 따른 행방불명의 경우에 관한 인정기준은 제20조제1항을 준용한다. ⑥ 납부 예외 기간은 납부 예외 사유가 발생한 날이 속하는 달부터 납부 예외 사유가 없어진 날이 속하는 달까지로 한다. 다만, 다음 각 호의 어느 하나에 해당하는 경우에는 납부 예외 사유가 없어진 날이 속하는 달의 전달까지로 한다. 1. 납부 예외 사유가 없어진 날이 그 달의 초일인 경우 2. 가입자가 납부 예외 사유가 없어진 날이 속하는 달의 연금보험료 납부를 원하는 경우
제92조(연금보험료의 추후 납부) ① 다음 각 호의 어느 하나에 해당하는 자는 해당 호에 규정된 기간의 전부 또는 일부에 상응하는 보험료(이하 "추납보험료"라 한다)의 추후 납부를 신청할	**제50조(반환일시금의 산정)** 법 제77조제2항 및 법 제116조제1항에 따라 반환일시금을 산정할 때 합하여 계산하여야 할 이자는 해당 기간의 개월 수를 기준으로 다음 각 호에 정하는 바에 따

국민연금법	국민연금법 시행령
수 있다. 1. 제91조제1항에 따라 연금보험료를 내지 아니한 가입자 : 그 연금보험료를 내지 아니한 기간	라 산정한다. 1. 연금보험료(법 제92조에 따른 추납보험료를 포함한다)를 낸 날이 속하는 달의 다음 달부터 자격상실일이 속하는 달까지의 이자율 : 해당 기간의 3년 만기 정기예금 이자율
2. 「병역법」 제3조에 따른 병역의무를 마친 후 가입자의 자격을 취득한 자 : 해당 병역의무를 수행한 기간(「공무원연금법」, 「사립학교교직원 연금법」, 「별정우체국법」에 따른 재직기간에 포함된 기간, 「군인연금법」에 따른 복무 기간에 포함된 기간 및 1988년 1월 1일 전에 병역의무를 수행한 기간은 제외한다) ② 추납보험료는 추후 납부를 신청한 날이 속하는 달의 연금보험료에 추후 납부하려는 기간의 개월 수를 곱한 금액으로 한다.	2. 자격상실일이 속하는 달의 다음 달부터 법 제77조제1항 각 호의 어느 하나에 해당하는 사유가 발생한 날(법 제116조에 따라 반환일시금을 지급받는 경우에는 다음 각 목에 정하는 날로 한다)이 속하는 달까지의 이자율 : 해당 기간의 1년 만기 정기예금 이자율 가. 종전의 법 제67조제1항제1호(법률 제3902호 국민복지연금법개정법률에 따라 개정되어 법률 제5623호 국민연금법중개정법률에 따라 폐지된 규정을 말한다)에 따라 반환일시금을 지급받는 경우에는 수급권자의 지급사유가 발생된 날부터 5년이 지난 날로 하되, 5년이 지나기 이전에 60세에 도달하거나 국외 이주하거나 국적을 상실한 경우 또는 다른 공적 연금에 가입하게 된 경우에는 해당 지급사유가 발생한 날
③ 추납보험료는 대통령령으로 정하는 바에 따라 분할하여 납부할 수 있다. 이 경우 대통령령으로 정하는 이자를 더하여야 한다.	나. 법 제77조제1항제3호 및 종전의 법 제67조제1항제4호(법률 제6027호 국민연금법중개정법률에 따라 개정된 규정을 말한다)에 따라 반환일시금을 지급받는 경우에는 해당 지급사유가 발생한 날

국민연금법	국민연금법 시행령
④ 제1항부터 제3항까지의 규정에 따른 추납보험료를 낸 경우에는 그에 상응하는 기간은 가입기간에 넣어서 계산한다.	**제62조(추납보험료의 납부 신청 등)** ① 법 제92조제1항 각 호의 어느 하나에 해당하는 자가 해당 호에 규정된 기간의 전부 또는 일부에 상응하는 보험료(이하 "추납보험료"라 한다)를 공단에 내려면 보건복지가족부령으로 정하는 바에 따라 공단에 추납보험료의 납부 신청을 하여야 한다. 〈개정 2008.2.29〉
⑤ 추납보험료의 납부 신청, 납부 방법 및 납부 기한 등 추납보험료의 납부에 관하여 필요한 사항은 대통령령으로 정한다.	② 추납보험료의 납부 기한과 추납보험료를 나누어 내는 경우 그 방법 · 횟수, 가산 이자 등에 관하여는 제52조제1항부터 제4항까지의 규정을 준용한다. 이 경우 "반납금"은 "추납보험료"로 보고, "가입기간"은 "추납기간"으로 본다.
제93조(임의계속가입자의 자격상실자에 대한 미납보험료 납부의 특례) 제13조제3항제2호부터 제4호까지의 규정에 따라 임의계속가입자의 자격을 상실한 자는 보건복지가족부령으로 정하는 바에 따라 제89조에 따른 납부 기한이 지난 보험료의 전부 또는 일부를 건강보험공단에 납부할 수 있다. 다만, 연금보험료 납입의 고지에 따른 납부 기한으로부터 3년이 지나면 연금보험료를 낼 수 없다. 〈개정 2008.2.29, 2009.5.21〉	
제94조(사업장가입자 및 지역가입자의 연금보험료의 납기 전 징수) 사업장가입자의 연금보험료 납부 의무자 및 지역가입자에게 다음 각 호의 어느 하나에 해당하는 사유가 있으면 납기(제89조제5항에 따라 납부 기한을 연장한 경우에는 그 기한을 말한다) 전이라도 연금보험료를 징수할 수 있다. 1. 국세, 지방세, 그 밖의 공과금이 체납되어 체납처분을 받은 때	

국민연금법	국민연금법 시행령
2. 강제집행을 받은 때 3. 파산 선고를 받은 때 4. 경매가 개시된 때 5. 법인이 해산한 때	
제95조(연금보험료 등의 독촉 및 체납처분) ① 건강보험공단은 사업장가입자와 지역가입자가 연금보험료와 그에 따른 징수금을 기한(제89조제5항에 따라 납부 기한을 연장한 경우에는 그 기한을 말한다)까지 내지 아니하면 대통령령으로 정하는 바에 따라 기한을 정하여 독촉하여야 한다. 〈개정 2009.5.21〉 ② 건강보험공단은 제1항에 따라 독촉할 경우에는 10일 이상의 납부 기한을 정하여 독촉장을 발부하여야 한다. 〈개정 2009.5.21〉	제24조(기여금의 개별 납부) ① 근로자가 법 제17조제3항 후단에 따라 체납 사실이 통지된 체납 월의 다음 달부터 발생되는 체납 연금보험료 중 본인이 부담하여야 하는 기여금의 전부 또는 일부를 내려는 경우에는 해당 연금보험료의 월별 납부 기한으로부터 3년 이내에 공단에 내야 한다. ② 공단이 법 제88조제1항 및 법 제95조제3항에 따라 체납 사실이 통지된 체납 월의 다음 달부터 발생되는 체납 연금보험료의 전부 또는 일부를 사용자로부터 납부받거나 징수하면 제1항에 따라 근로자가 중복하여 낸 기여금은 해당 근로자에게 이자를 더하여 돌려주어야 한다. 이 경우 이자율은 제73조제3항을 준용한다.
③ 제90조제3항에 따라 연금보험료를 연대하여 내야 하는 자 중 1명에게 한 독촉은 다른 연대 납부 의무자에게도 효력이 있다. 〈신설 2009.5.21〉 ④ 건강보험공단은 제1항에 따라 독촉을 받은 자가 그 기한까지 연금보험료와 그에 따른 징수금을 내지 아니하면 보건복지가족부장관의 승인을 받아 국세 체납처분의 예에 따라 징수할	제64조(연금보험료 등의 독촉) ① 공단은 법 제95조제1항에 따라 사업장가입자의 연금보험료 등의 납부를 독촉할 때에는 납부 기한이 지난 후 20일 이내에 해당 사업장가입자의 사용자에게 독촉장을 발부하여야 한다. ② 공단은 법 제95조제1항에 따라 지역가입자의 연금보험료 등의 납부를 독촉할 때에는 납부 기한이 지난 후 3개월 이내에 해당 가입자에게 독촉장을 발부하여야 한다.

국민연금법	국민연금법 시행령
수 있다. 〈개정 2008.2.29, 2009.5.21〉 ⑤ 건강보험공단은 제4항에 따른 국세 체납처분의 예에 따라 압류한 재산을 매각할 때 전문지식이 필요하거나 그 밖에 특수한 사정이 있어 직접 매각하는 것이 적당하지 아니하다고 인정되면 대통령령으로 정하는 바에 따라 「금융기관부실자산 등의 효율적 처리 및 한국자산관리공사의 설립에 관한 법률」에 따라 설립된 한국자산관리공사(이하 "한국자산관리공사"라 한다)에 매각을 대행시킬 수 있다. 이 경우 한국자산관리공사가 한 매각은 건강보험공단이 한 것으로 본다. 〈개정 2009.5.21〉 ⑥ 건강보험공단은 제5항에 따라 한국자산관리공사가 매각을 대행하는 경우에는 보건복지가족부령으로 정하는 바에 따라 수수료를 지급할 수 있다. 〈개정 2008.2.29, 2009.5.21〉	**제65조(체납처분 시의 연금보험료 충당)** 법 제95조제3항에 따라 체납연금보험료 등을 국세 체납처분의 예에 따라 징수할 때 체납처분이 끝나고 체납액에 충당된 배분 금액이 그 체납액에 미치지 못하는 경우에는 다음 각 호의 방법으로 연금보험료 등에 충당하여야 한다. 1. 2개월분 이상의 연금보험료를 체납한 경우 : 납부 기한이 빠른 달의 연체금 · 가산금과 연금보험료의 순서 2. 1개월분의 연금보험료를 체납한 경우 : 연체금 · 가산금과 연금보험료의 순서 3. 제1호와 제2호에도 불구하고 연금보험료를 체납한 자가 지역가입자로서 연금보험료를 체납한 후 사업장가입자(법인이 아닌 사용자의 경우만 해당한다)로서 연금보험료를 체납한 경우 : 사업장가입자의 납부 기한이 빠른 달의 연체금 · 가산금과 연금보험료에 우선 충당한 후 지역가입자의 납부 기한이 빠른 달의 연체금 · 가산금과 연금보험료의 순서 **제66조(매각 대행의 의뢰 등)** ① 공단은 법 제95조제4항에 따라 압류 재산의 매각을 「금융기관부실자산 등의 효율적 처리 및

국민연금법	국민연금법 시행령
	한국자산관리공사의 설립에 관한 법률」에 따라 설립된 한국자산관리공사(이하 "한국자산관리공사"라 한다)로 하여금 대행하도록 하는 경우에는 다음 각 호의 사항을 적은 매각 대행 의뢰서를 한국자산관리공사에 보내야 한다. 1. 체납자의 성명과 주소 또는 거소 2. 매각할 재산의 종류 · 수량 · 품질 및 소재지 3. 압류에 관계되는 연금보험료나 그 밖의 징수금의 내용 및 납부 기한 4. 그 밖에 필요한 사항 ② 공단은 매각 대행의 사실을 체납자, 그 재산에 대하여 전세권 · 질권 · 저당권이나 그 밖의 권리를 가진 자와 압류 재산을 보관하고 있는 자에게 통지하여야 한다. **제70조(매각 대행에 관한 세부 사항)** 법 제95조제4항에 따라 한국자산관리공사가 대행하는 매각에 필요한 사항으로서 이 영에서 정한 내용의 세부 사항은 공단이 한국자산관리공사와 협의하여 정한다.
제96조(서류의 송달) 제57조의2, 제88조의2 및 제95조에 따른 서류의 송달에 관하여는 「국세기본법」 제8조(같은 조 제2항 단서는 제외한다)부터 제12조까지의 규정을 준용한다. 다만, 우편송달에 의하는 경우 그 방법은 대통령령으로 정하는 바에 따른다. 〈개정 2009.5.21〉	
제97조(연체금) ① 건강보험공단은 연금보험료의 납부 의무자가	**제71조(연체금 등의 징수 예외)** 법 제97조제3항에 따라 연체금 및

국민연금법	국민연금법 시행령
납부 기한(제89조제5항에 따라 납부 기한을 연장한 경우에는 그 기한을 말한다) 까지 연금보험료를 내지 아니하면 그 납부 기한이 경과한 날부터 체납된 연금보험료의 1천분의 30에 해당하는 연체금을 징수한다. 〈개정 2009.5.21〉 ② 건강보험공단은 연금보험료의 납부 의무자가 체납된 연금보험료를 내지 아니하면 납부 기한이 경과한 날부터 1개월이 경과할 때마다 체납된 연금보험료의 1천분의 10에 해당하는 연체금을 제1항에 따른 연체금에 가산하여 징수한다. 이 경우 연체금은 체납된 연금보험료의 1천분의 90을 초과하지 못한다. 〈개정 2009.5.21〉 ③ 제1항 및 제2항에도 불구하고 천재지변이나 그 밖에 대통령령으로 정하는 부득이한 사유가 있는 경우에는 제1항 및 제2항에 따른 연체금을 징수하지 아니할 수 있다. 〈개정 2009.5.21〉	가산금을 징수하지 아니할 수 있는 경우는 다음 각 호와 같다. 〈개정 2008.2.29〉 1. 전쟁이나 사변으로 인하여 체납한 경우 2. 사업장의 폐쇄로 인하여 체납한 경우(사업장가입자만 해당한다) 3. 화재 등 재해 발생으로 인하여 체납한 경우 4. 그 밖에 연체금 및 가산금의 징수가 곤란한 경우로서 보건복지가족부령으로 정하는 경우 제72조(연금보험료 등의 회계기관) 공단의 이사장은 법 제88조제1항 및 법 제97조에 따른 연금보험료 및 연체금 · 가산금의 징수 업무를 담당하게 하기 위하여 공단의 상임이사 중에서 연금보험료 세입징수관을 임명할 수 있고, 공단의 직원 중에서 분임연금보험료 세입징수관을 임명할 수 있다. 제73조(과오납금의 충당 및 반환) ① 공단은 법 제100조에 따른

국민연금법	국민연금법 시행령
	과오납금이 발생한 경우에는 다음 각 호의 순서대로 우선 충당한다. 이 경우 제3호에 따른 징수금의 충당 방법에 관하여는 제65조를 준용한다. 1. 체납처분비 2. 부당이득환수금과 가산 이자 3. 미납된 연금보험료와 법 제97조에 따른 연체금 및 가산금 4. 앞으로 내야 할 1개월분의 연금보험료. 다만, 제2항에 따라 과오납금의 나머지 금액을 반환받을 수 있는 자의 의사에 반하여는 충당할 수 없다. ② 제1항에 따라 충당하고 남은 과오납금의 나머지 금액은 다음 각 호의 순서대로 반환하여야 한다. 이 경우 같은 순위자가 2명 이상인 경우 그 반환방법은 제40조를 준용한다. 1. 납부의무자 2. 법 제72조에 따른 유족연금 수급권자 3. 납부의무자의 상속인 ③ 법 제100조 후단에 따라 과오납금에 더할 이자의 계산기간은 그 과오납부한 날이 속하는 달의 다음 달부터 충당하거나 반환하기로 결정한 날이 속하는 달까지로 하되, 이자율은 계산기간 중에 적용된 1년 만기 정기예금 이자율로 한다. ④ 공단은 제1항에 따라 과오납금을 충당하거나 제2항에 따라 반환하려면 그 사실을 제2항에 규정된 자에게 문서로 알려야 한다.

국민연금법	국민연금법 시행령
	⑤ 반납금 및 추납보험료의 징수에서 발생한 과오납금에 관하여는 제1항부터 제4항까지의 규정을 준용하고, 부당이득환수금의 징수에서 발생한 과오납금에 관하여는 제1항, 제2항 및 제4항을 준용한다.
제98조(연금보험료 징수의 우선순위) 연금보험료나 그 밖의 이 법에 따른 징수금을 징수하는 순위는 「국민건강보험법」에 따른 보험료와 같은 순위로 한다. **제99조(연금보험료 등의 징수권 소멸)** 지역가입자, 임의가입자 및 임의계속가입자의 연금보험료 및 연체금을 징수할 권리는 다음 각 호의 어느 하나에 해당하는 때에 소멸한다. 〈개정 2009.5.21〉 1. 가입자 또는 가입자였던 자가 사망한 때 2. 본인이 노령연금을 받거나 제77조제1항에 따라 반환일시금을 받은 때 3. 제115조제1항에 따라 소멸시효가 완성된 때	
제100조(과오납금의 충당과 반환) ① 공단은 연금보험료, 연체금, 체납처분비에서 발생한 과오납금이 있으면 대통령령으로 정하는 바에 따라 그 과오납금을 연금보험료나 그 밖의 이 법에 따른 징수금에 충당하여야 한다. 〈개정 2009.5.21〉 ② 제1항에 따라 충당하고 남은 금액이 있는 경우 공단은 이를 반환결정하여야 하고, 건강보험공단은 대통령령으로 정하는 바에 따라 지급하여야 한다. 〈신설 2009.5.21〉	**제73조(과오납금의 충당 및 반환)** ① 공단은 법 제100조에 따른 과오납금이 발생한 경우에는 다음 각 호의 순서대로 우선 충당한다. 이 경우 제3호에 따른 징수금의 충당 방법에 관하여는 제65조를 준용한다. 1. 체납처분비

국민연금법	국민연금법 시행령
③ 제1항 및 제2항의 경우 과오납금에 대통령령으로 정하는 이자를 더하여야 한다. 〈신설 2009.5.21〉	2. 부당이득환수금과 가산 이자 3. 미납된 연금보험료와 법 제97조에 따른 연체금 및 가산금 4. 앞으로 내야 할 1개월분의 연금보험료. 다만, 제2항에 따라 과오납금의 나머지 금액을 반환받을 수 있는 자의 의사에 반하여는 충당할 수 없다. ② 제1항에 따라 충당하고 남은 과오납금의 나머지 금액은 다음 각 호의 순서대로 반환하여야 한다. 이 경우 같은 순위자가 2명 이상인 경우 그 반환방법은 제40조를 준용한다. 1. 납부의무자 2. 법 제72조에 따른 유족연금 수급권자 3. 납부의무자의 상속인 ③ 법 제100조 후단에 따라 과오납금에 더할 이자의 계산기간은 그 과오납부한 날이 속하는 달의 다음 달부터 충당하거나 반환하기로 결정한 날이 속하는 달까지로 하되, 이자율은 계산기간 중에 적용된 1년 만기 정기예금 이자율로 한다. ④ 공단은 제1항에 따라 과오납금을 충당하거나 제2항에 따라 반환하려면 그 사실을 제2항에 규정된 자에게 문서로 알려야 한다. ⑤ 반납금 및 추납보험료의 징수에서 발생한 과오납금에 관하여는 제1항부터 제4항까지의 규정을 준용하고, 부당이득환수금의 징수에서 발생한 과오납금에 관하여는 제1항, 제2항 및

국민연금법	국민연금법 시행령
	제4항을 준용한다.
제6장 국민연금기금	
제101조(기금의 설치 및 조성) ① 보건복지가족부장관은 국민연금사업에 필요한 재원을 원활하게 확보하고, 이 법에 따른 급여에 충당하기 위한 책임준비금으로서 국민연금기금(이하 이 장에서 "기금"이라 한다)을 설치한다. 〈개정 2008.2.29〉	**제11조(국민연금의 재정계산 등)** ① 보건복지가족부장관은 법 제4조제2항에 따라 매 5년이 되는 해의 3월 31일까지 법 제101조에 따른 국민연금기금(이하 "기금"이라 한다)의 재정계산을 하고, 국민연금 재정 전망 및 연금보험료 조정 등을 포함한 국민연금 운영 전반에 관한 계획을 수립하여 국민연금심의위원회의 심의를 거쳐 해당 연도 9월 말일까지 대통령의 승인을 받아 해당 연도 10월 말일까지 국회에 제출하여야 한다. 〈개정 2008.2.29〉
② 기금은 다음 각 호의 재원으로 조성한다. 1. 연금보험료 2. 기금 운용 수익금 3. 적립금 4. 공단의 수입지출 결산상의 잉여금	② 보건복지가족부장관은 국민연금 재정 전망 등을 포함한 국민연금 운영 전반에 관한 계획을 「신문 등의 진흥에 관한 법률」 제9조제1항에 따라 전국을 보급지역으로 등록한 일반일간신문 1개 이상 및 경제 분야 특수일간신문 1개 이상에 각각 공시하여야 한다. 〈개정 2008.2.29, 2010.1.27〉
제102조(기금의 관리 및 운용) ① 기금은 보건복지가족부장관이	**제74조(기금의 운용사업 등)** ① 법 제102조제2항제1호에 따른 금

국민연금법	국민연금법 시행령
관리 · 운용한다. 〈개정 2008.2.29〉 ② 보건복지가족부장관은 국민연금 재정의 장기적인 안정을 유지하기 위하여 그 수익을 최대로 증대시킬 수 있도록 제103조에 따른 국민연금기금운용위원회에서 의결한 바에 따라 다음의 방법으로 기금을 관리 · 운용하되, 가입자, 가입자였던 자 및 수급권자의 복지증진을 위한 사업에 대한 투자는 국민연금 재정의 안정을 해치지 아니하는 범위에서 하여야 한다. 다만, 제2호의 경우에는 기획재정부장관과 협의하여 국채를 매입한다. 〈개정 2007.8.3, 2008.2.29〉	융기관은 다음 각 호와 같다. 〈개정 2008.5.27, 2008.7.29〉 1. 「은행법」에 따른 금융기관, 「한국산업은행법」에 따른 한국산업은행 및 「중소기업은행법」에 따른 중소기업은행
1. 대통령령으로 정하는 금융기관에 대한 예입 또는 신탁	2. 「자본시장과 금융투자업에 관한 법률」에 따른 투자매매업자 · 투자중개업자 · 신탁업자 · 집합투자업자 · 투자자문업자 및 종합금융회사
2. 공공사업을 위한 공공부문에 대한 투자	3. 삭제 〈2008.7.29〉
3. 「자본시장과 금융투자업에 관한 법률」 제4조에 따른 증권의 매매 및 대여	4. 삭제 〈2008.7.29〉
4. 「자본시장과 금융투자업에 관한 법률」 제5조제1항 각 호에 따른 지수 중 금융투자상품지수에 관한 파생상품시장에서의 거래	5. 삭제 〈2008.7.29〉
5. 제46조에 따른 복지사업 및 대여사업	6. 「보험업법」에 따른 보험회사
6. 기금의 본래 사업 목적을 수행하기 위한 재산의 취득 및 처분	7. 체신관서
7. 그 밖에 기금의 증식을 위하여 대통령령으로 정하는 사업	② 법 제102조제2항제5호에 따른 사업을 실시하기 위하여 기금을 대여하는 경우 그 이자율은 운용위원회가 정한다.

국민연금법	국민연금법 시행령
③ 제2항제5호와 제6호에 따른 사업 외의 사업으로 기금을 관리·운용하는 경우에는 자산 종류별 시장수익률을 넘는 수익을 낼 수 있도록 신의를 지켜 성실하게 하여야 한다. 다만, 제2항제2호에 따라 기금을 「공공자금관리기금법」에 따른 공공자금관리기금(이하 "관리기금"이라 한다)에 예탁할 경우 그 수익률은 같은 법 제7조제2항에 따라 공공자금관리기금운용위원회가 5년 만기 국채 수익률 이상의 수준에서 대통령령으로 정하는 바에 따라 제103조에 따른 국민연금기금운용위원회와 협의하여 정한다. ④ 보건복지가족부장관은 기금의 운용 성과 및 재정 상태를 명확히 하기 위하여 대통령령으로 정하는 바에 따라 기금을 계리(計理)하여야 한다. 〈개정 2008.2.29〉 ⑤ 보건복지가족부장관은 기금의 관리·운용에 관한 업무의 일부를 대통령령으로 정하는 바에 따라 공단에 위탁할 수 있다. 〈개정 2008.2.29〉	③ 법 제102조제2항제7호에 따른 기금 증식사업은 다음 각 호와 같다. 〈개정 2008.7.29, 2009.4.30, 2009.5.6〉 1. 「벤처기업육성에 관한 특별조치법」 제4조제1항에 따른 벤처기업에 대한 투자와 중소기업창업투자조합·신기술사업투자조합 또는 한국벤처투자조합에 대한 출자 2. 「산업발전법」(법률 제9584호 산업발전법 전부개정법률로 개정되기 전의 것을 말한다) 제15조에 따라 등록된 기업구조조정조합 또는 「산업발전법」 제20조에 따른 기업구조개선 사모투자전문회사에 대한 출자 3. 「자본시장과 금융투자업에 관한 법률」 제5조제2항 및 제3항에 따른 장내파생상품과 장외파생상품의 거래 4. 「외국환거래법」 제3조제1항제13호에 따른 외국환의 매매 5. 「자본시장과 금융투자업에 관한 법률」 제9조제18항에 따른 집합투자기구에 대한 투융자 6. 「사회기반시설에 대한 민간투자법」 제2조제2호에 따른 사

국민연금법	국민연금법 시행령
	회기반시설사업에 대한 투융자 7. 부동산의 개발 · 취득 · 관리 등을 목적으로 하는 사업에 대한 투융자 8. 에너지 및 자원의 개발사업에 대한 투융자 9. 항공기 및 선박의 취득, 기업의 인수 등을 목적으로 하는 회사 또는 사업에 대한 투융자 10. 외국의 관계 법령에 따라 적법하게 설치되거나 시행되고 있는 제1호부터 제9호까지의 규정에 해당하는 투융자 11. 법 제102조제3항 단서에 따른 5년 만기 국채 수익률 이상의 수익이 기대되는 사업으로서 운용위원회가 기금의 증식을 위하여 필요하다고 인정하는 사업 ④ 법 제102조제3항 단서에 따른 5년 만기 국채 수익률은 「자본시장과 금융투자업에 관한 법률」 제166조에 따른 증권시장 외에서 매매되는 다음 각 호의 채권의 유통 수익률 중 높은 수익률로 한다. 〈개정 2008.7.29, 2009.4.30〉 1. 「주택법 시행령」 제91조제1항제1호에 따라 발행된 제1종국민주택채권 2. 「국채법」 제3조에 따른 국채 **제75조(기금의 계리)** 법 제102조제4항에 따른 기금의 계리는 모든 회계 처리를 발생 사실과 기업회계의 원칙에 따라 계산하여 정리하여야 한다. **제76조(기금의 관리 · 운용에 관한 업무 위탁 등)** ① 보건복지가

국민연금법	국민연금법 시행령
	족부장관은 법 제102조제5항에 따라 다음 각 호의 업무를 공단에 위탁한다. 〈개정 2008.2.29〉 1. 법 제102조제2항에 따른 기금의 관리 · 운용 2. 법 제102조제4항에 따른 기금의 계리 3. 법 제102조제2항제6호에 따라 공단이 취득한 재산의 임대 등 기금의 관리 · 운용에 관하여 보건복지가족부장관이 정하는 업무
제102조의2(건강보험공단에 출연) ① 보건복지가족부장관은 연금보험료 등의 징수에 소요되는 비용을 제103조에 따른 국민연금기금운용위원회의 의결을 거쳐 기금에서 건강보험공단에 출연할 수 있다. 이 경우 출연금의 규모, 기준 등에 관하여 필요한 사항은 대통령령으로 정한다. ② 건강보험공단은 제1항에 따른 출연금에 대하여 결산상 잉여금이 있을 경우 제45조를 준용한다.[본조신설 2009.5.21]	
제103조(국민연금기금운용위원회) ① 기금의 운용에 관한 다음 각 호의 사항을 심의 · 의결하기 위하여 보건복지가족부에 국민연금기금운용위원회(이하 "운용위원회"라 한다)를 둔다. 〈개정 2008.2.29〉 1. 기금운용지침에 관한 사항	**제30조(일시차입과 이입충당)** ① 공단은 법 제44조제1항에 따라 일시차입을 하려면 차입 사유, 차입 방법, 이자율 및 상환 방법 등을 적은 서면을 보건복지가족부장관에게 제출하여야 한다. 〈개정 2008.2.29〉 ② 공단은 법 제44조제3항에 따라 기금에서 이입충당을 하려면 이입충당의 사유 및 금액 등에 관한 사항을 적은 서면을 법 제103조에 따른 국민연금기금운용위원회(이하 "운용위원회"라 한다)에 제출하여야 한다.

국민연금법	국민연금법 시행령
2. 기금을 관리기금에 위탁할 경우 예탁 이자율의 협의에 관한 사항 3. 기금 운용 계획에 관한 사항 4. 제107조제3항에 따른 기금의 운용 내용과 사용 내용에 관한 사항 5. 그 밖에 기금의 운용에 관하여 중요한 사항으로서 운용위원회 위원장이 회의에 부치는 사항 ② 운용위원회는 위원장인 보건복지가족부장관, 당연직 위원인 기획재정부차관 · 농림수산식품부차관 · 지식경제부차관 · 노동부차관과 공단 이사장 및 위원장이 위촉하는 다음 각 호의 위원으로 구성한다. 〈개정 2008.2.29〉 1. 사용자를 대표하는 위원으로서 사용자 단체가 추천하는 자 3명 2. 근로자를 대표하는 위원으로서 노동조합을 대표하는 연합단체가 추천하는 자 3명 3. 지역가입자를 대표하는 위원으로서 다음의 자 가. 농어업인 단체가 추천하는 자 2명 나. 농어업인 단체 외의 자영자 관련 단체가 추천하는 자 2명	제78조(운용위원회의 회의 등) ① 운용위원회의 위원장은 법 제103조제5항에 따른 회의 외에 재적 위원 3분의 1 이상의 요구가 있는 경우나 위원장이 필요하다고 인정하는 경우에 운용위원회의 회의를 소집할 수 있다. ② 운용위원회에 간사 1명을 두되, 간사는 보건복지가족부 소속 공무원 중에서 위원장이 지명한다. 〈개정 2008.2.29〉 ③ 운용위원회 회의록의 작성과 비치 및 열람에 관하여는 제15조를 준용한다. 이 경우 "국민연금심의위원회"는 "운용위원회"로 본다.

국민연금법	국민연금법 시행령
다. 소비자단체 및 시민단체가 추천하는 자 2명 4. 관계 전문가로서 국민연금에 관한 학식과 경험이 풍부한 자 2명 ③ 위원의 임기는 2년으로 하고, 1차만 연임할 수 있다. 다만, 위원장과 당연직 위원의 임기는 그 재임 기간으로 한다. ④ 위원장은 운용위원회의 회의를 소집하고 그 의장이 되며, 회의의 일시 · 장소 · 토의내용 · 의결사항이 기록된 회의록을 작성하여 갖추어 두고 이를 공개하여야 한다. ⑤ 운용위원회의 회의는 연 4회 이상 개최하여야 하며, 재적 위원 과반수의 출석으로 개회하고, 출석 위원 과반수의 찬성으로 의결한다. 이 경우 출석하지 아니한 위원은 의결권을 행사하지 아니한 것으로 본다. ⑥ 보건복지가족부장관은 운용위원회의 요구에 따라 회의에 필요한 자료를 사전에 제출하여야 한다. 〈개정 2008.2.29〉 ⑦ 운용위원회의 구성 및 운영 등에 필요한 사항은 대통령령으로 정한다.	
제104조(국민연금기금운용실무평가위원회) ① 기금의 운용에 관한 다음 사항을 심의 · 평가하기 위하여 운용위원회에 국민연금기금운용실무평가위원회(이하 "실무평가위원회"라 한다)를 둔다. 1. 기금 운용 자산의 구성과 기금의 회계 처리에 관한 사항	**제80조(국민연금기금운용실무평가위원회)** ① 법 제104조에 따른 국민연금기금운용실무평가위원회(이하 "실무평가위원회"라 한다)의 위원장은 실무평가위원회를 대표하고, 그 사무를 총괄한다. ② 실무평가위원회의 부위원장은 위원장을 보좌하고, 위원장이 부득이한 사유로 직무를 수행할 수 없을 때에는 그 직무를

국민연금법	국민연금법 시행령
	대행한다.
2. 기금 운용 성과의 측정에 관한 사항	③ 실무평가위원회에 간사 1명을 두되, 간사는 보건복지가족부 소속 공무원 중에서 위원장이 지명한다. 〈개정 2008.2.29〉
3. 기금의 관리 · 운용과 관련하여 개선하여야 할 사항	④ 실무평가위원회의 회의에 출석한 위원에게는 예산의 범위에서 수당을 지급할 수 있다. 다만, 공무원인 위원이 그 소관 업무와 직접적으로 관련되어 출석하는 경우에는 그러하지 아니하다.
4. 운용위원회에 상정할 안건 중 실무평가위원회의 위원장이 필요하다고 인정한 사항	⑤ 실무평가위원회의 운영에 관하여 제1항부터 제4항까지에 규정된 것 외에 필요한 사항은 운용위원회의 의결을 거쳐 운용위원회의 위원장이 정한다.
5. 그 밖에 운용위원회에서 심의를 요청한 사항	**제87조(기금 운용 내용 등의 공시)** 운용위원회의 위원장은 법 제107조제4항에 따라 매년 기금의 운용 내용 및 사용 내용을 「신문 등의 진흥에 관한 법률」 제9조제1항에 따라 보급지역을 전국으로 등록한 일반일간신문 1개 이상 및 경제 분야 특수일간신문 1개 이상에 각각 공시하여야 한다. 이 경우 운용위원회 위원장은 법 제104조제6항에 따라 실무평가위원회가 제출한 기금의 운용에 관한 평가 결과를 함께 공시하여야 한다. 〈개정 2010.1.27〉
② 실무평가위원회는 위원장인 보건복지가족부차관, 위원 중에서 호선하는 부위원장 및 위원장이 위촉하는 다음 각 호의 위원으로 구성한다. 〈개정 2008.2.29〉 1. 운용위원회의 위원 중 제103조제2항에 따른 위원장과 당연	

국민연금법	국민연금법 시행령
직 위원(공단이사장은 제외한다)이 각각 지명하는 소속 부처의 3급 국가공무원 또는 고위공무원단에 속하는 일반직 공무원 2. 사용자를 대표하는 위원으로서 사용자 단체가 추천하는 자 3명 3. 근로자를 대표하는 위원으로서 노동조합을 대표하는 연합단체가 추천하는 자 3명 4. 지역가입자를 대표하는 위원으로서 다음의 자 가. 농어업인 단체가 추천하는 자 2명 나. 농어업인 외의 자영자 관련 단체가 추천하는 자 2명 다. 소비자단체와 시민단체가 추천하는 자 2명 5. 국민연금제도와 국민연금기금 운용에 관한 학식과 경험이 풍부한 자 2명 ③ 제2항제2호부터 제4호까지의 규정에 따라 각 단체가 위원을 추천하려면 다음 각 호의 어느 하나에 해당하는 자 중에서 추천하여야 한다. 1. 변호사 또는 공인회계사의 자격이 있는 자 2. 사회복지학 · 경제학 또는 경영학 등을 전공하고 「고등교육법」에 따른 대학에서 전임강사 이상의 직(職)에 3년 이상 재직 중인 자 3. 사회복지학 · 경제학 또는 경영학 등의 박사학위를 가진 자로서 연구기관이나 공공기관에서 3년 이상 재직한 경력이	

국민연금법	국민연금법 시행령
있는 자 ④ 위원의 임기는 2년으로 하고, 중임할 수 있다. 다만, 위원장 및 공무원인 위원의 임기는 그 재임 기간으로 한다. ⑤ 기금 관련 담당부서는 실무평가위원회의 요구에 따라 회의에 필요한 자료를 사전에 제출하여야 한다. ⑥ 실무평가위원회는 기금 운용에 관한 평가 결과를 다음 연도 6월 말까지 운용위원회에 제출하여야 한다. ⑦ 실무평가위원회의 구성 및 운영 등에 필요한 사항은 대통령령으로 정한다. **제105조(국민연금기금 운용지침)** ① 운용위원회는 가입자의 권익이 극대화되도록 매년 다음 사항에 관한 국민연금기금운용지침(이하 "기금운용지침"이라 한다)을 마련하여야 한다. 1. 공공사업에 사용할 기금 자산의 비율 2. 공공사업에 대한 기금 배분의 우선순위 3. 가입자, 가입자였던 자 및 수급권자의 복지 증진을 위한 사업비 4. 기금의 증식을 위한 가입자 및 가입자였던 자에 대한 대여사업비 ② 기금운용지침에 관하여 필요한 사항은 대통령령으로 정한다. **제106조(기금 출납)** 기금의 관리 · 운용 중 출납 절차에 관한 사항은 대통령령으로 정한다.	
제107조(기금 운용계획 등) ① 보건복지가족부장관은 매년 기금	**제84조(기금의 월별 운용)** 보건복지가족부장관은 조성된 기금을

국민연금법	국민연금법 시행령
운용계획을 세워서 운용위원회 및 국무회의의 심의를 거쳐 대통령의 승인을 받아야 한다. 〈개정 2008.2.29〉 ② 정부는 제1항에 따른 기금 운용계획을 전년도 10월 말까지 국회에 보고하여야 한다.	법 제107조제1항에 따른 기금 운용계획에 따라 원칙적으로 월별로 관리 · 운용하여야 한다. 〈개정 2008.2.29〉 제86조(기금 운용 결산 등) ① 공단은 매 분기 말 현재의 법 제107조제3항에 따른 기금의 운용 결과를 다음 분기 첫째 달 20일까지 운용위원회에 제출하여야 한다.
③ 보건복지가족부장관은 기금의 운용 내용을, 기획재정부장관은 관리기금에 예탁된 기금의 사용 내용을 각각 다음 연도 6월 말까지 운용위원회에 제출하여야 한다. 〈개정 2008.2.29〉	② 공단은 매 회계연도가 끝난 후 2개월 이내에 「주식회사의 외부감사에 관한 법률」 제3조에 따른 감사인의 감사보고서를 덧붙인 연간 기금 운용 결과를 보건복지가족부장관에게 제출하여야 한다. 〈개정 2008.2.29〉
④ 운용위원회의 위원장은 제3항에 따른 기금의 운용 내용과 사용 내용을 운용위원회의 심의를 거쳐 국회에 제출하고 대통령령으로 정하는 바에 따라 공시하여야 한다.	제87조(기금 운용 내용 등의 공시) 운용위원회의 위원장은 법 제107조제4항에 따라 매년 기금의 운용 내용 및 사용 내용을 「신문 등의 진흥에 관한 법률」 제9조제1항에 따라 보급지역을 전국으로 등록한 일반일간신문 1개 이상 및 경제 분야 특수일간신문 1개 이상에 각각 공시하여야 한다. 이 경우 운용위원회 위원장은 법 제104조제6항에 따라 실무평가위원회가 제출한 기금의 운용에 관한 평가 결과를 함께 공시하여야 한다. 〈개정 2010.1.27〉
제7장 심사청구와 재심사청구	
제108조(심사청구) ① 가입자의 자격, 기준소득월액, 연금보험료, 그 밖의 이 법에 따른 징수금과 급여에 관한 공단 또는 건강보	제88조(심사청구의 방식) ① 법 제108조에 따른 심사청구는 다음의 사항을 적은 문서로 하되, 청구인이 기명날인하여야 한다.

국민연금법	국민연금법 시행령
험공단의 처분에 이의가 있는 자는 그 처분을 한 공단 또는 건강보험공단에 심사청구를 할 수 있다. 〈개정 2009.5.21〉 ② 제1항에 따른 심사청구는 그 처분이 있음을 안 날부터 90일 이내에 문서(「전자정부법」 제2조제5호에 따른 전자문서를 포함한다)로 하여야 하며, 처분이 있은 날부터 180일을 경과하면 이를 제기하지 못한다. 다만, 정당한 사유로 그 기간에 심사청구를 할 수 없었음을 증명하면 그 기간이 지난 후에도 심사 청구를 할 수 있다. 〈개정 2009.5.21〉	1. 청구인의 성명, 주소 및 주민등록번호 2. 처분을 받은 자의 성명, 주소 및 주민등록번호 3. 심사청구의 대상이 되는 처분의 내용 4. 처분이 있은 것을 안 날 5. 심사청구의 취지 및 이유 6. 심사청구의 연월일 7. 청구인이 처분을 받은 자가 아닌 경우 처분을 받은 자와의 관계 8. 첨부 서류의 표시 ② 청구인 및 처분을 받은 자가 가입자 또는 가입자였던 자가 아닌 경우에는 해당 가입자 또는 가입자였던 자의 성명, 주소 및 주민등록번호를 적어야 한다. ③ 청구인의 대리인이 심사청구를 한 경우에는 그 대리인임을 증명하는 위임장을 덧붙여야 한다.
제109조(국민연금심사위원회 및 징수심사위원회) ① 제108조에 따른 심사청구 사항을 심사하기 위하여 공단에 국민연금심사위원회(이하 "심사위원회"라 한다)를 두고, 건강보험공단에 징수심사위원회를 둔다. 〈개정 2009.5.21〉 ② 심사위원회 및 징수심사위원회의 구성·운영 및 심사 등에 필요한 사항은 대통령령으로 정한다. 〈개정 2009.5.21〉	**제89조(심사위원회의 구성)** ① 법 제109조제1항에 따른 국민연금심사위원회(이하 "심사위원회"라 한다)는 위원장 1명을 포함한 20명 이내의 위원으로 구성한다. ② 위원은 다음 각 호에 해당하는 자 중에서 공단 이사장이 임명하거나 위촉한다. 1. 공단의 실장급 이상의 임직원 2. 사용자단체가 추천하는 자

국민연금법	국민연금법 시행령
	3. 근로자단체가 추천하는 자 4. 지역가입자를 대표하는 단체가 추천하는 자 5. 변호사이거나 사회보험 및 의료에 관한 학식과 경험이 있는 자
제110조(재심사청구) 제108조에 따른 심사청구에 대한 결정에 불복하는 자는 그 결정통지를 받은 날부터 90일 이내에 국민연금재심사위원회에 재심사를 청구할 수 있다.	**제103조(재심사청구의 방식)** 법 제110조에 따라 심사청구에 대한 결정에 불복하는 자가 재심사청구를 하는 경우에는 「행정심판법」 제19조제2항에 따른 기재 사항을 준용하는 외에 다음의 사항을 적어야 한다. 1. 재심사청구를 하는 자와 처분을 받은 자가 다른 경우에는 처분을 받은 자의 성명, 주소 및 주민등록번호 2. 재심사청구를 하는 자 및 처분을 받은 자가 가입자 또는 가입자였던 자가 아닌 경우에는 해당 가입자 또는 가입자였던 자의 성명, 주소 및 주민등록번호
제111조(국민연금재심사위원회) ① 제110조에 따른 재심사청구 사항을 심사하기 위하여 보건복지가족부에 국민연금재심사위원회(이하 "재심사위원회"라 한다)를 둔다. 〈개정 2008.2.29〉 ② 재심사위원회의 구성·운영 및 재심사 등에 필요한 사항은 대통령령으로 정한다.	**제104조(재심사위원회의 구성 등)** ① 법 제111조제1항에 따른 국민연금재심사위원회(이하 "재심사위원회"라 한다)는 위원장 1명을 포함한 7명의 위원으로 구성한다. ② 위원은 다음 각 호의 어느 하나에 해당하는 자 중에서 보건복지가족부장관이 임명하거나 위촉하는 자로 한다. 〈개정 2008.2.29〉 1. 보건복지가족부 소속 3급 또는 4급 공무원이나 고위공무원단에 속하는 일반직 공무원 2. 판사나 검사 또는 변호사의 자격이 있는 자 3. 「고등교육법」 제2조에 따른 대학에서 부교수 이상의 직에

<table>
<tr><th>국민연금법</th><th>국민연금법 시행령</th></tr>
<tr><td>제112조(행정심판과의 관계) ① 재심사위원회의 재심사와 재결에 관한 절차에 관하여는 「행정심판법」을 준용한다.
② 제110조에 따른 재심사청구 사항에 대한 재심사위원회의 재심사는 「행정소송법」 제18조를 적용할 때 「행정심판법」에 따른 행정심판으로 본다.

제8장 보 칙

제113조(연금의 중복급여의 조정) 장애연금 또는 유족연금의 수급권자가 이 법에 따른 장애연금 또는 유족연금의 지급 사유와 같은 사유로 다음 각 호의 어느 하나에 해당하는 급여를 받을 수 있는 경우에는 제68조에 따른 장애연금액이나 제74조에 따른 유족연금액은 그 2분의 1에 해당하는 금액을 지급한다.
1. 「근로기준법」 제80조에 따른 장해보상, 같은 법 제82조에 따른 유족보상 또는 같은 법 제84조에 따른 일시보상
2. 「산업재해보상보험법」 제40조에 따른 장해급여나 같은 법 제43조에 따른 유족급여
3. 「선원법」 제88조에 따른 장해보상, 같은 법 제89조에 따른 일시보상 또는 같은 법 제90조에 따른 유족보상</td><td>재직하고 있는 자
4. 사회보험 또는 의료에 관한 학식과 경험이 있는 자 중에서 보건복지가족부장관이 자격이 있다고 인정하는 자</td></tr>
</table>

국민연금법	국민연금법 시행령
4. 「어선원 및 어선 재해보상보험법」 제25조에 따른 장해급여, 같은 법 제26조에 따른 일시보상급여 또는 같은 법 제27조에 따른 유족급여 **제114조(대위권 등)** ① 공단은 제3자의 행위로 장애연금이나 유족연금의 지급 사유가 발생하여 장애연금이나 유족연금을 지급한 때에는 그 급여액의 범위에서 제3자에 대한 수급권자의 손해배상청구권에 관하여 수급권자를 대위(代位)한다. ② 제3자의 행위로 장애연금이나 유족연금의 지급 사유가 발생한 경우 그와 같은 사유로 제3자로부터 손해배상을 받았으면 공단은 그 배상액의 범위에서 제1항에 따른 장애연금이나 유족연금을 지급하지 아니한다. **제115조(시효)** ① 연금보험료, 환수금, 그 밖의 이 법에 따른 징수금을 징수하거나 환수할 권리는 3년간, 급여를 받거나 과오납금을 반환받을 수급권자 또는 가입자 등의 권리는 5년간 행사하지 아니하면 각각 소멸시효가 완성된다. 〈개정 2009.5.21〉 ② 급여를 지급받을 권리는 그 급여 전액에 대하여 지급이 정지되어 있는 동안은 시효가 진행되지 아니한다. ③ 연금보험료나 그 밖의 이 법에 따른 징수금 등의 납입 고지, 제57조의2제2항 및 제95조제1항에 따른 독촉과 급여의 지급 또는 과오납금 등의 반환청구는 소멸시효 중단의 효력을 가진다. 〈개정 2009.5.21〉 ④ 제3항에 따라 중단된 소멸시효는 납입 고지나 독촉에 따른	

국민연금법	국민연금법 시행령
납입 기간이 지난 때부터 새로 진행된다. ⑤ 제1항에 따른 급여의 지급이나 과오납금 등의 반환청구에 관한 기간을 계산할 때 그 서류의 송달에 들어간 일수는 그 기간에 산입하지 아니한다.	
제116조(반환일시금의 소멸시효에 관한 특례) ① 제115조에도 불구하고 제77조제1항제3호, 종전의 제67조제1항제1호(법률 제3902호 국민복지연금법개정법률에 따라 개정되어 법률 제5623호 국민연금법중개정법률에 따라 폐지된 규정을 말한다) 및 종전의 제67조제1항제4호(법률 제6027호 국민연금법중개정법률에 따라 개정된 규정을 말한다)에 따라 반환일시금의 수급권이 발생한 자가 제77조제1항제1호 또는 제2호에 해당하게 된 때에는 반환일시금을 지급받을 수 있다.	제50조(반환일시금의 산정) 법 제77조제2항 및 법 제116조제1항에 따라 반환일시금을 산정할 때 합하여 계산하여야 할 이자는 해당 기간의 개월 수를 기준으로 다음 각 호에 정하는 바에 따라 산정한다.
② 제1항에 따라 반환일시금을 지급받을 권리에 관하여는 제115조제1항을 준용한다.	1. 연금보험료(법 제92조에 따른 추납보험료를 포함한다)를 낸 날이 속하는 달의 다음 달부터 자격상실일이 속하는 달까지의 이자율 : 해당 기간의 3년 만기 정기예금 이자율 2. 자격상실일이 속하는 달의 다음 달부터 법 제77조제1항 각 호의 어느 하나에 해당하는 사유가 발생한 날(법 제116조에 따라 반환일시금을 지급받는 경우에는 다음 각 목에 정하는 날로 한다)이 속하는 달까지의 이자율 : 해당 기간의 1년 만기 정기예금 이자율 가. 종전의 법 제67조제1항제1호(법률 제3902호 국민복지연금법개정법률에 따라 개정되어 법률 제5623호 국민연금

국민연금법	국민연금법 시행령
제117조(단수의 처리) 이 법에 따른 급여 · 연금보험료 · 반환금 등을 계산할 때 그 금액에 10원 미만의 단수(端數)가 있으면 「국고금관리법」을 준용하여 계산한다. 제118조(연금원부) ①공단은 국민연금원부(원부)를 갖추어 두고 가입자, 가입자였던 자 및 수급권자의 인적 사항, 자격 취득 및 상실, 연금보험료의 납부, 급여의 지급 상황, 그 밖에 보건복지가족부령으로 정하는 사항을 기록 · 보관하여야 한다. 〈개정 2008.2.29, 2009.5.21〉 ② 건강보험공단은 연금보험료의 납부, 징수권 소멸 상황 등 보건복지가족부령으로 정하는 사항을 기록 · 보관하여야 하고, 그 명세를 지체 없이 공단에 제공하여야 한다. 〈신설 2009.5.21〉 제119조(근로자의 권익 보호) 사용자는 근로자가 가입자로 되는	법중개정법률에 따라 폐지된 규정을 말한다)에 따라 반환일시금을 지급받는 경우에는 수급권자의 지급사유가 발생된 날부터 5년이 지난 날로 하되, 5년이 지나기 이전에 60세에 도달하거나 국외 이주하거나 국적을 상실한 경우 또는 다른 공적 연금에 가입하게 된 경우에는 해당 지급사유가 발생한 날 나. 법 제77조제1항제3호 및 종전의 법 제67조제1항제4호(법률 제6027호 국민연금법중개정법률에 따라 개정된 규정을 말한다)에 따라 반환일시금을 지급받는 경우에는 해당 지급사유가 발생한 날

국민연금법	국민연금법 시행령
것을 방해하거나 부담금의 증가를 기피할 목적으로 정당한 사유 없이 근로자의 승급(昇級) 또는 임금 인상을 하지 아니하거나 해고(解雇)나 그 밖의 불리한 대우를 하여서는 아니 된다. **제120조(진단)** 공단은 필요하다고 인정하면 장애에 따른 수급권자 또는 부양가족연금액의 계산 대상이 되는 자에게 공단이 지정하는 의사의 진단을 받을 것을 요구하거나 소속 직원을 시켜 장애 상태를 확인하게 할 수 있다. **제121조(신고 등)** ① 가입자, 가입자였던 자 또는 수급권자는 가입자자격 · 연금보험료 · 수급권의 발생과 변경 등에 관련된 사항으로서 보건복지가족부령으로 정하는 사항을 공단 또는 사용자에게 신고하거나 통보하여야 한다. 〈개정 2008.2.29〉 ② 가입자, 가입자였던 자 또는 수급권자가 사망하면 「가족관계의 등록 등에 관한 법률」 제85조에 따른 신고의무자는 1개월 이내에 그 사실을 공단에 신고하여야 한다.	
제122조(조사 · 질문 등) ① 공단은 가입자의 자격, 기준소득월액, 연금보험료 또는 급여에 관한 결정 등이나 수급권 또는 급여의 발생 · 변경 · 소멸 · 정지 등에 관한 확인을 위하여 필요하다고 인정하면 사용자, 가입자, 가입자였던 자 또는 수급권자에게 필요한 서류나 그 밖의 소득 · 재산 등에 관한 자료를 제출하도록 요구하거나 소속 직원으로 하여금 사업장이나 그 밖의 필요한 장소에 출입하여 서류 등을 조사하거나 관계인에게 필요한 질문을 하게 할 수 있다.	**제7조(가입기간 중 기준소득월액의 결정 및 적용 기간)** ① 사업장가입자나 사업장임의계속가입자가 자격을 취득한 후 가입기간 중의 기준소득월액은 전년도 중 해당 사업장에서 종사한 기간에 받은 소득액을 그 기간의 총일수로 나눈 금액의 30배에 해당하는 금액을 소득월액으로 하여 매년 공단이 결정하되, 그 적용 기간은 해당 연도 7월부터 다음 연도 6월까지로 한다. 다만, 해당 사업장에서 종사한 기간이 1개월 미만이면 제6조제1항에 따라 기준소득월액을 결정한다. 〈개정 2009.2.25〉

국민연금법	국민연금법 시행령
② 제1항에 따라 출입 · 조사 · 질문하는 공단 직원은 그 권한을 표시하는 증표를 지니고 이를 관계인에게 내보여야 한다.	1. 삭제 〈2009.2.25〉 2. 삭제 〈2009.2.25〉 ② 지역가입자나 지역임의계속가입자가 자격을 취득한 후 가입기간 중의 기준소득월액은 다음 각 호의 어느 하나에 해당하는 방법으로 공단이 결정한다. 1. 소득의 변경이 없는 경우 제6조제2항에 따른 자격 취득 시의 해당 가입자의 기준소득월액 2. 1회 이상 소득이 변경된 경우 공단은 법 제122조에 따라 사업장 등에 대하여 조사 · 확인하여 종사 업종의 변경 등 소득의 변동 사유를 확인하였거나 과세 자료 등에 따라 가입자의 실제 소득이 기존의 기준소득월액과 다르다고 인정되면 해당 가입자에게 법 제21조에 따라 변경된 소득을 신고할 것을 통지하여 그 가입자나 대리인이 신고한 전년도의 제3조제2항에 따른 소득으로 기준소득월액을 결정하되, 그 결정을 한 날이 속하는 달의 다음 달부터 이를 적용한다. 이 경우 공단은 해당 가입자나 대리인이 소득 신고를 할 때에 참고가 될 수 있도록 전년도의 제3조제2항에 따른 소득의 범위에서 과세 자료, 종사 업종, 사업장 규모 및 농지 면적 등을 기초로 산정한 금액을 신고권장소득월액으로 통지할 수 있다.

국민연금법	국민연금법 시행령
	③ 지역가입자 · 지역임의계속가입자 또는 그 대리인은 다음 각 호의 어느 하나에 해당하면 보건복지가족부령으로 정하는 바에 따라 공단에 기준소득월액의 변경을 신청할 수 있으며, 그 기준소득월액은 해당 가입자나 대리인이 신청한 소득으로 결정하되, 그 변경을 신청한 날이 속하는 다음 달부터 적용한다. 〈개정 2008.2.29〉 1. 종사 업종의 변경, 경영 실적의 변동 또는 사업 중단 등으로 소득이 증가되거나 감소된 경우 2. 가입자 본인이 기준소득월액을 실제 소득보다 높게 결정하여 줄 것을 희망하는 경우 ④ 공단은 제2항에 따라 소득 신고를 하게 하는 경우 필요하다고 인정하면 이사회의 심의를 거쳐 신고 대상자의 범위, 소득 조사의 시기 및 방법 등을 포함한 연간 소득 확인 계획을 수립하여야 한다. **제9조(기준소득월액의 결정의 특례)** ① 사업장가입자 · 지역가입자 · 사업장임의계속가입자 또는 지역임의계속가입자의 기준소득월액을 제6조에 따라 계산하기 곤란하거나, 제6조 또는 제7조제1항 · 제2항 및 같은 조 제3항제1호에 따라 신고하거나 신청한 소득이 실제 소득과 뚜렷한 차이가 있는 경우에는 그 규정에도 불구하고 공단이 결정하되, 그 결정의 기준 및 방법 등은 국민연금심의위원회의 사전 심의를 거쳐야 한다. 〈개정 2009.12.30〉

국민연금법	국민연금법 시행령
제123조(자료의 요청) ① 공단은 국가, 지방자치단체, 그 밖의 공공단체 등에 대하여 국민연금사업과 관련하여 필요한 자료를 요청할 수 있으며, 요청받은 국가, 지방자치단체, 그 밖의 공공	② 소득의 전부 또는 일부가 현물로 지급되는 경우에 그 가액(價額)은 해당 지방의 소비자물가를 기준으로 하여 공단이 정한다. ③ 사업장가입자 · 지역가입자 · 사업장임의계속가입자 또는 지역임의계속가입자의 소득월액에 대하여 법 제21조에 따른 신고를 하지 아니한 경우로서 법 제122조제1항에 따라 확인한 결과 소득 관련 자료가 없는 경우에는 공단이 다음 각 호에 따른 금액을 소득월액으로 하여 기준소득월액을 결정한다. 1. 가입기간 중 기준소득월액을 결정하는 경우 : 해당 가입자의 전년도 기준소득월액을 평균소득월액의 변동률을 기준으로 조정한 금액 2. 가입자 자격 취득 시나 납부 재개 시의 기준소득월액을 결정하는 경우 : 제10조제1항 본문에 따른 임의가입자 등에게 적용하는 기준소득월액에 해당하는 금액 ④ 사업장가입자 · 지역가입자 · 사업장임의계속가입자 또는 지역임의계속가입자의 소득월액에 대하여 법 제21조에 따른 신고를 하지 아니한 경우로서 법 제122조제1항에 따라 확인한 결과 소득 관련 자료가 있는 경우에는 제6조 및 제7조제1항 · 제2항을 준용한다.

국민연금법	국민연금법 시행령
단체 등은 특별한 사유가 없으면 요청받은 자료를 제공하여야 한다. ② 제1항에 따라 공단에 제공되는 자료에 대하여는 사용료, 수수료 등을 면제한다.	
제124조(비밀 유지) 공단에 종사하였던 자 또는 종사하는 자는 그 업무상 알게 된 비밀을 누설하여서는 아니 된다.	
제125조(소득축소 · 탈루자료 통보 등) ① 공단은 제21조에 따른 소득월액 등의 신고내용에 축소나 탈루가 있다고 인정되는 경우에는 보건복지가족부장관에게 보고하고 소득축소 또는 탈루혐의 자료를 문서로 작성하여 국세청장에게 통보할 수 있다. 〈개정 2008.2.29〉 ② 제1항에 따른 명세를 통보받은 국세청장은 「국세기본법」 등 관련 법률에 따라 세무조사를 실시한 경우에는 그 조사 결과 중 소득에 관한 사항을 공단에 통보하여야 한다. ③ 제1항 및 제2항에 따른 통보절차와 그 밖에 필요한 사항은 대통령령으로 정한다.	**제110조(소득축소 · 탈루자료의 통보 절차)** ① 공단은 법 제125조제1항에 따라 사용자나 가입자가 신고한 소득이 제1호부터 제3호까지의 규정에 해당하는 경우로서 소득의 축소나 탈루가 있다고 인정되는 경우에는 보건복지가족부장관에게 보고하고 해당 자료를 국세청장에게 보내야 한다. 〈개정 2008.2.29〉 1. 국세청장에게 신고한 소득과 뚜렷한 차이가 있는 경우 2. 해당 업종별 · 직종별 평균 소득 등보다 뚜렷하게 낮은 경우 3. 임금 대장이나 그 밖에 소득 관련 서류 또는 장부 등의 내용과 다른 경우 ② 공단은 법 제125조제2항에 따라 국세청장으로부터 소득에 관한 사항을 통보받으면 그 결과를 해당 가입자의 소득에 반영하여야 한다.
제126조(외국인에 대한 적용) ① 이 법의 적용을 받는 사업장에 사	**제111조(당연 적용에서 제외되는 외국인)** 법 제126조제1항에 따라

국민연금법	국민연금법 시행령
용되고 있는 외국인과 국내에 거주하는 외국인으로서 대통령령으로 정하는 자 외의 외국인은 제6조에도 불구하고 당연히 사업장가입자 또는 지역가입자가 된다. 다만, 이 법에 따른 국민연금에 상응하는 연금에 관하여 그 외국인의 본국 법이 대한민국 국민에게 적용되지 아니하면 그러하지 아니하다.	당연히 사업장가입자나 지역가입자가 되는 외국인에서 제외되는 자는 다음 각 호와 같다. 〈개정 2008.2.29〉
② 제1항 본문에 따라 사업장가입자 또는 지역가입자가 된 외국인에게는 제77조부터 제79조까지의 규정을 적용하지 아니한다. 다만, 다음 각 호의 어느 하나에 해당하는 외국인에 대하여는 그러하지 아니하다.	1. 「출입국관리법」 제25조에 따라 체류기간연장허가를 받지 아니하고 체류하는 자
1. 외국인의 본국 법이 대한민국 국민에게 제77조부터 제79조까지의 규정에 따른 반환일시금에 상응하는 급여를 지급하도록 규정하고 있는 경우의 외국인	2. 「출입국관리법」 제31조에 따른 외국인등록을 하지 아니하거나 같은 법 제59조제2항에 따라 강제퇴거명령서가 발급된 자
2. 「외국인근로자의 고용 등에 관한 법률」에 따른 외국인근로자로서 이 법을 적용받는 사업장에 사용된 자	3. 「출입국관리법 시행령」 별표 1에 따른 외국인의 체류자격이 있는 자로서 보건복지가족부령으로 정하는 자
3. 「출입국관리법」 제10조에 따라 산업연수활동을 할 수 있는 체류자격을 가지고 필요한 연수기간 동안 지정된 연수장소를 이탈하지 아니한 자로서 이 법을 적용받는 사업장에 사용된 자	**제112조(외국인에 대한 통지)** 공단은 법 제126조제1항에 따라 당연히 사업장가입자나 지역가입자가 되는 외국인에게는 그 외국인의 본국 법이 대한민국 국민에 대하여 법에 따른 국민연금에 상응하는 연금에 관한 법률을 적용하는 경우에는 당연히 국민연금가입자가 된다는 사실과 법에 따른 반환일시금에 상응하는 급여를 지급하지 아니하는 경우에는 반환일시금을 지급하지 아니한다는 사실을 통지하여야 한다. **제113조(외국인가입자에 대한 반환일시금의 지급)** 법 제126조제2

국민연금법	국민연금법 시행령
	항제1호에서 "외국인의 본국 법이 대한민국 국민에게 제77조부터 제79조까지의 규정에 따른 반환일시금에 상응하는 급여를 지급하도록 규정하고 있는 경우"란 외국인의 본국 법에서 법 제49조제1호부터 제3호까지의 규정에 따른 급여에 상응하는 급여의 수급권을 취득하지 못하고 법 제77조제1항 각 호의 어느 하나에 해당하게 되는 대한민국 국민에게 해당 대한민국 국민이 가입기간 중 낸 연금보험료에 기초하여 셈하여 정한 일정금액을 일시금으로 지급하도록 규정하고 있는 경우를 말한다.
제127조(외국과의 사회보장협정) 대한민국이 외국과 사회보장협정을 맺은 경우에는 이 법에도 불구하고 국민연금의 가입, 연금보험료의 납부, 급여의 수급 요건, 급여액의 산정, 급여의 지급 등에 관하여 그 사회보장협정에서 정하는 바에 따른다. **제9장 벌 칙** **제128조(벌칙)** ① 거짓이나 그 밖의 부정한 방법으로 급여를 받은 자는 3년 이하의 징역이나 1천만원 이하의 벌금에 처한다. ② 다음 각 호의 어느 하나에 해당하는 자는 1년 이하의 징역이나 500만원 이하의 벌금에 처한다. 〈개정 2009.5.21〉 1. 제88조제3항에 따른 부담금의 전부 또는 일부를 사업장가입자에게 부담하게 하거나 제90조제1항에 따라 임금에서 기여금을 공제할 때 기여금을 초과하는 금액을 사업장가입자의	

국민연금법	국민연금법 시행령
임금에서 공제한 사용자 2. 제95조제2항에 따른 납부 기한까지 정당한 사유 없이 연금보험료를 내지 아니한 사용자 3. 제119조를 위반하여 근로자가 가입자로 되는 것을 방해하거나 부담금의 증가를 기피할 목적으로 정당한 사유 없이 근로자의 승급 또는 임금 인상을 하지 아니하거나 해고나 그 밖의 불리한 대우를 한 사용자 4. 제124조를 위반하여 업무를 수행하면서 알게 된 비밀을 누설한 자 **제129조(벌칙)** 다음 각 호의 어느 하나에 해당하는 자는 50만원 이하의 벌금에 처한다. 1. 제21조제1항을 위반하여 신고를 하지 아니하거나 거짓으로 신고한 사용자 2. 제122조에 따라 공단 또는 공단의 직원이 서류나 그 밖의 자료 제출을 요구하거나 조사 · 질문을 할 때 이를 거부 · 기피 · 방해하거나 거짓으로 답변한 사용자 **제130조(양벌규정)** ① 법인의 대표자, 대리인, 사용인, 그 밖의 종업원이 그 법인의 업무에 관하여 제128조 또는 제129조의 위반행위를 하면 행위자를 벌할 뿐만 아니라 그 법인에도 해당 조문의 벌금형을 과(科)한다. ② 개인의 대리인, 사용인, 그 밖의 종업원이 그 개인의 업무에 관하여 제128조 또는 제129조의 위반행위를 하면 행위자를 벌	

국민연금법	국민연금법 시행령
할 뿐만 아니라 그 개인에게도 해당 조문의 벌금형을 과한다. **제131조(과태료)** 다음 각 호의 어느 하나에 해당하는 자에게는 10만원 이하의 과태료를 부과한다. 1. 제21조제2항 · 제121조제1항 또는 제2항에 따른 신고를 하지 아니한 자 2. 제23조제2항에 따른 통지를 하지 아니한 자 3. 제122조에 따라 공단 또는 공단의 직원이 서류나 그 밖의 소득 · 재산 등에 관한 자료의 제출을 요구하거나 조사 · 질문할 때 이를 거부 · 기피 · 방해하거나 거짓으로 답변한 가입자, 가입자였던 자 또는 수급권자 **제132조(과태료의 부과 · 징수 절차)** ① 제131조에 따른 과태료는 대통령령으로 정하는 바에 따라 보건복지가족부장관이 부과 · 징수한다. 〈개정 2008.2.29〉 ② 제1항에 따른 과태료 처분에 불복하는 자는 그 처분을 고지받은 날부터 30일 이내에 보건복지가족부장관에게 이의를 제기할 수 있다. 〈개정 2008.2.29〉 ③ 제1항에 따라 과태료 처분을 받은 자가 제2항에 따라 이의를 제기하면 보건복지가족부장관은 지체 없이 관할 법원에 그 사실을 알려야 하며, 그 통보를 받은 관할 법원은 「비송사건절차법」에 따른 과태료 재판을 한다. 〈개정 2008.2.29〉 ④ 제2항에 따른 기간에 이의를 제기하지 아니하고 과태료를 내지 아니하면 국세 체납처분의 예에 따라 징수한다.	

■저자 소개

신 종 욱

- 연세대학교 중어중문학과 졸업
- 미 Temple 대학교 보험계리학(actuarial science) 석사
- 미 Temple 대학교 경영학 박사(기업연금 전공)
- 현 협성대학교 금융보험학과 교수
- 전 사립학교교직원연금관리공단 운영위원
- 전 사립학교교직원연금관리공단 자산운용위원
- 모세은퇴경영연구소(www.likemoses.com) 연구소장

저 서

- "노후에 자식보다 든든한 연금재테크", 2006, 국일증권경제연구소
- "행복시대"를 위한 개인자산관리의 이해, 2007, 비앤엠북스
- 보험계리(CFP이자론) 기초, 2010, 비앤엠북스

저자와
협의인
지생략

연금론: 노후와 연금

2010년 5월 1일 초판 인쇄
2010년 6월 2일 초판 1쇄 발행

저 자 : 신 종 욱
발행인 : 정 광 식

발행처 : **비앤엠북스**

서울시 금천구 가산동 319번지(호서대벤처타워 B1-103)
등 록 2004. 12. 29. / 제313-2004-00298호
전 화 2627-5710~12, 팩스 2627-5720
홈페이지 대학교재.kr
이 메 일 bmbooks@paran.com

정가 28,000원 ISBN 978-89-91879-81-2